Von Hans Blickensdörfer

Die Baskenmütze
Bonjour Marianne
Salz im Kaffee
Alles wegen meiner Mutter
Wegen Mutter gehn wir in die Luft
Pallmann

Hans Blickensdörfer

Keiner weiß wie's ausgeht

Unendliche Geschichten vom Sport

Schneekluth

CIP-Kurztitelaufnahme der Deutschen Bibliothek

Blickensdörfer, Hans
Keiner weiß wie's ausgeht: Unendliche
Geschichten vom Sport/Hans Blickensdörfer
München: Schneekluth, 1983
ISBN 3-7951-0825-X

ISBN 3-7951-0825-X

Gesamtherstellung: Mohndruck Graphische Betriebe GmbH, Gütersloh
Printed in Germany 1983

Dieses Buch widme ich in Dankbarkeit
großen Journalisten des Sports,
Männern, die mir beibrachten,
daß es nicht nur darum geht,
Tore, Sekunden und Zentimeter zu zählen:

Ernst Hornickel, Richard Kirn und Bernhard Gnegel
in Deutschland

Jacques Goddet, Gabriel Hanot und Antoine Blondin
in Frankreich

Willy Meisl und Geoffrey Green
in England

Gianni Brera
in Italien

Zu diesem Buch

In einer Welt, die die Menschen durch den sogenannten Fortschritt gleichschaltet und erlebnisarm macht, braucht die Bedeutung des Sports nicht mehr herausgestrichen zu werden. Er ist ein sprudelnder Erlebnisquell, unmeßbar in seiner Ergiebigkeit, so wie der Durst nach ihm nur erahnt und nicht gemessen werden kann.
Über Sport schreiben ist Verarbeitung von Erlebnis. Sie ist vielgestaltig wie der Sport selbst, und es kann überzogene Heldenverehrung ebenso dabei herauskommen wie mokante oder gar verächtliche Abwertung, die mit schwerem Säbel übrigens häufiger in der Sportberichterstattung auftritt als die leise Leichtigkeit des Humors. Dabei ist Sport gar nicht humorlos. Wer nicht bierernst bei der Verarbeitung von Erlebnissen vorgeht, kann es beweisen.
Erlebnisse. Es sind Tausende, die sich in allen Teilen der Welt angesammelt haben, ein Berg, der sich mit diesem Buch natürlich nicht abtragen läßt. Mit wenigen Ausnahmen habe ich mich deshalb auf die Dekade von 1972 bis 1982 beschränkt, und man wird sehen, daß zehn Jahre eine lange Zeit im schnellebigen Sport sind.
Die Mischung von Glossen und Reportagen ist bunt. Sie beschränkt sich nicht auf die ganz Großen, jene, die wir die Unvergeßlichen nennen und die dennoch von hohen Podesten herunter mußten, weil der Sport ein Privileg der Jugend bleibt. Eine Aufzählung würde Seiten füllen, aber einige Namen seien genannt: Fritz Walter, Garrincha, Uwe Seeler, Franz Beckenbauer, Juan Manuel Fangio, Raymond Poulidor, Eddy Merckx. Ich habe sie alle gekannt, und es sind auch anhaltende Freundschaften entstanden.
Wie bei Seppl Herberger. Er war nicht nur einer der bedeutendsten Fachleute des großen Spiels, sondern wohl auch sein größter Philosoph – mit seinem Mutterwitz hätte man die gesamte Trainerschaft der Bundesliga ausrüsten können. Als er einmal gefragt wurde, warum denn wohl so viele Leute zum Fußball gehen, sagte er mit diesem Lächeln, das so viel von dem der Sphinx hatte: »Weil se net wisse, wie's ausgeht.«

Das ist Faszination und glorreiche Ungewißheit des Sports in einer Nußschale. Der Theaterbesucher weiß, wie das Stück ausgeht, und wer die erste Viertelstunde eines Fernseh-Krimis nicht verschläft, weiß es auch. Das Sportereignis aber ist ein Drama ohne Textbuch, ein Film, der ohne Script und Regie abläuft. Das Fernsehen liefert mit seinen Live-Übertragungen durchaus blutvolles, abenteuerliches Leben – doch bei zeitversetzten Sendungen wird es unweigerlich ausgeblasen für den, der Handlung und Resultat schon kennt.

Wer über große Sportereignisse schreibt, muß dem Rechnung tragen. Vorbei die Zeit, in der von ein paar ins Ausland entsandten Berichterstattern ein wenig geflunkert werden durfte, weil ja niemand zu Hause etwas davon sehen konnte. Heute muß der Schreiber, will er ernst genommen werden, nicht nur präziseste Detailtreue üben, sondern auch noch viel mehr anbieten, als der Bildschirm zeigen kann.

Einer wie Hemingway war seiner Zeit vorausgeeilt. Lange bevor es Fernsehen gab, sagte er einem staunenden, aber brav mitschreibenden Literaturkritiker: »Meine Sportreportagen waren besser als die meisten meiner Romane. Nichts schärft die Beobachtungsgabe mehr als der Sport, und ich würde jedem, der Romane schreiben will, empfehlen, im Sport zu beginnen. Man lernt da die Augen aufmachen, weil man nicht schummeln kann. Und man kann, wenn man will, noch viel mehr lernen.«

Sport ist, in der Tat, Leben in einer hochkonzentrierten Form. Tausende von Erinnerungen sind, als ich dieses Buch zusammenstellte, zurückgekommen, und nie ist mir klarer geworden, daß die vergessene Höchstleistung von gestern oder vorgestern dem Erlebnis von heute um nichts nachsteht. Denn nicht nur die Herausforderung ist die gleiche geblieben, sondern auch das Magnetische des Erlebnisses. Weil keiner weiß, wie's ausgeht.

Der bunte Vogel fliegt nicht mehr

Der bunte Vogel hat kein Nest mehr, und mit müdem Flügelschlag ist er zurückgeflogen, um sich in den Wäldern zu verstecken, aus denen er gekommen war, um die Welt in Erstaunen zu versetzen.
Die Welt des Fußballs, um genauer zu sein. Eine Welt aber, die ihre großen und kleinen Dramen ebenso kennt wie jene, die wir die große und weite nennen.
Auch sie flicht dem Mimen keine Kränze, und schon ist sie dabei, Manoel dos Santos zu vergessen, den Mann, dem Brasilien den Gewinn der Weltmeisterschaften von 1958 und 1962 verdankt. Geboren wurde er als Krüppel in den Urwäldern von Pau Grande in der Nähe von Petropolis, und nur die gewagte, fast sinnlos scheinende Operation eines unbekannten Arztes erhielt ihn am Leben. Freilich blieb ein Fehler zurück, denn der kleine Manoel hatte deformierte Beine. In den Formen von O und X waren das rechte nach innen und das linke nach außen gebogen, und außerdem war das linke etwas kürzer.
Trotzdem konnte der kleine Neger mit den anderen Kindern spielen, und außer dem Fußball zogen ihn die bunten Vögel in den Wäldern an, die Garrinchas. Er war der Beste beim grausamen Spiel mit der Gummischleuder, und er traf sie im Flug, weil seine Hand so sicher wie sein Auge war. Deshalb nannten sie ihn Garrincha.
Aber er war auch der beste Dribbler beim Fußball, und als er 17 geworden war, nahm ihn ein Freund mit nach Rio. Der Mann hatte Mut, denn er führte ihn nicht zu einem kleinen Vorstadtklub, wie man es mit den jungen Leuten aus der Provinz machte, sondern direkt ins Stadion von Botafogo.
Das war am 19. Juni 1953, und der Trainer warf einen mit-

leidigen Blick auf die Beine des Jungen. »Seit wann schickt man mir Krüppel? Ihr wollt mich wohl auf den Arm nehmen!« Doch sei es, weil er guter Laune war oder sich einen Spaß machen wollte, fragte er den Jungen: »Was spielst du am liebsten?«

»Oh, eigentlich alles. Aber am besten gefällt es mir am rechten Flügel.«

»Kannst du haben«, grinst der Trainer. »Laß dir Trikot und Schuhe geben, in zehn Minuten geht's los.« Und er war sicher, daß dieser Bursche sehr schnell wieder in seinen Urwald zurückflüchten würde. Denn der Mann, den er in diesem Trainingsspiel auf ihn hetzen würde, war nicht nur Brasiliens, sondern ganz Südamerikas berühmtester Verteidiger: Nilton Santos.

Aber Garrincha, der weder lesen noch schreiben konnte und von einem mürrischen Hilfstrainer die ersten Fußballschuhe seines Lebens hingeworfen bekam, hatte noch nie etwas von ihm gehört.

Nach fünf Minuten aber lernte Nilton Santos Garrincha kennen. Der Ball kam auf den rechten Flügel, Garrincha stoppte ihn und wartete, bis Nilton herankam. Dann machte er eine Körpertäuschung nach links und lief mit blitzartigem Antritt rechts davon, als ob er es nicht mit einem Verteidiger der Weltklasse, sondern mit einem Mehlsack zu tun hätte.

Ein halbes Dutzendmal machte er das, und jedesmal saß Nilton Santos hilflos auf dem gelben, verdorrten Gras des Botafogo-Stadions und blickte ihm verdutzt nach.

Eine Stunde später hatte Garrincha nicht nur seinen ersten Vertrag in der Tasche, sondern auch einen großen Freund und Bewunderer. Er hieß Nilton Santos, und er hat ihm seine Freundschaft auch bewahrt, als die anderen anfingen, ihn zu ignorieren.

Fast auf den Tag genau fünf Jahre später hatte ich das Reporterglück, im Göteborger Ullevi-Stadion nicht nur die ›Welt-Premiere‹ Garrinchas zu erleben, sondern den grandiosesten Auftakt, den es jemals bei einem Spiel um die Weltmeisterschaft gab.

Ich genoß ihn ausgiebiger, als ich, im Gegensatz zu den Russen, vorbereitet war, denn Frankreichs Fußball-Glo-

betrotter Gabriel Hanot hatte mir am Vorabend gesagt: »Morgen muß Feola gegen die Russen Garrincha aufstellen. Er hält ihn für einen zu eigenwilligen Dribbler, aber Nilton Santos hat sich gegen seinen Trainer durchgesetzt. Wir werden einen Rechtsaußen erleben, der selbst Matthews in den Schatten stellt.«
Gabriel Hanot hatte Garrincha ein Jahr zuvor in Brasilien gesehen, und er hatte nicht übertrieben. Gleich einem Panther, der dem Käfig entsprungen ist, stürzte sich Garrincha auf sein Opfer. Es hieß Kusnetzow und war der beste, in vielen internationalen Kämpfen erprobte linke Verteidiger der Sowjetunion. Doch Garrincha ließ ihn stehen, als ob er gar nicht vorhanden wäre, und es war noch keine Minute gespielt, als er mit unheimlicher Wucht tief unten an den Pfosten knallte. Wie ein Irrwisch spritzte der Ball zurück, um Sekunden später, diesmal von Pelé, abermals ans Holz geknallt zu werden!
Lew Jaschin, der Welt bester Torhüter aller Zeiten, hatte nicht einmal eine Reflexbewegung machen können, und seine ganze Mannschaft konnte sich während der nun folgenden 89 Minuten nicht mehr von dem Schock erholen, den ihr Garrinchas furioser Start versetzt hatte.
Mittelstürmer Vava schoß beide Tore zum 2:0, aber entscheidend war Garrinchas Vorarbeit, wie bei 70 Pro zent aller Tore, die Brasilien in Schweden erzielte. Denn es war, als ob er mit seinen furiosen Dribblings alle gültigen Gesetze des Fußballs außer Kraft setzen würde. Dabei war ihre Einfachheit im Grunde verblüffend. Denn eigentlich hat Garrincha nie etwas anderes gemacht, als den Angreifer heranzulocken, ihn mit einer Körpertäuschung nach links auf den ›falschen Fuß‹ zu stellen und dann blitzschnell nach rechts auszubrechen. Aber die katzenhafte Geschmeidigkeit und das Tempo waren so groß, daß es keine reguläre Abwehrwaffe dagegen gab.
Pelés kometenhafter Aufstieg in Schweden und Didis Regie im Mittelfeld haben Garrinchas großen Anteil an dieser ersten Weltmeisterschaft Brasiliens zu Unrecht in den Hintergrund treten lassen, obwohl Nilton Santos immer wieder erklärte, daß man mit einem Garrincha alleine

Weltmeister werden könne, weil er in der Lage sei, jede Abwehrtaktik ad absurdum zu führen.
Bewiesen wurde dies 1962 in Chile, als Pelé schon in der Vorrunde verletzt ausschied. Nur Garrinchas virtuose Dribbelkunst sicherte einer um vier Jahre gealterten und längst nicht mehr so selbstsicher wie in Schweden aufspielenden Mannschaft erneut den Titel.
Niemand nahm es in der Euphorie des Sieges ernst, daß Garrincha dabei am Knie verletzt wurde. Und sein Klub Botafogo dachte nur daran, die Gunst der Stunde zu nützen. Eine Tournee löste die andere ab, und immer mußte Garrincha spielen, obwohl die Arthrose in seine deformierten Beine schlich und beide Menisken zu streiken anfingen.
»Du mußt spielen, Garrincha!« Die Dollars lockten, und der Klub kannte keine Gnade, auch wenn sein Star vor Schmerzen stöhnte und humpelnd in die Umkleidekabinen ging. Und als er sich bei einem Turnier in Paris weigerte, da mußte der tobende Garrincha von vier Männern gehalten werden, damit ihm der Arzt eine Kokainspritze verpassen konnte.
Und dann verliebte sich Garrincha, das Kind des Urwalds, das in die große Welt hineingetreten war, hoffnungslos in die Schlagersängerin Elza Suarez. Sein Streit mit Botafogo fiel mit seiner Scheidung zusammen, und der finanzielle Ruin ließ nicht mehr lange auf sich warten, denn die Alimente sind teuer, wenn ein halbes Dutzend kleiner Mädchen unter zehn Jahren versorgt werden müssen.
Der Garrincha, den wir bei der Weltmeisterschaft 1966 in England erlebten, war kein Star mehr, sondern ein armseliger Clown, der von der großen Bühne hinuntergefegt wurde in die Schmiere. Manchmal erweckte sein ungewöhnliches Ballgefühl die Illusion, daß der Hexentanz am rechten Flügel Brasiliens beginnen würde wie in alten Zeiten, aber dann blieb er hilflos hängen in Situationen, die er früher mit gefesselten Beinen gemeistert hätte.
Trotzdem, und das ist die Tragik des bunten Vogels, der aus den Urwäldern gezogen war, um die Welt in Erstaunen zu setzen, glaubte er noch, etwas von dem alten Glanz zurückholen zu können. Von Zeit zu Zeit erhielt er Ange-

bote kleiner Provinzklubs für ein Jubiläumsspiel in Städten, wo man den größten Rechtsaußen aller Zeiten noch nie gesehen hatte. Aber dann nahmen ihm Spieler, über die er früher nur gelacht hätte, die Bälle weg, und er wurde zur traurigen Figur wie der alte Joe Louis, der für eine miserable Gage wieder die Boxhandschuhe anzog, um sich mit Dilettanten zu messen, die er in seiner Glanzzeit mit verbundenen Augen aus dem Ring gefegt hätte. Lange haben ihn diese Demütigungen nicht begreifen lassen, daß Garrincha vom Nationalhelden zur lächerlichen Figur geworden ist. Aber seit er von Kindern, die nicht wissen, daß er für Brasiliens stolzeste Stunden gesorgt hat, ausgelacht wird, weiß er um die Vergänglichkeit des Ruhms.

Er spürt auch, daß ihm die Natur nichts anderes mitgegeben hat als ein außergewöhnliches Geschick in zwei ungleichen Beinen. Und er fragt sich, ob sie sich nicht einen Scherz erlaubt hat, der ihn teurer zu stehen kommt, als wenn sie ihn stiefmütterlicher behandelt und nicht zum größten Virtuosen des Dribblings gemacht hätte.

Garrincha hat dem großen Spiel etwas gegeben, was wir vielleicht nie mehr erleben werden. All das, was man nicht lernen kann, besaß er in solcher Fülle, daß er dem verhängnisvollen Trugschluß erlag, nie etwas lernen zu müssen. Und als die Kraft aus den Beinen wich, da stürzte Manoel dos Santos tiefer als alle anderen von der zerbrechlichen Ruhmesleiter des Sports.

Und er glich, auch im Sturz, den bunten Garrinchas, die, ohne zu begreifen, warum, jäh im Flug von den Schleudern der Buben getroffen werden.

Am Wenzelsplatz gibt es keine Blumen mehr

Der langgezogene Platz – es ist eigentlich ein Boulevard, der zum Prager Nationalmuseum hinaufführt – macht, ähnlich wie die Champs-Élysées, einen Knick und täuscht dem Auge eine viel geringere Entfernung vor bis zu der Stelle, wo das Denkmal des heiligen Wenzel steht. Erst nach einem längeren Fußmarsch erkennt man deshalb, daß der gußeiserne Reitersmann von sechs Soldaten bewacht wird. Ihre lässig umgehängten Maschinenpistolen russischer Herkunft machen den Eindruck einer verdammt gefährlichen Handlichkeit, aber sie paßt gar nicht zu den blutjungen Gesichtern, die sich betont gelangweilt geben. Ein wenig zu betont, wie näheres Hinsehen zeigt. Sie reden miteinander wie Leute, die sich ständig beobachtet fühlen und sich krampfhaft bemühen, es nicht zu zeigen. Indessen, viele Passanten übersehen sie, als ob sie Luft wären; andere scheinen Verständnis für die Not dieser jungen Männer zu haben, die aus den Kasernen geholt wurden, um am neuralgischsten Punkt der Stadt die Ruhe zu garantieren, welche die Russen jetzt um jeden Preis fordern.

Prag hat resigniert. Mit brutaler Deutlichkeit ist es in diesen letzten Augusttagen, in denen die Frühnebel schon den ersten Hauch des Herbstes von der Moldau aufsteigen lassen, zu spüren. Im Strom der Menschen, für den die breiten Trottoirs des Wenzelsplatzes fast zu klein sind, hört man kein Lachen. Immerhin, junge Mädchen hellen diese graue und beklemmende Prozession mit ein paar Farbtupfern auf, aber man braucht ja auch nicht viel Stoff für ein Minikleid.

Was dafür angeboten wird, ist wenig, von schlechter Qualität und teuer, und die großen Schaufenster der staatlichen Geschäfte am Wenzelsplatz mit ihren kleinen Auslagen sind ein Spiegelbild der Situation des Landes. Man hat auch hier reformieren wollen, ist aber auf halbem Weg steckengeblieben und macht jetzt wieder rückwärts. In einer Vitrine von bombastischer Größe, die der Traum jedes Dekorateurs sein müßte, stehen Plastikeimer von häßlichem Gelb, und sie scheinen gerade hereingekommen zu sein, denn die Schlange der Käufer reicht weit auf den Gehsteig hinaus.

Gegen Mitternacht am Wenzelsplatz: Drei Mädchen, vermutlich Studentinnen, sind bis auf wenige Meter an das Denkmal des heiligen Wenzel herangetreten, an die Stelle,

wo immer die Blumen für Jan Pallach niedergelegt wurden. Sie unterhalten sich mit den Posten, in deren Jungengesichtern sich Freundlichkeit und Verlegenheit streiten, und man spürt, daß sie ihre Maschinenpistolen am liebsten ablegen würden, so, wie man sich bei strahlendem Sonnenschein seines Regenschirms entledigt.
Aber dann würden die Mädchen in ihre Taschen greifen und Blumen vor das Denkmal streuen. Und sie würden einen Alarm auslösen, der vielleicht nicht nur die gepanzerten Wasserwerfer, sondern auch Panzer aus den Kasernen rollen lassen würde. Denn der Alarm ist jetzt bis ins kleinste Detail durchorganisiert, und niemand ist mehr so naiv zu glauben, daß nur Uniformträger über die Einhaltung der neuen Ordnung wachen, die schon durch Blumen an einem Denkmal ins Wanken geriete.
Die Versuchung, den Tyrannen zu reizen, ist groß, aber sie spüren seine Faust zu dicht am Nacken. Die neuen Notstandsgesetze indessen haben den erwünschten Blitzerfolg nicht gezeitigt, weil mancher der ›Geheimen‹, die sich im zivilen Habitus bewegen, weniger ein Bretschneider als ein Schwejk zu sein scheint.
Auf diese Vermutung bringt mich eine Begegnung in der Altstadt. Es ist bei einem Bummel durch die schmalen Gäßchen unterhalb des Hradschins, wo die Scheiben der Häuser blind werden und schmutziggelber Stuck von den Fassaden bröckelt, als mein alter Freund L. sagt: »Sieh mal, der da drüben, unter der Toreinfahrt, ist ein Geheimer.«
Sie klopfen einander auf die Schulter, und das einzige Geheimnisvolle an der Sache ist das Schimpfen des Geheimen über eine ihm offenbar höchst unangenehme Tätigkeit. »Der tut keinem was«, zwinkert L., »und am liebsten würde er sich jetzt mit uns in den ›Kelch‹ setzen und dich fragen, ob du ihm nicht ein paar Mark zum schwarzen Kurs wechseln möchtest.«
Es gibt den ›Kelch‹, der ein Stammlokal des braven Soldaten Schwejk war, tatsächlich noch, und er ist eines der wenigen Lokale der Altstadt, die renoviert wurden. Unter dem Bild des Kaisers Franz Joseph essen wir Kuttelflecksuppe, Gulasch und Knödel, und hinter dem Schanktisch

steht ein dicker Wirt mit Augen, die so schnell von blöd auf pfiffig schalten können, daß er als der Sieger eines Preisausschreibens für die perfekteste Verkörperung des Schwejk hervorgegangen sein muß. Die Wände sind bemalt mit klassischen Aussprüchen des Schwejk, und es ist, als ob er die Nachspeise mit süßer Illusion garnierte.
Am nächsten Morgen will ich mit Emil Zatopek sprechen, aber man kommt an den Mann, der mehr für das Prestige des Landes getan hat als die meisten seiner Politiker, nicht mehr heran wie in alten Zeiten. Zu oft und zu weit hat Zatopek den Mund aufgemacht, und während der kritischen Tage, in denen sich die Besetzung des Landes durch die Russen jährte, hatte man ihn, den Berufsoffizier, kurzerhand in eine Kaserne gesteckt mit der Auflage, sich sechsmal am Tag bei seinem Kommandeur zu melden.
»Ich werde«, sagt L., »versuchen, Kontakt mit ihm aufzunehmen, aber wir müssen vorsichtig sein. Ich rufe dich morgen früh im Hotel an, ohne einen Namen zu nennen, versteht sich. In seiner Wohnung kannst du ihn natürlich nicht besuchen, aber wenn ich sage, das Wetter wird besser, dann nimmst du ein Taxi und fährst ins Dukla-Stadion. Er trainiert die Leichtathleten von Dukla, und dort kannst du am ehesten ein paar Minuten mit ihm sprechen, ohne daß es auffällt.«
Aber der Anruf fällt dann ganz anders aus: »Fahr nicht, denn du würdest ihm höchstens Schwierigkeiten machen. Außerdem kann ich ihn nicht erreichen und nehme an, daß er wieder in die Kaserne mußte.«
Freilich kann man ein Paradepferd des Sports, auch wenn es abgehalfert ist, nicht einfach verschwinden lassen, und so ist Emil Zatopek, ähnlich wie Alexander Dubcek, sozusagen aus dem Verkehr gezogen, ohne eingesperrt zu sein. Es zeigt sich jetzt, daß sich ein in der Sowjetunion tausendfach erprobtes Rezept durchaus verpflanzen läßt, wenn man den Fisch so lange zappeln läßt, bis er merkt, daß es keine Löcher im Netz gibt.
Es zeigt sich aber auch, daß das stumme tschechische Resignieren noch andere Züge als die des Fatalismus trägt. Ungebrochen ist die Front von Intelligenz, Arbeiterschaft und Jugend gegen Okkupanten und eine dünne Partei-

spitze, die sich diesen unterworfen hat. Auch haben die Machthaber erkennen müssen, daß sich diese Front nicht von Spitzeln unterhöhlen läßt. Eine diabolische Genugtuung jedoch bleibt ihnen: Der Anreiz für zielstrebige Arbeit ist geringer denn je, und schlechter denn je ist deshalb die Arbeitsmoral. Woraus sich eine immer chaotischer werdende Wirtschaftslage und eine wachsende Abhängigkeit von der Sowjetunion ergibt, die außerdem nichts unversucht läßt, die Kluft zwischen Tschechen und Slowaken zu vertiefen. Es wird ein harter Winter an der Moldau werden, und jeder weiß, daß er von keinem neuen Prager Frühling abgelöst werden kann. Nur die Nadelstiche ihres Humors sind den Pragern geblieben, und obwohl sie auf Panzerplatten treffen, sind sie die einzige taugliche Therapie für die aufgezwungene Ohnmacht.
Als wir uns verabschieden, drückt mir L. einen Bierdeckel in die Hand, auf dem der Schwejk lächelt, und sagt: »Also, wir wern uns im ›Kelch‹ treffen, abends um sechs, wenn alles vorbei ist.«

Das Geheimnis

Just an dem Tag, an dem der berühmte FC Blaugrau in die Stadt kam, wurde der verdienstvolle Sportreporter Schnellschuß von der Influenza angefallen. Mit krächzender Stimme und tropfender Nase schleppte er sich in die Redaktion, um für die Berichterstattung einen Ersatzmann zu suchen. Aber die Zeitung war, um ehrlich zu sein, nicht so bedeutend wie das Fußballspiel. Fachkräfte fehlten ihr hinten und vorne, und so blieb nichts anderes übrig, als den Volontär Trittbrett einspringen zu lassen. Allerdings verstand der nichts vom Fußball und hatte an diesem Nachmittag außerdem über die Einweihung einer neuen Parkuhr vor dem Rathaus und über die Jahreshauptversammlung der Schrebergärtner zu berichten.
Aber diese Einwände fegte der kranke und erfahrene

Sportreporter Schnellschuß vom Tisch: »Es genügt, wenn Sie sich die letzten zehn Minuten des Spiels ansehen. Besitzen Sie Uhr und Bleistift?«
Der Volontär Trittbrett nickte, und der Reporter Schnellschuß fuhr fort: »Dann notieren Sie sich, wann die Tore gefallen sind. Das ist immer nützlich. Anschließend begeben Sie sich zum Kabinengespräch der Trainer.«
Der Volontär Trittbrett blickte ihn zweifelnd an: »Wie soll ich über eine Sache schreiben, von der ich kaum etwas gesehen habe und nichts verstehe?«
»Deswegen«, sagte der Reporter Schnellschuß mit Nachsicht und feiner Logik, »gibt es ja die Kabinengespräche. Alle Journalisten werden nach dem Spiel von den beiden Trainern darüber aufgeklärt, was sie gesehen haben. Wenn die unseren, was sehr wahrscheinlich ist, verlieren, wird der Trainer erklären, daß die Spieler seine Marschroute nicht befolgt haben und daß der Schiedsrichter schlecht war. Das notieren Sie sich alles, aber anstatt Spieler schreiben sie Schützlinge, weil das besser klingt. Der andere Trainer wird erklären, daß die Spieler seine Marschroute befolgt haben und daß der Schiedsrichter gut war. Auch das schreiben Sie mit, aber Sie müssen es nicht unbedingt verwerten.«
»Aber das gibt doch keine 80 Zeilen«, wagte der Volontär Trittbrett einzuwenden.
»Immerhin ist es eine gute Grundlage«, sagte der Reporter Schnellschuß. »Jetzt brauchen Sie bloß noch zu fragen, warum nicht zügiger über die Flügel gespielt wurde und warum die Abwehr nicht sattelfester war. Das paßt immer und lupft jedem Trainer die Zunge. Wenn Sie dann noch nicht genug haben, fügen Sie etwas über die Bodenverhältnisse an, die stets vorhanden sind und nie Ärger bringen.«
Der Volontär Trittbrett befolgte alle Ratschläge und wurde am nächsten Tag in der Redaktionskonferenz gelobt. Denn obwohl dies sein erster Fußballbericht war, unterschied er sich weder inhaltlich noch stilistisch von denen der erfahrenen und tüchtigen Experten anderer Blätter.

Soll ein Profi nur trainieren und Karten spielen?

Gibt es Akademiker, die gerne und auch gut Fußball spielen? Die Antwort ist einfach. Natürlich gibt es sie. Schließlich ist Fußball kein Proletensport, wie es überhaupt keinen Proletensport gibt. Hochnäsige Golfspieler mögen hierzulande anderer Meinung sein, aber es gibt amerikanische und schottische Fabrikarbeiter, die ihnen in der Kunst des Golfspielens noch einiges beibringen könnten.

Daß man als Doktor in einer Mannschaft von Berufsfußballern seinen Mann stellen und mit ganzem Herzen dabeisein kann, erzählte Torhüter Dr. Kunter von Eintracht Frankfurt am Samstagabend im Aktuellen Sportstudio des ZDF.

Und jeder, der die Gelegenheit hat, immer wieder mit Männern der internationalen Fußballelite zusammenzukommen, hat tausend Gegenbeweise für die einfältige Behauptung, daß starke Beine und schwache Köpfe die herausragenden Merkmale der jungen Männer seien, die ihr Geld im Fußball verdienen.

Niemand bestreitet, daß es diese Typen gibt. Am wenigsten Arthur Hopcraft, brillanter und gelegentlich bissiger Fußball-Kommentator des Londoner ›Observer‹. »Neulich«, so schreibt er, »fragte ich den Manager eines Erstligaklubs aus Lancashire, ob sein bulliger 1,80-Meter-Mittelstürmer immer noch so blöd vor sich hin starre, wenn er nicht gerade einen Ball vor den Füßen habe. ›Nein‹, sagte er. ›Er macht beachtliche Fortschritte. Jetzt kann er schon ‚Mama' und ‚Dadda' sagen.‹«

Jeder, der sich mit Fußball befaßt, kennt diesen Typ. Aber er weiß auch, daß kein spezifisch Dummer jemals ein wirklich großer Spieler geworden ist. Im übrigen ließe sich leicht nachweisen, daß mancher Golf spielende Fabrikantensohn in geistiger Hinsicht durchaus mit jenem Mittelstürmer aus Lancashire konkurrieren kann.

Es kommt eben oft auf die Herkunft an, und es liegt in der Natur der Sache, daß die Arbeiterklasse immer das Hauptreservoir des professionellen Fußballs bleiben wird.

Aber es ist nicht nur eine dümmliche Vereinfachung, sondern eine Beleidigung, den Profi deshalb zum Schwachkopf abzustempeln. Im ürigen ist die Zahl der Studenten im bezahlten Fußball größer, als man gemeinhin glaubt, doch eignet sich, wenn man an die deutschen Verhältnisse denkt, die Regionalliga für den Studierenden logischerweise besser als die Bundesliga mit ihrem täglichen Trainingsprogramm.
Daß man es indessen bewältigen und trotzdem studieren kann, zeigt Manchester Uniteds 21jähriger Stürmer Alan Gowling, der mit einer Studie über die Situation des Profis in der modernen Gesellschaft promovieren will. Die Arbeit soll 40 000 Worte umfassen und etwa den Umfang eines jener für Hilfsschüler geschriebenen Fußballbücher haben, in denen der berühmte Manager den armen Arbeitersohn mit einer Blechbüchse kickend unter einer Gaslaterne entdeckt und ihn zum millionenschweren Nationalmittelstürmer macht.
Bloß, es wird etwas anderes drinstehen. Die Diskrepanz vielleicht, mit der einer fertig zu werden hat, dessen Arbeit es ist, für 90 Minuten Fußball sechs Tage zu üben, dafür mäßig oder auch fürstlich bezahlt zu werden, und viele Dinge, die sich ein junger Mann wünscht, nicht tun zu dürfen. Vielleicht wird er auch von der Angst vor der beruflichen Zukunft schreiben, denn nicht jeder ist ein Star, der Mietshäuser abkassieren kann, wenn er aufhört. Kurzum, Alan Gowling will in den Problemen des Profis schürfen, die das große Publikum nicht kennt.
Aber er wird auch den unbändigen Stolz nicht vergessen, den das große Abenteuer Sport vermitteln kann und das sich, wie viele Beispiele zeigen, auch im Berufsfußball mit einer anderen Aktivität verknüpfen läßt. Wer in den entscheidenden Jahren seines Studiums oder gar nach dessen Abschluß im Profifußball bleiben will, zählt freilich zu den Ausnahmen, wie beispielsweise der Frankfurter Dr. Kunter, der halbtags an einer Klinik arbeitet, oder der junge französische Rechtsanwalt Patrice Vicq, der das Glück hat, in der Kanzlei des fußballbegeisterten Maître Davidson zu arbeiten. Maître Vicq, denn auch ihm ge-

bührt dieser Advokatentitel, glaubt, zumindest für die nächsten drei Jahre, genügend Zeit zum Training zu finden, um Stammspieler des Erstdivisionärs FC Metz zu bleiben. Wenn ihm seine Arbeitszeit ein Training mit den Profis verbietet, holt er es abends bei den Amateuren nach. Interessant ist seine Einstellung zu Problemen des Berufsfußballs, über die noch viel zuwenig nachgedacht wird. Patrice Vicq ist nämlich der Meinung, daß die meisten Profis zu wenig mit der Zeit anfangen können, die ihnen auch bei härtester Trainingsarbeit bleibt, die von vielen Trainern für notwendig erachtet wird.

»Fußball«, so sagt er, »wird immer ein Spiel bleiben, aber die Freude am Spiel kann durch überbetontes Training getötet werden. Was mich anbelangt, so habe ich es immer verstanden, Studium und Fußball zu kombinieren, ja, ich möchte sagen, daß ich ein besserer Fußballer geworden bin, weil diese physische Aufgabe mein psychisches Gleichgewicht regulierte. Außerdem half er mir, mein Studium zu finanzieren. Aber noch wichtiger war, daß er mich lehrte, in einer Gemeinschaft zu leben und mit einer Gemeinschaft zu kämpfen. Oh, ich weiß, es gibt Konformisten, die die Nase vor einem Advokaten rümpfen, der auch Fußball spielt, aber was soll ich mich um ihre veralteten Ansichten kümmern? Und hat nicht Albert Camus gesagt: ›Die wichtigsten Dinge über das Verhalten der Menschen hat mich der Fußball gelehrt?‹«

Im übrigen ist Patrice Vicq der Meinung, daß es im Milieu des Berufsfußballs viele intelligente Burschen gibt, die, aus welchen Gründen auch immer, die Chance verpassen, während ihrer aktiven Zeit zu einer zweiten Aktivität zu greifen, die ihre Freude am Spiel nicht verderben, sondern erhöhen würde.

Aber hier handelt es sich um Probleme, die sich nur individuell lösen lassen. Sicher ist aber, daß ein Klub, der es fertigbrächte, seine Spieler davon zu überzeugen, daß es möglich wäre, ihnen noch andere Werte als hohe Handgelder und Prämien zu vermitteln, auf die Dauer besser fahren würde als die Vereine, die ihre Spieler nur als kostspielige Ware betrachten und glauben, alles mit dem Scheckbuch erledigen zu können.

Sie sind es, die den Profi-Roboter züchten, der Mama und Dadda sagen und gerade bis 66 zählen kann, weil er dann sein Kartenspiel gewonnen hat.

Kowalski braucht kein Telefon

In Warschau haben wir eine neue, fast unwirkliche Dimension der Popularität entdeckt. Gespenstisch könnte man sie sogar nennen, denn auch der abgebrühte Reporter fand sich mit einem Phänomen konfrontiert, das sich nicht ausleuchten läßt wie die, mit denen er es normalerweise zu tun hat. Ein Phänomen, das zeigt, wie vordergründig wir gemeinhin die deutsche Spaltung betrachten, und das ich, ohne zu zögern, an die erste Stelle der Impressionen dieser Warschauer Reise stelle.
Es handelt sich um Schlachtenbummler, nicht um jene Sorte jedoch, die grölend und fahnenschwingend in die Arenen einzieht, sondern um eine ganz andere, die auf leisen Sohlen und mit heißem Herzen kommt. An die tausend mögen es gewesen sein, die mit alten Autos und Kleinbussen, hauptsächlich aber mit der Bahn aus Magdeburg, Zwickau, Leipzig, Dresden oder Ostberlin gekommen waren, um sich in einer fremden Hauptstadt hinter die Mannschaft der Bundesrepublik Deutschland zu stellen.
Keine Ahnung hatten wir, die wir uns mit unseren eigenen Problemen herumschlagen, wie diese jungen Leute einer Reise entgegengefiebert hatten, die ihnen, unter Umgehung des Eisernen Vorhangs, ein außergewöhnliches Erlebnis versprach. Keine Ahnung hatten wir, wiewohl wir große Sportereignisse immer für mehr gehalten haben als ein vergleichsweises primitives Abreagieren von Emotionen im kochenden Krater eines Stadions.
Da standen sie vor dem Hotel der Nationalmannschaft, Studenten und Arbeiter, für die der Aufenthalt in Warschau viel kostspieliger als für uns ist, weil ihre weiche

Ostmark nicht gefragt ist. Nichts anderes wollten sie, als mit Helmut Schön, mit den Spielern und mit den Journalisten reden. »Warum«, fragte mich eine junge Lehrerin aus Magdeburg, »habt ihr uns keine Zeitungen mitgebracht? Ihr konntet euch doch denken, daß viele von uns kommen würden.«

Aber keiner von uns hatte daran gedacht. Erstaunt und auch ein bißchen beschämt, standen wir vor diesem Ansturm aus dem anderen Deutschland, und wir konnten nichts tun, als sie in mehr oder weniger größeren Gruppen einzuladen. Es gab eine lange Nacht, in der uns klar wurde, wie wenig die abweisende Haltung mitteldeutscher Sportler bei Zusammentreffen mit bundesrepublikanischen mit der Wirklichkeit übereinstimmt.

Auch die Spieler der Nationalmannschaft bekamen zu spüren, daß ein Länderspiel noch andere Zwecke zu erfüllen vermag als die Erhöhung des eigenen Marktwerts, ob sie Franz Beckenbauer, Sepp Maier, Gerd Müller oder Horst Köppel heißen. Und sie spürten auch, daß sie von diesen jungen Leuten nicht wie fußballerische Halbgötter angebetet wurden. Es war eine Dimension von Popularität, die sich mit keiner anderen vergleichen läßt und Warschau zu einem eigenartig faszinierenden und dennoch bedrückenden Rendezvous von Menschen eines Landes werden ließ, das doch nicht so geteilt ist, wie die Lektüre der Zeitungen glauben machen könnte.

Der Name des alten Bekannten, den ich am Samstag anrufen wollte, stand nicht im Telefonbuch. Dafür habe ich ein bißchen polnisch gelernt und weiß jetzt, warum der Name Kowalski das Telefonbuch einer mittleren deutschen Kleinstadt füllen würde, denn er bedeutet ›Schmid‹ oder ›Schmidt‹, wie man will. Der alte Bekannte kam später ins Hotel und erklärte mit verblüffender Logik, warum ein Telefon völlig wertlos für ihn sei.

»Du mußt wissen«, sagte er, »daß ich, wie viele Leute, jeden Monat das Kunststück vollbringe, 3000 Zloty (knapp 400 Mark) zu verdienen und 6000 auszugeben. Abends, wenn ihr euch in Deutschland an den Fernsehschirm setzt oder sonst etwas Nutzloses tut, kommt bei uns der zweite Job. Übersetzungen und andere Schwarzarbeit, verstehst du. Manchmal auch ein kleines Wechselgeschäft mit Ausländern. DM, Dollar oder Franken. Ich zahle natürlich einen besseren Kurs als die Bank, aber nicht soviel, wie man wirklich auf dem schwarzen Markt bekommen kann. Mit etwas Geschick kann man sich damit ein nettes Zubrot verdienen, aber es kostet Zeit, und deshalb bin ich nie zu Hause. Wozu also ein teures Telefon?«

Viele Warschauer sind Lebenskünstler dieser Art, und die Stadt, die sie aus einem unvorstellbaren Chaos wieder aufgebaut haben, hat ein pulsierendes Leben, das nicht der Eleganz und schon gar nicht des Esprits entbehrt, der glücklicherweise nicht käuflich ist, weil sonst alle reichen Deppen mit einem Schlag ihre Dummheit verlören.

Was die Warschauer an Energie, Liebe und Geld zur Konservierung der mittelalterlichen Tradition ihrer Stadt getan haben, grenzt ans Unglaubliche, wenn man bedenkt, daß die herrlichen Renaissance- und Barockhäuser der Altstadt mit so viel detailtreuer Akribie wieder aufgebaut wurden, daß die Idee, dies alles sei 1945 völlig zerstört gewesen, einfach absurd erscheint.

Hier ist nicht nur das Wahrzeichen der Stadt, sondern auch ihr Herz. Aber das hatten die Russen nicht wissen können, als sie den Warschauern in den fünfziger Jahren mit dem pompösen, im stalinistischen Zuckerbäckerstil erbauten Kulturpalast ein neues Wahrzeichen schenken wollten. Dreiunddreißig Aufzüge führen bis zu einer Höhe von 280 Metern hinauf, und man hat einen Blick über die Stadt, als ob man auf dem Empire State Building von New York stünde.

Aber Gospodin Kowalski hält von diesem kitschigen Gigantismus, der ihm aus allen Winkeln der Stadt in die Augen springt, längst nicht soviel wie von seiner prachtvollen Altstadt, die wie ein gewaltiger barocker Balkon über dem Ufer der Weichsel hängt, als Symbol der Wiedergeburt aus dem Chaos.

Unerwarteter Besuch

Besuch haben wir gehabt, und die Geschichte ist von so umwerfender Komik, daß ich fürchte, niemand würde sie mir abnehmen, wenn ich nicht drei glaubwürdige Zeugen hätte. Zwei Kollegen vom Rheinland und den Landsmann Hans Müller von der ›Schwäbischen Zeitung‹.

Wir saßen in unserer japanischen Miniwohnung, bestehend aus vier Minizimmern nebst Minibad, Miniküche und Minibalkon, welcher als Eisschrank dient, und dachten mit verschränkten Beinen vor einem Minitisch von der Größe einer mittleren Zigarrenkiste im Mini-Aufenthaltsraum über den Sinn olympischen Reporterdaseins nach, als das Telefon klingelte.

Es meldete sich eine helle Mädchenstimme mit einer schwerverständlichen Mischung von Japanisch und Englisch. Ich versuchte, mit einer ähnlichen Mixtur zu antworten, ohne zu begreifen, was die Dame, die sich unzweifelhaft verwählt hatte, wünschte.

Aber sie hatte sich gar nicht verwählt. Darüber gab es nach einer guten halben Stunde keinen Zweifel mehr. Sie wollte mit ihrer Freundin deutsche Journalisten besuchen, und zwar gleich: »Sie sind doch die Herren, die im Appartement A6 203 wohnen?«

»Yes«, sagte ich und fügte zum besseren Verständnis das japanische »Hei-hei« hinzu.

»In fünf Minuten sind wir da.«

»Vielleicht sind sie von der Heilsarmee«, sagte einer. Die Möglichkeit wurde nicht ausgeschlossen, obwohl wir bezweifelten, daß Japans weibliche Heilsarmee nachts um halb zwölf Herrenbesuche macht. Vielleicht waren es Geishas, die uns Tee und Gedichte machen wollten. Wer kennt sich bei den Japanern schon aus?

Für alle Fälle zogen wir frische Hemden an und nahmen die Kimonos aus den Schränken, die wir uns zwecks Erhöhung der häuslichen Gemütlichkeit zugelegt haben.

Fünf Minuten später läutete es. Sie waren 17 und 19 und betraten die Wohnung mit so viel heiterer Nonchalance, daß unser Senior, der Kollege Hesselmann aus Düsseldorf, sich die Brille putzen mußte, um sich zu vergewissern, daß dies keine japanische Fata Morgana sei. Ich machte Tee, weil mir nichts Besseres einfiel und der Bierkasten auf dem tief verschneiten Balkon gerade leer geworden war.

Die beiden Töchter der Lotosblüte legten ihre Wintermäntel ab, unter denen Ansehnliches hervorkam, lachten wie Kinder unter dem Weihnachtsbaum und zogen englisch-japanische Wörterbücher heraus. Mit Hilfe dieser Eselsbrücke war nach einer halben Stunde alles klar.

Aber nicht das, was der geneigte Leser vielleicht denkt. Vielmehr wollten die Mädchen, die gerade vier Norweger besucht hatten, wissen, wie Deutsche aussehen. Und mit ihnen reden. Einfach so. Sie zogen ein Tonband aus einer Einkaufstasche, machten japanische Musik und kicherten zufrieden, als wir behaupteten, daß das schön sei.

Dann servierten sie den Tee, sprachen viel Unverständliches und lehrten uns japanische Ausdrücke wie Prosit, Guten Morgen, Gute Nacht und anderes Nützliches. Wenn wir es nachsprachen, lachten sie, im Gegensatz zu meinem alten Englisch-Lehrer, nicht spöttisch, sondern aufmunternd.

Aber alles blieb aufs Linguistische beschränkt. Und als es auf 1 Uhr zuging und Hesselmann, der in seinen vom Kimono nur unvollständig bedeckten langen Unterhosen aussah wie ein pensionierter tibetanischer Mönch, zu gähnen begann, fingen sie an, die Teetassen zu spülen.

Dann machten sie ein paar artige Verbeugungen des Dankes, sagten »Sayonara« und gingen so unbekümmert in den Schneesturm hinaus, als ob ein laues Frühlingswindchen draußen wehte.

Wir gingen auf den Balkon, um ihnen nachzuwinken. Aber der Sturm verschluckte alles, was sie ohnehin nicht verstanden hätten. Lachend, wie sie hereingeschneit waren, schneiten sie hinaus.

Morgen wollen sie, wenn ich sie recht verstanden habe, Franzosen besuchen, um zu sehen, was das für Leute sind. Jedenfalls haben sie uns um eine entsprechende Telefonnummer gebeten.

Abschied

Im Saal, in dem 35 Uhren ticken und auf die Sekunde genau die Ortszeit der 35 Länder angeben, die sich an diesen Olympischen Winterspielen beteiligt haben, ist es ruhiger geworden. Die journalistische Internationale, die sich hier täglich zu hektischer Arbeit an den Schreibmaschinen versammelt hatte, beginnt sich aufzulösen. Und es ist wie immer in solchen Fällen: Man hat genug und wird dennoch etwas vermissen. Den Russen von ›Sowjetski Sport‹ beispielsweise, der immer mit grimmigem Gesicht vor einem saß und mit Holzfällerpranken auf seiner kyrillischen Maschine herumhämmerte und der zerschmolz wie ein Schneemann in der Frühlingssonne, wenn er abends in der Pressebar das ›Glöcklein‹ sang. Oder der spindeldürre Spanier Andres Merce Varela, der einen unbezwingbaren Horror vor dem Schnee hatte und geduldig im Arbeitsraum wartete, bis die Kollegen von den Pisten kamen und ihm etwas erzählten. Oder Antonius aus Amsterdam, Sportchef des ›Telegraaf‹, der eines Abends 750 Mark für echten Champagner auf den Tisch legte, weil er seinen Geburtstag standesgemäß feiern wollte. Es gab auf dem glatten Schneeboden eine schwierige Heimkehr in die Quartiere, weil keiner für die Mischung von Champagner und Saki, welches japanischer Reiswein ist und warm getrunken wird, geeicht war.
Die Schreibmaschinen im großen Saal, der in den Stoßzeiten einem wuselnden Ameisenhaufen glich, spucken kein Dauerfeuer mehr aus. Es tröpfelt nur noch, und die Denkpausen werden größer. Man hatte sich mit dem ›Fall Schranz‹ eingeschrieben, einem opulenten journalistischen Horsd'œuvre, und dann waren die Wettkämpfe gekommen. Mal hatte dieser seine Sternstunde, in der's ihm in die Maschine hineinlief wie sprudelndes Quellwasser, mal jener. Jeder hatte aber auch Tage, an denen er sich die tägliche Zeilenzahl abquälte.
Und jetzt sind alle ausgeschrieben. Der Pole, der gestern noch zwei Meter Papier über seinen Springerkönig Wojciech Fortuna in der Zeitspanne vollschrieb, in der man einen Schnellimbiß nimmt, stakert auf seiner Ma-

schine herum wie einer, der jeden Buchstaben suchen muß. Selbst den Leuten von den großen Boulevardzeitungen, die das Gras unter dem Schnee wachsen hören, scheint nicht mehr viel einzufallen. Auch sie, die im Arbeitssaal Redaktionskonferenzen im Flüsterton abzuhalten pflegten, damit ein mit Akribie ausgeheckter Knüller nicht in falsche Hände fiel, gleichen lahm gewordenen Sprungfedern.

Denn der olympische Streß hat keinen verschont. Nicht einmal die Funktionäre, die von Empfang zu Empfang eilen mußten und die Gläser zum Ruhme ihrer Länder nicht mehr aus der Hand brachten. Da bisher immer nur von den Wettkämpfern die Rede war, seien auch ihre Leistungen hiermit gebührend gewürdigt.

Während der Endspurt an den Schreibmaschinen zähflüssig und mühsam ist, geht es in den Kaufhäusern von Sapporo zu wie im Schlußverkauf. Man zählt, was von den Yens verblieben ist, und jagt Souvenirs, wobei die Amerikaner ungeachtet der angeknabberten Kaufkraft des Dollars unbestritten Spitzenreiter sind. Sie sind es allerdings auch beim Kauf von Kitsch; eine Erkenntnis, für die man freilich nicht erst nach Sapporo reisen mußte. »Man kann ihnen«, sagte mir eine Verkäuferin, »so ziemlich alles andrehen im Gegensatz zu den Osteuropäern, die die Geizigsten sind.«

Hier lag sie freilich nicht ganz richtig, denn es handelt sich da schlichtweg um ein Devisenproblem. Im Pressezentrum, wo wir alle in einem Boot saßen, ist es nie aufgetaucht. Jetzt, wo man Abschied voneinander nimmt, spürt man es. Olympia war ein großer Gleichmacher. Aber wenn sein Feuer erlischt, merkt man, daß sich nichts in der Welt geändert hat.

Sepp Herbergers 75. Geburtstag

Wir sitzen unter den weißen, von zartem Rosa getupften Blüten des Mandelbaums vor seinem Haus. Im milden Klima der Bergstraße gedeiht er, als ob er im Tessin stünde. Aber es ist nicht mehr so ruhig an diesem sonnigen Südhang oberhalb des Dorfes Hohensachsen bei Weinheim wie zu der Zeit, in der Sepp Herbergers Haus hier so einsam thronte, daß es ein französischer Journalist das Adlernest des deutschen Fußballs nannte. Es regt sich in der Nachbarschaft, denn Mannheimer Industrielle haben das reizvolle Bauland dieses Hangs entdeckt und sündhaftes Geld dafür bezahlt. »Ich habe mit 18000 Mark mit dem Bau angefangen«, sagt Sepp Herberger. »Mein Nachbar hat die doppelte Summe allein für Bäume und Zierpflanzen ausgegeben. Die Zeiten ändern sich.«

Aber Sepp Herberger hat sich nicht geändert. Der Mann, der am kommenden Dienstag seinen 75. Geburtstag feiern wird, sitzt in seiner »Arbeitskleidung« vor mir. Doch es ist nicht nur der blaue Trainingsanzug, der an große Tage des deutschen Fußballs erinnert. Wenn er in dieser Stunde vor die Nationalmannschaft hinträte, um ein Länderspiel vorzubereiten, wäre er, wie zu Fritz Walters Zeiten, sofort wieder »Chef«, und keiner käme auf die Idee, daß da ein alter Mann etwas täte, was nicht mehr zu ihm paßt.

Ein paar Falten mehr um die Augen, die so alert blicken wie eh und je? Kaum. Weniger Elastizität? Schon gar nicht. Aus dem Stand springt er noch mit beiden Beinen auf den Gartentisch, der immerhin die Höhe eines Schreibtischs hat, und so mancher 25jährige würde bei diesem Fitneßtest auf die Nase fallen.

»Wie fühlt man sich, wenn man 75 wird?«

Die Frage gefällt ihm nicht recht. Er schneidet ein Gesicht wie früher, wenn man ihn fragte, warum er diesen oder jenen Spieler nicht ins Aufgebot genommen habe. Eine dumme Frage demnach.

Er schaut, wie abwesend, zum dunstigen Horizont hinüber, wo man Mannheims Schornsteine ahnen kann. In dieser Stadt ist er aufgewachsen, und damals war sie noch das, was man eine Fußballhochburg nennt. Und statt einer

Antwort sagt er: »Von meiner alten Waldhof-Mannschaft leben nur noch der Höger und ich.«
Nicht nur das Alter hat diese Generation dezimiert, denn sie hat zwei Weltkriege mitgemacht. Aber Herberger greift die Frage doch noch auf: »Es gibt Leute, die sich mit 30 alt, und solche, die sich mit 75 jung fühlen.«
Damit ist das Thema erledigt, und er geht, wie er es im Fußball und im Leben immer getan hat, zum Angriff über. »Eine Linie braucht man und eine Aufgabe. Vielleicht wäre ich viel älter, wenn ich mich damit begnügte, Rosen zu züchten. Aber meine Memoiren sind eine Aufgabe, die das Gefühl, ein Pensionär zu sein, nie aufkommen lassen.«
Von der Linie, an die er sich gehalten, und von der Aggressivität, mit der er sich immer umgeben hat wie ein Igel mit seinen Stacheln, weil sie Angriff und Deckung zugleich bedeuten – also die wichtigsten fußballerischen Komponenten –, wird in diesen Memoiren viel zu lesen sein.
Er macht, unter dem Mandelbaum, der seit der Weltmeisterschaft 1954 so auseinandergegangen ist wie Helmut Rahn, mit dem Unterschied, daß er jetzt erst volle Kraft entfaltet, einen kleinen Vorgriff: »Es gab, als ich 1936 Reichstrainer wurde, eine Menge von Klugscheißern unter den ›Führungskräften‹, die mir ins Handwerk pfuschen wollten. Beispielsweise verlangte ein höherer SS-Stratege allen Ernstes, daß ich Geländesportübungen ins Trainingsprogramm der Nationalelf aufnähme. Ich habe das natürlich abgelehnt, und prompt hat mich der Mann beim Reichssportführer von Tschammer und Osten gemeldet. Als der mich kommen ließ, wußte ich, daß ich mit meiner Stellung spielte, aber ich riskierte alles und sagte: ›Reichssportführer, ich sehe meine Aufgabe darin, eine schlagkräftige Nationalmannschaft aufzubauen.‹
›Das sollen Sie auch‹, sagte er.
›Ja‹, sagte ich, ›aber im Fußball. Leute, die Tore schießen, sind mir wichtiger als solche, die im Gelände gut robben können!‹
Da lachte er und sagte: ›Die Sache ist erledigt, lieber Herberger. Machen Sie das, was Sie für richtig halten.‹«

Er ist mit dieser Devise immer gut gefahren, ohne daß sie ihn dazu verleitet hätte, sich für unfehlbar zu halten. Niemand weiß besser als er, von wie vielen Imponderabilien der Erfolg im Fußball abhängt, und dieses Wissen hat ihm Gelassenheit im Triumph wie im Mißerfolg verschafft. Und der Ruhm, den ihm die Weltmeisterschaft 1954 brachte, hat ihm den Kopf nicht verdreht.
Ist es ein Kopf, in den nicht hinein will, was im Profifußball unserer Tage geschieht? Wer das glaubt, macht sich ein völlig falsches Bild vom großen alten Mann des deutschen Fußballs. »Die Menschen«, sagt Sepp Herberger, »waren zu allen Zeiten gleich. Warum sollte es mit den Fußballern anders sein? Es lächert mich immer ein wenig, wenn Veteranen, die noch die Torstangen auf die Fußballplätze trugen, wie eitle Pfauen ihren Idealismus herausstreichen. Sie haben die Stangen hingetragen, weil es keiner für sie tat. Basta. Und Geld haben sie keines genommen, weil keines da war. So einfach war das. Heute stehen die Stangen auf dem Platz, und es gibt Geld. Wer gut spielt, darf Ansprüche stellen, solange er sich mit aller Energie und nach den unverrückbaren sportlichen Prinzipien für seine Mannschaft einsetzt. Wer jedoch bereit ist, Spiele für Geld zu verschenken, hat nichts mehr mit uns zu tun. Der Bundesligaskandal ist eine schlimme Sache und muß ohne Rücksicht auf Namen und Verdienste gesühnt werden, auch wenn das einem so ruhmreichen Verein wie Schalke die Meisterschaft kostet. Trotzdem haben diese Dinge meine Überzeugung, daß der Fußball im Kern gesund ist, nicht erschüttern können.«
Unter dem Mandelbaum wird es kühl, und Frau Eva, die erfreulicherweise nicht zu den Frauen gehört, die mit Männern über Fußball streiten wollen, dafür aber mit natürlicher Herzlichkeit und praktischem Sinn für jede Situation gesegnet ist, ruft uns ins Haus.
Wo sich die Frage stellt, wie es der Hausherr fertigbringt, trotz Evas Koch- und Backkünsten sein Kampfgewicht zu halten. Er greift zu wie ein Jüngling, und was auf dem Tisch steht, würde für eine ganze Nationalmannschaft reichen.
Das Thema Nationalelf und Bundesliga ist für Sepp Her-

berger freilich noch ausgiebiger, zumal er sich, wenn man es so ausdrücken darf, ein wenig als »Bundesligageschädigter« betrachtet. »Früher«, so argumentiert er, »gehörten viele Nationalspieler Vereinen an, die in der Gauliga und dann in der Oberliga Abonnementsmeister waren. Nur selten wurden sie so gefordert, wie es auf der internationalen Ebene geschieht. Heute haben wir praktisch jeden Samstag Bedingungen wie bei einem Länderspiel, und viele Nationalspieler kämpfen auch noch um den Europapokal. In viel kürzerer Zeit sammeln sie internationale Erfahrung, und es ist logisch, daß der Bundestrainer davon profitiert. Wenn es nach mir gegangen wäre, hätten wir 1939 die Reichsliga eingeführt. Die Pläne dazu lagen fix und fertig in meiner Schublade. Aber andere Pläne, die dazu führten, daß wir 1945 vor dem Nichts standen, sind dazwischengekommen.«

Er will Helmut Schöns Leistungen nicht schmälern. Nur klarstellen will er, daß mit seinem Abtreten 1964, als die Bundesliga gerade die erste Saison absolvierte, eine Entwicklung begann, die er sich lange gewünscht hatte. Vorausgesehen hatte er freilich auch die von der Eitelkeit diktierte falsche Finanzpolitik vieler Vereinspräsidenten, in der er die Hauptursache für den Skandal sieht, der die Bundesliga geschüttelt hat.

»Aber der Fußball«, sagt er, »ist stark und gesund genug, um solche Krisen zu überstehen. Er wird immer das größte aller Spiele bleiben, und für mich könnte es keine größere Genugtuung geben als die, für ihn gelebt und gearbeitet zu haben.«

Und das alles geht mit einer Spannkraft und einem Enthusiasmus weiter, die es fast unbegreiflich machen, daß dieser Mann am Dienstag seinen 75. Geburtstag feiert. Längst ist sein Haus für »große« Geburtstage zu klein geworden, und es ist zu befürchten, daß das ›Holiday-Inn‹ am Hockenheimring, in dem die Herbergers im vergangenen Jahr goldene Hochzeit feierten, diesmal nicht groß genug für alle Gratulanten sein wird.

Denn mit Sepp Herbergers Popularität läßt sich keine andere vergleichen.

Adieu, Uwe

Man kann Uwe Seelers Abschied von vielen Seiten sehen. Menschen, die dem Phänomen Fußball indifferent oder gar feindlich gegenüberstehen, werden dieses Hamburger Gala-Spiel gegen eine Auswahl von europäischen Stars einer Epoche, in welcher der untersetzte Hamburger Mittelstürmer zu den Schrecken der Torhüter in aller Welt gehörte, schwer begreifen. Sie sind deshalb auch nicht angesprochen.

Angesprochen sind die, die das große Spiel lieben und deshalb wissen, daß der Fußball nie auf Männer wie den, der gestern von ihm Abschied nahm, verzichten kann, wenn er nichts von der Faszination einbüßen will, die ihn konkurrenzlos im Popularitätswettbewerb gemacht hat.

Und noch etwas: Uwe Seeler war ein Tormacher. Aber einer von denen, welchen die Produktion der wichtigsten Ware des Fußballs nicht den Kopf verdreht. Wenn er den Kopf drehte, dann ging es nicht um pfauenhafte Eitelkeit, sondern einfach darum, einen Ball mit der Stirn ins Tor zu wuchten, so wie beim 2:2 Ausgleichstreffer in Leon.

Der Fußball hat ihm eine Existenz gesichert, um die er von vielen beneidet wird, aber mit sicherem Instinkt haben die Massen, die er nicht nur in Deutschland, sondern überall auf der Welt, wo Fußball gespielt wird, in die Stadien zog, begriffen, daß er einer der Ihren geblieben war.

Und für wen hat das Wort ›Vollblutstürmer‹ jemals besser gepaßt als für Uwe Seeler? Aber er war auch, und das mußte jeder spüren, der seine lange und an glanzvollen Höhepunkten reiche Karriere verfolgte, ein Verteidiger. Nicht im fußballtechnischen Sinne freilich, sondern im übertragenen. Ein Anwalt des sauberen, mannhaften und nicht vom Schimmer unsauberer Manipulationen getrübten Spiels, das den deutschen Spitzenfußball in der letzten Saison seiner Karriere bös durcheinandergeschüttelt hat.

Wenn Uwe Seeler gestern im Hamburger Volksparkstadion mit Ovationen verabschiedet wurde wie kein anderer deutscher Fußballer zuvor, so nicht nur wegen der Tore, die er hier erzielt hat, sondern vor allem auch, weil hier einer von der Sorte ging, die nicht auf den Spielerbörsen gehandelt werden, nicht nur, weil er nie ein anderes Vereinstrikot als das des HSV trug. Einfach deshalb, weil Persönlichkeit und Fußballer sich in so außergewöhnlicher Weise ergänzten, daß etwas Unnachahmliches entstand. Eben Uwe Seeler, der von den 62 000 deswegen mit solcher Herzlichkeit verabschiedet wurde, weil sie spürten, daß sie trotz aller großer Namen, die aus ganz Europa zusammengekommen waren, seinesgleichen nie mehr erleben werden.

Eines der größten deutschen Länderspiele

Was das Fernsehen nicht mehr vollständig zeigte war dies: In purpurroten Uniformen marschierte die königliche Gardekapelle auf den tiefen und nassen Rasen Wembleys, der zum Waterloo des englischen Fußballs geworden war, und intonierte die Nationalhymne. Die Spieler, schon auf dem Weg in die Kabinen, blieben in kleinen Gruppen bewegungslos stehen, während der Abmarsch auf den steilen Rängen, wie durch eine Zauberhand gebremst, zu Ehren der Königin stoppte. Die Männer im ältesten Nationaltrikot der Welt schauten nicht herauf zu uns. Mit gesenkten Köpfen standen sie da, als ob sie sich vor ihrer Queen schämten, dieweil man, trotz der Entfernung, Stolz in deutschen Augen blitzen sah. Und als der Tambourmajor den Stock senkte, brauste aus 12 000 deutschen Kehlen »So ein Tag, so wunderschön wie heute« durchs weite Oval, und Helmut Schön verließ, den Arm auf Uli Hoeneß gelegt, als letzter den Rasen, auf dem Deutschlands Fußball-Nationalteam zum erstenmal Sieger gegen England geworden war.
Eine Stunde später im Bankettsaal von Wembley, der sich im Erdgeschoß der Haupttribüne zwischen den beiden Türmen befindet, die so lange Zeit als trutzige Symbole der Unbesiegbarkeit Englands auf eigenem Boden gegolten hatten, sitzen mir Franz Beckenbauer, Gerd Müller

und Georg Schwarzenbeck gegenüber, und der »Katsche«, wie sie Schwarzenbeck in München nennen, hat so einen gewaltigen Durst, daß die Waitress ein Einsehen hat und ihn ständig mit Biersonderzuteilungen versorgt, von denen auch Gerd Müller profitiert, während Beckenbauer sich nach einem ersten mannhaften Schluck dem vornehmeren französischen Weißwein zuwendet.
Und dann schießt er mich ein bißchen an. Nicht zornig oder überheblich, sondern lachend, auch wenn ein vorwurfsvoller Unterton nicht zu überhören ist:
»Ich habe sehr genau gelesen, was Sie nach Glasgow geschrieben haben. Und jetzt möchte ich gerne wissen, ob die ›müden Bayern-Stars‹ in Wembley Trümpfe waren oder nicht.«
Und Müller und Schwarzenbeck heben grinsend die Gläser dazu, wie zwei Lausbuben nach einem gelungenen Streich.
Was bleibt mir anderes übrig als zu lachen? Wer schlecht prophezeit, muß auch etwas einstecken können, und nach einem 3:1-Sieg gegen England empfindet man das nicht als Strafe. Die sechsköpfige Münchener Truppe hatte gespielt und gekämpft, als ob es nie ein Debakel im Ibrox-Park gegeben hätte und als ob nie einer von ihnen den Eindruck gemacht hätte, eine harte und überladene Saison in den Knochen zu spüren.
Helmut Schöns Vertrauen auf sie hatte sich als einer jener Volltreffer erwiesen, die einem die spitzen Federn glatt aus der Hand schlagen.
Warum das nicht zugeben sowie die Tatsache, daß es mächtigen Spaß macht, am Ende einer Saison, die soviel Ärger im deutschen Spitzenfußball gebracht hat, über ein Spiel schreiben zu dürfen, das diesem Fußball internationales Lob gebracht hat, wie es seit Mexiko nicht mehr zu hören war?
Nicht nur das Lob der Engländer. Ihre Sonntagszeitungen, die wir auf dem Weg zu »uns Uwe« nach Hamburg lasen, griffen in Tasten, die nie berührt worden waren, wenn es um die Deutschen ging. Welch ein Unterschied zu den Vorschauen, in denen die alte Platte vom ideenlosen deutschen Kraftfußball bis zum Exzeß aufgelegt wor-

den war. Jetzt aber griffen sie zum hohen c, und wenn Helmut Schön einmal nur die Hälfte von den bissigen Bemerkungen abbekäme, mit denen Teammanager Sir Alf Ramsey überschüttet wurde, dann würde er entweder in den Urwald flüchten oder gleich in den Kanal vor Dover springen.

In den höchsten Tönen gelobt wurde Deutschlands Nationalmannschaft aber auch von den erstaunlich zahlreich erschienenen Kollegen aus Frankreich und der Schweiz, und es war ganz gleich, ob man mit Jean Cornu und Jean-Philippe Rethacker von ›L'Equipe‹, mit Jean Eskenazi von ›France Soir‹, mit Roland Mesmeur vom ›Figaro‹ oder mit Walter Lutz vom Züricher ›Sport‹ sprach.

Sie alle, mit denen wir große Spiele überall in der Welt erlebt haben, zeigten so viel spontane Begeisterung für die Leistung unserer Mannschaft, daß wir getrost auch in die hohen Tasten greifen dürfen, ohne Gefahr zu laufen, auf dem Gaul des nationalen Enthusiasmus davonzugaloppieren.

Doch bleiben wir noch einen Moment beim Bankett. Schon deshalb, weil es uns selten vergönnt ist, unmittelbar nach einem Länderspiel in Ruhe mit den Spielern zusammenzusitzen, weil uns die Zeitnot an die Telefone fesselt. Der Schwarzenbeck-Georg beispielsweise sagte zwischen zwei kräftigen Bierzügen, die seinen Adamsapfel hüpfen ließen, als ob er einen Tischtennisball verschluckt hätte, der weder rauf noch runter will: »Dieser Chivers war natürlich schon ein gewaltiger Brocken. Wenn ich mich hinter ihn stellte, hat man bestimmt nichts von mir gesehen, obwohl ich auch nicht gerade schwindsüchtig bin. 88 Kilo und ein Antritt wie ein Sprinter. Es gibt in Deutschland Leute, die behaupten, daß da, wo ich hinlange, kein Gras mehr wachse, aber ich garantiere Ihnen, daß dieser Chivers ohne zu wackeln mehr verträgt als eine Plakatsäule. Da kann man hinlangen, wie man will, aber ich meine, daß es auch ein Beweis dafür ist, daß viele Mittelstürmer bei uns absichtliche Bauchlandungen machen, nur um mich zum Buhmann abzustempeln.«

Tatsache ist, daß weder der Hüne Chivers, der bei Schwarzenbeck ziemlich klein wurde, noch irgendein an-

derer Engländer etwas an der mannhaften Gangart unseres Vorstoppers auszusetzen hatte. Vielmehr imponierte ihnen der Münchener entschieden mehr als sein englischer Kollege Norman Hunter, weil er Zerstörung und Aufbau viel besser zu mischen verstand als der Mann, der Gerd Müller an die Kette legen sollte.
Sicher, Müller hatte einen schweren Stand gegen diesen athletischen Linksfüßler, dessen Rempler nicht nur Mittelstürmer, sondern auch Pferde umwerfen können. Aber sein Tor schoß er zwei Minuten vor Schluß eben doch mit einem blitzschnellen Drehschuß in die lange Ecke, nachdem ihn Hoeneß im Strafraum prächtig freigespielt hatte.
Im übrigen hat Gerd Müller den deutschen Strafraum mindestens ebenso oft betreten wie den englischen, und er sagte mir dazu: »Hätte ich vielleicht vorne stehenbleiben sollen und in der Nase bohren, als die Engländer nach der Pause zu drücken begannen? Es gab da viel in unserer Abwehr zu tun, und ich glaube, daß ich manchmal recht nützliche Arbeit geleistet habe.«
»Warum haben Sie den Elfmeter nicht geschossen?« Der Bomber verzieht das Gesicht, als ob ihm das Mädchen vom Wembley-Restaurant, das natürlich erst ein Autogramm von ihm wollte, ehe es ihm den geräucherten schottischen Lachs vorlegte, eine grüne Zitrone serviert hätte.
»Sehen Sie, es hieß 1:1, und es waren noch sieben Minuten zu spielen. Da wird so ein Tor plötzlich ganz klein vor einem und der Torwart riesengroß. Ich gebe zu, daß ich Angst vor der Verantwortung hatte. Der Bundestrainer hatte mich zwar zum Elfmeterschützen Numero eins bestimmt, aber ich ging zu Netzer und sagte, schieß du, ich kann nicht. Der Günter hat kein Wort gesagt und sich dann den Ball geholt, obwohl ich genau weiß, daß er auch lieber einen Elfmeter beim Stande von 5:0 als von 1:1 schießt. Ich war sehr froh darüber, und als der Ball drin war, habe ich ihn schier umgeworfen vor Freude.«
Dazu Günter Netzer: »Junge, Junge, ich hatte ein ekliges Gefühl in der Magengrube und wußte, daß ich sehr hoch spielte. Auf den Rängen war es plötzlich still wie in der Kirche, und ich bemühte mich krampfhaft, mir meine

Nervosität nicht anmerken zu lassen. Schließlich ist dieser Banks noch immer einer der besten Torhüter der Welt, und als ich merkte, daß er den alten Trick probierte und mich herausfordernd anguckte, habe ich weggeschaut und so getan, als ob er überhaupt nicht da wäre. Aber beim Anlauf spürte ich, daß er die Ecke ahnte. Wenn ich jetzt noch die Richtung geändert hätte, wäre das Ding schiefgegangen. Der Elfmeter war schlecht geschossen. Banks flog genau richtig und kam so gut mit der Hand an den Ball, daß er ihn wahrscheinlich blockiert hätte, wenn er nicht naß gewesen wäre. Meine Erleichterung in dem Moment, als er ins Netz tanzte, kann ich nicht beschreiben.«

Sechs Minuten später revanchierte sich Gerd Müller mit dem dritten Tor für sein Passen beim Elfmeter, und es war ein Happy-End, das uns von diesem kühlen und regnerischen Londoner Apriltag zurückversetzte in die Gluthitze von Leon, als Müller mit einem akrobatischen Volley in der Schlußminute der Verlängerung gegen England das Tor erzielte, das die Tür zum Halbfinale gegen Italien aufstieß.

Von 15 Länderspielen gegen England hat Deutschland nun drei gewonnen bei zwei Unentschieden und zehn Niederlagen, aber das Sensationelle ist, daß es diese drei Siege in ununterbrochener Folge errungen hat, ein Rekord, den keine andere Nationalmannschaft gegen England aufzuweisen hat.

Grund genug für Helmut Schön, um tief aufzuatmen nach einer Woche, die ihn, wenn der Vergleich erlaubt ist, nicht weniger Nerven gekostet hatte als die Woche, die hinter unseren Parlamentariern in Bonn lag. Man mag zu der Parteien Gunst und Haß stehen, wie man will, aber die Herren Stücklen und Genscher haben beim Bankett im Wembley wahre Worte gesprochen, indem sie sagten: »Nach allem, was wir in der letzten Woche erlebt haben, war Wembley einfach etwas Wunderbares.«

In Hamburg, wo Uwe Seeler gestern sein Abschiedsspiel gegen eine Weltauswahl bestritt, was Grund genug für einen Umweg auf der Heimreise nach Stuttgart war, erfuhren wir, daß Torhüter Sepp Maier im Fernsehen beson-

ders groß herausgekommen sei. Der Eindruck hat sicher nicht getrogen, aber erst wenn man weiß, daß Sepp Maier mit einer Schleimbeutelentzündung am linken Ellenbogen ins Spiel gegangen war, kann man ermessen, was er wirklich geleistet hat. Masseur Deuser und Professor Schober hatten die Sache wie ein Staatsgeheimnis behandelt, und was ihre Behandlung des Patienten anbelangt, so wirkte sie Wunder; denn Penicillinspritzen und ein kühlender, hochprozentiger Alkoholverband verheimlichten komplett, daß ein Mann zwischen den deutschen Pfosten stand, der eigentlich ins Bett gehört hätte.
Ohne Sepp Maiers Können und seinen brennenden Wunsch, den Zweiflern zu beweisen, daß er nach wie vor Deutschlands Nummer eins ist, hätte die ganze Behandlung freilich nicht viel genützt, denn sonst könnte ja jeder Ackergaul, dem man ein Serum verpaßt, ein Derby gewinnen.
Es ist schon angeklungen, aber es muß mit allem gebührenden Nachdruck festgehalten werden, daß Franz Bekkenbauer seine Liberorolle mit soviel Eleganz, Kampfkraft und Übersicht spielte, daß er seinen nicht minder illustren Antipoden Bobby Moore zum Zwerg degradierte. Aber erst wenn man jetzt noch hinzufügt, daß Paul Breitner und Uli Hoeneß, die beiden 20jährigen des Münchener Aufgebots, mit Leistungen aufwarteten, die mit dieser ausgewogenen Mischung von Konzentration und Abgeklärtheit von keinem Engländer erreicht wurden, ist alles über den bayerischen Anteil an diesem ersten und verdienten deutschen Erfolg in Wembley gesagt, das aufgehört hat, eine Festung zu sein, in der Englands fußballerische Angreifer in die Verliese geworfen werden.
Uli Hoeneß, dessen rechtsfüßiger Schuß, laut Gerd Müller, der es wissen muß, der stärkste im deutschen Fußball ist, hatte nach 26 Minuten mit einer halbhohen und satten 16-Meter-Bombe die Führung erzielt, einer Bombe, die um so unhaltbarer war, als der Ball von Hunter leicht abgefälscht wurde.
In Schußposition war Hoeneß von Müller und Held gebracht worden, der nach einem etwas schwerfälligen Start am linken Flügel zu großer Form auflief.

Überhaupt hat unsere Mannschaft die Engländer in der ersten Halbzeit mit modernem, cleverem und enorm schnellem Fußball so ausmanövriert, daß die 1:0-Führung durch Hoeneß nur ein bescheidener Ausdruck ihrer Überlegenheit war.
Sie hat, im Gegensatz zu den Engländern, die eigentlich wissen müßten, daß das Spielfeld von Wembley außergewöhnlich breit ist, den sich anbietenden Raum voll ausgenützt, nicht zuletzt deshalb, weil sie mit Held und Grabowski echte und sich immer anbietende Flügelstürmer besaß und mit Beckenbauer, Netzer, Hoeneß und Wimmer im Mittelfeld Schaltstationen, die sich der jeweiligen Situation viel geschickter anzupassen verstanden als Bell, Ball und Peters auf der anderen Seite, ganz zu schweigen von Bobby Moore, dem Beckenbauer mit unüberbietbarer Deutlichkeit vorführte, welche Möglichkeiten für Abwehr und Angriff in der Rolle des freien Mannes stecken. Was Moore, der größte Verdiener des englischen Berufsfußballs, daraus machte, läßt nichts anderes als den Schluß zu, daß der Moore seine Schuldigkeit getan hat und eigentlich gehen sollte.

Die Waschmaschine

Größter Nutznießer des deutschen Einzugs ins Brüsseler Endspiel um die Europameisterschaft der Nationen dürfte jener Insasse des Antwerpener Gefängnisses gewesen sein, von dem behauptet wird, daß er während des Spiels Belgien – Deutschland die Eisenstäbe seines Fensters durchgesägt und französischen Abschied genommen habe, dieweil seine Wächter am Fernsehschirm zitterten. Coups werden also nicht nur im Stadion und von Gerd Müller gelandet, wiewohl die Aufmerksamkeit des Berichterstatters in erster Linie diesen Dingen zu gelten hat.
Mehr denn je muß er im Zeitalter des Fernsehens hier Au-

gen und Ohren aufmachen, um seinen einsamen Kampf mit der mächtigen Fernsehkamera zu bestehen.
Zum Glück kann sie nicht alles einfangen. Beispielsweise nicht den herrlichen Ausspruch meines trefflichen Kollegen Geoffrey Green von der Londoner ›Times‹, der alles andere als ein Greenhorn ist, wenn's um Fußball geht. Bei der Schweizer Weltmeisterschaft 1954 hat mich der schon damals Weitgereiste in die Wunderwelt der journalistischen Vergleiche eingeführt, und daß er nichts von seinem bilderreichen Witz eingebüßt hat, mag folgender Ausspruch des guten, alten Geoffrey beweisen. Er tat ihn trokken und mit unbewegtem Gesicht, wie es nur ein Engländer vermag:
»Ich kann mir nicht helfen, aber wenn ich die Russen so spielen sehe, dann glaube ich vor dem Bullauge einer Waschmaschine zu sitzen. Das ist eine emsige und sicherlich recht nützliche Umwälzerei, aber leider nicht lustig oder gar attraktiv. Außerdem kenne ich keinen, der anderthalb Stunden lang freiwillig einer Waschmaschine zusehen würde.«
Seine Zunge ist so spitz wie seine Feder. Aber in den meisten Fällen sagt er die Wahrheit.
»The bloody truth«, wie er es nennt.

Deutschstunde

Im olympischen Dorf regt sich, im Gegensatz zum Pressedorf, wo immerhin schon gearbeitet wird, nur spärliches, rudimentäres Leben. Olympias wichtigste Leute, was immerhin die Athleten sind, wiewohl das manchen Funktionären, die vor Wichtigkeit platzen, unverständlich ist, sind noch rar. Die ersten Regentropfen eines sich ankündigenden Gewitters sozusagen. 250 von 12000 mögen eingetroffen sein, zwei Prozent also nur, und man trifft mehr Mechaniker und Topfwäscher als Hauptpersonen. Tellerwäscher übrigens nicht, da Geschirr und Besteck der riesigen Mensa aus Pappe sind und nach einmaligem Gebrauch vernichtet werden. Was das bei Vollbelegung und drei täglichen Mahlzeiten bedeutet, wird jedem, der sich mit Umweltschutz befaßt, das Gruseln beibringen, aber das Organisationskomitee versichert, daß mit modernsten Methoden gearbeitet werde und Münchens Luft von jeder olympischen Verpestung verschont bleibe. In der großen Ladenstraße des Dorfes treffe ich ein paar schnatternde Chinesen aus Taiwan, und sie wären die liebenswürdigsten Interviewpartner, die man sich vorstellen kann, wenn ihr Englisch um ein paar Brocken reicher wäre. So lacht man sich eben gegenseitig an, und jeder freut sich, daß sich der andere freut.

Eine Straße weiter ist das anders. Es ist die Connollystraße, und in einem ihrer pyramidenartigen Blocks haben 43 Sportler und Funktionäre aus der DDR Quartier bezogen. Eine stattliche Vorhut also, und da man Sächsisch weit besser verstehen kann als Chinesisch, müßte hier das Interview herausspringen, das ich aufs heutige Programm gesetzt habe.

Aber wie stellt man das an? Plötzlich spürt man das deutsche Problem, mit dem man sich sonst nur theoretisch beschäftigt, in der Magengrube. In Sapporo, weitab vom heimatlichen Boden, war es längst nicht so evident wie in diesem kostspieligsten aller bisherigen Olympischen Dörfer, in dem ostdeutsche Gäste und westdeutsche Gastgeber noch nicht so recht wissen, wie ihre Koexistenz aussehen soll.

Man erkennt die Athleten von drüben leicht am eigenartigen Rostbraun ihrer Hosen, aber erkennen und miteinander reden sind zwei Paar Stiefel, und so drehe ich erst einmal zwei höchst überflüssige Runden um einen farbigen popartigen Springbrunnen, um mir die Anrede zu überlegen. Und ich ertappe mich bei der absolut gleichen Verlegenheit, mit der wir im Gymnasium kämpften, wenn wir in der Zehnuhrpause mit den Mädchen reden wollten. Was nützt es, daß man an einen Pelé oder einen Merckx herankommt wie an alte Kumpels – wobei mir einfällt, daß Eddy Merckx zu dieser Stunde irgendwo in den französischen Alpen strampelt, um seinen Weltmeisterschafts-

titel auf der Straße zu verteidigen –, was nützt es also in diesem Moment, daß man ganz genau weiß, wie man Stars aller Art zum Reden bringt!
Die beiden jungen Burschen mit den rostbraunen Hosen schauen demonstrativ in eine andere Richtung, wenn ich ihre Augen suche. Aber wenn ich zum dritten Male den Springbrunnen umkreise, werden sie über mich grinsen. Also trete ich hinter sie, und es fällt mir nichts ein als der banalste aller Eröffnungszüge, der freilich auch bei Spassky und Fischer vorkommen soll.
»Guten Tag, wie geht's?« Ich weiß, daß es saudumm klingt, noch ehe sie mich mit einer Mischung von Ablehnung und leisem Spott ansehen. Kontaktfreudiger müßte man eben sein. So wie jener Kölner Kollege, der Franz Beckenbauer einmal unmittelbar nach Spielschluß interviewte und die Verwegenheit besaß, ihm nicht nur herzhaft auf die Schulter zu klopfen, sondern ihm auch noch den Tee wegzutrinken.
Die beiden deutschen demokratischen Republikaner verspüren offenbar keine Lust zu sagen, wie es ihnen geht. Ich präzisiere deshalb die Frage. »Sind Sie mit der Unterkunft zufrieden?«
Jetzt zeigen sie wenigstens leichte Wirkung. Der eine zuckt leicht mit den Schultern, der andere sagt »Nu ja«. Man braucht nicht viel Phantasie, um zu begreifen, daß beides das gleiche bedeutet. Wollen sie nichts sagen oder dürfen sie nicht? Es zeigt sich, daß sie schon dürfen. Aber die Bereitschaft ist ungefähr so wie die von Franz Beckenbauer nach der 0:5-Niederlage des FC Bayern gegen Ajax Amsterdam. Bloß die Motive sind andere. Sie sind um Distanz bemüht, weil man ihnen offenbar gesagt hat, daß westdeutsche Journalisten wahre Hexenmeister in der Manipulation von harmlosen Aussprüchen sind. Mit knappsten Formulierungen, in denen kein Lob vorkommt, wohl aber leiser Tadel, der jedoch nur angedeutet und nicht ausgetreten sein will, erfahre ich folgendes: es sind zwei Kanuten, was auf sächsisch »Ganuuden« heißt und für die Liebhaber dieser Sprache ein veritabler Leckerbissen sein muß.
Kanuten sind sie also, und das bedeutet nicht mehr und

nicht weniger, als daß sie zu den potentiellen Medaillenanwärtern gehören. Die DDR ist sehr stark in dieser Sparte. Aber darüber wollen sie nicht reden. Fragen wir also nach dem Essen ...

»Nu ja«, sagt der eine, und der andere zuckt wieder mit der Schulter.

»Nicht reichlich genug?«

»Nu ja, das schon. Aber zu kalt.«

»Sicher wird sich das einspielen.«

»Nu ja.« Diesmal zuckt der andere mit der Schulter, und ich spüre, daß kein Redeschwall mehr zu erwarten ist. Das Gespräch ist am Versiegen, noch ehe es in Gang gekommen ist. Sie schauen auf ihre Stiefelspitzen und hinauf zum hohen Dach ihres Hauses.

»Zu viel Beton«, sagt der eine, »und wenn alle da sind, wird es eng und laut sein.«

Es ist der längste Satz des Interviews und er ist sicher richtig vorausempfunden. Bei 12 000 Wettkämpfern muß das Areal bei aller Größe fast aus den Nähten platzen, und die Amerikaner werden vergeblich nach dem Wahrheitsgehalt ihres deutschen Lieblingsworts suchen, welches bekanntlich Gemütlichkeit heißt.

Doch Olympia war schließlich noch nie eine Brutstätte solchen Brauchtums, und von den Sachsen wird es, wie wir gesehen haben, mit Sicherheit nicht eingeschleppt werden.

Der Nationalismus hatte Urlaub

Da kannst du sagen, was du willst, Freund Snob: Die XX. Olympischen Spiele hatten eine Eröffnung, die selbst Mexiko in den Schatten stellte, wobei aber gleich gesagt werden muß, daß Mexiko mit seinen Mariachis für einen der Glanzpunkte im vollbesetzten Olympiastadion sorgte. Nichts ist ins Kitschige abgeglitten, wiewohl Kitsch und Pomp nahe Verwandte sind und das Pompöse nun einmal nicht aus dem olympischen Zeremoniell zu verbannen ist. Mit der eigenwillig-geschickten Auflockerung des Protokolls – bayerische »Goaßlschnalzer«, 3000 Münchner Buben und Mädchen, die mit selbstgebundenen Bögen und Blumensträußen den Gruß der Jugend entboten, und die Mariachis nebst dem weltberühmten folklorischen Ballett Mexikos – ist tatsächlich die von Willi Daume propagierte und oft genug belächelte olympische Heiterkeit erzielt worden. Eine Ambiance, wie man sie bisher eigentlich nur bei den Schlußfeiern erlebte, die den Organisatoren mehr Spielraum läßt als die Eröffnungszeremonie mit ihren protokollarischen Imperativen.

Jetzt, wo schon ein Wettkampftag zwischen dem Erscheinen dieser Zeitung und der Eröffnungsfeier liegt, wird man von uns keine haarkleine Beschreibung dieses feierlich-heiteren und ungemein farbenfrohen Auftakts erwarten, der selbst Manfred Ewald, dem Chef de Mission der DDR, Anerkennung und Schmunzeln abnötigte. Er hat mir das zwar nicht gesagt, aber ich glaube, es behaupten zu dürfen, da er auf dem Rasen an der Spitze seiner Delegation stand und ich ihn mit dem Fernglas des öfteren so nahe heranholte, daß mir nichts von seinem Mienenspiel entging.

Woraus man sieht, daß das Fernsehen vieles, aber eben doch nicht alles bieten kann. Auf alle Fälle kann das Organisationskomitee mit dem einhelligen internationalen Lob zum Auftakt zufrieden sein, und stellvertretend für viele Stimmen, die wir hörten, sei diejenige des französischen Sportglobetrotters Jacques Ferran zitiert: »Merveilleuse organisation et merveilleux public.« Prächtige Organisation und ebensolches Publikum.

Das farbenfrohe mexikanische Element im bunten Reigen ließ die Gedanken davonfliegen. Sie schlichen sich unter dem Zeltdach hinaus ins Land der Azteken, zu jener Nacht, die vier Jahre zurückliegt und in der wir in riesigen elektronischen Lettern ›Munich‹ aufleuchten sahen. Und es ist, als ob es gestern gewesen wäre, daß sich die Jugend der Welt mit einer Mischung aus überschäumender Freude und Wehmut das Abschieds-Rendezvous für München gab. Sie defilierten in bunten Reihen ohne

Rücksicht auf Nationalitäten unter einem wogenden Meer von Sombreros. Viele davon flogen, von übermütiger Hand geschleudert, in die Luft, um irgendwo zu landen, wo sich Tage zuvor Speere und Eisenkugeln in den Rasen gebohrt hatten, beklatscht oder ignoriert, je nach Kraft und Form des Athleten.

Viele von denen, die sich damals verabschiedeten, sind ins Münchner Olympiastadion einmarschiert, und es war, als ob keine vier Jahre, sondern nur ein paar Tage seit dieser langen Nacht unter Mexikos blankem Himmel vergangen wären. Und wieder spürte man das Flair, das nur Olympia hervorzubringen vermag, wenn die Arena zur Nußschale wird, in der sich die ganze Welt vereinigt. Es gibt nichts, was sich mit solchen Stunden der spontanen Verschmelzung vergleichen ließe, und arm ist der, der's nicht erfaßt.

Sicher, dieser Augenblick verweilt nicht. Man kann ihn so wenig konservieren wie jedes andere Erlebnis, weniger sogar noch, weil über allem die Herausforderung des Wettkampfs steht, der Aggressionen freimacht und den Menschen dazu zwingt, auf der ganzen Skala zwischen Mut und Feigheit und zwischen Neid und Bewunderung zu spielen. Töricht wäre es deshalb, sich unter dem Eindruck dieser ebenso glanzvollen wie heiteren Eröffnungsfeier vorzustellen, daß die kleine Welt des Sports oder gar die, die wir die große nennen, heiler geworden wäre. Sicher ist jedoch, daß alle, die guten Willens sind, durch ein Erlebnis, wie es diese Eröffnungsfeier darstellte, mit vielen Unzulänglichkeiten, die weit über den sportlichen Rahmen hinausreichen, versöhnt werden.

Für ein paar Stunden wenigstens hatte der Nationalismus Urlaub bekommen. Einen sehr sympathischen Beitrag dazu lieferten die Amerikaner, deren Fahne Olga Fikotowa-Conolly trug, die tschechoslowakische Goldmedaillengewinnerin gewesen war, ehe sie einen amerikanischen Olympiasieger heiratete. Und mit sicherem Instinkt begriff auch das Publikum seine Rolle. Ausländische Beobachter waren überrascht vom herzlichen Beifall, den die DDR verbuchen durfte, und ergraute Globetrotter des Sports, die schon vor dem Krieg über Olympische Spiele

berichteten, sprachen vom kosmopolitischsten Publikum, das je eine Ouvertüre zierte.
Ob sie diese Meinung revidieren müssen, steht auf einem anderen Blatt. Sicher ist, daß beschwingte Heiterkeit dieser Sorte von keinem Publikum der Welt durchgehalten werden kann. Jetzt ist das Orchester Kurt Edelhagen, das mit seiner gelungenen Mischung aus Folklore und Swing einen großartigen Beitrag zum Gelingen der Ouvertüre lieferte, abgetreten. Die Begleitmusik ist ausschließlich Sache des Publikums geworden. Jetzt hat es, wie die Athleten, olympische Reife zu beweisen.

Fürst unter Fürsten: Jesse Owens

Der volkstümlichen Ouvertüre im Stadion folgte die der Prominenz im Saal. Bundespräsident Gustav Heinemann hatte sie zu einem Supercocktail im ›Antiquarium‹ von Münchens altehrwürdiger Residenz geladen – und alle, alle kamen. Was freilich so ganz auch nicht stimmt, weil viele, die gerne gekommen wären, keine Einladung erhalten hatten. Man hatte die Zahl auf tausend begrenzt; aber wenn man bedenkt, was Olympia an Prominenten und solchen, die es gerne wären, angezogen hat, dann braucht man nicht viel Phantasie, um zu begreifen, daß des Bundespräsidenten Wohlwollen der Tropfen auf den heißen Stein war. 600 Chauffeure kutschierten Wagen in den Hof, von denen manche gerade noch durch die Portale paßten, und wir müßten schon ein Sonderblatt einlegen, wenn wir anfangen wollten, aufzuzählen. Schneller geht's, wenn man feststellt, daß von der politischen Prominenz eigentlich nur Franz Josef Strauß fehlte – aus Gründen, die nicht zu erfahren waren.
Man stand so eng, daß man entweder den Gesprächspartner mit Sekt benäßte oder von diesem auf gleiche Weise bedient wurde. Was Bundeskanzler Brandt bewog, sportliche Fachgespräche, zu denen man bekanntlich auch die

Hände braucht, seinen Experten Genscher und Mischnick zu überlassen. Erstaunlich behend und glatt schlüpfte Rainer Barzel von Gruppe zu Gruppe, wobei er es, trotz hartnäckiger Versuche diverser Fotografen, fertigbrachte, nie mit Horst Ehmke aufs gleiche Bild zu kommen. Walter Scheel bewies im Gespräch mit Jesse Owens bemerkenswertes sportliches Fachwissen, während mir Josef Ertl mit einigem Stolz erklärte, daß er noch immer schwierige alpine Abfahrten bewältigte, aber es nicht nötig habe, mit Hilfe Olympias Imagepflege zu betreiben.

Der Landwirtschaftsminister zeigte sich von der Eröffnungsfeier im Stadion denn auch längst nicht so beeindruckt wie Königin Benedikte und Prinz Henrik von Dänemark, Prinzessin Sophia von Spanien oder Fürst Rainier nebst Fürstin Gracia von Monaco. Es erwies sich als Vorteil, den Fürsten von den fußballerischen Roundtable-Gesprächen her zu kennen, die er zusammen mit dem französischen Sportjournalistenverband in Monaco durchzuführen pflegt. »Allein das Erlebnis der Eröffnungsfeier war die Reise nach München wert«, sagte er, und man spürte, daß das ehrlich und ohne Pathos gemeint war. Und in Monte Carlo versteht man etwas von festlichen Inszenierungen.

Der dankbarste Interviewpartner aber war Jesse Owens. Der Mann, dessen Name immer an erster Stelle genannt wird, wenn von den Olympischen Spielen 1936 die Rede ist, strahlte vor spontaner Begeisterung, die sein Gesicht jung machte wie in den unvergeßlichen Berliner Tagen, als er sich die Goldmedaillen über 100 m, 200 m, im Weitsprung und in der Staffel holte. »Mexiko«, sagte er, »war Farbe und Enthusiasmus, aber in München kam eine neue Dimension dazu. War es nicht wundervoll, wie 3000 Kinder die Athleten begrüßten, und waren Musik und Show nicht hervorragend aufeinander abgestimmt? Ich glaube nicht, daß man es, ohne das olympische Protokoll zu übergehen, besser machen kann.«

»Glauben Sie, daß Sie, wenn Sie noch einmal zwanzig wären, auch in München vier Goldmedaillen gewinnen könnten?«

In den großen braunen Augen blitzt der Schalk: »Zunächst einmal: was man hat, das hat man. Aber ernsthaft: Diese vier Goldmedaillen könnte ich heute nicht mehr holen. Ich war beispielsweise kein Weitsprungspezialist, und es ist undenkbar, daß heute einer den Weitsprung gewinnt, nur weil er schnell laufen kann.«
»Nun ja, wer über acht Meter kommt, kann auch heute noch ganz hübsch bei den Spezialisten mitmischen.«
Wieder lacht er. »Wahrscheinlich hätten sie mich zum Weitspringer getrimmt, aber die 8,90 Meter von Bob Beamon hätte ich wohl kaum geschafft.«
»Glauben Sie, daß dieser Weltrekord jemals gebrochen wird?«
»Höchstens in Mexikos dünner Luft, und auch dann wird der Wind kräftig mitschieben müssen, wie er es bei Beamon getan hat.«
»Sie sind jetzt 36 Jahre älter als damals in Berlin. Haben Sie auch so viele Pfunde zugenommen?«
»Nein, nur 20, und wie Sie sehen, stören sie mich nicht.«
Tatsächlich ist unter dem maßgeschneiderten Jackett kein Bauchansatz zu erkennen. Jesse Owens würde über 100 Meter noch viele schlagen, die seine Söhne sein könnten.
»Wissen Sie«, grinst er, »daß ich fünffacher Großvater bin?«
Nein, so sieht er wirklich nicht aus. Der Schritt des berühmtesten Sprinters aller Zeiten ist federnd wie der eines jungen Mannes, und es gibt überhaupt wenige Champions, die sich in so langer Zeit so wenig verändert haben. Auch Jesse Owens gehört zu den Fürsten von Gustav Heinemanns großer Party. »Ich liebe Deutschland«, sagt er, als wir uns verabschieden, »und meine besten Freunde sind Gerhard Stöck und Erich Borchmeyer.«

Der Ruhm geht rum

Das Mädchen mit der randlosen Brille und den Haaren, die wie Rotgold schimmern, gleicht dem Rattenfänger von Hameln, wenn es durch den Olympiapark spaziert. Eigentlich kann man es gar nicht so nennen, denn wer spazierengeht, flaniert mit dem Anspruch auf ein bißchen Intimität. Aber wenn man, wie Heide Rosendahl, der Nation das erste Gold schenkt, hat man jeden Anspruch auf seine Intimsphäre verloren. Man sieht plötzlich nur noch Schulterklopfer um sich und hat die Bewegungsfreiheit einer gut verpackten Ölsardine.

Frischer Ruhm ist ungemein strapaziös. Er stört Heide Rosendahls Bewegungsfreiheit bis hinein in ihr olympisches Dorfzimmer, wo sie ein Meer von Blumen zu durchqueren hat, um an das Bett heranzukommen, das eine Athletin so dringend wie das Training benötigt, obwohl die Fans sich schwer vorstellen können, daß eine Halbgöttin des Stadions Imperativen des Lebens unterworfen ist wie du und ich.

Sie merken auch nicht, daß sie manchmal leise in sich hineinlächelt, wenn die Autogrammjäger zum Sturmlauf ansetzen, weil sie weiß, wie beleidigt die meisten dieser Leute reagiert hätten, wenn sie erfolglos geblieben wäre. Und auch die stattlich-staatlichen Luxusblumen von Willy Brandt und Rainer Barzel haben sie nicht ehrfürchtig erschauern lassen, zumal sie weiß, daß die noblen Gratulanten einigermaßen verschnupft darüber waren, daß die Übergabe sich nicht vor den Fernsehkameras hatte bewerkstelligen lassen. Was dem einen sein Wettkampf, ist dem anderen sein Wahlkampf.

Von der Straße aus sehe ich, wie sie sich in einem Pulk von Bewunderern Eintritt zum Trainingsplatz zu schaffen versucht. Sie ziehen an ihrem blaßvioletten Trainingsanzug, der so gut zum rotgoldenen Haar paßt, und am liebsten würden sie ihn zu Souvenirfetzen zerreißen. Heide Rosendahl erlebt die Kehrseite des Ruhms, und die erlebt sie mit wachen Augen.

Den jungen Mann mit der schwarzen Hose und dem taillierten Hemd, der im Vorbeigehen einen flüchtigen Blick

hinüberwirft, kann sie freilich nicht sehen. Niemand erkennt ihn, obwohl er im letzten Winter noch größere olympische Schlagzeilen gemacht hat und zu Hause wie ein König empfangen wurde. Ohne eine Medaille gewonnen zu haben, ja, überhaupt an den Start gegangen zu sein.
Auf der Identitätskarte, die an seinem Hemd baumelt, steht der Name Karl Schranz. Er wird nie mehr an Olympischen Spielen teilnehmen, aber das österreichische Fernsehen hat ihn als olympischen Gelegenheitsarbeiter akkreditieren lassen. Oh, er hat schon noch Ruhm, von dem sich zehren läßt, aber was ist das, hier im Olympiapark, gegen den frischen Rosendahlschen Ruhm.
Ein Nasenwasser ist es. Zwei Buben mit Autogrammheften, die das Goldmädchen inmitten der Traube ihrer Bewunderer entdeckt haben, rennen ihn fast um. Vor ein paar Monaten noch hätten sie ein Schranz-Autogramm für zehn der Rosendahl getauscht. Heute registrieren sie ihn nicht einmal.
So ist das mit dem Ruhm. Und es ist gut für die Heide Rosendahl, daß sie das weiß. Wenn man's überlegt, hat sie viele Parallelen mit Karl Schranz. Da ist die gleiche, lupenreine Klasse und jenes berufliche Gewissen, ohne das man heute kein Ausnahmeathlet mehr sein kann. Auch wenn »beruflich« ein Wort ist, das die olympischen Gralshüter gar nicht mögen. Dabei gäbe es heute keine Spitzenleistungen mehr, von Weltrekorden ganz zu schweigen, wenn die verkalkten Buchstaben der olympischen Gesetze befolgt würden.
Heide Rosendahl und Karl Schranz sind auch viel zu emanzipiert vom pastoralen olympischen Mythos, um nicht die praktische Seite des Ruhms zu erkennen. Heumachen, solange die Sonne scheint, ist für sie sinnvoller als das Bad in einer begeisterten Menge, das nach der Euphorie des Sieges viel von seinem Reiz verliert. Und schließlich: Schranz und Rosendahl machen kein Hehl daraus, daß sie ihre Länder zwar lieben, aber in erster Linie für sich selbst kämpfen.
Rest der Szene: Schranz begibt sich, leise vor sich hin pfeifend, auf seinen Arbeitsplatz im Stadion. In zehn Jahren

wird Heide Rosendahl so alt sein wie er und vielleicht das gleiche tun, dieweil sich neben ihr die Menge auf einen frischen Sieger stürzt und ihm das trügerische Hochgefühl eines nie welkenden Ruhmes vermittelt.

Perfektion

Vor drei Wochen, als es hier noch fast menschlich zuging, habe ich auf dem Oberwiesenfeld einen Schäfer gesehen. Einen richtigen Schäfer mit richtigen Schafen. Nach dem habe ich Heimweh, aber Olympia hat ihn mitsamt seiner Herde verschluckt, so wie es alles verschluckt hat, was mit dem bürgerlichen Alltag zu tun hat.

Man müßte eine Stunde auf einer Wiese sitzen, mit dem geflohenen Schäfer sprechen können und seine Schafe blöken hören. Dann könnte man vielleicht wieder etwas gelassener in überfüllte Pressebusse steigen, Notizblöcke vollkritzeln und durch ein Meer von roten, grünen und blauen Ergebnislisten waten, die der Computer in atemberaubender Fülle ausspeit. Von hundert dieser bunten DIN-A4-Blätter braucht man ein einziges, und es ist wie mit der Stecknadel im Heuhaufen. Man findet das richtige Blatt in diesem Tohuwabohu der Perfektion natürlich nie und stellt jeden Abend fest, daß man eine kiloschwere und nutzlose Remittendensammlung mit sich herumschleppt. Um die ganze sinnlose Prozedur am nächsten Tag zu wiederholen. Das kommt daher, daß das Sammeln von Papier in der olympischen Hatz wesentlich einfacher ist als das Sammeln klarer Gedanken und daß man immer noch an die Nützlichkeit unnützer Listen glaubt.

Das sind untrügliche Anzeichen aufkommenden Schwachsinns. Genährt wird er im übrigen nicht nur durch die bunte Papierschwemme, sondern durch die nicht minder farbenfrohe Mattscheibenberieselung des Fernsehens. Wer das Pressezentrum betritt, erfaßt auf einen Blick sämtliche verfügbaren Programme, und wer die

Kunst des Schielens beherrscht, kann zur gleichen Sekunde einen klassischen K. o. und einen Schwimmweltrekord erleben.
Keine Tür, hinter der's nicht flimmert. Kein Korridor, so kurz er auch sei, in den sich Olympia nicht per Mattscheibe schliche. Es ist ein Angriff von so totaler Brutalität, daß der Reporter, der geglaubt hatte, wenigstens zehn Prozent menschliche Intimsphäre zwecks Verarbeitung seiner Eindrücke bewahren zu können, resigniert aufgibt. Er sieht flimmernde Bilder, ganz egal, ob er die Augen auf- oder zumacht. Und er sammelt Papier aller Farben, um wenigstens eine Eselsbrücke zu haben, wenn er sich in der brüllenden Hektik der sogenannten Arbeitsräume zu konzentrieren versucht. Dann kommt er sich vor wie ein kleiner geistiger Lebensmittelhändler, ein Trödler Abraham, der mit einem Bauchladen voll ranziger Eukalyptusbonbons, Kunsthonig und Schuhnesteln im Supermarkt steht, wo alles besser, schöner und keimfrei zu haben ist.
Es wäre wunderbar, sich von Olympias schriftlicher Kleinkunstbühne ein paar Stunden beim Schäfer und seinen Schafen erholen zu können.

Gold zum Höchstpreis

Bei allem, was der Mensch zu seiner Freude tut und unter dem Sammelbegriff Sport zusammenfaßt, gibt es eine Grenze, wo der Spaß aufhört. Und bei einem Gipfeltreffen wie Olympia wird diese Grenze zwangsläufig häufiger verletzt als die Straßenverkehrsordnung im überfüllten München, denn der Schrei nach Gold klingt nicht fröhlich, sondern erbarmungslos wie das Brüllen des hungrigen Löwen.
Bei Männern begreift man's noch. Bei ihnen werden im Wettkampf natürliche Aggressionstriebe frei, und oft genug drängen maskuline Urinstinkte das Fairplay in den hintersten Winkel der Arena. Man kann dieses Phäno-

men, ohne es offen zu billigen, begreifen, aber ratlos steht man vor den weiblichen Raubtieren, die Japan nach München entsandt hat, um die Goldmedaille im Volleyball zurückzuholen.

Man muß dazu folgendes wissen: Als die Japaner die Olympischen Spiele 1964 in Tokio vorbereiteten, setzten sie durch, daß Volleyball aufs Programm kam, weil sie eine unschlagbare Damenmannschaft hatten. Es waren Mädchen, die ein Leben führten wie keine anderen zuvor. Leben kann man's freilich nur nennen, wenn man japanische Genügsamkeit, Sucht nach Anerkennung und Selbstaufopferung als lebenswerte Eigenschaften betrachtet.

Die Mädchen arbeiteten Kopf an Kopf in der Nishibo-Spinnerei in Kaizuka von 8 Uhr bis 15.30 Uhr. Ihr zweiter Arbeitstag begann um 16 Uhr in der Turnhalle der Fabrik und dauerte acht Stunden. Acht Stunden härtester physischer Belastung und psychischer Demütigung unter dem Trainer Hirobumi Daimatsu, der den schlimmsten Verfechter preußischen Kasernenhofdrills zum harmlosen Chorknaben degradiert hätte. Ein Sadist, der die Mädchen vor Verzweiflung aufheulen ließ, wenn er ihnen ganze Serien von unerreichbaren Bällen vorsetzte und sie zwang, sich pausenlos auf den knallharten Boden zu werfen. Sie schnellten umher wie Fische auf dem Trockenen, fluchten und weinten, und es kam vor, daß eine mit irrer Wut im Gesicht und mit gespreizten Händen vor den Trainer trat, um ihm die Augen auszukratzen. Aber dann war sie es, die die Prügel abbekam und davonschlich wie eine Raubkatze vor der Peitsche des Dompteurs.

Der Lohn war die Goldmedaille in Tokio. Aber selbst in Japan fand man die Methode unmenschlich, und man beschloß, den Olympiasieg vier Jahre später in Mexiko mit weicherer Welle zu verteidigen. Neuer Trainer wurde Shigoe Yamada, der es mit asiatischer Geduld probierte und prompt scheiterte. Die Sowjetunion überließ Japan nur die Silbermedaille, und damit waren die Weichen für München gestellt. Koshima löste Yamada als Trainer ab, und wer einmal das fünfstündige tägliche Training der Japanerinnen in München beobachtete, weiß, daß er noch

ein unerbittlicherer Schleifer als der ist, der die Tokio-Goldmedaille vorbereitete.
Was dieser kleine schwarze Teufel mit der dicken Brille, den die meisten Mädchen überragen, an körperlichen und moralischen Brutalitäten ausheckt, ist für den Mitteleuropäer schlechthin unvorstellbar, so, wie es unvorstellbar für ihn ist, daß Mädchen, die über jedes erträgliche Maß hinaus geschunden werden, diesen Zwerg nicht einfach in der Luft zerreißen. Daß sie die Kraft dazu hätten, zeigt ihr Spiel, wenn man das Vernichtungswerk, das sie mit ihren Gegnerinnen betreiben, überhaupt als Spiel bezeichnen darf. Fassungslos stehen Mädchen, die trotz Volleyball welche geblieben sind, diesem erbarmungslosen Hagelschlag gegenüber.
Nie geht er spurlos an ihnen vorüber, und es ist absolut sicher, daß es am 6. September zu einer Neuauflage des Endspiels Japan – Sowjetunion kommen wird. Es kündigt sich als veritabler Kamikaze-Kampf der Japanerinnen an, bei dem den Russinnen wohl nur ein kleines Wunder helfen kann. An diesem Tag wird das Gesicht von Katsumi Matsumura, in das zehn Jahre erbarmungslosen Stresses ihre Spuren gegraben haben, noch härter aussehen. Die 28jährige Mannschaftsführerin ist die einzige, die unter allen drei Trainern »gearbeitet« hat, ein Ausdruck, der gar nicht zu umgehen ist, weil diese Tätigkeit mit Spielen so wenig zu tun hat wie die Auseinandersetzung zwischen zwei Boxern. Wer Bälle ins Gesicht geworfen bekommt, wenn er vor Erschöpfung zusammenbricht, und fürs Aufmucken geprügelt wird, zahlt einen zu hohen Preis.
Verfechter der Emanzipation werden das Peinlich-Unnormale dieser japanischen Kamikaze-Truppe möglicherweise nicht erkennen und auch nicht das Kuriosum, daß sie aus einem Land kommt, in dem die Emanzipation noch nicht einmal in den Kinderschuhen steckt. Aber vielleicht ist es gerade diese Diskrepanz, die diesem Team supermännliche Züge gibt.
Erinnern sollte es uns auf alle Fälle daran, daß Frauen, trotz allem Emanzipationsgerede, in vielen Sportarten einen höheren Preis als Männer zu zahlen haben, weil der Streß des Wettkampfes, ohne Zweifel ein naturgebunde-

nes männliches Privileg, bei ihnen viel leichter zu psychologischen Balanceschwierigkeiten führt. Was die japanischen Volleyballmädchen vorführen, ist alles andere als ein Gegenbeweis für diese Behauptung.
Es ist indessen fast erholsam, sie anstatt im Training beim Wettkampf zu beobachten. Als ich sie gestern gegen die kaffeebraunen Kubanerinnen haushoch gewinnen sah, mußte ich an den Mann denken, der sich immer Schuhe zu kaufen pflegte, die um zwei Nummern zu klein waren. Befragt, warum er sich so plage, antwortete er lächelnd: »Das ist die einzige Freude, die ich mir leiste. Sie glauben gar nicht, was für ein Hochgefühl es ist, wenn ich die Schuhe ausziehen darf.«
Es war, als ob die vom unerbittlichen Training geplagten Japanerinnen im Spiel gegen Kuba die Erleichterung dieses Selbstkasteiers seiner Füße verspürten. Ihre spitzen, gellenden Schreie klangen gegenüber dem verzweifelten Trainingsgebrüll fast lustvoll, weil ihnen normale Mädchen gegenüberstanden, die Blumen streuten, um eine Dampfwalze aufzuhalten. In solchen Minuten, so scheint es, werden die Japanerinnen mit allen Strapazen und Demütigungen, die sie auf sich nehmen, versöhnt.

Goldmedaille für das Publikum

Es ist einer jener Abende, von denen Tucholsky sagte, daß sie keiner Jahreszeit gehören. Der Sommer ist gegangen; irgendwann ist sein Faden, ohne daß wir es merkten, gerissen, aber der Herbst ist noch nicht da. Nur seine Vorboten, frische Brisen am Abend und Frühnebel, die aus dem Wasser steigen, bis die Sonne hoch genug steht, um sie zu verjagen. Dann scheint es wieder Sommer unter dem weißblauen bayerischen Himmel zu sein. Aber silberne Fäden, die nicht zu ihm passen, hängen in der stillen Luft. Die Natur verharrt und holt Atem.
Auch wir tun's, und es tut gut. Für ein paar Stunden sind

wir dem olympischen Trubel entflohen und sitzen am Ufer des Starnberger Sees, das die letzten Segelboote in der Dämmerung ansteuern. Der Zufall hat eine internationale Journalistenrunde zusammengewürfelt. Es war spontan und ohne Vorbereitung geschehen. Man hatte sich im brodelnden Stadion zwischen zwei Telefonaten verabredet, weil man das Bedürfnis hatte, einmal rauszufahren und abzuschalten. Und wenn man's nicht spontan tut, wird's nie etwas, weil das Beharrungsvermögen, das uns ans Pressedorf bindet, wie zäher Leim ist.
Hier draußen, wo es keine Ergebnislisten, kein Fernsehen und keine Fernschreiber gibt, hat der ausklingende Tag eine ganz andere Melodie. Jean Eskenazi, Sportchef von Frankreichs größter Tageszeitung ›France Soir‹, der seit 25 Jahren nie ohne rote Nelke im Knopfloch gesehen wurde, wird von der Idylle so beflügelt, daß er erwägt, hier eine olympische Außenstelle einzurichten.
Er hat mehr Olympische Spiele und Weltmeisterschaften gesehen als wir alle, und oft genug hat er mit gallischer Galle gespritzt, wenn ihm etwas nicht paßte. Aber jetzt schwärmt er, und es ist nicht nur die faszinierende Abendstimmung am See, die ihn wahre Girlanden um das Erlebnis dieses Tages hängen läßt:
»Wißt Ihr, wie mein Aufmacher morgen heißt?« Man ist gespannt und einigermaßen überrascht, als er fortfährt: »Goldmedaille für das Publikum.« Und verstanden will er das so haben: »Wir haben den Deutschen einfach nicht zugetraut, daß sie diesen goldenen Sonntag ihrer Leichtathleten so verkraften würden. Bei aller legitimen Begeisterung spürt man da so viel Fairneß, Kennerschaft und Heiterkeit, wie ich es bisher nur einmal bei Olympischen Spielen erlebt habe, nämlich 1952 in Helsinki. Erinnert euch mal an den letzten Versuch des Russen Janis Lusis beim Speerwerfen. 80000 zitterten für Klaus Wolfermann, aber nicht einer wäre auf den Gedanken gekommen, den Russen in seiner Konzentration zu stören. So etwas nenne ich Fairneß und gleiche Bedingungen für alle. Ich habe keinen falschen Ton gehört und mußte an die Olympischen Spiele von Melbourne denken, wo das Publikum nur Augen für die Australier hatte. Australier mit

nichtssagenden Placierungen wurden wie Nationalhelden gefeiert, und Weltrekorde gingen unbeachtet unter. Das Münchner Publikum dagegen ist ›connaisseur‹. Es läßt sich von jeder außergewöhnlichen Leistung ohne Rücksicht auf die Nationalität des Athleten begeistern, und wenn ich an die Atmosphäre beim 10000-m-Lauf denke, dann muß ich mich fragen, ob ich so etwas überhaupt je erlebt habe. Glaubt mir, Freunde, dies hier ist ein Erlebnis, das nicht wenige Leute dazu bringen wird, ihre Ansichten über Deutschland zu revidieren.«

Man soll den Sport und das, was er fertigbringt, nicht überbewerten. Aber es scheint tatsächlich, als ob in diesen blanken Tagen zwischen Sommer und Herbst in München Dinge geschehen, die sehr weit und positiv über die Mauern von Stadien und Sporthallen hinausstrahlen.

Der Terror läßt alle Illusionen platzen

Wir hatten angefangen, unser Metier neu zu lieben. Der oft bis Mitternacht anhaltende Streß der olympischen Berichterstattung war keinem zuviel und den meisten gar nicht bewußt geworden. Die sympathische, ursprüngliche Heiterkeit dieser Spiele hatte nicht nur beim Publikum, sondern auch bei den Reportern eine Euphorie erzeugt, die es heute offenbar nicht mehr geben darf. Brutal zerstört wurde sie von einer Handvoll wahnwitziger arabischer Terroristen. Mit diabolischer Akribie haben sie die Nußschale, in der die Jugend der Welt vereinigt ist, nämlich das Olympische Dorf, zum Schauplatz schmutzigsten Terrors gemacht.

Das ist so unfaßlich für alle Menschen, die guten Willens sind, wie es verständlich ist, wenn man sich die haßtriefende Psychologie der Leute vor Augen führt, die vor den Augen der Welt das landen wollen, was sie einen großen Coup nennen. Die Macht des Terrors und die Ohnmacht des guten Willens schufen eine gespenstische Szene. Das

Olympische Dorf, nur ein paar Steinwürfe von dem entfernt, in dem wir zu begreifen haben, daß es nicht mehr möglich ist, dieser Welt wenigstens einen begrenzten olympischen Burgfrieden zu verkünden, war in einen Ausnahmezustand versetzt, für den es weder in der kleinen Geschichte des Sports noch in der, die wir die große nennen, ein Beispiel gibt.
Nachdem sie gemordet hatten, hielten die arabischen Terroristen im israelischen Haus Geiseln in Schach, und überall war die Ohnmacht aller zu spüren. Ich fuhr, nachdem ich am frühen Morgen mit Hunderten vor dem hermetisch abgeschlossenen Dorf der Athleten gestanden war, zusammen mit Gaston Meyer, dem früheren Chefredakteur von ›L'Equipe‹, in die Stadt, um im Hotel ›Vierjahreszeiten‹ die Reaktion des IOC zu erforschen. Es gab keine. Die Olympier waren außerstande, diese Situation zu erfassen oder Maßnahmen zu ergreifen. Niemand kann ihnen deshalb Vorwürfe machen. Hier war nicht ihre Politik angesprochen, sondern die große, und auch die war ratlos. Avery Brundage verweigerte jedes Interview, genau wie Lord Killanin, der neue Präsident. Der Marquis von Exeter, der die Hotelhalle grimmigen Gesichtes und per Krückstock durchquerte, erwies sich nicht besser informiert als jeder Journalist und verwies auf die anberaumte Tagung mit den Chefs de Mission der teilnehmenden Länder. Die Olympischen Spiele, das war klar, standen vor dem Zusammenbruch, zu einem Zeitpunkt, an dem ihnen ein ungewöhnlicher Erfolg beschieden schien. Ob sie die Unterbrechung noch retten kann, bleibt abzuwarten.
Zur Stunde, in der diese Zeilen geschrieben wurden, aber lebten sie. Angesetzte Wettkämpfe fanden statt, und es ist Chronistenpflicht, über sie zu berichten, auch wenn alles, was uns veranlaßte, dieses Metier neu zu lieben, weggefegt ist. Niemand wird die Existenzberechtigung des Sports bestreiten, aber wer will sich zum Richter erheben, wenn Dinge passieren, die alle überfordern?
Beispielsweise hätte das, was Hanns-Martin Schleyer, Vorstandsmitglied der Daimler-Benz AG, im ›Bayerischen Hof‹ für den siegreichen Vierer des deutschen Radsports

organisiert hatte, eine Feier sein sollen. Aber die Ereignisse drückten dieser Zusammenkunft, wie allem, was an diesem Tag geschah, einen ganz anderen Stempel auf. Mit dem legitimen Stolz auf olympisches Gold mischte sich Abscheu über das wahnwitzige Vorgehen der Terroristen. Jeder war allerdings der Meinung, daß dem Organisationskomitee keine Vorwürfe gemacht werden können, weil die Unterkunft von olympischen Wettkämpfern schließlich keine Festung ist, die mit elektrisch geladenen Zäunen abgesichert werden muß. Auch unter schwierigeren Bedingungen wäre jeder, der hier Terror säen will, zum Ziel gekommen.
Schließen wir dennoch mit dem, was uns hierherführte, also mit dem Sport. Er hat zurückzutreten, wenn Furchtbares passiert wie gestern, und es gab sicherlich keine andere Lösung als die einer Unterbrechung der Spiele. Ein Auskosten des Triumphs war den Männern des deutschen Bahnvierers nicht vergönnt, und sie wollten deshalb auch sparsam mit den üblichen Worten des Siegers sein, obwohl sie vier Jahre auf diesen Tag gewartet hatten. Stellvertretend für alle sagte Jürgen Columbo vom Stuttgarter Sportclub: »Wir waren sehr stolz auf unseren Sieg, und ich glaube, daß es für jeden der glücklichste Tag seines Lebens war. Die Feier haben wir uns nach dem Rennen verkniffen und auf den nächsten Tag verschoben. Aber mit einem Schlag ist alles anders geworden.«
Dem ist nichts hinzuzufügen. Nur zehn Tage lang hat Olympia dieser Welt Illusionen verschafft, die über ihre Verhältnisse gingen.

Ein grandioser Irrtum

Sportler versuchen weiterzukämpfen, als ob nichts geschehen wäre. Journalisten versuchen, sich an die Schreibmaschine zu setzen und wieder über Sport zu schreiben. Aber bei vielen bleiben die eingespannten Bogen lange

leer, weil es kein computerhaftes Umschalten von Terror auf Sport gibt. Es bedarf, um die Faszination des Wettkampfes in Worte umzusetzen, der inneren Freiheit und des Engagements, der gleichen Attribute, denen auch der Athlet nicht entraten kann, wenn sein Tun nicht zur gequälten Pflichtübung werden soll.
Überhaupt: Wo steht geschrieben, daß er muß? Kann er von Funktionären, deren Motivationen sehr häufig ganz andere sind als die des Aktiven, gezwungen werden, wider seinen Willen an den Start zu gehen? Man ist spontan bereit, diese Frage zu verneinen, aber wenn man überlegt, daß Staatsamateurismus und Mäzenatentum anderer Art den modernen Olympioniken zum Arbeitnehmer gemacht haben, erkennt man, daß das Problem diffiziler ist. Plötzlich ist man mit Dingen konfrontiert, an die während der zehn heiteren Tage, die München vergönnt waren, niemand dachte.
Hatten wir nicht alle längst Rhodesien und die afrikanischen Querelen vergessen? Wer hatte in der Euphorie des großen Festes noch an Schwarzafrikas Pressionen gedacht, die das IOC zu einem Kniefall gezwungen und der afrikanischen Sache von der olympischen Bühne aus die weltweite Publizität verschafft hatte, die beabsichtigt gewesen war?
Den Schwarzafrikanern folgten die arabischen Guerillas mit ähnlichen Zielen, aber ungleich schlimmeren Waffen. Mit heimtückischer Grausamkeit bewiesen sie die Ohnmacht des guten Willens gegen den bösen. »Der olympische Friede«, so erklärte Avery Brundage nicht nur im Namen des IOC, sondern der Welt im empörten Brustton eines Mannes, der die Gerechtigkeit auf seiner Seite weiß, »der olympische Friede ist gebrochen worden.«
Welcher Friede eigentlich? Hatte man vielleicht in Vietnam zu schießen aufgehört, weil sich die Jugend der Welt in München zu friedlichem Wettstreit traf? Hatte man an den Ufern des Jordans die Waffen niedergelegt?
Am 5. September hatte es für alle, die geglaubt hatten, der Olympiapark sei eine Oase der Freude und des Friedens in einer Welt, die gezwungen ist, mit dem Terror zu leben, ein jähes Erwachen gegeben. Der olympische Burgfriede

ist als Traum entlarvt, der nicht in diese Welt paßt. Es ist eine nutzlose, wenn auch hehre Phrasendrescherei, wenn Olympias Gralshüter und ihre weltweite Gefolgschaft von der Waffenruhe während der antiken Spiele sprechen.
Es hat diese Waffenruhe gegeben, und sie war praktikabel, weil diese Spiele, deren Tempel Athen war, religiösen Ursprungs und außerdem auf einen kleinen, überschaubaren Teilnehmerkreis beschränkt waren. Aber es ist ein grandioser Irrtum, zu glauben, daß die Flamme, die heute auf dem Oberwiesenfeld lodert, die Macht des antiken Feuers hätte, weil sie in Olympia entzündet wurde.
Was von dieser Flamme aufsteigt ist – ob man es wahrhaben will oder nicht – mythologischer Krematoriumsrauch.

So war Szepan

An den Tresen des Kohlenpotts wird mehr über den Tod Fritz Szepans gesprochen als bei uns im Süden, aber das bedeutet nicht, daß der »Beckenbauer der Vorkriegszeit« nur eine lokale Größe gewesen wäre. Man muß bedenken, daß es damals weder Fernsehen noch Bundesliga gab, ganz zu schweigen von den Europapokalen, die Szepan und seine große Schalker Mannschaft ins internationale Rampenlicht gerückt hätten. Und da es auch keine Boulevardpresse gab, die hinter den Kulissen der Nationalmannschaft ihren Grabenkrieg geführt hätte, ist folgende köstliche Geschichte, die mehr über Fritz Szepan aussagt als tausend Würdigungen seiner glorreichen Karriere, weithin unbekannt geblieben.
Es war vor der Weltmeisterschaft 1938 in Frankreich, und Sepp Herberger hatte den hochpolitischen Auftrag erhalten, eine Nationalmannschaft zu bilden, die zu gleichen Teilen aus Deutschen und Österreichern bestand. Genauer gesagt aus »Ostmärkern«, denn das waren die Wiener Profis durch den im Frühjahr 1938 erfolgten »Anschluß« geworden. Aber einen richtigen Zusammenschluß

hat es in der Nationalelf nicht gegeben. Sie wurde schon in der Vorrunde von der Schweiz in Paris eliminiert, und Herberger sagte später: »Das wäre weder einer rein deutschen noch einer rein österreichischen Mannschaft passiert.«

Warum jenes Team, das Sepp Herberger wider Willen zusammenstellen mußte, weder Fisch noch Vogel war, zeigt jene Episode aus dem WM-Vorbereitungslager in Duisburg-Wedau auf, in deren Mittelpunkt Fritz Szepan stand.

Ihn ärgerte, daß die Wiener nicht nur am Essen, sondern an allem herumnörgelten. Natürlich auch am Training, weil sie sich für Künstler hielten, denen man keinen Schweiß zumuten durfte. Eines Tages, als man in der Halle trainierte, wählten sie den Supertechniker Pepi Stroh aus, um dieses zu demonstrieren. Stroh ließ den Ball wie ein Jongleur auf Kopf, Knie und Füße springen und vergaß natürlich auch den Absatztrick nicht, von dem seine auf einer langen Bank an der Wand sitzenden Wiener Kollegen offenbar glaubten, daß er im »Altreich« zum erstenmal vorgeführt wurde. Die Demonstration war eindrucksvoll und dauerte, unter lebhaftem ostmärkischem Beifall und eisigem reichsdeutschem Schweigen, mehrere Minuten, bis es Fritz Szepan nicht länger auf der Bank hielt.

Er schnappte sich den Ball, schubste Pepi Stroh auf die Wiener Bank und machte das gleiche. Nur ein bißchen länger und mit dem Unterschied, daß der Beifall jetzt von der anderen Bank kam.

Aber plötzlich hob Szepan den Ball etwas höher an und nahm Maß zu einem jener fürchterlichen Volleyschüsse, mit denen man Spreißelholz macht. Und genau drei Zentimeter über Pepi Strohs Kopf, der nicht einmal eine Reflexbewegung machen konnte, knallte der Ball gegen die Wand. »Das nächste Mal«, sagte Szepan, »ziele ich tiefer. Dann wirst du nie mehr einen Kopfball machen, weil du keinen eingebildeten Wiener Strohkopf mehr hast.«

Von Stund an vertrugen sie sich besser, aber echte Freunde sind sie eigentlich nicht geworden.

Kehrseite einer Sportreportage

Zu den Ladenhütern des Sportjournalisten gehört beispielsweise die Hürde. Er verleiht sie häufiger, als man gemeinhin glaubt, denn was in einem Jahr, vor allem dann, wenn es ein Wahljahr ist, an Hürden genommen werden muß, läppert sich zu einem solchen Berg zusammen, daß man sich eigentlich wundern muß, nicht auf der Strecke geblieben zu sein. Jeder hat seine leichten und seine schweren Hürden hinter sich, und um zu beweisen, daß selbst das sportjournalistische Metier, welches vielen Zeitgenossen als lustiger Zeitvertreib mit hobbyartigem Charakter erscheint, seine tückischen Hürden hat, sei eine Geschichte erzählt, die mir den Schweiß aus allen Poren treibt, als ob ich sie nicht im deutschen Winter, sondern unter Mexikos sengender Sonne schriebe. Denn die Erinnerungen sind von der fatalen Art, die zu Geschäftsaufgaben und noch Schlimmerem zu führen pflegt. Aber da alles überstanden ist und der Leser, genau wie der Reporter, zwischen der letzten Hürde des alten und der ersten des neuen Jahres ausschnauft, sei die Geschichte von der schwersten Hürde erzählt, die sich mir bei Ausübung der Chronistenpflicht, die jeder, der von seiner Zeitung fortgeschickt wird, freudig zu erfüllen hat, in den Weg stellte. Sie muß nicht dramatisiert werden, denn sie war ein einziges Drama. Und geschrieben wird sie mit der leisen Hoffnung, daß sie dazu beitragen möge, die Zahl der Beschwerdebriefe im neuen Jahr etwas einzudämmen. Denn man wird sehen, daß auch der Reporter, wie jeder andere Zeitgenosse, schwarze Tage erwischen kann, an denen sich alles gegen ihn verschwört.

Dieser Tag war der 17. Juni 1970, und ich begann ihn fröhlich pfeifend in einem angenehm temperierten Zimmer des Luxushotels Maria Isabel zu Mexico City. Nicht, daß das immer so wäre. Erstens ist man nicht jeden Morgen gleich aufgelegt, und zweitens legt der Verlag keinen gesteigerten Wert darauf, daß seine Redakteure auf allen Reisen in Luxushotels absteigen. Aber dieser Sonderfall hatte sich dadurch ergeben, daß das Hotel Maria Isabel Pressehauptquartier der Fußballweltmeisterschaft war.

Außerdem hatten wir zuvor fast vier Wochen lang in Leon ein Hotel bewohnt, dessen Qualität nicht nur ein paar Stufen, sondern einige Etagen tiefer lag.
So war die erste Nacht im ›Maria Isabel‹, wo mein Badezimmer größer als die ganze Bude von Leon war, zu einem Genuß geworden. Welch ein Unterschied zur bescheidenen Provinzherberge, in der es keine Air-conditioning gegeben hatte und in der man das Wasser zum Trinken und Zähneputzen lauwarm einem gläsernen Ballon entnahm, der oft genug nicht nachgefüllt wurde! Hier aber gab es unter vielen blinkenden Wasserhähnen einen ganz speziellen, der destilliertes Wasser spendete. Bekanntlich ist normales mexikanisches Hahnenwasser mit seinen Mikroben für den Europäer so gefährlich, daß die deutschen Nationalspieler die Zähne nur mit deutschem Mineralwasser putzen durften.
Als ich die Vorhänge zurückzog und auf den brodelnden Verkehr der ›Reforma‹ hinunterblickte, hatten diese Spieler gerade noch acht Stunden Zeit, um sich für das Halbfinalspiel gegen Italien im Aztekenstadion vorzubereiten. Grelle Sonne durchstieß die weißen, unruhigen Wolken über Mexico City und trug zur Hebung meiner Stimmung bei, die ich mir als die eines erwartungsfrohen Reporters zu bezeichnen gestatte, der alle Vorkehrungen getroffen hat, seine Zeitung unmittelbar nach Spielschluß mit einem umfangreichen und möglichst ordentlichen Bericht zu versorgen. Es ging dabei um Minuten, weil fünf Stunden Zeitunterschied gegen uns arbeiteten, und um jede Verzögerung auszuschalten, hatten wir uns nicht für den Fernschreiber, sondern fürs Telefon entschieden. Doch der Mensch denkt ... Zunächst einmal duschen. Herrlich kalt kam der Strahl, der in der Gluthitze von Leon immer nur ein laues Rinnsal gewesen war. Aber die Freude war grausam kurz. Die Seife entglitt den Fingern, und beim Versuch, sie aufzufangen, rutschte ich auf dem glatten Boden der Badewanne aus. Mit voller Wucht schlug die linke Seite des Oberkörpers auf deren Oberkante, die nicht rund, sondern eckig war, und der Schmerz war so groß, daß vor den Augen Sterne tanzten.
Mühsam schleppte ich mich ins Zimmer. Das Atmen be-

reitete stechende Schmerzen, aber zum Glück war dies ein erstklassiges Hotel mit einem eigenen Arzt. Fünf Minuten später war er mit einem Köfferchen da und sprach beruhigende spanische Worte, die indes so wenig halfen wie der indianische Balsam, mit dem er meinen Brustkasten beschmierte. Dann empfahl er mir Bettruhe und versprach einen neuen Besuch am Nachmittag.

Aber da spielte Deutschland gegen Italien, und ich hatte darüber zu reportieren. Weshalb ich meinen Freund Peter Doster anrief, der zehn Jahre zuvor die gute Idee gehabt hatte, von Stuttgart nach Mexico City auszuwandern, um dort glänzende Geschäfte zu machen. Eine halbe Stunde später klopfte sein deutscher Hausarzt an, drückte an meinem Brustkasten herum und verfrachtete mich dann mit bedenklichem Gesicht in sein Auto. Die Röntgenaufnahme in der Klinik ergab einen glatten Bruch der sechsten Rippe und einen halben der fünften, weshalb ein Verband nötig wurde. Straff und dick mußte er sein, und die Binde hatte das Ausmaß einer ausgewachsenen Rolle Toilettenpapiers. Aber zuvor mußten mir zwei zwanzigjährige Krankenschwestern mit viel Schaum und einer stumpfen alten Klinge sämtliche Haare von der Brust rasieren, und weh tat nicht ihr Schaben, sondern ihr Kichern, weil es sehr ansteckend war und Leute mit Rippenbrüchen nur mit unsäglichen Schmerzen lachen und niesen dürfen.

Dann fuhr mich der Doktor ins Hotel zurück, verschrieb mir Valium und Aspirin und versicherte glaubhaft, daß die Schmerzen bald nachlassen würden. Aber das war glatt gelogen. Ich bekam keine Luft, zumal wir uns in 2400 m Höhe befanden, und als es gegen Mittag heiß wurde, hatte ich das sichere Gefühl, daß unter dem Verband ein Kampf von 50000 Ameisen im Gang war.

Und dann kam, als ich mich nach peinvollen Verrenkungen aufs Bett gelegt hatte, der Durchfall. Über ihn, von dem zuvor in Leon so viele Kollegen befallen worden waren, hatte ich bisher nur milde gelächelt. Sogar Salat und anderes Grünzeug, vor denen Warnungen ausgegeben worden waren, hatte ich in Mengen gegessen, ohne mir die Rache des berüchtigten mexikanischen Gottes Montezuma zuzuziehen.

Jetzt war sie da. Und es muß zum Verständnis der biologischen Zusammenhänge jedem, der noch nie eine Rippe gebrochen hat, erklärt werden, daß die Verbindung der Gehirnzentrale mit den Schließmuskeln durch einen defekten Brustkasten ganz erheblich erschwert ist. Das Resultat war ein ebenso beschwerlicher wie nutzloser Gang auf die Toilette, weil unterwegs bemerkenswerte Mengen frei wurden, deren man sich erst am Ziel zu entledigen pflegt.
Folglich mußte ich mich vor der Fahrt ins Stadion nochmals mit viel Mühe umziehen, und bei dieser Prozedur wurden der Weltschmerz und der innere Schweinehund so stark, daß ich beschloß, eine Arbeit, die sich als kaum durchführbar ankündigte, zu verweigern. Wer konnte in 10000 Kilometern Entfernung ahnen, was ich durchmachte, und wer konnte von einem solchermaßen geplagten Menschen die Berichterstattung über ein Fußballspiel erwarten, auch wenn es sich um den Einzug ins Endspiel der Weltmeisterschaft handelte? Ich würde drei Valium und drei Aspirin nehmen und ins Bett gehen.
Aber als ich die Röhrchen schon in der Hand hatte, schlängelte sich dieses vertrackte berufliche Gewissen, das einem die Zeitung nebst Spesen in ferne Länder mitgibt, von den Rippen und auch allem anderen, was tiefer liegt, zur Befehlszentrale hinauf und zwang mich, den schier hoffnungslosen Kampf aufzunehmen. Der mexikanische Hoteldoktor gab mir noch ein halbes Pfund Kohle mit auf den Weg, obwohl er sauer war, weil ich der deutschen Konkurrenz mehr zugetraut hatte als seinem Indianerbalsam.
Die Kohle stopfte so vorzüglich, daß ich während beider Halbzeiten den Durchfall vergaß. Zwar saß ich ziemlich krumm am Presseplatz und mußte mir, im Gegensatz zu den italienischen Kollegen, Aufschreie jeglicher Art verkneifen. Ja, ich muß sogar, auf die Gefahr hin, als schlechter Deutscher betrachtet zu werden, gestehen, daß ich gar nicht so viel dagegen gehabt hätte, wenn dieser fußballerische Machtkampf zwischen Deutschland und Italien durch das Tor entschieden worden wäre, das Roberto Boninsegna unserem Sepp Maier schon nach acht Minu-

ten mit einem Weitschuß verpaßt hatte. Die Berichterstattung wäre relativ einfach gewesen und manches andere auch. Doch das halbe Pfund Kohle des mexikanischen Doktors war wohl nur für ein normales Spiel und nicht für die Verlängerung berechnet gewesen.

Sie wurde nötig, als Karlheinz Schnellinger in der letzten Minute der zweiten Halbzeit den Ausgleich erzielte. Man weiß, daß Italien schließlich mit 4:3 gewann, aber niemand weiß, daß nicht nur die deutsche Mannschaft, sondern auch ein deutscher Reporter in dieser zusätzlichen halben Stunde einen harten und vergeblichen Kampf führte.

Als ich mit einem Notizblock, der nur mit notdürftigen Stichworten vollgekritzelt war, ins Pressezentrum des Aztekenstadions wankte, roch ich schon so stark, daß mir selbst Mexikaner, die verhältnismäßig immun gegen Düfte aller Art sind, Platz machten. Und das Mädchen in der Telefonzentrale rümpfte ihr Näschen, als ob sie es mit einem windigen Landstreicher und nicht mit einem von Schmerzen und tausend Nöten geplagten Reporter zu tun hätte, der nichts anderes tun wollte als das, was man zu Hause von ihm erwartete.

Es war das einzige Glück des Tages, daß das Gespräch in wenigen Minuten hergestellt wurde. Aber man kann nicht oben Energien freimachen, wenn unten andere toben und dazwischen eine kaputte Rippe stört. Jedesmal, wenn das Mädchen in der Telefonaufnahme unserer Zeitung schrie, daß ich lauter sprechen solle, gab ich Ballast ab, weil die schmerzhafte Anstrengung keine Doppelfunktion ermöglichte.

Als etwa hundert Zeilen durch waren, von denen ich nie behaupten werde, daß ihre Lektüre genußvoll gewesen sei, beschloß ich, wegen Atem- und Darmnot eine Pause einzulegen und die Toiletten aufzusuchen. Sie solle in der Leitung bleiben, erklärte ich der Aufnahmedame, und ohne auf Details einzugehen, wollte ich aus der Zelle rennen. Aber es wurde ein beschwerliches Schleichen und nach einigen Minuten ein peinliches Comeback. Alle fünfzehn Toiletten waren hoffnungslos verstopft und funktionsunfähig, und auch der letzte Rest dessen, was

ich hatte hinbringen wollen, hatte sich selbständig gemacht.
Das Telefonat war dadurch nicht billiger geworden, aber ich leichter, ohne erleichtert zu sein. Immerhin konnte ich jetzt, wenn auch von Schmerzen und Atemnot geplagt, lauter sprechen, was ein Gegenbeweis für die Behauptung ist, daß Leute, welche die Hose voll haben, das Maul nicht aufbringen. So ging der Rest des Berichts vergleichsweise anstandslos nach Stuttgart, was freilich den italienischen Kollegen, der die Zelle nach mir betrat, nicht hinderte, deren Geruch zu beanstanden.
Inzwischen war ich jedoch immun gegen jegliche Kritik geworden, ein journalistischer Desperado, der beim Erfüllen seiner Aufgabe seine Hose gefüllt hatte und jetzt nur noch erfüllt war von dem Wunsch, das Märchen des fliegenden Teppichs in Richtung Heimat erleben zu dürfen. Mexiko, der Fußball und alles andere hatten nach dieser Tortur jeglichen Reiz verloren, und als ich vom Pressezentrum hinauswankte in den Krater des Stadions, ließ mich ein heftiger und fast kalter Abendwind frösteln, der die liegengebliebenen Zeitungsblätter wie müdes, ausgedientes Herbstlaub hochwirbelte.
Ich setzte mich auf einen der leeren Presseplätze und vergrub auf dem schmalen Pult den Kopf zwischen den Armen. Ein paar barfüßige Buben, die leere Flaschen einsammelten, besaßen die scheue und wohltuende Anständigkeit der Armen, mich in Ruhe zu lassen. Unzweifelhaft waren sie der Meinung, daß hier einer von der Schmach der Niederlage erdrückter deutscher Reporter saß, den niemand in seinem Schmerz stören durfte.
Aber als ich mich nach zwanzig Minuten immer noch nicht rührte, aus dem einfachen Grund, weil jede Bewegung schmerzte, kamen sie, gleich scheuen Vögeln, näher, und einer fragte »enfermo?«
Enfermo heißt krank, und ich nickte. Sie berieten sich und boten sich an, Sanitäter zu suchen. Aber da ich keine Sanitäter, sondern Windeln brauchte, die in keinem Stadion der Welt zu finden sind, lehnte ich dankend ab und fing an, mich hinunter zum Ausgang zu schleichen.
»Journalisten machen herrliche Reisen«, sagte mir neulich

ein Geschäftsmann, in dessen Villa ein Perserteppich liegt, der so groß ist wie ein halber Fußballplatz. »Und ich beneide Sie um Ihre Erlebnisse.«
»Ja«, sagte ich. Oder hätte ich ihm, für den mexikanische Nächte der Inbegriff ungehemmter Lebenslust sind, vielleicht den Rest dieser Nacht erzählen sollen, der darin bestand, daß ich ächzend und mit gekrümmtem Oberkörper vor der Badewanne stand und Klamotten wusch, die man unmöglich der Wäscherei eines vornehmen Hotels übergeben kann?
Journalisten machen herrliche Reisen.

Poupou

Zum elften Male flirtet er mit einer Geliebten, um sie zu erobern. Aber wieder wird sie ihm nur süße Hoffnungen machen und sich dann einem anderen zuwenden. So ist es zwischen Raymond Poulidor und der Tour de France immer gewesen, und daran wird sich nichts ändern.
Auf den ersten Blick sieht es freilich aus, als ob beide die ewige Jugend gepachtet hätten. Auch dem deutschen Fernsehkonsumenten ist dieser Blick beim Start in Scheveningen geboten worden. Ein dichtes Spalier begeisterter Zuschauer beim Zeitfahren, diesem schon zur Tradition gewordenen Prolog gegen die Uhr – und ein Poulidor, der mit 37 Jahren wie ein Himmelstürmer in seine 11. Tour de France ging. Nur der winzige Bruchteil einer Sekunde fehlte ihm, um dem Holländer Zootemelk, der zehn Jahre jünger ist, das Gelbe Trikot zu entreißen.
So wurde der ewige Zweite Zweiter der ersten Gesamtwertung. Ein symbolischer Start für den, der berufen schien, eine ebenso glanzvolle Tour-Karriere wie Louison Bobet zu machen, der aus dem Sattel stieg, als Poulidor seine ersten Rennen gewann. Antonin Magne, Tour-Sieger von 1931 und 1934 und einer der fähigsten Teamchefs, baute ihn auf.

Aber die Tour hat Poulidor immer nur angelächelt und ihm dann die kalte Schulter gezeigt. Das Pech, gegen das er sich mit einer stoischen und bewundernswerten Beharrlichkeit auflehnte, war so vielgestaltig, daß es ein Buch füllen würde.
Doch es war nicht nur Pech. Poulidor wurde für Millionen von Franzosen zur Inkarnation des Dulders, zum braven, gutmütigen und auch ein klein wenig trottelhaften »Poupou«. In der Tat riecht dieses Diminutiv seines Namens viel mehr nach der Zipfelmütze denn nach dem Helm des Draufgängers. Poupou hat etwas Bäuerlich-Biederes an sich, und wer ihn kennt, der weiß, daß er tatsächlich der Bauer seines heimatlichen Limousin geblieben ist, von dem er auszog, das schwerste Etappenrennen der Welt zu gewinnen.
Inzwischen ist er 37 geworden, und die Strecke, die er für dieses Ziel heruntergestrampelt hat, reicht um den ganzen Erdball herum. Aber immer hat er im entscheidenden Moment gezaudert, jenen Moment, den die ganz großen Champions eben nie verpassen. Hinzu kam, daß er das Pech hatte, auf die beiden Größten dieser Sorte zu prallen: zunächst Jacques Anquetil und dann Eddy Merckx. Immer haben sie dem braven Poupou die Suppe versalzen, selbst dann, wenn sie in kritische Situationen gerieten oder von Schwächeanfällen geschüttelt wurden, gegen die auch die Besten nicht gefeit sind.
In diesen Momenten verstanden sie es, den braven und arglosen Poupou zu bluffen. Nie hat er gemerkt, wenn eine Festung sturmreif war, und dafür pflegte ihn der eiskalte Rechner Anquetil abends in der Etappe auf den Arm zu nehmen wie der Fuchs den Raben in Lafontaines Fabel. Gleich dem Raben beschloß er dann zwar stets, seine Lektion zu lernen, aber der nächste Tag brachte dann eine neue Überraschung, die den braven Poupou völlig unvorbereitet traf.
Aber nie hat er das große Rendezvouz im Juli verpaßt. Vielleicht gibt es, wenn man seinen Landsmann René Vietto ausnimmt, dessen Karriere vom Krieg zerstört wurde, keinen, der so an der Tour hing wie Poupou. Und es gibt sogar Leute, die jetzt, wo Eddy Merckx fehlt, an

den Sieg des glücklosen Veteranen glauben. Doch jetzt kämpfen zu viele, die das Privileg der Jugend auf ihrer Seite haben, gegen ihn.
Poupou darf mit seiner Geliebten flirten, aber er kann sie nicht erobern.

Happy-End à la Netzer

Spät kam er, doch er kam, der Star. Aber was heißt Star. Der Feldherr einer grandiosen Fußballschlacht war es, und in des Spruches wörtlichster Bedeutung kam, sah und siegte er: Günter Netzer, der Mann, der schon Real Madrid gehört und weder vom DFB noch vom FC Bayern trotz Anstrengungen, die beide für subtil hielten, zurückgeholt werden konnte, trat beim deutschen Pokalendspiel in Düsseldorf von der nationalen Fußballbühne ab mit einem Thriller, wie ihn selbst die blühende Phantasie des alten Hitchcock nicht auszumalen vermocht hätte.
Denn so etwas bringt nur der Fußball fertig, wiewohl das so mancher Zeitgenosse nicht begreift, der sich am Bildschirm von müden Krimis faszinieren läßt, deren Ende man schon nach fünf Minuten kennt.
Dabei war Netzer gar nicht eingeplant gewesen. Morgens um elf hatte ihm sein Trainer Hennes Weisweiler eröffnet, daß man ihn nicht brauche, und er hatte mit Augen, die auf seine Stiefelspitzen gerichtet waren, etwas von mangelnder Kondition gemurmelt. Zweifellos in Kenntnis der Sachlage, aber es war auch ein offenes Geheimnis, daß der überwiegende Teil der Gladbacher Spieler gegen Netzers Teilnahme am Endspiel plädiert hatte. Man wollte beweisen, daß man den Pokal ohne den Neo-Madrider Millionär gewinnen konnte.
Verständlich auch dies. Bloß reichten die 90 Minuten, die für dieses Vorhaben zur Verfügung standen, nicht aus. Es hieß, zwischen Borussia Mönchengladbach und dem 1. FC Köln, nach Ablauf der regulären Spielzeit 1:1. Nach der

Verlängerung hieß es, dank Netzer, 2:1 für die Gladbacher, aber Hennes Weisweiler weiß nur zu genau, daß er sich nicht als taktischer Magier feiern lassen darf, weil er Netzer doch noch ins Spiel gebracht hatte.
In Wirklichkeit nämlich stellte sich der Abtrünnige, den man am liebsten nicht auf der Ersatzbank gesehen hätte, sondern dort, wo der Pfeffer wächst, in diesen Sekunden, in denen die Galerie mit Sprechchören nach ihm schrie und abgekämpfte Recken ihre heißen Köpfe in Eimer mit kaltem Wasser tauchten, selbst auf. Weisweiler umschrieb es bei der anschließenden Pressekonferenz so: »Der Günter erklärte sich bereit, einzuspringen.« In der Tat fiel kein Wort darüber, das darauf hingedeutet hätte, daß er vom Trainer aufs Feld geschickt worden sei.
Der Rest des Gladbacher Triumphs und des Kölner Dramas ist schnell erzählt: Genau vier Minuten war Günter Netzer in der Verlängerung auf dem Platz, als ihn zwei Paßfolgen mit dem kleinen Rupp in den Kölner Strafraum brachten. Doch dann schien Rupps entscheidender Paß um eine Idee zu steil für Netzer zu sein. Er kam nicht mit seinem starken rechten Fuß an den Ball, und man glaubte schon, daß auch sein linker zu spät komme, um ihn volley zu erwischen. Aber dann kam ein wahrer Panthersatz. Bis unters Tribünendach hinauf spürte man die geballte Energie, die seinen Körper nach vorne schnellte, dieses Jetzt-oder-nie des ungeliebten Könners, der den Sieg festhämmern und Mäuler stopfen wollte. Und voll erwischte der Spann des linken Fußes den Ball im Flug.
Einer von Amerikas ausdrucksstärksten Sportjournalisten hat vor vielen Jahren, als Babe Ruth, der größte aller Stars des Baseballs, mit einem gewaltigen Schlag seiner Keule ein Spiel herumriß, geschrieben: »And the ball sailed up into the air, high, far and beautiful.«
Auch hier haben wir die wilde, atemberaubende Schönheit des erfolgreichen Schlags erlebt, und ich scheue mich nicht, den Vergleich zu zitieren. Hoch und wuchtig flog der Ball in eine Luft, die flimmerte, als ob sie mit Elektrizität geladen wäre, und wenn er nicht so weit flog wie der, den Babe Ruth abgefeuert hatte, so aus dem einfachen und für die Gladbacher so jubelträchtigen Grund, weil er,

dicht unter dem Querbalken, vom Kölner Netz aufgehalten wurde. Zum letzten Mal hatte der Boß, der keiner mehr war, zugeschlagen, und an seinem Hals hingen Spieler, die am Vormittag sehr einverstanden mit seiner Versetzung auf die Ersatzbank gewesen waren.
Es blieb beim 2:1, das Borussia Mönchengladbach zum strahlenden Sieger eines der besten und dramatischsten Endspiele in der Geschichte des deutschen Pokals machte. Nicht unverdient, aber auch Köln hätte diese 120minütige Partie pausenlosen und mitreißenden Angriffsfußball gewinnen können, ohne daß sein niederrheinischer Nachbar von ausgesprochenem Pech hätte reden dürfen.

Und das Sportbuch?

Und das Sportbuch? Keiner der Literaturkritiker und Feuilletonisten, welche die Frankfurter Buchmesse besuchten, erwähnt es. Das hat zweierlei Gründe. Einmal kann man von den Edelsten der journalistischen Edlen, von denen nicht wenige mit göttlichem Sendungsbewußtsein durch die Hallen schlendern, hier und da huldvoll ein Glas Verlegersekt akzeptierend, schwerlich verlangen, bei dem Überangebot, mit dem sie sich befassen müssen, auch noch an Sport zu denken. Zum anderen läßt sich leider nicht bestreiten, daß das Sportbuch im großen und vollgepackten literarischen Garten ein tristes Mauerblümchendasein fristet.
Belletristisch ist es überhaupt nicht da. Sei es, weil der Sportroman keinen von denen, die ihn schreiben könnten, reizt, oder einfach deshalb, weil die Verleger fürchten, ein sportliches Sujet würde von der Kritik nicht ernst genommen. So bleibt es praktisch auf Fachbuchverlage wie Hofmann in Schorndorf, Limpert oder Bartels und Wernitz beschränkt, und es ist ein schwacher Trost, daß das Sportbuch in den angelsächsischen und den lateinischen Ländern mehr Ansehen genießt.

Symptomatisch für die Situation ist die Tatsache, daß der Römer Verlag in Stuttgart-Kemnat seine Sportbuchproduktion eventuell einstellen wird, obwohl er kurz vor der Buchmesse unter dem Namen Sepp Herbergers einen exzellenten und großformatigen Bildband im Hinblick auf die Weltmeisterschaft 1974 herausgegeben hat. Herberger selbst hat lesenswerte Aufsätze beigesteuert, was getrost als Rarität bezeichnet werden darf, weil die Prominenz, die vor den Karren solcher Bücher gespannt wird, im allgemeinen ihre Ghostwriter hat.
Fest steht, daß das Sportbuch, das große Auflagen erreicht, an ein Großereignis gebunden ist. Alle vier Jahre Olympia, alle vier Jahre Fußballweltmeisterschaft. Dazwischen liegen sicherlich nützliche, aber relativ wenig beachtete Trainingslehren sowie Autobiographien von Stars, die einander gleichen wie ein Ei dem anderen und längst nicht mehr so leicht abzusetzen sind wie zu Fritz Walters Zeiten. Auch Motorsportbücher, die einst einen festen Platz auf den Wunschzetteln jugendlicher Fans hatten, sind wegen des stetig steigenden Unterhaltungsangebots kein sicheres Geschäft mehr.
1974 freilich, wenn unsere Nationalmannschaft bei der Weltmeisterschaft das hohe Ziel erreicht, das sie sich gesteckt hat, werden sich die Fans um die einschlägigen Bücher reißen. Aber es wäre falsch, zu glauben, daß es dann um die deutsche Sportliteratur besser bestellt sei. Denn mit Literatur hat die Berichterstattung, die da zwischen großformatige Leinendeckel gepreßt wird, kaum mehr zu tun als Telefonbücher.
Das deutsche Sportbuch ist vom Ereignis abhängig wie der Säugling von der Amme. Wenn das Ereignis nichts taugt, wird nichts aus ihm.

Viereinhalb Jahre sind im Fußball eine Ewigkeit. Von der stattlichen neuen Tribüne des Volkspark-Stadions blicke ich hinunter auf das Tor zur linken Hand, in dem damals im Oktober 1969 der Ball landete, der Deutschland für die Weltmeisterschaft in Mexiko qualifizierte. Abgeschossen hatte ihn Reinhard ›Stan‹ Libuda, und er hatte damit gleichzeitig Schottland abgeschossen.

Damals war das Volkspark-Stadion übergekocht wie unbewachte Milch auf dem Feuer, und leergefegt waren die Straßen unserer Großstädte, weil die Nation an den Fernsehapparaten hing. Und Stan Libuda war der strahlende König dieser naßkalten Nacht gewesen, in der Hamburg nicht nur das Tor zur Welt, sondern auch zur Weltmeisterschaft wurde. Seither sind viele Schiffe die Elbe hinauf und hinunter gefahren, und ganz steil abwärts ging es mit Libuda, der zuvor allerdings die Nationalmannschaft noch ein zweites Mal rettete. Das war nach dem mageren 2:1 gegen Marokko, das war unter der stechenden Sonne von Leon, und man darf sagen, daß Libuda beim 5:2 über Bulgarien nicht nur die Nationalmannschaft, sondern auch den Bundestrainer gerettet hat. Er war der Vater des Sieges im größten Spiel, das er für Deutschland bestritt, und die Eingeweihten wußten, daß Helmut Schön im Falle einer Niederlage gegen Bulgarien den Hut hätte nehmen müssen.

Genau ein Jahr später kam der Skandal. Schalke 04 war einer der Hauptsünder und schien erledigt. Libuda war es effektiv, und es nützte nichts, daß er im ›fliehenden Transfer‹ nach Straßburg ging. Der DFB sperrte ihn lebenslänglich.

Inzwischen wurde er, wie die anderen, begnadigt, aber der schnellebige Sport läßt weder seinen Helden noch seinen Sündern Hintertüren offen. Libuda gehört zum alten Eisen.

Uwe Seeler, der hier im Volkspark-Stadion seine größten Triumphe feierte, zwar auch, aber sein Eisen ist vergoldet, wie die Erinnerung derer, die zu dieser Stunde in die Arena strömen, um den letzten Test und damit die Gene-

ralprobe der Nationalmannschaft für die Weltmeisterschaft zu erleben.
Viereinhalb Jahre sind tatsächlich eine Ewigkeit im Fußball, auch wenn in dieser Mannschaft noch vier Spieler stehen, die 1969 an der gleichen Stelle beim entscheidenden 3:2-Sieg dabei waren: Maier, Vogts, Beckenbauer und Müller. Drei Münchner, ein Gladbacher.
Aber sind das wirklich noch die gleichen Spieler? Und hat die Nationalmannschaft innerhalb dieser viereinhalb Jahre nicht eine Wandlung durchgemacht, die mit herkömmlichen Vorstellungen aufräumt? Der DFB hört solche Fragen nicht gern, und Helmut Schön empfindet sie als ausgesprochen garstig. Dabei gibt es keinen, der die Wandlung besser als er erkennen kann: Die Nationalmannschaft ist zu einem Unternehmen geworden, für das man eigentlich die Bezeichnung »Interessengemeinschaft von Geschäftsleuten im Nationaltrikot« wählen sollte.
Alle, die auserwählt sind, stehen vor dem Geschäft ihres Lebens, und sie haben es besser organisiert als bei der letzten Weltmeisterschaft.
Damals war ihnen erst in Mexiko eingefallen, wie viele Chancen zur Honorierung ihrer Anstrengungen »im Namen des Volkes« sie verpaßt hatten, und flugs hatten sie noch eine Erpressung inszeniert: Falls die Sportschuhfabrik, die sie ausrüstete, nicht zu einer handfesten Zahlung bereit sei, würden sie in letzter Minute in ein anderes Fabrikat umsteigen.
Die Firma zahlte, und man sprach von einer hohen und zufriedenstellenden Summe. Aber diesmal haben die für die Nation kickenden Gentlemen früher, gezielter und umfangreicher zur Kasse gebeten. Und selbst der Bundestrainer war im Bunde, denn er warb in vielen großen Blättern mit glücklichem Lächeln für Josef Neckermanns Eigenheime.
Das war etwas ebenso Neues wie die bemerkenswerte Tatsache, daß Franz Beckenbauers persönlicher Manager Robert Schwan praktisch alle ernsthaften Weltmeisterschaftskandidaten mit Werbeverträgen versorgte. Gegen die üblichen Prozente, versteht sich, und einschließlich

Günther Netzer. Auch ist es kein Geheimnis, daß Beckenbauer, Netzer und Müller die lukrativsten Verträge in der Tasche haben und daß es Spieler gab, die geglaubt hatten, daß der große Kuchen nach den Prinzipien von Gleichheit und Brüderlichkeit aufgeteilt würde. Die Engländer beispielsweise hatten 1966 so verfahren und alles in einen gemeinsamen Topf geworfen. Unterschiedliche Belohnungen können aber zu einem Problem werden, das unseren Nationalhelden mehr Schwierigkeiten bereitet als so mancher Gegner im Stadion. Jedenfalls geht es ums größte Geschäft in der jungen Geschichte des deutschen Berufsfußballs, und die Karten sind, um eine Anleihe beim Skat zu machen, ausgereizt wie nie zuvor. Ganz hoch spielt Günter Netzer. Zwar kam er nicht, wie der süffisante Titel eines neuen Fußballbüchleins heißt, »aus der Tiefe des Raumes«, wohl aber aus der Tiefe der spanischen Versenkung, um beim letzten Test vor der Weltmeisterschaft zu beweisen, daß die Zeit seit 1972 stehengeblieben sei.

Netzer spielte deshalb hoch, weil die im Lande gebliebenen Stars mit Beckenbauer an der Spitze wissen, daß nur der große Netzer der Europameisterschaft von 1972 interessant für die Mannschaft ist. Ein Netzer, der ein paar Pässe schlägt und im übrigen andere für sich laufen läßt, sollte sich die Weltmeisterschaft im spanischen Fernsehen betrachten. Weshalb es in Hamburg für ihn darum ging, nicht nur Skeptiker auf den Rängen, sondern auch Skeptiker auf dem Rasen zu überzeugen. Und auf der Bank der Ersatzleute saß ein Mann namens Overath, dessen Moral schlimmer verletzt war als sein Oberschenkel. In Mexiko noch hatten ihn die internationalen Experten als einen der besten Mittelfeldspieler des Turniers bezeichnet. Aber just an der Schwelle der Weltmeisterschaft, die für die Auserwählten den größten aller Goldregen bringen soll, ist er von einer Krise in die andere geschlittert. Für Wolfgang Overath ging es in Hamburg um das vielleicht wichtigste Spiel seiner Karriere, obwohl er gar nicht an ihm teilnahm. Oder, genauer gesagt, es ging für ihn darum, ob ihm die unberechenbare Genialität des Günter Netzer den entscheidenden Schlag versetzen würde. Es gibt im Fußball eben nicht nur entscheidende Tore wie jenes, das Stan Libuda vor viereinhalb Jahren hier im Volkspark-Stadion in den schottischen Kasten gesetzt hatte, sondern auch andere irreparable Dinge. Und viereinhalb Jahre sind in diesem Spiel eine Ewigkeit.

Schlachtenschleicher im abgeschirmten Restaurant

Zu den Besonderheiten dieser Weltmeisterschaft gehört der lautlose Schlachtenbummler. Man könnte ihn deshalb auch den Schlachtenschleicher nennen. Und sein Ursprungsland ist die DDR. Mit ihr ist er stets verbunden wie mit einer Nabelschnur, und sein Auftreten in Hamburg ist eigentlich gar kein Auftreten, sondern eine geheime Vorstellung, die lediglich von 90 Minuten Fußball unterbrochen wird. Geübt wurde diese geräuschlose Einschleusung und Entfernung von 1500 Auserwählten in der vergangenen Saison beim Europapokalspiel Bayern München gegen Dynamo Dresden, und die Prozedur muß den Genossen, die etwas so Außergewöhnliches verantworten müssen, imponiert haben. Denn sie haben sie mit uhrwerkartiger Präzision für das Spiel DDR–Australien wiederholt, und am Samstag gibt es ein Dakapo beim Hamburger Zusammenprall der beiden Deutschland. Dann wird man weitersehen.
Die Anreise unterscheidet sich nicht von der anderer Schlachtenbummler, weil man nicht umgehen kann, einen Zug und einen Bahnhof zu benützen. Immerhin vermeidet man den brodelnden Hauptbahnhof zugunsten des viel ruhigeren Dammtorbahnhofs. Und beim Aussteigen singen sie weder, daß die DDR niemals untergehen werde, noch daß sie beabsichtigen, irgendein gegnerisches Pack zu versohlen. Das würde sie sympathisch machen, wenn sie nicht unter den Luchsaugen sogenannter Reiseleiter Gesichter schnitten, als ob man ihnen ein Pfund ranziger Pommes frites in den Rachen geschmissen hätte.

Es sind 1500, und man führt sie zur Massenspeisung in den sorgfältig abgeschirmten Saal eines großen Restaurants. Für einen Bon gibt es Kasseler Rippe in Burgundersoße, Sauerkraut und Kartoffelpüree, und als Nachtisch Zitronencreme mit Sauerkirschen. Westdeutsche Bürger kommen schwerer in den Saal hinein als ohne Karte auf eine WM-Tribüne, es sei denn, sie besäßen einen hieb- und stichfesten DKP-Ausweis. Dann können sie sogar ein paar Schnappschüsse machen.
Diejenigen aber, die hoffen, einen Bekannten oder gar Verwandten von drüben zu entdecken, verfügen sich in die Toiletten in der Hoffnung, daß Bier und Mineralwasser auf die Genossen nicht anders wirken mögen als auf andere Schlachtenbummler auch. Und tatsächlich wird der stille Ort zum Ost-West-Treffpunkt, auf dem ein paar private Worte fallen und wo es plötzlich menschelt, weil ein menschliches Bedürfnis offenbar das andere nach sich zieht. Nicht lange freilich, denn solche Pausen, das weiß man von der Schule und vom Militär her, haben ihre Grenzen, und die Genossen Reiseführer haben präzise Vorstellungen von der Erfüllung diesbezüglicher Solls.
So steigt man wieder hoch zur Hafen- und Stadtrundfahrt, die in zwei Gruppen à 750 Mann erledigt wird, ehe das Stadion ruft und die Stimmung sich jener angleicht, welche die Internationale der Schlachtenbummler aller Länder beseelt. In den 90 Minuten des Spiels geben sie durchaus normale Töne von sich, die den begründeten Verdacht aufkommen lassen, daß sie gar nicht so seien, wie die Leute glauben, die sie nicht essen sehen dürfen.
Es glaube aber ja keiner an eine Kontaktgelegenheit, wenn er sich am nächsten Samstag vor jenes große Restaurant stellt, denn die neuen 1500 Auserwählten werden in ein ganz anderes Etablissement geführt, dessen Angestellte zu absoluter Verschwiegenheit verpflichtet wurden.
Und abends um zehn geht's wieder zurück nach Berlin und Leipzig. Reisen in Deutschland dank Fußballs Hilfe.

Außergewöhnliches Rendezvous

Am Samstag konnten die meisten Journalisten erstmals bei dieser Weltmeisterschaft eine Feierschicht einlegen. Es wurde nicht gespielt, am Sonntag erschienen nur wenige Zeitungen, und wenn man nicht gerade in Gelsenkirchen gewesen wäre, hätte man wohl einen Stadtbummel gemacht. Aber ein solcher ist in der grauen Ruhr-Stadt, deren Leben von Kohle, Stahl und Fußball geprägt wird, von geringer Attraktivität. Und so nahm man dankbar eine Einladung des ›Sportinformationsdienstes‹ zu einer WM-Party im Düsseldorfer ›Rheinstern‹-Hotel an. Die Prominenz reichte von Sepp Herberger über Max Schmeling bis Fritz Walter und Rudi Altig, welch letzterem es gelang, ein mitternächtliches Torwandschießen à la ZDF gegen den Schreiber dieser Zeilen zu gewinnen. Ganz knapp natürlich nur und mit typischen Sonntagsschüssen.

Aber es gab einen, der die Schreibmaschine für eine bedeutendere Sache wegstellte: Jean Cornu, Fußballchef von ›L'Equipe‹, setzte sich ins Auto und fuhr ins westfälische Dorf Drensteinfurt, 20 Kilometer von Münster entfernt. Es war kein gewöhnlicher Ausflug, denn er wollte den Bauern Autermann besuchen, auf dessen Hof er von 1940 bis 1945 als Kriegsgefangener gearbeitet hatte.

Der Bauer lebt nicht mehr, aber es wurde ein großes Fest. Nicht nur die 80jährige Bäuerin fiel ihm um den Hals, sondern auch der 40jährige Sohn, der den Hof nie hätte übernehmen können, wenn es nicht den französischen Kriegsgefangenen Jean Cornu gegeben hätte. Bei einem Bombenangriff um die Mittagszeit, als der achtjährige Bernhard gerade von der Schule nach Hause ging, waren viele Häuser des Dorfes zerstört worden. Es brannte an allen Ecken und Enden, als Cornu loslief, um den Jungen zu suchen.

»Ich hoffte«, so erzählte er mir, »daß er bis zum Haus seiner Tante gekommen sei. Aber als ich hinkam, war es völlig zusammengestürzt. Es gab keinen Eingang mehr, aber ich konnte durch die Trümmer mühsam in den Keller eindringen und rief immer: ›Bernhard, wo bist du?‹ Lange blieb es still, aber dann hörte ich eine dünne Stimme und fand ihn schließlich, eingeklemmt zwischen Balken und halberstickt. Eine Viertelstunde später konnte ich ihn seiner Mutter in die Arme legen.«

Erst am späten Samstagabend kam Jean Cornu aus Drensteinfurt zurück. Für ihn und den westfälischen Bauern Autermann war es am Rande der Weltmeisterschaft kein Tag wie jeder andere.

Fernsehen aus der Nähe

Eine fiebrige Erkältung hatte mich für ein Wochenende auf die Journalisten-Ersatzbank gesetzt und vom WM-Fußball ferngehalten. Ich war, sozusagen, ein Presse-Netzer, für den es im Stadion nichts zu tun gab. Aber da jede Abstinenz, ob man sie nun vom Bundestrainer oder vom viel unberechenbareren Wettergott verordnet bekommt, auch ihre positive Seite hat, konnte ich, den Wollschal fest um Hals und Backen geschlungen, einen tiefen Blick in die Fernsehröhre tun. Diese unfreiwillige Teilnahme an der umfangreichsten Mattscheibenberieselung, mit der je ein Ereignis bedacht wurde, hat mich in einen Zustand journalistischer Ratlosigkeit versetzt.

Ich habe nicht gezählt, wie oft ich, in Zeitlupe, Paul Breitners Tor, daß das erste dieser Weltmeisterschaft war, gesehen habe. Würde das Fernsehen seine Krimis mit dieser Wellholztaktik vorführen, dann würden die Leute spätestens nach der fünften Wiederholung des Schusses, der den Bankräuber fällt, abschalten.

Nun soll über diesen audiovisuell breitgetretenen Fußball am nächsten Tag etwas in der Zeitung stehen, was man womöglich noch nicht gesehen hat. Andererseits muß der Schreiber auch von der Voraussetzung ausgehen, daß es noch ein paar Leute gibt, die, aus welchen Gründen auch immer, noch gar nichts wissen. Es ist ein hartes Brot, es ihnen recht zu machen und gleichzeitig auch noch denen, die nicht nur alle wichtigen Szenen zehnmal in Zeitlupe

gesehen haben, sondern auch das hörten, was das Fernsehen Expertenkommentare nennt. Denn viele Leute pflegen sich an das zu halten, was ihnen die Technik so flott ins traute Heim zaubert.
Es ist indes ein Glück für den, der in der Hektik des Stadions Bleistift, Papier und Telefon zur Hand nimmt, daß ihm das Fernsehen noch einen engen Spielraum läßt, in dem sich die Gastexperten der Mattscheibe noch nicht getummelt haben.
Sehr bemerkenswert ist freilich, daß sie gelegentlich die Chance, als falsche Journalisten auftreten zu dürfen, dazu benützen, um den richtigen Rügen zu verpassen. Das erklärte beispielsweise der balkanesische Schwadronierer Tschik Cajkovski, der aus unerfindlichen Gründen auch noch seine Frau ins Studio brachte, daß Wolfgang Overath nur wegen der bösen Presse in eine Krise geraten, aber im übrigen der beste Mittelfeldspieler dieser Weltmeisterschaft sei.
Das war vor dem Spiel Deutschland gegen Chile. Als es vorbei war, wußte jeder, daß »bestes Mittelfeldspieler von Welt« große Mühe haben würde, sich in der deutschen Mannschaft zu behaupten. Und wer von diesem fußballerischen Mattscheibenmarathon noch keine Mattscheibe hatte, der fragte sich, warum er zu allem hin noch mit dem Nonsens und den Platitüden sogenannter Gastkommentatoren gefüttert wurde. Max Merkel beispielsweise klärte bei Halbzeit des Spiels DDR gegen Australien ein Millionenpublikum mit bemerkenswertem Scharfsinn darüber auf, daß die Australier das letzte geben und daß ein Tor den Mitteldeutschen zweifellos Auftrieb gäbe. Fürwahr, der Mann versteht sein Fach!
Überhaupt tut das Fernsehen viel für seine Konsumenten. Um die Gastexperten bei Halbzeit nicht zu überlasten, werden dem staunenden Publikum verschlungene Schaltwege gezeigt und ein Heer von Hemdsärmeligen, die an tausend Tasten und Telefonen herumfummeln, damit man weiß, daß so ein Wunderwerk nicht von alleine ins Haus kommt. Man ist nicht undankbar, weil man sonst in jeder Halbzeit zum vollständigen Konsum der Schnulze ›Fußball ist unser Leben‹ gezwungen wäre, mit welcher

die Popularität der deutschen Nationalmannschaft auf würdige Weise gehoben wird.
Wenn der Kommentator den Trainer von Völklingen dann gefragt hat, ob der Torhüter bei jenem Treffer nicht besser herausgelaufen wäre, und der Südamerika-Experte Weisweiler festgestellt hat, daß Uruguay langsamer als Holland ist, bestätigt der Reporter vom Dienst mit strahlendem Lächeln, daß es in der Tat genau so sei.
Dennoch ist mir beim Stuttgarter Spiel Polen gegen Argentinien etwas ganz Eigenartiges aufgefallen, nämlich die offenbar nicht eingeplante Tatsache, daß der Reporter Rudi Michel vom Südwestfunk alles Notwendige mit so viel Sachverstand sagte, daß man der angeheuerten Expertentruppe nur Pause wünschen konnte.
Jetzt, wo ich nicht mehr an Zimmer und Fernsehen gefesselt bin, sondern wieder ins Stadion darf, werde ich sicherlich auch gelegentlich den Kollegen Merkel treffen. Vielleicht wird er mir dann, wenn er seinen sozialen Tag hat, mitteilen, daß es im Fußball immer ein Vorteil ist, ein Tor mehr als der Gegner zu schießen.

Traumfinale der Schwarzhändler

Am Marienplatz wird mir ein erstklassiger Sitzplatz um 1200 Mark angeboten. Haupttribüne Mitte, bittschön, einmalige Gelegenheit. »Wann S' net zugreifn, san S' blöd. Jeda Holländer zahlt 's Doppelte!«
Am Mathäser will einer nur sechs Blaue, aber es ist auch nur ein Kurvenstehplatz und der Termitenschwarm der holländischen Schlachtenbummler ist noch nicht in München eingefallen. Der Mann riskiert ein böses Verlustgeschäft. Man kann sich auf der Kaufinger Straße noch vergleichsweise frei bewegen und über die freien Preise der Schwarzhändler meditieren, denen das Glück zweigleisig die Spürnasen hinaufläuft, weil ihr Traumfinale Wirklichkeit geworden ist. Der deutsche Fan brüllt nach Karten,

und der holländische lechzt gar wie ein Verdurstender nach ihnen, denn man fährt nicht von Amsterdam nach München, um dann in die Fernsehröhre zu gucken. In den Kleinanzeigen der ›Abendzeitung‹ dominiert ausnahmsweise nicht die »junge Masseuse, die sofort kommt«, sondern die ebenfalls Freude verheißende Endspielkarte. Angegeben werden hier wie da freilich keine Preise, sondern nur Telefonnummern, doch ist ein halbes Dutzend junger, charmanter und nach Wunsch sogar exotischer Masseusen mit Sicherheit billiger als die Miete eines unbequemen Plastiksesselchens ohne Lehne zwecks visueller Endspielteilnahme. Die Magie des direkten Erlebnisses im Stadion treibt die Preisblüten des Jahrhunderts, denn zwei Tribünenplätze haben auf dem Schwarzmarkt den Wert eines guterhaltenen Autos.
Wer hätte vor zwanzig Jahren gedacht, daß die Deutschen einmal in der Lage wären, sich für 90 Minuten Fußball solche Extravaganzen zu leisten? Damals, als die Nationalmannschaft ins Berner Endspiel gegen Ungarn zog, besaß ihr Kapitän Fritz Walter noch kein Auto, und für seine Weltmeisterschaftsprämien hätte er sich bei den Schwarzhändlern nicht einmal einen ordentlichen Sitzplatz für das 74er Endspiel kaufen können.
Also haben wir's weit gebracht. Niemand kann diese handfesten Beweise unseres Fortschritts leugnen. Was die Deutschen sich leisten wollen, das leisten sie sich.
Außerdem hoffen wir, daß wir 1954 nicht zum letzten Mal Weltmeister geworden sind. Wobei wir allergrößten Wert auf Wärme und Verbindlichkeit des Wörtchens »wir« legen. Und selbstredend auch so korrekt sind, es bei einer eventuellen Niederlage gegen die Holländer zu gebrauchen, ehe wir uns von den Sündenböcken distanzieren.
Da unsere größte Zeitung auch über die größte WM-Redaktion des Kontinents verfügt, werden wir unmittelbar nach dem Ereignis erfahren, wen wir in den Himmel heben und wen wir, falls der Gegner sich mausig macht, verjagen müssen.
1954 freilich trugen die meisten von denen, die uns das jetzt mit riesigen Überschriften sagen, die es damals noch

in keinem Setzkasten gab, Hemd und Hose noch an einem Stück. Unsere Reporterzahl war kleiner und auch schüchterner, weil wir ja erst anfingen, wieder etwas zu werden. Ich habe das sehr deutlich zu spüren bekommen, denn mein Schweizer Weltmeisterschaftsstandquartier war das Haus meines Onkels Karl in der Egliseestraße zu Basel, ganz dicht bei den ›Langen Erlen‹, wo ich ein paar Jahre zuvor aus französischer Kriegsgefangenschaft kommend und mit Glatze durch den Stacheldraht nach Deutschland hineingeschlüpft war. Der Onkel Karl, der ein aufrechter, aber auch penibler Eidgenosse war, hatte diese Grenzverletzung zwar toleriert, doch im Gegensatz zum Onkel Fredy nicht sonderlich goutiert.
Und als ob es gestern gewesen wäre, erinnere ich mich noch haargenau an seine tadelnde Miene, als ich nach dem großen Halbfinalsieg über Österreich aus dem Sankt-Jakobs-Stadion kommend ins Haus stürmte und ihm mit meinem jungen Reporterstolz verkündete: »Wir haben's geschafft. Deutschland steht im Endspiel!«
»Du vielleicht?« fragte der Onkel Karl, dem sowohl Fußballplätze als auch große deutsche Siege ein Greuel waren. Und er deutete hinüber zum Badischen Bahnhof, von wo die Trompeten der deutschen Sonderzügler herüberklangen. »Haben die alle mitgespielt?«
Ich verneinte wahrheitsgemäß, versuchte ihm aber beizubringen, daß ein Endspiel um die Weltmeisterschaft nicht nur für die Schlachtenbummler, sondern für viele Millionen von Menschen eine große Sache sei. »In zwanzig Jahren«, sagte er, »wirst du anders darüber denken. Außerdem wird dann niemand mehr für solche Zicken Geld ausgeben.«
So sprach der Onkel Karl mit erhobenem Zeigefinger, und ich mußte daran denken, als am Mathäser ein Schwarzhändler drei Endspielkarten wie Trumpfasse in der hochgereckten Hand hielt. Die Interessenten, die ihn einkreisten, waren so scharf darauf, daß ich an das Wurstschnappen auf den Jahrmärkten zu Onkel Karls Zeiten erinnert wurde.
Aber niemand gibt heute noch Geld für solche Zicken aus.

DDR als WM-Geburtshelfer

Es war abends im Fernsehzimmer des Hotels. Auf der Mattscheibe erschien Erfolgstrainer Max Merkel und sprach im Stil eines ziemlich geistlosen k.-u.-k. Feldgeistlichen das Wort zum Sonntag. Das heißt, er gab mit zähflüssigen Worten, die, dem Ereignis entsprechend, feierlich klingen sollten, ein Resümee des Endspiels, wobei er den Deutschen mehr Willen zum Sieg als den Holländern bescheinigte. Es war glücklicherweise eine Sendung des österreichischen Fernsehens, die nicht über die Grenznähe hinausdrang. Von der Straße her drang freilich Begleitmusik herauf. Hartnäckige Gesellen hatten sich um eine Kiste Dosenbier geschart und sangen mit schöner Regelmäßigkeit nach jedem Schluck: »Bertie macht den Cruyff zur Sau.«

Das war ihre WM-Feier. Die Nationalmannschaft hatte die ihre im Hilton-Hotel, andere hatten sie im ›Bayerischen Hof‹ oder in den fröhlichen Kneipen von Schwabing. Zwischen Champagner und Dosenbier floß alles, was die deutsche Seele in Hochstimmung bringt. Aber auch der vornehme ältere Herr aus Brasilien, der neben mir im Fernsehsessel saß, war in glänzender Stimmung. Seine Mannschaft hatte ihn arg enttäuscht, aber er brachte es fertig, sich über den deutschen Sieg zu freuen und mit bemerkenswerter Einsicht den Unterschied zwischen dem chancenlosen brasilianischen Stil 74 und dem der europäischen Spitzenmannschaften zu erkennen, deren beste das Münchner Endspiel bestritten hatten. Er bewies damit, daß wir es uns zu leichtmachen, wenn wir alle Brasilianer für hoffnungslose Hitzköpfe halten, weil wir die lodernde Emotion ihrer Fernsehreporter und ihrer Fans in den Stadien erlebt haben.

Ohne Engagement für die eine oder die andere Mannschaft hatte dieser Mann, der in Santos Kaffee exportiert und fünf Sprachen spricht, sich von der Faszination dieses Endspiels packen lassen und eine andere Schönheit des Fußballs entdeckt als die Ballverliebtheit der brotlos gewordenen brasilianischen Künstler.

Und wer zählt die Millionen, die sich auf dem ganzen

Erdball zur gleichen Stunde wie wir, die wir auf der Tribüne saßen, von der heißen Dramatik dieses Finales pakken ließen? Muß nicht etwas ganz Besonderes, wenn auch schwer Definierbares an einer Sache sein, die den ganzen Erdball in Spannung zu setzen vermag? Man spricht von einer runden Milliarde von Zuschauern. Das sind mehr als doppelt soviel, wie je den ›Faust‹ seit seiner Uraufführung 1819 im Theater gesehen haben. Mancher mag das bedauern, aber zu ändern ist es nicht. Im übrigen kann man natürlich auch den ›Faust‹ lieben, ohne den Fußball zu verachten. Man frage Bernhard Minetti.

Nun liegt es also hinter uns, das Drama mit dem großen Happy-End für Helmut Schön und seine Mannschaft. Eine Mannschaft, die freilich, und das muß mit gebührender Deutlichkeit festgehalten werden, erst nach der Niederlage gegen die DDR geboren wurde. Ihre Hebamme war Franz Beckenbauer, der größte Spieler dieses Turniers, der mit Johan Cruyff nur einen ebenbürtigen Rivalen hatte.

Er hat das Duell der Superstars gewonnen, weil Deutschland gewonnen hat. Deutschland aber hat gewonnen, weil es Beckenbauer hatte. Deshalb kann es nicht den geringsten Zweifel darüber geben, wem Europas Fachjournalisten, wenn sie im Dezember den ›Fußballer des Jahres‹ wählen, die Palme überreichen werden. Der Kapitän, der seine Mannschaft zum Erfolg führte, wird nach der Deutschen Meisterschaft, dem Europapokal der Landesmeister und der Weltmeisterschaft auch noch die begehrteste individuelle Auszeichnung des europäischen Fußballs erhalten.

Mehr kann man nicht erreichen. Das 74er Jahr ist für Franz Beckenbauer der Mount Everest des Fußballs, und Helmut Schön wird keine Herabsetzung seiner Verdienste in der Feststellung sehen, daß das hohe Ziel ohne seinen Kapitän nie erreicht worden wäre.

Auch in der Mannschaft wird das von Sepp Maier bis Hölzenbein keiner bestreiten. Keiner wird dadurch in den Schatten der Weltmeisterschaftssonne gestellt, und die Verdienste von allen sind in den letzten Tagen und Wochen so oft gewürdigt worden, daß sich jetzt eigentlich

nur die Frage stellt, ob es noch einen anderen Grund für den deutschen Endspielsieg über Holland gibt als jenen, den wir schon unter dem unmittelbaren Eindruck des Spiels beschrieben haben. Einen tieferen Grund also. Man begibt sich da freilich auf ein Parkett, das nicht sichtbar ist wie das Spielfeld, auf dem alles Registrierbare geschieht. Und natürlich kann man auch einwenden, daß solche Überlegungen müßig wären, wenn ein wenig Glück die verzweifelten Anstrengungen der Holländer in der zweiten Halbzeit gewürzt hätte.
Trotzdem glaube ich, daß die Frage der Einstellung letztlich den Ausschlag gegeben hat. Deutschland hat, und das darf Helmut Schön auf seine Aktivseite verbuchen, noch immer eine echte Nationalmannschaft, wiewohl das Prämiengerangel von Malente besser unterblieben wäre. Immerhin zeigte sich nach der Niederlage gegen die DDR eine Besinnung, die man als Rückkehr »zur Quelle« bezeichnen könnte und die mit Geld nichts zu tun hat. Da kehrte etwas von dem Zusammengehörigkeitsgefühl aus Herbergers Zeiten zurück, das es bei den eiskalten holländischen Geschäftsleuten nicht gab.
Man mag es auch Tradition nennen. Auf alle Fälle ist es etwas, das die im Schnellverfahren ud mit enormen finanziellen Zusicherungen aus dem Boden gestampfte holländische Profitruppe nicht kennt. Weshalb man sie auch eine gescheiterte Profit-Truppe nennen könnte. Auch Helmut Schöns Männer waren auf diesem Weg. Und wahrscheinlich wären sie es geblieben, wenn nicht, im wahrsten Sinne des Wortes, Schützenhilfe aus der DDR gekommen wäre.
Hier liegt das eigentliche Geheimnis eines Erfolgs, den es jetzt vier Jahre lang zu bestätigen gilt. Es wird nur möglich mit der Einstellung sein, mit der die Mannschaft in die entscheidende Phase dieser Weltmeisterschaft ging. Die Holländer aber werden mit einiger Sicherheit in den nächsten Jahren mit ihrer Nationalmannschaft nicht so erfolgreich wie mit ihren führenden Vereinen sein. Denn die Allianz Ajax – Feyenoord kann nicht halten, weil sie fast ausschließlich mit Geld gekittet ist.

Franz' List

»Was ist nur mit Jung-Uli los?« fragte Opa Helmut den Onkel Franz und kratzte sich besorgt da, wo er früher einmal einen Scheitel hatte. Auch Onkel Franz machte ein bedenkliches Gesicht, aber im Gegensatz zu Opa Helmut, dessen Nerven von 22 Sorgenkindern, welche die Sportpresse Schützlinge nennt, arg strapaziert waren, wußte er Rat.

»Jung-Uli«, sagte er und spielte gedankenverloren mit seinen dunkelbraunen Locken, »ist arg schnell groß geworden. Er redet altklug daher und denkt zuviel an das Bilderbuch, das er mit dem Paul und dem Udo machen darf. Und zuviel Taschengeld hat er auch gekriegt. Wenn ich denke, wie knapp man mich in seinem Alter gehalten hat!«

»Und mich erst«, sagte Opa Helmut und wartete mit zitternder Spannung, was der Onkel Franz vorschlagen würde, um aus dem zornig stampfenden Jung-Uli wieder ein nützliches Glied der Gemeinschaft zu machen.

»Ich wüßte schon was«, sagte der Onkel Franz mit einem dünnen, aber bestimmten Lächeln. »Wir lassen ihn einfach einmal nicht mitspielen.«

Da erschrak Opa Helmut zutiefst, weil Jung-Uli zwar vorlaut, aber auch ein starker Bayer ist, den man nicht so ohne weiteres ungestraft auf die Strafbank setzt. Aber schnell erhellte sich seine sorgenvolle Miene, als Onkel Franz, der größte aller Bayern und kaiserlicher Kapitän, versprach, die Sache in die Hand zu nehmen.

»Jung-Uli«, sagte Onkel Franz schelmisch, »wird auf die Strafbank gesetzt. Das wird ihm sowohl weh als auch gut tun, denn er bekommt das Gefühl, daß wir ihn nicht brauchen.«

»Aber eigentlich brauchen wir ihn doch«, wagte Opa Helmut einzuwerfen.

Wieder grinste Onkel Franz mit der kaiserlichen Überlegenheit, um die ihn Opa Helmut eigentlich so beneidet: »Natürlich brauchen wir ihn, doch wir müssen eben so tun, als ob wir ihn nicht bräuchten. Zu den anderen aber werden wir sagen: ›Seht, dort sitzt der starke Uli, weil er

unartig war. Aber gleich wird er mitspielen dürfen, wenn wir einen sehen, der nicht laufen will!‹«
Da klatschte Opa Helmut vor Begeisterung in die Hände und erklärte den Onkel Franz zum Reserve-Kolumbus, weil damit der ganze Eiertanz um die Aufstellung beendet war.
Und als dann der Herbert wimmerte, weil er mehr gelaufen war, als er vertrug, schickte Opa Helmut mit dem augenzwinkernden Einverständnis von Onkel Franz Jung-Uli auf die Spielwiese. Vor lauter Begeisterung rannte er schneller als alle anderen und verhalf Klein-Gerd unverzüglich zum 2:0. Opa Helmut und Onkel Franz aber zwinkerten einander zu und beschlossen, keinem zu sagen, wie geschickt sie das Ding gedreht hatten.
Franz Liszt war ein großer Künstler. Aber Franzens List war auch ein beachtliches Kunststück.

Der Erbhofbauer ist den Wilddieb los

Als Gerd Müller am Abend des Münchner Weltmeisterschafts-Endspiels mit glänzenden Äuglein und einer vom Sekt schwer gewordenen Zunge erklärte, daß er nie mehr in der Nationalmannschaft spielen werde, haben viele Leute nachsichtig gelächelt. Eine Sektlaune, was sonst? Der Bomber würde schon wieder normal werden. Es gab aber auch jene, die das Gras wachsen hören und sofort an Spanien dachten. Hatten Müller und sein geld- und geltungshungriger Manager Erwin Nehl nicht ein Jahr zuvor so konkret mit dem FC Barcelona verhandelt, daß es schlaflose Nächte für den Bayern-Präsidenten Wilhelm Neudecker und den Bundestrainer Helmut Schön gab?
Und lag es deshalb nicht nahe, hinter des Bombers Abstinenz vom Nationaltrikot eine spanische Sirene zu vermuten? Barcelona freilich schied diesmal aus. Auf Anraten von Johan Cruyff hatte es dessen Freund Neeskens aus Amsterdam geholt und konnte sich nicht auch noch einen

Müller leisten. Folglich mußte Real Madrid dahinterstekken. Netzer abstoßen und Müller kaufen. So schien sich das Geschäft zu präsentieren. Aber es kam ganz anders. Der Real behält Netzer und kauft Paul Breitner. Der FC Bayern behält Müller, und nur der Bundestrainer verliert ihn. ›Bild am Sonntag‹ sieht es, sehr vordergründig, so: »Müller ist nun mal ein bodenständiger Mensch mit etwas Heimatgefühl und so. Bei Beckenbauer ist es ähnlich.«
Da ist etwas dran, aber ausschlaggebend ist etwas ganz anderes: Im schnellebigen Fußballgeschäft gehören Müller und Beckenbauer zu einer anderen Generation als Breitner, der 22 ist. Die beiden anderen sind 29. Mit 22, als sie so bodenständig noch nicht waren, hat sie niemand mit einer Million gelockt. Jetzt sind die etabliert, haben ihre Million und noch einiges dazu und nähern sich dem Ende ihrer außergewöhnlichen Karrieren.
Paul Breitner aber steht immer noch am Anfang der seinen, auch wenn sie schon von ungewöhnlicher Einträglichkeit war. Und wer ihn kennt, wußte, daß er niemals im Trikot des FC Bayern abtreten würde wie Müller und Bekkenbauer. Überraschend war nur, daß er seine europäische Sensationsbombe so schnell hochgehen ließ. Kühle Betrachter der Situation beim FC Bayern hatten sich das so gedacht: Wenn diese saturierte Mannschaft in der nun beginnenden Saison ihre Ziele nicht erreicht, was keine Überraschung wäre, fällt sie auseinander. Und die beiden ersten, die das vielleicht nicht sinkende, aber lecke Schiff für großes Geld verlassen, sind Breitner und sein Freund Hoeneß. Weil sie jung, erstklassig und für jeden Verein eine gute Kapitalanlage sind.
Denkt man freilich ein wenig nach, dann ist es typisch für den eigenwilligen Paul Breitner, der sein Image als Individualist, um nicht zu sagen als Querulant, mindestens so sorgfältig pflegt wie seine fußballerische Technik, daß er eine solche Situation gar nicht erst abgewartet hat.
Hat er also nach dem amerikanischen Motto »Zeit ist Geld« gehandelt? Ein bißchen schon, obwohl dieser kapitalistische Imagepfleger einer linken Gesinnung behauptet, den großen Vorsitzenden Mao viel mehr zu verehren als alle Rockefellers der Welt. Im Grunde ist das ein

Mumpitz, den ein nach außen grimmig blickender und still in sich hineinlächelnder Breitner arglosen Journalisten verkauft. Gleichwohl hat sein Linksdrall nicht nur Showcharakter. Nationalistische Gefühlswellen sind ihm der gleiche Greuel wie kleinkariertes Funktionärsgeschwätz von Zucht und Ordnung oder die segnende Hand des Herrgotts, die sein (bisheriger) Präsident Neudecker im weißblauen bayerischen Himmel nicht nur vermutet, sondern zu erkennen vorgibt.
Und da Paul Breitner solches nicht für sich behält, sondern lautstark verkündet, daß er bei der Nationalhymne nicht erschauere und daß ihn Leute, die frömmlich denkend ihren Vorteil suchen, am Arsch lecken können, war er von Anfang an das rote Schaf des FC Bayern, unter blütenweißen Schwarzen. Doch möge man darin keine Polemik sehen, sondern nur den Versuch, zu erklären, warum Präsident Neudecker den Verkauf Breitners selbst in die Hand genommen hat.
Schon einmal, als er sich über Breitners ungewöhnlich drastische Kritiken am Brotherrn geärgert hatte, war ihm die Geduld geplatzt. Verschenken konnte er ihn natürlich nicht, aber damals hatte er ihn für 750000 Mark, die er für ein Nasenwasser hielt, feilgeboten.
Doch kein deutscher Klub biß an, zumal auch der Sozialist Breitner zuzügliche und sehr kapitalistische Vorstellungen hatte. Jetzt aber hat Wilhelm Neudecker, via Madrid, den größten Coup gelandet. Wer einen Störenfried für 2,7 Millionen verkauft, kann sich schon die Hände reiben. Fast könnte man an einen Ganghoferschen Erbhofbauern denken, der dem Wilddieb nicht mehr grollt, sondern ihn leben läßt. Für eine Million Handgeld und noch einiges mehr, wenn er hinter den Bergen verschwindet. Wie's auf dem Erbhof weitergeht, ist freilich eine andere Geschichte. Denn schon ahnt man, wie der Großknecht mit besorgter Miene die Tür aufreißt und schreit: »Bauer, s'kimmt a Wetter!«

Und fröhlich brannte die rote Laterne

Die Sonne kämpfte mit unruhigen grauen Wolken, und hinter der Cannstatter Kurve bogen sich die Pappeln so sehr im regenträchtigen Wind, daß die schwergewichtigen Hammerwerfer den Stuttgarter Dreiländerkampf ohne ihren obligatorischen Gitterkäfig hätten beginnen können. Denn ihre stählernen Kugeln, die aus unerfindlichen Gründen Hämmer genannt werden, hätten, im Falle von Querschlägern, kaum Unheil auf den leeren Rängen anrichten können.

Aber die Stuttgarter ließen sich ihren Ruf als dankbares und fachmännisches Leichtathletik-Publikum nicht nehmen. Der mittägliche Regenguß hielt sie etwas zurück, aber er hielt sie nicht ab, und lange bevor Karl Honz und Bernd Herrman über 400 Meter zu ihrer schwäbischen Auseinandersetzung auf höchster europäischer Ebene kamen, waren an die 20000 im Neckarstadion versammelt. Angesichts der Urlaubszeit eine vorzügliche Kulisse.

Sie beweist, daß der echte Leichtathletik-Liebhaber das Erlebnis im Stadion der Fernseh-Direktübertragung allemal vorzieht, wiewohl der Mann am Bildschirm allerhand technische Privilegien genießt. Die Kameras führen ihn von Brennpunkt zu Brennpunkt, dieweil der Mann im Stadion ein halbes Dutzend Augen bräuchte, um nichts zu verpassen. Denn bei solchen Großveranstaltungen der Leichtathletik pflegt in allen Ecken des Stadions immer etwas zu passieren, und nie werde ich deshalb meine Bewunderung vor jenen echten Experten auf den Presseplätzen verlieren, die mit der linken Hand eine Zwischenzeit stoppen und sie mit der rechten niederschreiben, während sie mit dem linken Auge den Hochsprung und mit dem rechten das Diskuswerfen verfolgen. So etwas kann man, oder man kann's nicht.

Ich kann's nicht. Nicht einmal Prognosen kann ich stellen. Da hatte ich gutes Geld in eine dicke Havanna investiert, weil mir der französische Zigarrenraucher Jean-François Bonhème glaubwürdig versichert hatte, daß er eine Weite von guten acht Metern in den Beinen spüre. Die dicke Havanna, die ich zur Feier seines Sieges bereit-

gestellt hatte, trug mir schon vor dem Weitsprung die Rüge eines jener Experten ein, die ich so bewundere. »Bonhème«, sagt er mir mit jener kaiserlichen Überlegenheit, die man sonst nur bei Franz Beckenbauer findet, »gewinnt nicht. Er hat keine Chance gegen Baumgartner.«
Im ersten Teil seiner Behauptung hatte der Experte recht. Bonhème kam nicht über 7,64 m hinaus, aber er hatte immerhin einige gültige Versuche. Baumgartner hingegen fabrizierte außer Fehlversuchen gar nichts, so daß dem wackeren Bonhème, wenn man's genau nimmt, mindestens eine Fehlfarbenzigarre zugestanden wäre. Außerdem kann niemand bestreiten, daß jeder von den 20000, die zuschauten, an diesem Tag mehr für die deutsche Leichtathletik getan hat als Baumgartner. Denn er bezahlte, während bei Baumgartner außer Spesen nichts gewesen ist.
Es ist tröstlich, daß sich auch Experten irren. Oder die Anzeigentafel. Der Russin Melnik beispielsweise, welche die beste Diskuswerferin der Welt ist, klaute sie das »n« und nannte sie Melik. Vielleicht deshalb, weil sie im Kugelstoßen antrat, wo sie nicht ganz so viel auf der Pfanne hat? Dem französischen Hürdenläufer Jean-Claude Nallet stahl sie ein »l«, aber dafür verschenkte sie eine Menge von überflüssigen Buchstaben an die russischen Wettkämpfer, was glücklicherweise außer unserem Mitarbeiter Alexander Karapetian, dessen Muttersprache Russisch ist, niemand störte. Denn die russischen Athleten sind auf diesem Gebiet sehr nachsichtig. Nur wenn man ihre Placierungen vertauscht, können sie unangenehm werden.
Da dies nicht geschah, bewahrten sie uns Freundschaft. Die eindrucksvollste Freundlichkeit dieses Dreiländerkampfes freilich ist von keinem Sieger gekommen, sondern von dem, der die rote Laterne am längsten getragen hat. Nämlich von der ersten bis zur letzten Runde jener, welche die Spezi- und Idealisten des 20-Kilometer-Bahngehens sind.
Da ich den Auftrag, einen französischen Einzelsieger herauszugreifen, nicht erfüllen konnte, habe ich etwas getan, was in unserer modernen Leistungsgesellschaft eigentlich Antijournalismus ist. Beißen den Letzten nicht etwa die

Hunde und darf man es wagen, neben strahlenden Siegern auch von einem strahlenden Letzten zu reden?
Ich meine, daß man es nicht nur darf, sondern sogar muß. Niemand wird den Namen dieses 22jährigen Jurastudenten aus Lyon in einer gedruckten Ergebnisliste finden. Er heißt Dominique Guebey und war schon nach dem ersten der 20 Kilometer, welche die Geher zu absolvieren hatten, so hoffnungslos abgehängt, daß es eigentlich sinnlos wurde, sich um ihn zu kümmern.
Zumal ein interessantes Experiment Weltpremiere feierte. Man ließ die Geher zusammen mit den 10000-m-Läufern starten und gab ihnen den äußeren Rand der Piste. Und siehe da, die Stiefkinder der Leichtathletik, die von spitzen Zungen wegen ihres Watschelganges sogar zu deren Epileptikern gemacht worden sind, bekamen ein ganz neues Marschgefühl.
Für den ersten Blick sind sie ja auch wirklich keine Augenweide. Wer hat schon Spaß an Leuten, die, mit Kopf und Hüften wackelnd, den Eindruck machen, als ob sie barfuß durch einen Ameisenhaufen gingen?
Aber der Doppeleffekt von Laufen und Gehen verfehlte seine Wirkung nicht. Aus dem anfänglichen Spaß wuchs Sympathie für die Geher, deren gedrosselte und doch so unheimlich konzentrierte Energie einem großen Publikum nie deutlicher gemacht worden ist.
Und wer die Augen aufmachte, lernte den einsamsten Mann im Stadion kennen. Diesen Dominique Guebey nämlich, der bei jedem Schritt eine Handbreite gegen die Russen verlor, die an der Spitze wie Stachanow-Arbeiter schufteten, denen man die komplette Zerstörung des Tartanbelags zum Soll gemacht hat. Wie die Besessenen stampften und wühlten sie, ohne daß sich der wackere Guebey aus seinem inferioren, aber nie schwankenden Rhythmus bringen ließ. Wenn man das Fernglas zur Hand nahm, sah man, wie er unter seiner randlosen Brille, die ihm das Gesicht eines Klassenprimus gab, mit flinken und staunenden Kinderaugen immer wieder hinüber zu den 10000-Meter-Läufern linste. Manchmal glaubte man sogar, er wolle sie anfeuern, obwohl er so viel mit sich selbst zu tun hatte.

Außer den Offiziellen, die zum Aufpassen da sind, hat niemand gezählt, wie oft Dominique Guebey überrundet wurde. Aber nie, mit Ausnahme der Tour de France, habe ich einen erlebt, der die rote Laterne mit so viel Zufriedenheit über sein Durchhalten ins Ziel trug. »Es war großartig«, sagte er. »Schade nur, daß ich 12 Kilometer lang Schmerzen im rechten Bein hatte. Jetzt sind sie wie weggeblasen, und ich würde am liebsten weitermachen.«
Neunzehneinhalb von zwanzig Kilometern war der Mann hinterhermarschiert. Auf den Fußball übertragen ist das, wie wenn ein Verein nach dem ersten Spieltag als Absteiger feststeht. Aber man kann es eben nicht übertragen.
Denn Dominique Guebey war glücklich.

Ali und die Frauen

Vor das Comeback des Muhammad Ali hatte Allah den Angstschweiß gesetzt. Nicht beim Betroffenen himself, sondern hauptsächlich bei seinen Verehrerinnen. Nicht nur bei Mrs. Littlefoot in Louisville, Kentucky, wo der ›Größte‹ als Cassius Clay geboren wurde, sondern auch bei Anna Scheuffele in Kaltental. Das Frauenzittern an der Mattscheibe war weltweit.
Geht man der Frauenseele auf den Grund, dann finden sich mancherlei Gründe dafür. Nächtens saßen sie am Bildschirm, im Morgenrock wohl meist und ohne Make-up so ansehnlich gar nicht wie beim Stadtbummel. Aber das merkten sie nicht. Sehr wohl aber merkten sie, daß das, was an Maskulinem unrasiert und ungekämmt neben ihnen saß, seine zwei Zentner bei weitem nicht so harmonisch aufgeteilt hat wie der schwarze Mann, der sich auf so aufregende Weise anschickte, wieder Weltmeister im Schwergewicht zu werden. Dünne weiße Beine, die aus einem feisten Bauch kommen und in Plattfüßen enden, sind ein provozierend schwaches Pendant zu Alis

Beinen, auch wenn jene nicht gerade so tänzeln, wie man es gerne hätte.
Dem solchermaßen abqualifizierten Gatten im Fernsehsessel entgeht das natürlich nicht, weshalb er schnell fachmännisch wird und ein schnelles Ende des Großmauls prophezeit. Der flotte Rechner! Er weiß, daß er doppelter Gewinner ist, wenn der Liebling der Frauen verliert: Erstens hat er es kommen sehen, und zweitens wird sie ihre kritischen Vergleiche einstellen.
Aber es kommt ganz anders. Gerade als er zum sechstenmal mit feiner Logik erklärt hat, daß einer, der wie ein Sandsack in den Seilen hängt, erledigt sei, schlägt Muhammad Ali zu. Ganz unvermittelt, als ob ihm plötzlich einfiele, daß er hier etwas zu erledigen hat.
Dann ist Sense. Und das Comeback des Größten wirkt so groß wie die Schadenfreude, die sich über den plattfüßigen Fachmann ergießt, der an allen Fronten verloren hat. Resigniert wie George Foreman aus dem Ring wankt er wieder ins Bett.
Natürlich hat es auch stolzere Abgänge gegeben. Beispielsweise den von Tschimpumpu wa Tschimpumpu. Dieser wohlklingende Name gehört dem offiziellen Speaker und bedeutet auf deutsch »Wassermelone, Sohn der Wassermelone«. Ich war höchst überrascht, meinen Freund Tschimpumpu, welcher der Präsident des afrikanischen Sportjournalistenverbands ist, mit dem Mikrofon im Ring zu sehen. Zwar weiß ich, daß er sich überall vordrängt, aber nie hätte ich geglaubt, daß er es zu diesem Weltauftritt bringen würde. Bevor es losging und Ali schattenboxend durch den Ring fegte, war seine Rechte ein paarmal nur um Zentimeter an der Nase von Tschimpumpu vorbeigeflitzt, der so tat, als ob ihm der Ring gehöre. Insgeheim hoffte ich, daß Ali ihn treffen möge, weil mich Tschimpumpu bei einem Pressekick in Monaco vor ein paar Jahren bös gefoult hat. Drei Wochen habe ich gehinkt.
Aber der Sohn der Wassermelone ist ein Sonnenbub. Er verließ den Ring so stolz und unversehrt wie der neue Weltmeister. Wenn ihm der Ali eine gewischt hätte, wäre er für mich der Allergrößte gewesen.

David und Mephisto

»Der Ball ist rund«, pflegte schon Sepp Herberger zu sagen, wenn Favoriten auf die Nase fielen. Man liest's auch heute noch, aber an der Rundung kann's eigentlich nicht liegen. Auch das Ding, mit welchem die Kugelstoßer gelegentlich die schönen Fußballrasen beschädigen, ist rund, doch wenn ein dörflicher Miniathlet das tut, kommt er halt auf 12 bis 14 Meter, und es wäre lächerlich, wollte er sich mit einem Spezialisten der nationalen Spitzenklasse messen. Denn es ist berechenbar, daß er um mehrere Manneslängen geschlagen würde.

Im Fußball ist nichts berechenbar, und daraus zieht er seine Popularität. Da tritt das Städtchen Eppingen, zwischen Bretten und Heilbronn gelegen und unweit von Knittlingen, wo der Doktor Faust geboren wurde, wie der leibhaftige Mephisto gegen den großen HSV auf, der geglaubt hat, die ganze Wissenschaft des Fußballs mit Schöpflöffeln gefressen zu haben.

Da steht er nun, der arme Tor, und ist so klug als wie zuvor.

Die Hexerei fing damit an, daß Eppingen 12000 auf die Beine brachte. Das ist nämlich das Doppelte seiner Einwohnerzahl. Hamburg müßte, um da mithalten zu können, 3,6 Millionen mobilisieren. Aber das geht nicht. Nicht einmal bei einer Demonstration.

Gespielt haben natürlich nur 11. Aber gewonnen haben 12000. Was sage ich? Zwölf Millionen mindestens; denn das Fernsehen hatte einen guten Tag. In beiden Programmen. Auch das kommt vor, und es verdient journalistische Anerkennung. So konnten sich Millionen über den kleinen VfB Eppingen freuen, wie sie sich noch nie über den großen VfB Stuttgart gefreut haben. Was zählt dagegen die konsternierte Hamburger Minderheit!

Hanseatischer Hochmut kam vor dem Fall in die Grube der kleinen nordbadischen Amateure. Ein technisches Wunder – ich bin so altmodisch, daß ich mich immer noch wundere, wenn das Drücken eines Knopfes lebende Bilder aus dem Kasten zaubert – ließ Millionen erkennen, was die Engländer schon vor hundert Jahren erkannt hat-

ten: die Faszination des David-Goliath-Kampfes. In meiner Jugend hatte ich aus großer Entfernung den Amateuren von Yeovil Town zugejubelt, als sie Arsenal aus dem Pokal geworfen hatten, und nie habe ich begriffen, warum der DFB so lange brauchte, um zu begreifen, daß man die Kleinen und die Großen von Anfang an aus der Lostrommel zusammenführen muß, um dem Pokal die gebührende Popularität zu verschaffen. Und natürlich ohne Rückspiele, bei denen die Großen ihre Puste wiederfinden, um die Heldentaten der kleinen auszublasen.
Waren sie nicht wundervoll, die beiden Tore des Gerd Störzer, den am Samstagmorgen noch keiner kannte und von dem am Samstagabend mehr gesprochen wurde als von seinem Vornamensvetter Müller am Mittwochabend, obwohl auch jener zwei Tore gegen den FC Magdeburg erzielt hatte?
Nach dem »runden Ball« noch ein geflügeltes Wort: »Pokalspiele haben ihre eigenen Gesetze.« In der Tat setzen sie Gesetzmäßiges außer Kraft, und wieder gebührt dem samstäglichen Fernsehen ein Lob: Es zeigte Günter Netzers Siegestor im letztjährigen Pokalendspiel Mönchengladbach – Köln. Es war sein letztes Tor für einen deutschen Klub und das phantastischste von allen, die er je schoß. Dabei war er völlig außer Form und von Hennes Weisweiler mit der Zustimmung der kompletten Mannschaft nicht aufgestellt worden. Erst in der Verlängerung hatte man ihn geholt.
Pokalspiele sind Hohn auf die Logik. Konnte man nicht am gleichen Abend nochmals am Bildschirm sehen, wie Jürgen Sparwasser keinen anderen als Franz Beckenbauer aussteigen ließ, ehe er Magdeburgs zweites Tor in den Münchner Kasten rammte? Normalerweise kann man das mit dem ›Kaiser‹ gar nicht machen.
Aber der Pokal macht Kräfte frei und lähmt andere. Da ist schon was dran. Der VfB Eppingen und der Hamburger SV geben gerne Auskunft.

Poet aus Rache

Es war in der vergangenen Woche in Paris, und die Herbstsonne überflutete St. Germain des Prés mit dem goldenen Licht, in dem silberne Fäden schweben. An den runden Tischchen, die wie Pilze aus dem breiten Trottoir des Café de Flore schießen, saß man so auf Tuchfühlung, daß man zur Stunde des Apéritifs keine Zeitung mehr zwischen nachbarliche Ellenbogen gebracht hätte. Und auf dem Boulevard St. Germain flanierten turtelnde Pärchen und eine Unmenge von Künstlern mit echtem und gewolltem Anstrich. Seit Jean Paul Sartre hier im Krieg seinen Ersatzkaffee trank und später, als es wieder echten gab, so viele Gaffer anzog, daß er an den kleinen Tischen nicht mehr arbeiten konnte, sondern zum Ausstellungsstück des ›Flore‹ wurde, ist dieses Café eine permanente Rendezvous-Plattform von Intellektuellen und solchen, die es sein wollen.

Der, der neben mir mit kleinen Schlucken seinen Pernod schlürft, ist ein echter. Er hat ein gutes Dutzend von Romanen geschrieben und so viel Auflage gemacht, daß er sich als Gentleman-Farmer in seinen Bauernhof bei Limoges zurückziehen könnte. Aber er ist ein ewiger Pendler zwischen dem lieblichen Limousin und Paris, weil er die Atmosphäre dieser Stadt zum Schreiben braucht.

Genauer gesagt, die Atmosphäre des Quadratkilometers, in dessen Mitte wir hier sitzen. Dieses 6. Arrondissement stößt 90 Prozent der Bücher aus, die in Frankreich gelesen werden. Hier sehen die großen Verlage einander in die Fenster hinein, und hinter den blanken Scheiben des Café Lipp, genau gegenüber vom ›Flore‹, sind jeden Tag mehr prominente Politiker zu besichtigen als auf der Mattscheibe des Fernsehens. Giscard, der Präsident freilich, kommt jetzt seltener als früher.

»Für Mitterand«, sagt Antoine Blondin und deutet zum ›Lipp‹ hinüber, »ist's noch zu früh. Um sechs wird er mal reinschauen. Aber da sitze ich längst wieder an meinem Manuskript. Ich arbeite jetzt nächtelang durch, weil mein Verleger zu murren anfängt. Die Tour de France hat mich zurückgeworfen.«

»Warum«, frage ich, »läßt du nicht einmal eine Tour sausen, wenn du so viel am Hals hast?«
Blondin grinst. »Da kann ich nicht aussteigen. Weißt du nicht, daß die Tour meine Rache an der französischen Schule ist?«
Da ich es nicht wissen kann, erzählt er: »Es muß 1936 oder 1937 gewesen sein, als in allen höheren Schulen ein Wettbewerb ausgeschrieben wurde. Das Thema war ein Aufsatz über die Tour de France, und es winkte ein phantastischer Preis: Die Schreiber der 50 besten Arbeiten durften im Auto eine ganze Etappe begleiten.«
»Du warst natürlich bei den Siegern und hast Geschmack daran gefunden«, sage ich.
»Eben nicht«, grinst er. »Nicht einmal einen Trostpreis habe ich gekriegt. Aber einer der größten Blödmänner meiner Klasse hat gewonnen, und ich habe mir geschworen, das ihm und der Schule heimzuzahlen. Inzwischen habe ich die Tour zwanzigmal gefahren und über jede Etappe ein kleines Feuilleton geschrieben. So an die fünfhundert dürften es jetzt sein.«
Womöglich hätte es nie den Schriftsteller Antoine Blondin gegeben, wenn die Schule sein Talent gewürdigt hätte.

»Kiss mich am Hinterchen«

Dies ist die Geschichte einer Glosse, welche in dieser Woche in diesem Blatt erschienen ist. Üblicherweise, das weiß jeder, wird zu dem, was die Zeitung einmal gedruckt und zum Konsum angeboten hat, keine Nachspeise serviert, doch ist die Komik dieser Geschichte von jener frappierenden Unwirklichkeit, die einen Nachtrag erfordert.
Sie hat den Schreiber, welcher auch dieses schreibt, mit Schweißausbrüchen und Gänsehaut versorgt, eine Dame in hochnotpeinliche Verlegenheit und den schamhaft-

köstlichsten aller Diminutive ins Blatt gebracht. Aber da der Prozentsatz der Leserschaft, der es gemerkt hat, so gering ist, daß ihn kein Computer errechnen könnte, erscheint eine Erklärung von Ursache und Wirkung notwendig.

Angefangen hatte es damit, daß die, im Prinzip, linguistisch nicht sonderlich strapazierte Sportredaktion den Auftrag erhielt, der geneigten Leserschaft zu erklären, warum Armeniens Hauptstadt nicht Eriwan, sondern Erewan heißt. Grund: Ararat Erewan ist Fußballmeister der Sowjetunion und hat im März zwei Europapokalspiele gegen den Deutschen Meister FC Bayern München zu bestreiten.

Natürlich verfügt diese Zeitung, wie jeder weiß, auch über eine außenpolitische Redaktion, aber das Sportressort erschien um so zuständiger, als es mit dem gebürtigen Armenier Alexander Karapetian über einen Mitarbeiter verfügt, der, wie kein anderer, zur Klärung dieser Frage prädestiniert war. Er hat dies auch zur vollen Zufriedenheit des Glossenschreibers getan, weshalb unsere Leser komplett über das falsche »i« und das richtige »e« unterrichtet worden sind.

Aber obwohl es eigentlich nur darum ging, zu beweisen, daß bei Erewan kein »i«, sondern ein »e« stattfindet, weitete der Schreiber seine Glosse sorglos aus, um ihr das Tüpfelchen aufs »i« zu verschaffen. Das Götz-Zitat auf armenisch sollte hinein, damit der Maier Sepp, der es gerne zum Ansprechen gegnerischer Mittelstürmer verwendet, weiß, was er dem gefährlichsten Mann im Angriff von Ararat Erewan zu sagen hat.

Doch das, was der Clou der Glosse werden sollte, machte sie schrottreif. Denn als sie geschrieben war und aus gegebenem Anlaß nur noch das berühmteste aller Götz-Zitate auf armenisch eingesetzt werden sollte, war Alexander Karapetian verschwunden. Zwar war der Nachmittag erst angebrochen, aber Armenier haben die ebenso unberechenbare wie verdammungswürdige Angewohnheit, in den Momenten zu verschwinden, in denen man sie am nötigsten braucht. Wir telefonierten mit sämtlichen Stuttgarter Cafés, in denen er die ›Prawda‹ zu lesen und damit ge-

nüßlich hochinteressierte Blicke von den Nebentischen auf sich zu ziehen pflegt.
Aber Karapetian, der einzige Mann, der die Glosse retten konnte, war nicht aufzutreiben. Der Redaktionsschluß rückte näher und näher, und es war kein Ersatz für die 100 Zeilen da, die nicht an die Setzmaschine gehen konnten. Da dies immerhin die Länge eines Kinderarms ist und es auf 18 Uhr zuging, begann die Sportredaktion zu rotieren. Sie rief die Berlitz-Schule an und dann das Institut für Auslandsbeziehungen. Aber niemand konnte schlüssige Auskunft darüber erteilen, was »leck mich am Arsch« auf armenisch heißt. Wir konnten die persische und sogar die afghanische Übersetzung bekommen, aber das wäre, selbst wenn es Anna Scheuffele aus Kaltental nicht registriert hätte, schlicht ein Betrug am Leser gewesen.
Indes merkte jeder, daß unser Karapetian auch mit der heftigsten Zitierung des Götz nicht herbeizitiert werden konnte. Die einzige, die unter fluchenden Mannsbildern kühlen Kopf behielt, war unsere Sekretärin, die auf die glänzende Idee kam, einen persischen Teppichhändler anzurufen, um ihn zu fragen, ob er vielleicht einen armenischen Kollegen habe.
Prompt erhielt sie eine Nummer. Aber jetzt, eine Viertelstunde vor Redaktionsschluß, ging das Schwitzen erst richtig los. Mit heller und überaus freundlicher Stimme meldete sich Frau »O«, und auf die Frage, ob sie einen ganz kleinen, ja höchst winzigen deutschen Satz für uns ins Armenische übersetzen wolle, antwortete sie mit einer Bereitschaft, die mich sowohl rührte als auch ängstigte.
Weshalb ich sie bat, sich zunächst einmal hinzusetzen. Es handle sich nämlich, wiewohl er gar nicht damenhaft sei, um einen höchst wichtigen Satz für unsere Zeitung.
»Bittärscheen«, lachte sie, »ich hälfe Ihnen mit gräßtem Vergniegen!«
Dann sagte ich es, und ich spürte, wie sie nicht nur nach Luft schnappte, sondern auch nach einem Stuhl suchte.
Und nach etlichen Sekunden, die uns dem Redaktionsschluß, aber nicht der Lösung näherbrachten, fauchte sie:
»Was bildän Sie sich ieberhaupt ein, Sie sprächen mit einer Dame, mein Härr!«

»Aber ich brauche den Satz wirklich, gnädige Frau! Ich flehe Sie auf den Knien an, und ich habe nur noch fünf Minuten, um ihn in die Zeitung zu bringen.«
»So etwas«, brüllte sie mich an, »schreibt keine Zeitung!«
»Im allgemeinen natürlich nicht«, versuchte ich sie zu beschwichtigen. »Aber es ist eine Ausnahme, und wir schreiben es ja nur auf armenisch.«
Doch der schwäbische Gruß auf armenisch ging ihr nicht über die Lippen. Vielmehr wuchs ihre Indignation derartig, daß das Gespräch jeden Moment beendet sein konnte. Aber da rettete mich wieder unsere Sekretärin.
»Küssen«, flüsterte sie mir ins Ohr. Und ehe die zornige Armenierin den Hörer aufknallen konnte, bat ich sie, mir wenigstens zu sagen, ob man die Sache nicht umschreiben könne, da es ja auch in anderen Sprachen lieblichere Ausdrücke für den Allerwertesten und so gäbe. Und so haben wir es ihr, zwei Minuten vor Redaktionsschluß, entlockt: »Wores hampoure.«
Alexander Karapetian aber, der am späten Abend, als die Zeitung längst von der Rotationsmaschine ausgespuckt wurde, aus einem seiner Cafés in die Redaktion kam, bog sich vor Lachen, als er las, und prustete heraus: »Weißt du, was du geschrieben hast, Briederchen, wunderbar hast du geschrieben: ›Kiss mich am Hinterchen!‹«
Da waren wir trotzdem zufrieden. Sehr markig war es nicht, aber korrekt. Zwar mag die Würde einer Dame ein klein wenig verletzt worden sein, aber nicht die journalistische Sorgfaltspflicht.

Über den Schluchten des Balkans

Wer seinen Karl May kennt, der kennt auch die Schluchten des Balkans. Das heißt, er glaubt sie zu kennen, genauso wie Karl May, ohne jemals Schluchten des Balkans gesehen zu haben, überzeugt davon war, daß sie so seien, wie er sie in seiner üppigen Phantasie beschrieb.

Aber in Wirklichkeit sind die Schluchten des Balkans viel schrecklicher. Ich erlaube mir diese Behauptung aus dem höchst einfachen Grund, weil ich nebst einer stattlichen Kollegenschar um ein Haar in eine der tiefsten und schroffsten von ihnen gestürzt wäre.
Überhaupt war dieser sogenannte freie Samstag in Sofia auch für jene, denen Abenteuer in fremden Ländern nicht ungewohnt sind, ein Tag mit außergewöhnlichen Erlebnissen. Er begann zwar durchaus harmlos mit dem Besteigen eines Omnibusses, der die offiziellen und offiziösen Begleiter der Nationalmannschaft zu einem Tagesausflug mit Picknick in die Wildheit der Berge führen sollte, die Bulgariens Hauptstadt umrahmen.
Da die Wolken tiefer hingen als die Gipfel dieser Berge, die auf über 2000 Meter ansteigen, geriet der Bus so ins Schnaufen, daß er auf halber Strecke seinen Dienst versagte.
Was einerseits begreiflich macht, daß Bulgariens Regierung zur Förderung des Tourismus soeben 200 leistungsfähige Mercedes-Busse aus Untertürkheim bestellt hat und uns andererseits Land, Leute und Gepflogenheiten viel näherbrachte, als wir hatten ahnen können.
Etwa 60 Kilometer von Sofia entfernt lief das Benzin unseres Busses nicht mehr in den Motor, sondern auf die Straße, doch beteuerte der Chauffeur, daß die Angelegenheit in einer halben Stunde zu beheben sei. Glücklicherweise geschah das in einem Städtchen von 6000 Einwohnern, in dem sich auch eine Schmiede befand, in der Ersatzteile zwar nicht vorhanden sind, aber hergestellt werden können.
Weshalb wir nicht unruhig wurden, sondern dankbar registrierten, daß es noch andere Wege gibt als den sattsam bekannten deutschen Brauch vom nicht immer notwendigen, aber stets teuren Einbau von fertigen Ersatzteilen. Es wäre kein Fehler, wenn so manche deutsche Kundendiensthyäne einmal in einem Land arbeiten müßte, in dem mangels Ersatzteilen noch echte Reparaturen, die viel Sachkenntnis verlangen und vergleichsweise wenig einbringen, notwendig sind.
Zwei gute Stunden saßen wir in einem Nest fest, dessen

Namen wir nicht kannten, das jedoch über einen tauglichen Gasthof verfügte, in dem man uns mit einer Freundlichkeit, die uns versöhnte, ohne uns glücklich zu machen, Unterkunft und Verpflegung für unbeschränkte Zeit anbot.

Es roch nach Knoblauch, Schweinswurst, Käse und Rotwein, was durchaus akzeptabel gewesen wäre, wenn das Telefon funktioniert hätte. In Ermangelung dieser Nabelschnur, die der Journalist, sofern er sein Geschäft ernst nimmt, dringend benötigt, wurden einige Kollegen vom Koller der kompletten Arbeitsunfähigkeit gepackt.

Doch dieses Kümmernis wurde durch die geglückte Reparatur des Busses überwunden. Als er mit geregelter Benzinzufuhr durch die schmale Straße schnaufte, die sich wie ein Korkenzieher in die Flanken der Berge bohrt, besserte sich die Stimmung zusehends, obwohl sich aus bleigrauen Wolken Schneeflocken in den Bindfadenregen mischten. CSU-Fußballfan Richard Stücklen, der kein Hehl daraus macht, der Nationalelf erheblich näherzustehen als der SPD, weshalb er den DFB-Troß bei jeder Gelegenheit begleitet, bewies bemerkenswerten Mut zum Fatalismus, als der Bus an schwierigen Stellen mit zwei Rädern Abgründe von entsetzlicher Schroffheit streifte, dieweil DFB-Vizepräsident Hermann Neuberger hochroten Kopfes heftige Proteste anmeldete, die der Chauffeur jedoch sowohl wegen mangelnder Sprachkenntnis als auch wegen solider Straßenkenntnis souverän überhörte. Die Straße wurde zum Feldweg, die Abgründe wurden noch grausiger, die Felsbrocken noch gewaltiger und der Regen noch stärker. Das Balkangebirge schien uns mit seiner ganzen wilden Majestät entweder zu stoppen oder zu verschlingen – und dennoch kamen wir an.

Die letzten fünf Kilometer hatten wir allerdings mit von Pferden gezogenen Panjewagen zu überwinden, aber dann gab es in einer Wildnis, deren Erhabenheit selbst ein Karl May nur unvollständig hätte beschreiben können, ein Lagerfeuer mit Bratwürsten, Weinfässern und einer wie aus dem Boden gestampften Folkloretanzgruppe, und nach dem Schrecken, der allen in den Gliedern saß, war es ein so urwüchsig-überraschender Zauber, daß selbst der

DFB-Vize Hermann Neuberger ein Ringelreihen ums Lagerfeuer mithüpfte und die Gefahr eines Anmarsches vergaß, der leicht in der tiefsten aller Schluchten hätte enden können.
Patschnaß, aber unversehrt und wohlgemut kehrte man in der hereinbrechenden Dämmerung nach Sofia zurück mit der Gewißheit, das Schlimmste überstanden zu haben. Jetzt konnte nur noch die Nationalelf, die solchen Gefahren natürlich nicht ausgesetzt werden darf und im Hotel geblieben war, in die Grube fallen. Aber wie sanft und harmlos ist eine solche Grube für den, der mit einem klapprigen Bus um Haaresbreite an den Schluchten des Balkans vorbeigeholpert ist.

Sommertagstraum

Es gibt Tage, an denen man an seinem Beruf herummäkelt wie Weiber im Laden an Sachen, die sie kaufen wollen und auch wieder nicht. Gestern war so ein Tag. Ich ging früh auf den Bahnhof, um einen Kollegen abzuholen, mit dem Wichtiges zu besprechen war. Leider gehört er nicht zu den Zuverlässigsten. Der Zug kam ohne ihn, und es blieb mir nichts anderes übrig, als auf den nächsten zu warten. Ich kaufte mir am Kiosk Zeitungen, weil das das beste ist, wenn man Zeit hat. Wenn es alle Leser so hielten, ginge es den Zeitungen übrigens besser.
Dann ging ich in die Anlagen, weil man in der Bahnhofshalle nicht lesen, sondern höchstens Italienisch, Spanisch oder Griechisch lernen kann. Leider traf ich unterwegs Herrn M., der mich fragte, wohin die Reise denn diesmal ginge, und nicht versäumte, hinzuzufügen, wie glücklich einer sei, der aus seinem Hobby seinen Beruf gemacht habe. Er hingegen sei ein gehetzter Manager mit tausend Sorgen. Und tausendmal mehr Geld, dachte ich, ehe ich ihm sagte, daß ich keine Reise vorhabe, sondern am Samstagabend zu VfB – Mönchengladbach müsse, weil die

Sommerpausen im Fußball immer kürzer werden. Herr M. sagte, daß er mich beneide und zu seinem größten Leidwesen wegen einer wichtigen Gartenparty nicht ins Stadion könne. Und ich dachte, daß es dem VfB besser ginge, wenn nicht so viele Leute immer etwas anderes vorhätten.

Als ich endlich auf meiner Bank in den Anlagen saß, bekam ich den dritten Ärger, weil mich englische Zeitungen immer daran erinnern, daß man sich im Hydepark mit ihnen ins Gras legen darf. Das Betreten eines deutschen Parkrasens ist schlimmer als die Schändung einer minderjährigen Jungfrau.

In der ›Times‹ las ich dann einen gescheiten Artikel über Tennis, aber in die Freude darüber mischte sich der vierte Ärger, weil gute Tennis-Reportagen bei uns so rar sind wie vierblättriger Klee. Vielleicht sollte man den Fußball sausenlassen und sich auf Tennis spezialisieren? Aber was macht ein Tennis-Reporter im Winter? Wahrscheinlich das, was ein Feuerwehrmann macht, wenn's nicht brennt. Deutsche Zeitungen haben wenig Freude an Reportern, die die Hälfte des Jahres nicht im Blatt, sondern nur auf der Gehaltsliste stehen.

Ja, in England, da ist alles ganz anders. Tennis- und Crikket-Reporter werden im Winter für schieres Nichtstun fürstlich bezahlt. Aber das sind ja auch keine Kanalarbeiter wie die Fußballfritzen, sondern Gentlemen mit weißen Flanellhosen und ebensolchen Handschuhen. Sportjournalistischer Adel ist das, und als ob es noch eines Beweises dafür bedürfte, führen diese Hochwohlgeborenen mit edler Selbstverständlichkeit die entsprechenden hochkarätigen Namen wie Lance Tignay, Laurie Pignon oder gar Rex Bellamy.

Rex Bellamy, what a name! Das ist der Mann von der ›Times‹, und zwischen den Zeilen seines Artikels sah ich ihn von meiner harten Bank aus im Flugzeug schweben und lässig die flirtende Sonderbehandlung der Stewardessen genießen. Dann kurze Dusche im Hotel, ein paar Tropfen männlichen Parfüms, nicht zuviel und nicht zuwenig, und ab geht's im Sportwagen zu den feudalen Tenniscourts von Monte Carlo, allwo Rex Bellamy erneut lässig Platz

nimmt und versonnen hinunterblickt zur blauen Bucht, in der die elegantesten Jachten der Welt ankern. In der Hand hält er keinen Notizblock, wie unsereiner, sondern ein Glas Champagner, und der Fürstin von Monaco nickt er mit der gleichen unnachahmlichen Erhabenheit zu wie der Königin-Mutter in Wimbledon.
Natürlich schreibt er auch. Aber nicht mit des Proleten Handwerkszeug, sondern mit goldener Feder wohl und auf Bütten, denn in unendlich weiter Ferne von dieser eleganten, wohltemperierten Umgebung ist die brüllende Hektik der Fußballstadien. Hier versteht man selbst beim Flüstern sein eigenes Wort noch, und man weiß, daß das dramatischste Ereignis von Wimbledon der letzten Jahre, was die Zuschauer angeht, darin bestand, daß einer der Herren Schiedsrichter die Mutter von Jimmy Connors höflich bat, doch ein bißchen leiser zu sein.
So ein Rex Bellamy, ja, das wäre was. Wenn der Herr M., der morgen, wenn ich zum VfB muß, zu seiner Gartenparty geht, wieder einmal einen sucht, der sein Hobby zum Beruf gemacht hat, werde ich ihm sagen, wo er den Burschen findet.

Der Tour-Boß

Der Mann, der hoch aufgerichtet im offenen roten Wagen steht und sich bei scharfen Kurven biegt wie die Antennen, die gleich Schilfrohren aus der Karosserie ragen, ist der Boß der Tour de France. Ja, man kann sogar sagen, er ist ihr Besitzer, denn er hat sie von seinem Vater geerbt. Der wiederum hatte sie von Henri Desgrange übernommen, der im Jahre des Heils 1903 auf die verrückte und von seinen Zeitgenossen vielbelächelte Idee gekommen war, ein Rennen durch Frankreich für Velozipedfahrer auszuschreiben. Sie haben aber bald nicht mehr über ihn gelächelt, und wenn man den Franzosen heute die Tour de France wegnähme, würden sie auf die Barrikaden gehen wie weiland die Marktweiber von Paris vor der Erstürmung der Bastille.

Der Mann im Kommandowagen der Tour, der, wenn die Sonne besonders heiß brennt, wie ein Kolonialoffizier aussieht, weil er dann zum khakifarbenen Hemd und zu der etwas zu lang geratenen kurzen Hose einen Tropenhelm trägt, verwaltet das übernommene Erbe mit einer Gewissenhaftigkeit und einem Engagement, die immer wieder frappieren. Wenn die Tour de France trotz der Abschaffung der Nationalmannschaften und trotz der Macht kommerzieller Interessengruppen geblieben ist, was sie war, verdankt sie es in erster Linie dem außergewöhnlichen Mann mit dem Tropenhelm, der Jacques Goddet heißt.

Jacques Goddet bringt es fertig, Feldherr, Chronist, Wachhund und Mädchen für alles in einer Person zu sein. Nichts, was in der Karawane und im Fahrerfeld passiert, entgeht ihm, und wer ihn bei seinen tausend Beschäftigungen während des Rennens erlebt hat, der kann, wenn er am nächsten Tag ›L'Equipe‹ liest, nur den Hut ziehen. Denn der Zeitungsboß Goddet ist nicht minder brillant als der Rennleiter Goddet, und sein täglicher Kommentar ist ein journalistisches Kunstwerk. Manchmal von der Badewanne aus in die Redaktion telefoniert, manchmal blattweise von hurtigen Boten aus dem Hotelzimmer zum Fernschreiber getragen.

Journalismus in Goddets Umgebung ist ein prickelndes Abenteuer, aber auch eine harte Schule. Zweimal habe ich im zwölfköpfigen Reporterteam von ›L'Equipe‹ mitarbeiten dürfen, und nie werde ich die Etappe vergessen, bei der ich zehn Minuten zu spät zum gemeinsamen Abendessen hinunterkam, weil ich zu langsam gearbeitet hatte. Für einen winzigen Augenblick hatte Jacques Goddet vom Zerlegen seines Hühnerschenkels indigniert aufgeblickt und dann nur gesagt: »Ein bißchen lasch gewesen, mon cher Blick, was?« Es waren die einzigen Worte, die er an diesem Abend mit mir wechselte, denn ein unpünktlicher Arbeiter war Luft für ihn.

Pünktlich um 22.30 Uhr, wenn die meisten Journalisten noch zusammensitzen, geht Goddet schlafen. Aber um 6

Uhr, wenn alle anderen noch schlafen, beginnt er mit seinem ausgedehnten Frühsport, wobei es zu seinen kleinen Freuden gehört, Hanteln von hübschem Gewicht so lange auf den Boden fallen zu lassen, bis in den angrenzenden Hotelzimmern keiner mehr schläft. So beginnt der Mann, der die Tour de France geerbt hat und wie ein Luchs über sie wacht, jede der 21 Etappen, und alle, die um ihn herum sind, beneiden ihn um seine Gesundheit und sein Stehvermögen.
Übrigens ist Jacques Goddet in diesem Jahr 70 geworden.

Champs-Élysées als Straße des Triumphes

Das Bistro am Rande der Landstraße, die nach Chalons-sur-Saône führt, ist innen und außen überfüllt, aber fast alle Flaschen sind leer, wenn man vom Wein und den noch schwereren Sachen absieht, die nichts taugen gegen den Durst. Innen kann man sich, wenn man kräftige Ellenbogen hat, zur Not noch ein Plätzchen am Tresen, hier ›Zinc‹ genannt, erkämpfen, aber die heiße, von schwarzem Tabak geschwängerte Luft ist zum Schneiden. Um die kleinen runden Tische auf dem Trottoir haben sie die Sitzgelegenheiten mittels leerer Bier- und Limonadenkisten vermehrt, und der Patron könnte das Geschäft des Sommers machen, wenn er mehr Platz auf der Straße und mehr Bier im Keller hätte.
Die Tour de France, die schon lange nicht mehr durch das Dorf gekommen ist, hat ihn überrumpelt. Aber er ist nicht der einzige. Das Rennen hat in diesem Jahr wahrscheinlich mehr Menschen auf die Beine gebracht als je zuvor, und das ist eigentlich nicht zu fassen. Hat man die Tour nicht totgesagt, hat man ihr nicht prophezeit, daß sich die fortschreitende Motorisierung und die wissenschaftlich-technische Revolution der siebziger Jahre zu einem Moloch vereinigen würden, der unweigerlich eine Rundfahrt durch Frankreich auf Fahrrädern auffräße, für die sich

Väter, Großväter und Urgroßväter noch begeistern konnten?
Der Moloch hat das Maul zwar aufgebracht, aber nur zum Staunen. Die Tour hat ihn einfach zur Seite geschoben, als ob es ihn gar nicht gäbe; so, wie mich der durstige Dicke am Zinc zur Seite schiebt. Ganz naß macht er mich dabei, weil er nur ein Netzhemd über dem schwammigen Bauch trägt, durch dessen Gitter die Schweißtropfen wie tausend kleine Quellen ihren Weg suchen. Aber ich schlage mit den Ellenbogen zurück, weil ich jetzt auch etwas auf die salzige Zunge und den trockenen Hals brauche, hier in diesem Dorfbistro, an dem die große Karawane des Juli vor zehn Minuten vorbeigerollt ist, und wo ich meinen Abstecher zur Tour de France 1975 beenden werde.
Einen Moment hatte ich gezögert. Vielleicht hätte man doch den Einzug in Paris mitnehmen sollen; erleben, wie sich am Sonntag die Champs-Élysées zur Via Triumphalis des Bernard Thévenet verwandeln, der Eddy Merckx, den größten von allen, vom Podest der Unbesiegbarkeit heruntergeholt hat?
Aber ich blieb im Bistro mit den heftig diskutierenden Männern, trank mit Hahnenwasser gestrecktes giftgrünes Pfefferminzzeug, weil es nichts anderes mehr gab, und befaßte mich mit der Heimreise. Denn das Rennen war gelaufen, und wenn ich nicht ans Steuer zurück gemußt hätte, dann hätte ich die Pein, die mir der zerschundene und geschlagene Eddy Merckx bereitet hatte, mit viel Cognac hinunterzuspülen versucht.
Sogar im Bistro, bei den Männern, die das Gelbe Trikot ihres Landsmannes Thévenet feierten und die nur das schemenhafte Bild des vorbeihuschenden Pulks der Rennfahrer erlebt hatten, spürte man etwas von der Unbehaglichkeit, die das Pech des Belgiers in den nationalen Freudenbecher tröpfelte. Dabei hatten sie das von Schmerzen ausgehöhlte Gesicht des Belgiers, das nur noch Grimassen schneiden konnte, weil das Jochbein gebrochen und der Sinusnerv zerstört waren, nicht aus der Nähe sehen können, und sie hatten auch nicht gesehen, wie er sich nach Massagen, die sinnlos geworden waren, in seinem Hotel-

zimmer verkroch, ohne einen Blick auf zweitausend Telegramme zu werfen, die ihn zum Durchhalten aufforderten. Es war auch eines seines Königs dabei, aber Eddy Merckx, der gestürzte König der Rennfahrer, nahm nicht dieses moralische Doping zu sich, sondern Schlaftabletten. Wenn er vom Rad stieg, lebte er wie ein Kranker, und mit dem Verstand läßt sich nicht erfassen, warum ein Sportler und ein vielfacher Millionär dazu derartige Strapazen auf sich nimmt.

Jeder andere hätte aufgehört. Merckx aber zahlte in einer Währung, die im normalen Berufsleben nicht gängig ist, nämlich mit körperlicher und moralischer Pein, die über die Grenze des Zumutbaren geht, an seine Mannschaftskameraden zurück, was er ihnen in den Jahren seiner stolzen Triumphe zu verdanken hatte. Keiner weiß besser als er, daß ein Rennen wie die Tour de France nicht ohne die Hilfe dieser anonymen Leibwächter zu gewinnen ist, und obwohl sie ihn alle händeringend baten, sich nicht um sie zu kümmern und auf seine Gesundheit zu achten, ist er nach seinen schweren Sturzverletzungen jeden Tag wieder in den Sattel gestiegen, um wenigstens den zweiten Platz zu behalten. Der zweite Platz bedeutet für Merckx nichts, aber er bedeutet viel Geld für die Mannschaftskasse und lukrative Verträge für die, die ihn unterstützten.

Nicht nur die Männer im Dorfbistro, in dem ich von der Tour Abschied nahm, haben gespürt, daß einer der ganz Großen des Sports in diesen Tagen als Geschlagener viel mehr getan hat als bei seinen größten Siegen. Man mag zur Tour de France stehen wie man will und sie als Anachronismus bezeichnen, wenn Autos mit dampfenden Kühlern im Hochgebirge steckenbleiben, dieweil sich Männer auf zwei Rädern mit hausgemachter Energie auf Gipfel von 3000 Meter Höhe hinaufwuchten, an deren Flanken der Schnee auch im Hochsommer nicht schmilzt. Puristen mögen es auch verwerflich finden, daß sie dabei als »Sandwichmänner« Produktwerbung betreiben und daß sowohl ihr Budget als auch das der Tour de France hauptsächlich von Industriegeldern gespeist wird. Und sie haben ganz sicher recht mit der Behauptung, daß es längst

keine Tour de France mehr gäbe, wenn die Veranstalter, nämlich die beiden Zeitungen ›L'Équipe‹ und ›Le Parisien Libéré‹, ohne industrielle Gelder auskommen müßten. Wer sich in der Zeitungslandschaft auskennt, weiß, daß die Auflagensteigerung während des Rennens, die früher einen großen Teil der Unkosten deckte, heute nur noch der Tropfen auf den heißen Stein ist.
Man hat behauptet, daß die Tour de France wegen der Abschaffung der Nationalmannschaften und dem Aufkommen industrieller Unterstützung aufhören würde, eine nationale Institution zu sein. Richtig ist indes die Behauptung, daß der Mann auf der Straße, nämlich der, der für die Tour auf die Landstraße geht und der heuer auf über 30 Millionen Exemplare geschätzt werden darf, mit dem prickelnden Gefühl kommt, eines der letzten großen Abenteuer zu erleben, und seine Begeisterungsfähigkeit mehr denn je durch Männer stimulieren läßt, die mit reiner Muskel- und Willenskraft Durchschnittsgeschwindigkeiten auf die Straße bringen, die ein Autofahrer bei den heutigen Verkehrsverhältnissen gar nicht mehr erreichen kann. Und im übrigen hat sich nichts an einem Volkscharakter geändert, der den Helden, den er bewundert, leiden sehen will.
Das ist nicht nur das Geheimnis des Poulidor-Mythos, sondern überhaupt das Geheimnis eines Rennens, dem notorische Besserwisser schon vor vielen Jahren keine Chance mehr gegeben haben und dem Staatspräsident Giscard d'Estaing für die Ankunft am Sonntag in klarer Erkenntnis einer nicht fallenden, sondern steigenden Popularität die Champs-Élysées zwischen Concorde und Triumphbogen zur Verfügung gestellt hat.
»A mes amis, les coureurs du Tour de France, héros inutiles, héros quand-même.«
Diese Widmung hat André Reuze seinem in den 20er Jahren erschienenen Roman ›Giganten der Landstraße‹ vorausgestellt, und sie heißt auf deutsch: »Für meine Freunde, die Fahrer der Tour de France, unnütze Helden, Helden dennoch.«
Warum es seither keinen echten Roman mehr über die Tour gegeben hat, sei hier nicht untersucht. Untersucht

man jedoch das Geheimnis ihrer erstaunlicherweise nicht sinkenden, sondern steigenden Popularität, dann merkt man, daß sie André Reuze mit seiner Widmung in eine Nußschale gepackt hat. Wer mit Seziermesser von Verstand und Logik an die Tour de France und diejenigen, die ihre Strapazen auf sich nehmen, herangeht, findet ein 4000-km-Rennen unter Einbeziehung des Hochgebirges in der Tat unnötig. Aber muß er dann gleichzeitig nicht alles im Sport, was über den Trimm-dich-Gedanken hinausgeht, ablehnen? Die Herausforderung, die den Langläufer auf die Bahn und den Bergsteiger in schroffe Wände treibt, hat die gleichen Wurzeln, und wer die Faszination einer Alpen- oder Pyrenäenetappe erlebt hat, begreift den Bergbauern im Roman von André Reuze. Mit großen, ungläubigen Augen blickt er einem einsamen, abgehängten und zerschundenen Rennfahrer nach und zieht den Hut. Gestern hat Paris den Hut vor allen gezogen, die die Tour de France beendeten. Zum erstenmal seit ihrem Startjahr 1903 schloß sich der Ring mitten in der Hauptstadt und auf ihrer Prachtstraße. 27mal war ein Rundkurs, der vom Triumphbogen bis zu den Tuilerien reichte, zu durchfahren, und sein Herzstück waren die Champs-Élysées; Staatspräsident Giscard d'Estaing, im Gegensatz zu seinen Vorgängern Pompidou und de Gaulle ein Mann mit ausgeprägtem sportlichem Interesse, hatte das große Schauspiel nicht nur genehmigt, sondern die Organisatoren sogar dazu ermuntert. Und um den Rennfahrern noch eine zusätzliche Reverenz zu erweisen, war er nicht zu seinem Ehrenplatz vorgefahren, sondern hatte den Weg vom Elyséepalast zu Fuß zurückgelegt. Mit dem richtigen Gespür für Nuancen, die ankommen.
Auch die deutschen Fernsehzuschauer konnten das Fest mitfeiern. Vielleicht ist dem einen oder anderen dabei aufgefallen, daß die Tour tatsächlich eine nationale Institution – und Paris etwas anderes als Bonn ist. Jedenfalls wäre es etwas schwieriger, der Eurovision ein Radrennen um den Bonner Marktplatz zu verkaufen.
Bedauerlich ist, daß sich das Deutsche Fernsehen von der seit vielen Jahren spannendsten Tour im Gegensatz zu den Anstalten der Nachbarländer praktisch ausgeschlos-

sen hatte. Geboten wurden ein paar magere Ausschnitte mit ebenso mageren Kommentaren von Reportern, die zu Hause im Studio saßen.
Das alles war, gemessen an dem, was die Nachbarn zu sehen bekamen, so lieblos und dilettantisch gemacht, daß man versucht ist, den Verantwortlichen, frei nach André Reuze, aber mit anderem Sinn, zuzurufen: »Unnütze Reportagen, Reportagen dennoch.«

Willy und die fünf Autogramme

Als ich die letzte Weihnachtskarte der Post übergeben hatte, fiel mir Willy ein. Ich habe ihm dann auch noch geschrieben, aber der Gruß wird ihn nicht rechtzeitig erreichen, denn Willy ist in der DDR zu Hause. In einem Dorf an der Elbe zwischen Dresden und Magdeburg. Möglicherweise schiebt er aber auch über Weihnachten Wache am großen Zaun, der die beiden Deutschland trennt. Denn ich habe Willy als Soldat kennengelernt.
Das war 1973, als Bayern München auf dem Weg zu seinem ersten Europapokal der Landesmeister war. Aus diesem Weg war ein Brocken mit Namen Dynamo Dresden zu räumen, und man wird sich erinnern, daß das Schwerstarbeit war. Dank Uli Hoeneß, der in Dresden wohl sein bestes Spiel für die Bayern lieferte, gab es ein 3:3, das zum Einzug ins Viertelfinale reichte.
Mit Willy hat das natürlich nichts zu tun. Dagegen hat Willy allerhand Ärger und Probleme mit dem verspäteten Eintreffen der Bayern in Dresden bekommen, und nicht vom Fußball, sondern davon soll die Rede sein.
Bekanntlich ließ Bayern-Präsident Wilhelm Neudecker viel Druckerschwärze in West und Ost fließen, als er den Reiseplan kurzfristig umwarf und seine Mannschaft erst am Spieltag anreisen ließ. Über die Begründung ist viel gelacht worden, denn der Bayern-Präsident schob Akklima-

tisierungsschwierigkeiten vor, da Dresden nicht ganz so hoch wie München über dem Meeresspiegel liegt.
Wir Journalisten wußten jedoch nichts davon. Man hatte uns nicht in Dresden einquartiert, sondern in Leipzig, weil die Hotelbetten wegen eines Ärztekongresses in Dresden rar waren. Montagabends nahmen wir in Leipzig Quartier.
Zum Abendessen ging ich mit einigen Kollegen in Auerbachs Keller – und dann kam Willy. Noch heute sehe ich ihn vor mir, wie er mit seinen großen Kinderaugen unschlüssig auf der breiten Treppe stand, die hinunterführt in das massige Gewölbe mit den breiten Säulen Er nahm die Schildmütze in eine Hand, aber er wußte nicht so recht, was er mit der anderen machen sollte. Zögernd nahm er Stufe um Stufe, und der suchende Blick fand keinen freien Tisch im brodelnden Betrieb des weiten Raums. Nicht selbstsicher wie der Doktor Faust, den Goethe auf einem Faß diese Treppe hinaufreiten ließ, stand Willy da, sondern eben so, wie man als hungriger Rekrut beim ersten Ausgang vor besetzten Tischen steht. Dreimal machte er die Runde, aber immer schüttelten die Leute an den wenigen Tischen, wo es noch freie Stühle gab, die Köpfe.
Als Willy seine vierte Runde drehte und immer hungriger guckte, rückten wir an unserem Tisch zusammen, und wir fanden auch noch einen Stuhl. Dankbar nahm er an, aber kaum daß er saß, wollte er schon wieder aufstehen. »Ihr seid wohl alle aus dem Westen«, sagte er, und es entging keinem von uns, daß von einem der Nebentische ein paar Unteroffiziere mißbilligende Blicke herüberwarfen.
»Ich sollte mir einen anderen Platz suchen«, knurrte Willy mit hungrigem Unbehagen. Aber dann blieb er sitzen, zumal die Kellnerin gerade mit der Karte vorbeikam. »Steht schließlich in keiner Dienstvorschrift, wo ich mich hinsetzen soll.«
Bis jetzt wußten wir natürlich noch nicht, daß er Willy hieß. Das kam nach dem zweiten Bier, und nach dem dritten meinte er, daß wir ruhig »du« sagen könnten. Mit unheimlichem Appetit schlug er in einen riesigen Schmorbraten nebst Kartoffelberg hinein, und man spürte, wie es

ihn immer weniger störte, an einem vorübergehend volksenteigneten Tische zu sitzen. Und als er gar hörte, daß wir zum großen Spiel gekommen waren, wollte er nur noch vom Fußball im allgemeinen und von den Bayern im besonderen hören. Und noch Bier haben. Unseren Wein lehnte er ab, denn das hätte für die Nebentische nach Einladung ausgesehen. So einigten wir uns, ihn einzuladen und Bier trinken zu lassen. Willy konnte natürlich nicht zum Spiel nach Dresden. Erstens hatte er am Mittwoch Dienst, und zweitens gab es keine Karten. Aber er wollte ein Souvenir. Fünf Autogramme von Gerd Müller. Ich versprach sie ihm, und Willy versprach, am nächsten Abend wieder in Auerbachs Keller zu kommen, um sie abzuholen. Und dann blickte er auf die Uhr und erschrak: »Ich muß um 12 in der Kaserne sein!«

Es war 23.45 Uhr, und Willy hatte eine halbe Stunde strammen Fußmarsches vor sich. Aber der Münchner Fotograf Fred Joch schaltete schnell. »Ich besorge dir ein Taxi, Willy!« Und schon rannte er die Treppe hinauf, die der Doktor Faust einst auf einem Faß hinaufgeritten war. Willy ging langsamer, weil seine Beine ein bißchen schwer geworden waren. Und als er oben war, sah ich, daß seine Mütze noch am Haken hing. Ich rannte mit ihr los und konnte sie gerade noch ins Taxi werfen. »Ob er's schaffen wird?« fragte ein Kollege. »Den sehen wir nie wieder«, sagte ich.

Am nächsten Tag fuhren wir nach Dresden, um den FC Bayern zu empfangen. Aber er kam nicht. Er hatte in der Gegend von Hof übernachtet, und nur die ihn begleitenden Journalisten waren weitergefahren. Sie lieferten uns das Material für die Berichte, die wir abzusetzen hatten, und es war eine ziemliche Hatz, bis Redaktionsschluß mit allem fertig zu werden.

Erst als wir in unser Leipziger Quartier zurückfuhren, fiel mir Willy ein. Für ihn galt kein Redaktionsschluß, sondern der Zapfenstreich, und wenn er ihn noch erwischt hatte, würde er jetzt schon in Auerbachs Keller sitzen, um fünf Autogramme von Gerd Müller abzuholen. Wir fuhren sofort hin.

Willy saß tatsächlich da. Er hatte sogar zwei Kumpels mit-

gebracht und Platz für uns freigehalten. Die Begrüßung war herzlich und die Enttäuschung entsetzlich. Willy und seine Freunde sahen uns mit blankem Mißtrauen an. Sie wollten einfach nicht glauben, daß die Bayern nicht gekommen waren. Aber selbst als Willy die Überzeugung gewonnen hatte, daß wir ihn nicht belogen, blieb er unlustig und einsilbig.
Erst das dritte Bier löste ihm die Zunge. »Ihr habt ja keine Ahnung, wie beschissen ich dastehe«, sagte er und schaute uns an, als ob er Teppichhändlern auf den Leim gegangen wäre. »Mit dem Taxi hat's gestern gerade noch geklappt, aber der große Mist kam am Morgen, als die ganze Kaserne kalt war.«
»Was kannst du dafür, wenn die Kaserne kalt ist?«
»Sehr viel«, sagte Willy mit dünnem Lächeln. »Ich hatte nämlich Heizungsdienst.«
Aber das hatte er wegen der diversen Biere vergessen, und als er mit schwerem Kopf erwachte, machte ihn ein frierender Spieß gewaltig zur Schnecke. Jedem, der Soldat war, ist deshalb klar, daß Willys erneute Anwesenheit in Auerbachs Keller an ein Wunder grenzte, und ich sagte ihm das auch mit unverhohlener Bewunderung.
Da verklärten sich Willys Züge. »Als ich merkte, daß er mich zu drei Tagen Bau verdonnern wollte, fielen mir die Autogramme ein, und ich sagte ihm, daß ich heute fünf von Gerd Müller bekäme. Deswegen hat er mich laufenlassen. Er ist nämlich auch ein Fußballfan. Aber was mache ich jetzt? Kein Wort wird er mir glauben.
Da wir am nächsten Tag Hotelzimmer in Dresden bekamen und Leipzig verließen, mußte Willy ziemlich lange auf seine Autogramme warten. Sie gingen an seine Adresse, aber es ist fraglich, ob das den Hauptfeldwebel beschwichtigte.
So kann es gehen, wenn ein allmächtiger Vereinspräsident plötzlich Reisepläne umwirft. Fußball ist eben eine vielschichtigere Angelegenheit, als man gemeinhin glaubt.

Das Feuer brennt für Paul und Honk

Das Bild war von überwältigender Intensität und Farbenpracht. Der zum Zuschauerkessel umgebaute Auslauf der Berg-Isel-Schanze kochte auf olympischer Flamme, und Tiroler Folklore heizte tüchtig mit. Ein Spalier junger Männer in safranfarbenen Kombinationen umrahmte den Schanzenauslauf wie eine gelbe Girlande und stieß auf eine rote Barriere, gebildet von den Trachten der Tiroler Musikanten. Rechts daneben die roten Teppiche der Ehrenloge und in der Mitte des Kessels weißes Parkett für die einmarschierenden Nationen. Sie waren, im Gegensatz zu den Prognosen des Morgens, doch vollzählig vertreten, denn um die Mittagszeit war die schon abgeschriebene Delegation des Libanon doch noch eingetroffen.
Österreichs Bundespräsident Dr. Rudolf Kirchschläger konnte also alle 36 eingeladenen Nationen begrüßen, ein sicherlich eindrucksvollerer Beitrag für die olympische Idee als der Einzug der Honoratiorengattinnen in ihren Nerzmänteln. Aber auch das gehört zur Eröffnung der Olympischen Spiele, deren magische Anziehungskraft ungebrochen ist. Seit Monaten waren die Tribünen am Berg Isel ausverkauft, obwohl es sich nicht, wie die Österreicher sagen, um einen »Bewerb«, sondern schlicht um Zeremonie handelte, was allerdings nichts Schlichtes, sondern etwas sehr Erhabenes ist. Auch wenn man einer Flamme nicht ansieht, ob sie per Brennglas auf einem griechischen Hain oder per Streichholz an einem österreichischen Herd entzündet wurde. Das Schauspiel ist allemal etwas für Auge und Gemüt, und längst hat das Fernsehen seinen telegenen Charakter erkannt.
Was die Aktiven in dieser letzten passiven Stunde vor der großen Medaillenhatz spürten? Olympisches Erschauern oder die tänzelnde Nervosität des Rennpferdes vor dem Start?
Wahrscheinlich von beidem etwas, auch wenn Intimkenner Franz Klammers behaupten, daß er außer dem Hunger nach Gold überhaupt nichts spüre. Und Angst schon gar nicht. Wenn die Patscherkofel-Abfahrt durch die Hölle führe, so sagen sie, dann würde der Franz hem-

mungslos hindurchflitzen und, eine Rauchfahne hinter sich herziehend, das Hintertürl für jene Burschen durchbrechen, denen auch der Teufel nichts anhaben kann.
So einer ist das. Und es ist ein weiter Bogen, der sich von ihm zu jenen spannt, für die es hier so wenig zu holen gibt wie für dich und mich. Auch sie sind zur Eröffnung einmarschiert, Kämpfer im echten Coubertinschen Sinn, die nicht nach dem Sieg trachten, sondern die schönste Belohnung ihrer Anstrengungen darin sehen, nicht Letzter zu werden.
Das sagten mir gestern die beiden wohl außergewöhnlichsten Teilnehmer dieser Olympischen Winterspiele, und da wir uns in den nächsten Tagen nur mit den großen Assen zu befassen haben, paßt es gut zur Symbolik der Eröffnungsfeier, von zwei Männern zu reden, die aufs Eis gegangen sind, ohne es eigentlich zu wollen. Jetzt aber verspüren sie einen Tatendrang, der, wenn auch chancenlos, nicht geringer ist als der des Franz Klammer.
Es handelt sich um die beiden Nationalchinesen Weih-Chang-Shieh und Liu-Chong-Hwang, in olympischen Rodlerkreisen Paul und Honk genannt. Ihre Geschichte ist ein olympisches Märchen und begann so: Paul und Honk, wie wir sie der Einfachheit halber nennen wollen, sind für chinesische Verhältnisse so gute alpine Skiläufer, daß das Olympische Komitee von Taiwan beschloß, sie nach Innsbruck zu schicken. Beim Studium der Pisten und der Konkurrenz stellte man dann allerdings fest, daß Franz Klammer am Patscherkofel auch dann noch schneller als Paul und Honk wäre, wenn er unterwegs Brotzeit machen würde. Also wurde beschlossen, daß Paul und Honk rodeln sollten. Da es in Taiwan aber keine Schlitten gibt, wurden die beiden früh losgeschickt. Ende Oktober erschienen sie in Igls und fragten, da sie kein R aussprechen können, wo man »Lodl« kauft.
Die österreichischen Rodler besorgten alles und nahmen Paul und Honk auch in ihr Quartier. Die ersten Fahrten waren schrecklich, und die Schlitten kamen meist alleine an. Paul und Honk wurden in der Eisröhre von Igls fürchterlich »zerwuzelt«, wie es hier heißt; aber mit asiatischer Beharrlichkeit stiegen sie immer wieder auf die

Schlitten, und nach 200 Trainingsfahrten kamen sie mehrheitlich ins Ziel. Heute sind sie soweit, daß sie möglicherweise nicht Letzte werden.
Wegen eventueller Kufenbeheizung droht ihnen keine Disqualifikation. Sie werden auf alle Fälle starten, was nicht einmal Werner Delle-Karth, der den olympischen Eid sprach, von sich behaupten kann. Der österreichische Bobfahrer kann nämlich noch bei internen Ausscheidungsrennen auf der Strecke bleiben. Dann trete der nie gehabte Fall ein, daß der Sprecher des olympischen Eids von den Spielen ausgeschlossen ist.
Wer aus Taiwan kommt, hat's besser ...

Arbeit vor Ort

Man hat es oft genug mitgemacht, aber trotzdem ist das Einleben in diese intensivste Art des Journalismus immer wieder eine Metamorphose. Jetzt ist sie vollzogen, und du bist ein anderer als der, der du bist. Du denkst anders und handelst anders als im sogenannten zivilen Leben. Es ist eine Art von Rückkehr in die Kaserne mit dem allerdings nicht unbeträchtlichen Vorteil, daß dir kein Hauptfeldwebel Zapfenstreich oder Morgenappell verordnet. Deine Befehlszentrale ist weit weg, sitzt dir aber trotzdem im Nacken, weil sie dich nicht weggeschickt hat, um fröhlichen Tourismus zu treiben. Sie will pünktlich ihre Manuskripte, ahnt aber nicht, daß du in dem Moment, in dem sie deinen Anruf erwartet, damit beschäftigt bist, dein hoffnungslos im Schlamm des Parkplatzes hinter dem Eisstadion festsitzendes Auto mit nur zögernder Hilfsbereitschaft zweier Soldaten flottzumachen. Denn Kamerad Schnürschuh ist ja, im Grunde, nur zum Aufpassen da und versinkt nicht gerne bis zu den Knien im Schlamm, den der Wettergott, der keine Knechte wollte, wachsen ließ. Zwar hat man uns früher beigebracht, daß frischer Dreck den Soldaten ziere, aber das muß veraltet sein, denn drek-

kig bis zu den Kniekehlen bin nur ich, als die Karre wieder läuft.
Wenn ich dann das unbeschreibliche Glück habe, im Pressezentrum keine russische oder jugoslawische, sondern eine deutsche Schreibmaschine zu erwischen, haue ich vergleichsweise frohgemut in die Tasten, alle zehn Finger benutzend, wie es zu Hause gewünscht wird, auf daß nicht noch mehr kostbare Zeit verlorengehe.
Aber das Zehnfingersystem muß von Leuten erfunden worden sein, die vornehmlich an die Wiedergabe von bereits Produziertem dachten. Mußt du nämlich selbst produzieren, dann steigt von deinen im Schlamm naß gewordenen Füßen vornehmlich Ärger ins Hirn, so daß dir verdammt wenig einfällt und du gegen eine Zehnfingerblokkade ankämpfst, die den Leuten, die ungeduldig dein Manuskript erwarten, völlig Wurscht ist.
Also verwandelt sich deine Laune in wütende Unlust, und es gelingt dir logischerweise kein wuchtiges MG-Feuer, sondern ein eher tröpfelndes Störfeuer, zumal du das Mittagessen, das du den Ereignissen geopfert hast, nie mehr nachholen kannst.
Nie hat sich jemand die Mühe gemacht, die Not des unter Zeitdruck arbeitenden Reporters auf dem psychischen Prüfstand zu untersuchen. Dagegen haben Sportpsychologen herausgefunden, daß der Befehl, den der Rennläufer sich am Start gibt, nicht weniger als neun Gehirnzentralen passieren muß, ehe er ausgeführt wird.
So kompliziert ist das menschliche Schaltsystem, und je geringer die unausbleiblichen Verzögerungseffekte sind, um so größer ist die Chance des Rennläufers, ein hochgestecktes Ziel zu erreichen. Wenn eines von diesen neun Gehirnzentren unterentwickelt ist, kann der Läufer, wie die Wissenschaft glaubhaft versichert, zu Hause bleiben. Womit bewiesen wäre, daß jeder, der olympisches Gold holt, im Gegensatz zur Meinung von gewitzten Intellektuellen und Pseudointellektuellen über einen ziemlich wachen Geist verfügen muß.
Jetzt möchte ich noch wissen, wie viele Gehirnzentren der Japaner braucht, der neben mir im Pressezentrum sitzt und für den sie nicht einmal eine Schreibmaschine bereit-

gestellt haben. Er malt zierliche Zeichen, von denen es Hunderte gibt und die wie Teehäuser mit verschiedenen Eingängen aussehen, von oben nach unten auf eine riesige Papiergirlande und lächelt still vor sich hin, während ich mit allen zehn verfügbaren Fingern auf lächerlichen 29 Buchstaben herumhämmere, mit denen unsereiner glaubt, etwas aussagen zu können.
Ob uns zum Ausgleich mehr Gehirnzentren zur Verfügung stehen, ist bei allem, was man so liest, füglich zu bezweifeln.

Offene Karten

Wir bilden uns ein, in einer Leistungsgesellschaft zu leben, und haben ein Schlagwort daraus gemacht, über das, wie über alle Schlagwörter, wenn sie einmal geboren sind, nicht mehr nachgedacht wird.
Die Leistungsgesellschaft, die tatsächlich eine ist, wohnt im Olympischen Dorf, und Franz Klammer, der den Reigen der Sieger eröffnete, hat viele Nachfolger. Es sind Burschen und Mädchen, die die Maximalleistung erbringen. Mit nüchternen Zahlen heißt das, hundert Prozent Einsatz für hundert Prozent Erfolg.
Einfach und logisch, nicht wahr? Aber machen wir das in unserer sogenannten Leistungsgesellschaft auch so? Da gibt es immer noch Leute, die die Nase rümpfen, wenn Olympiasieger echtes Gold aus ihren Medaillen machen, als ob es verwerflich wäre, von Leistung zu profitieren.
Das sind scheinheilige Brüder. Sie sollten einmal über ihre eigene Leistung nachdenken. Und wenn sie dann noch zur Selbstkritik fähig wären, dann können sie schlecht leugnen, daß in unserer Leistungsgesellschaft eine Mafia der Mittelmäßigkeit regiert.
Wie steht es denn mit der Maximalleistung im Berufsleben? Geht es nicht in erster Linie um Annehmlichkeiten wie Verkürzung der Arbeitszeit bei gleichzeitiger Erhö-

hung der Sozialleistungen und Löhne? Flirtet die Mittelmäßigkeit nicht ständig mit jener Bequemlichkeit, die sich keiner von denen leisten kann, die den olympischen Sieg anvisieren?
Wer hier in Innsbruck die Maximalleistung erbracht hat, der hat die Unerbittlichkeit härtester Vorbereitung hinter sich. Und neben sich keine Gewerkschaft, die ihm mit Schlagwörtern wie Leistungsterror und Ausbeutung ein angenehmeres Training verschafft.
Freilich, er ist sein eigener Unternehmer. Er weiß, daß er mit 50 Prozent Arbeit nicht 100 Prozent Erfolg und damit den Wohlstand erreichen kann, den ihm so mancher, der ihn für einen dümmlichen Muskelprotzen hält, neidet.
Nirgendwo liegen die Karten so offen auf dem Tisch wie im Leistungssport. Da läßt sich kein Erfolg ermogeln; die Goldmedaille, die sich einer mit der im Berufsleben so beliebten Schmarotzerei verschafft, ist noch nicht geprägt. Es sind schon ganze Kerle, die sich die Medaillen holen. Halbseidene, die nur im Mogeln eine hundertprozentige Leistung bringen, können sie nicht anpinkeln.
Aber auch Verlierer sind ganze Kerle. Selbst jener Nationalchinese Liu-Chong-Hwang, den sie Honk nennen und der aus Taiwan kam, um auf der olympischen Bahn in Igls das Rodeln und das Gruseln zu erlernen.
Honk hatte keine Chance, aber auch keine Angst. Und der erste Lauf gelang ihm mit 55,405 Sekunden auch gar nicht schlecht. Aber dann »zerwuzelte« es ihn fürchterlich. Sturz im zweiten Lauf und 1.42,821 Minuten. Sturz im dritten Lauf und 1.49,520 Minuten. Das bedeutete in drei Läufen einen Rückstand von fast zwei Minuten auf den Olympiasieger Detlev Günther aus der DDR.
In einer Disziplin, bei der Hundertstel von Sekunden entscheiden, war dieser Wettlauf von Igls wie der Wettlauf des Igels gegen den Hasen. Ohne Mogeln, wohlgemerkt.
Aber Honk lächelte. Er lächelte trotz zerschundenem Gesicht so freundlich wie der Igel Mäcki und sagte, daß »Lodeln« die herrlichste Sache der Welt sei.
Jetzt gibt er sich vier Jahre Zeit, um sie mit der gewaltigen Beharrlichkeit, die in ihm steckt, so zu erlernen wie der Sieger von Innsbruck.

Alles blüht

In Innsbruck blüht alles. Nicht nur, weil der holländische Blumenzwiebelexportverband waggonweise die farbenprächtigsten Blumenarrangements in die Olympiastadt geschafft hat.
Beispielsweise blüht auch das Geschäft der Langfinger. Es blüht so, daß man annehmen muß, der Internationale Langfingerexportverband hat strenge Olympiaausscheidungen gemacht, um die absolute Elite nach Innsbruck zu entsenden. Die Burschen arbeiten so hervorragend, daß ihnen das große Aufgebot von Kriminalisten machtlos vis-à-vis steht. Ich weiß das aus dem berufenen Mund des Herrn Fritz B., und man wird gleich sehen, warum er nicht mit vollem Namen genannt werden will.
Beim Abfahrtslauf am Patscherkofel ist ihm die Brieftasche gestohlen worden, und ich kam gerade dazu, wie er zähneknirschend die Fäuste ballte und wie ein zorniger Stier Löcher in den Schnee stampfte.
»Sie müssen sofort zur Polizei gehen«, sagte ich. »Vielleicht haben Sie eine Chance. Erst gestern sind drei junge Italiener verhaftet worden, und man hat ihnen ihre ganze Beute abnehmen können.«
Da nahm er mich zur Seite und sagte leise: »Ich weiß es, weil ich es ja schließlich wissen muß. Ich bin nämlich selbst ein Geheimer. Aber ich kann mich doch nicht so blamieren und einen Diebstahl in eigener Sache anzeigen!«
Das mußte ich zugeben. Ich habe ihn dann zu einem Glas Südtiroler Rotwein eingeladen und ihn getröstet. Als die Gläser leer waren, fehlte mein Feuerzeug, das von guter Qualität und sehr zuverlässig war. Aber das ist zu verschmerzen. Jetzt nehme ich halt wieder Streichhölzer, und seit heute sind sogar Franz-Klammer-Streichhölzer auf dem Markt. So was nennt man Tempo. Avery Brundage hätte ihm dafür die Goldmedaille wieder abgenommen. Aber diese Zeiten sind vorbei. Olympisches Gold ist jetzt frei konvertierbar.
Geblüht hat auch das Geschäft des Pepi Massinger, und er war noch schneller als die Streichholzfritzen. Vermutlich

hat er sogar einen olympischen Rekord aufgestellt. Denn der Pepi stand, bewaffnet mit einem Koffer und einem Transistorradio, am Fuße des Bergs Igls und fing in der Sekunde, in der Franz Klammers Zeit bekanntgegeben wurde, mit der Arbeit an. Sie bestand darin, daß er auf frankierte und mit dem Ersttagsstempel versehene Postkarten Franz Klammers Bild klebte. Dreißig Stück in der Minute, und fast genauso schnell hat er das Zeug verkauft.
In Innsbruck blüht alles.

Der Sheriff

Vom Menschlichen war viel die Rede. Vom Allzumenschlichen noch nicht. Ist ja auch ein bißchen delikater zum Schreiben. Aber warum soll man verschweigen, daß die Doping-Kontrolleure die geplagtesten olympischen Dorfbewohner sind? Diese Urin-Sheriffs unterscheiden sich von ihren Artgenossen durch eine unkurierbare Hilflosigkeit bei der entscheidenden Phase ihrer Tätigkeit.
Denn nicht immer kann der Mensch, wenn er soll. Da hilft alles gute Zureden nichts. Wie ein störrischer Esel steht der Pepi da und läßt kein Wasser.
Babys erfolgreich aufs Töpfchen zu bringen, ist ein Kinderspiel dagegen.
Der Urin-Sheriff knirscht mit den Zähnen, aber er weiß, daß er nicht schimpfen darf. Sonst läuft beim Pepi überhaupt nichts.
»Geh', trink a Wasser, Pepi.«
»Hob i doch scho!«
Der Pepi stampft auf wie ein zorniges Kind und spaziert lustlos durchs Zimmer.
Der Urin-Sheriff dreht den Wasserhahn an. »Hörst's tröpferln, Pepi?«
»Klar, hör i's. Aber's reizt mi net.«
Seufzend dreht der Urin-Sheriff den Hahnen wieder zu.

Entweder ist der Pepi tatsächlich blockiert, oder er hat eine Pille genommen, von der er hofft, daß sie eine andere neutralisiere. Auf alle Fälle weiß er, daß ihn keine Macht auf der Erde zwingen kann, Wasser zu spenden. Ein deutscher Eishockeyspieler hat mit acht Stunden, was einem kompletten Arbeitstag gleichkommt, einen olympischen Rekord aufgestellt, und der Urin-Sheriff hat nichts tun können, als machtlos danebenzusitzen. Wie praktisch wäre es, wenn die Verkehrspolizei bei Alkoholverdacht mit dieser so menschlichen Methode arbeiten würde.

Keine Terroristen, aber Leistungsterror

Die Fernsehapparate plärren wie immer, aber das Knattern der Schreibmaschinen ist kein Dauerfeuer mehr. Einige sind schon abgereist, und nach der Hektik der aktuellen Berichterstattung ist die Stunde der Bilanz gekommen. Das olympische Feuer, das noch ein paar Stunden vor sich hat, lodert matt und blaß in die bleigrauen Wolken hinein, als ob es den Abschied spüre.
Ein Hauch von Zirkusabbruch, Aschermittwoch und Waffenstillstand, wie bei den Wettkämpfern auch. Hier freilich sind es Schreibmaschinen, die stillgelegt werden, nachdem sie eine Papierschlange ausgespuckt haben, die von Innsbruck bis Wien reichen würde. An dem langen Tisch, den sie vierzehn Tage lang wie einen Schützengraben verteidigt haben, in den kein Fremder eindringen durfte, sind zehn jugoslawische Kollegen zu einem anderen Kampf übergegangen. Sie bekämpften die Aschermittwochstimmung mit einer Batterie von Sliwowitz-Flaschen, und niemand würde sich wundern, wenn sie noch ein Lagerfeuer entzündeten, um einen Hammel zu braten.
Abschied von Olympischen Winterspielen. Was haben sie gebracht? Zumindest keinen Terror. Die Österreicher sollten bei aller Enttäuschung, die nach Franz Klammers furiosem Auftakt ihre Begeisterung wie ein Dauerregen

aufweichte, nicht vergessen, daß es Innsbruck besser als München hatte. Ob das dem größten Sicherheitsaufgebot aller Zeiten oder freiwilliger Abstinenz von Terroristengruppen zu verdanken ist, kann niemand sagen. Aber vermutlich hängt das eine mit dem anderen zusammen.
Was hat sich geändert? Nun, die stumme, aber in jedes Auge springende Begeisterung der Japaner von Sapporo haben die österreichischen Gastgeber nicht mitgebracht, und das hängt nicht nur mit den mageren österreichischen alpinen Erfolgen zusammen. 1964 war, wenn man es so ausdrücken darf, mehr urwüchsige olympische Freude in Innsbruck zu spüren. Vergleicht man Innsbruck 64 und Innsbruck 76, dann war es der Umzug von der heimeligen, hölzernen Skihütte ins Betonhaus, wo der Müllschlucker auch die Gemütlichkeit schluckt.
Diese Entmenschlichung ist der rote Faden, der sich von der moderner gewordenen Stadt in die Wettkampfstätten zog. Elektronik und das perfekte Fernsehbild sind zu den wichtigsten olympischen Imperativen geworden, harte Arbeit und ebensolcher Streß zum täglichen Brot der Wettkämpfer. Niemand bestreitet mehr, daß sie Profis sind. Arbeiter also, und zwar solche, bei denen die Überstunden im Training Legion sind.
Roboter also? Glücklicherweise läßt sich die Frage noch verneinen. Nicht übersehen darf aber werden, daß Kommerzialisierung im Westen und »Staatsdruck« im Osten den Wettkämpfer unter einen Erfolgszwang stellt, dem er häufig so wenig Rechnung tragen kann wie Berichterstattung, die den Sieger verehrt und den Verlierer verdammt. Das Talent, dem nicht Persönlichkeit und starke Nerven beigegeben sind, ist im olympischen Erfolgszwang verloren. Rosi Mittermaier hat das eindrucksvollste Beispiel für das totale Ausschöpfen außergewöhnlicher Klasse gegeben, und niemand wird die geringsten roboterhaften Züge an diesem von charmanter Natürlichkeit strotzenden Mädchen finden. Was jedoch nur möglich ist, weil sie zu denen gehört, die mit sich selber im reinen sind und deshalb fähig, den idealen Dreiklang von Form, Klasse und Nerven in den kritischen Situationen, bei denen so viele versagen, zu finden.

Der Trainer kann da helfen, aber wenn es ums innere Gleichgewicht im maximalen Streß geht, hören seine Möglichkeiten auf. Deshalb werden die alpinen Betreuerköpfe, zu denen auch der Toni Sailers gehört, jetzt in Österreich ohne Nutzen rollen. Das wird nur gemacht, um dem Volk etwas zum Fraß hinzuwerfen. Beim Sekunden-Kleinsthandel der alpinen Weltelite ist des Trainers Latein am Ende. Oder will jemand ernsthaft behaupten, ein gewisser Lyndon McIntosh, dessen Vater Fische aus den schottischen Fjords zog, habe Cathy Krejner zum Riesentorlauf-Sieg über Rosi Mittermaier geführt? Wer das ist? Der Trainer von Cathy Krejner. Aber ihre Goldmedaille hat sie sich ganz alleine geholt. Dazu paßt, daß Franz Klammer nach seinem Abfahrtssieg beinahe mitleidig lächelte, als man ihn fragte, wie groß der Anteil seines Trainers an der Goldmedaille sei. Sieger wie er machen sich selbst. Aber Österreich hat zur Zeit in den sogenannten Königsdisziplinen einen Klammer und sonst nichts.

Oh, es fehlt nicht an Talenten. Doch unter der Peitsche des Erfolgszwangs, die die Zeitungen schwangen, duckten sie sich. Unterschwellig freilich nur, und so mancher und manche, die bei den Worldcup-Rennen wie potente Medaillenanwärter aussahen, brachten nur ihr Talent an den olympischen Start. Passive, für die der Leistungsdrang zum Leistungszwang geworden war, der sie erdrückte.

Leistungsterror sagten sie sogar, und Terror erzeugt Gegenterror. Monika Kaserer hielt es, als sie nach ihrem sechsten Platz im Riesenslalom beschimpft und verhöhnt worden war, nicht mehr aus. »Die Österreicher«, sagte sie, »sind es gar nicht wert, daß man für sie einen Sieg holt. Der sechste Platz ist für sie noch viel zu gut!«

Die Leute an den Radios in Wien, Graz und Linz räumten Monika Kaserer keine mildernden Umstände ein. Sie wollten nicht wissen, daß hier ein Mädchen zum olympischen Nervenbündel geworden war. Der Dampf, den sie ablassen mußte, verpestete die Stuben der Nation. Es war, wie wenn Andreas Hofer zu den Franzosen übergelaufen wäre oder Franz Joseph die Republik ausgerufen hätte.

So ist Monika Kaserer, weil sie den olympischen Streß und die Hysterie der Enttäuschten nicht mehr aushalten konnte, zum österreichischen Buhmädchen geworden. Wenn die Spiele jetzt nicht vorbei wären, hätte ihr diese Entladung vielleicht so viel Nervenstärke und Gleichgewicht gebracht, daß sie eine Goldmedaille gewonnen und damit alle Sympathien zurückerobert hätte. Denn schmal ist der Grat zwischen Massenhosianna und Bösartigkeit. Das gilt nicht nur für Österreich. Aber in diesem Fall doch sehr speziell, weil Olympische Spiele für das kleine Alpenland eine Selbstdarstellung sind, die allzu vielen Leuten ohne die entsprechende Medaillenernte als mißglückt vorkommt. Das ist schade und eine grandiose olympische Überbewertung.

Aber zumindest einen gibt es, der diesen Fehler nicht machen wird. Vielmehr atmet er auf und wünscht Olympia, mit oder ohne Medaillensegen, weit weg. Es handelt sich um einen 58jährigen Bierfahrer, der am Berg Isel wohnt und, wie natürlich auch seine Nachbarn, olympische Opfer gebracht hat, die größer als die der Wettkämpfer sind, wenn man bedenkt, daß ihm keine Medaille winkte. Olympia hat für diesen Mann nichts anderes als schlaflose Nächte gebracht, weil das olympische Feuer unerträglich laut neben seinem Haus brannte. 1964, bei Innsbrucks ersten Olympischen Spielen, hatte man dem Schlafbedürfnis der Feuer-Anwohner noch Rechnung getragen, indem man die lodernde Symbolkraft per Gashahn reduzierte. Aber diesmal wollte Innsbruck, trotz Energiekrise, die Sparflamme nicht. Dem Feuer, das auf einem griechischen Hain durchs Brennglas entzündet worden war, sollte am heiligen Berg Tirols kein Flämmchen gekrümmt werden.

Jetzt schläft der Bierfahrer B. wieder, weil auch olympische Feuer vergänglich sind. Genauso wie olympische Siege und Flüche. Deshalb werden die Österreicher auch ihrer Monika Kaserer verziehen haben, bis in Montreal wieder ein olympisches Feuer brennt.

Königliche Pleite

Mich hat es ein wenig geärgert, daß Silvia Sommerlath ihren schwedischen König bekommen hat. Nicht, weil ich ihn ihr mißgönnte, sondern weil mir in Innsbruck ein Interview mißgönnt wurde, das mich vermutlich in die Lage versetzt hätte, als erster mit der heißen Meldung aus erster Hand aufzutrumpfen.
Es bedarf, um dieses zu beweisen, freilich einer nacholympischen Beichte. Das fragliche Interview hatte ich mir nämlich mit einer Kriegslist erschlichen, die man, je nach Standpunkt, als perfid oder als legitim bezeichnen kann.
Es war bei einem Empfang des deutschen Botschafters Grabert für Rosi Mittermaier im Hotel ›Europa‹. Und als die Rosi gebührend abgefeiert war, konzentrierte sich das Interesse der Journalisten auf die elegante Silvia Sommerlath. Leider trug ihre Unnahbarkeit schon königliche Züge, und jedem, der sie auf ihren Carl Gustaf ansprach, zeigte sie ihren schönen Rücken. Man merkte, daß sie einen richtigen Horror vor der deutschen Presse hatte.
Gut, dachte ich, dem werden wir abhelfen. Und auf französisch flüsterte ich ihr zu, daß ich vom Pariser ›Figaro‹ sei, dessen Seriosität sie sicherlich nicht anzweifelte. Ob wir uns wohl ein paar Minuten unter vier Augen unterhalten könnten? Die Wirkung war hoch erfreulich. Huldvoll lächelnd nickte sie, und ich machte mein ehrbarstes Gesicht, wie es sich dem Vertreter eines seriösen Weltblattes geziemt. Es war, wie wenn man einer deutschen Lehrerin sagt, daß man Leitartikler der ›Zeit‹ sei. Immerhin durfte ich mir mildernde Umstände einräumen, da ich gelegentlich für den ›Figaro‹ schreibe.
Wir verzogen uns in eine ruhige Ecke, und Silvia Sommerlath schien durchaus bereit, in einem exzellenten Französisch aus dem königlichen Nähkästchen zu plaudern. Schade nur, daß sie sich etwas zu lange damit aufhielt, mich über die Unarten deutscher Zeitungen aufzuklären. Verständnisvoll nickend versuchte ich, zur Sache zu kommen. Aber als wir gerade damit anfingen, schlug mir ein Kollege von hinten auf die Schulter: »Servus, bli! Wie geht's denn? Willst du uns die Silvia vorenthalten?«

Aus. Vorbei. Ich nannte den Kollegen ein Rindvieh. Silvias Züge aber wurden eisig wie der Schnee von Lappland, und nur mit Hilfe der jungen Gräfin Maria Waldburg-Wolfegg, die sich gerade im Journalismus die ersten Sporen holt und Verständnis für meine Kriegslist aufbrachte, gelang es, die künftige Königin von Schweden wieder zum Lachen zu bringen.
Aber leider zu keinem Wort mehr. Und ich war so nahe dran gewesen.

Ganz dicht bei der Königin

München mag eine schönere Eröffnungsfeier gehabt haben, aber es hat kein schöneres Stadion. Wenn man dieses Festspielhaus für den Sport betritt, vergißt man die negativen Schlagzeilen, die Montreal bündelweise geliefert hat.
Aber was heißt, betritt. Man fährt mit der Metro oder mit dem Wagen buchstäblich hinein, und Tausende von Autos haben in riesigen Tiefgaragen Platz. Hat man auf weichen Teppichen ein Pressezentrum von hoher Funktionsfähigkeit passiert, holt man tief Atem und staunt noch mehr. Auf mächtigen Pfeilern wölbt sich ellipsenförmig ein gewaltiges Dach, das alle 70000 Sitzplätze abdeckt und den Herren des deutschen NOK, die sich immer noch etwas aufs Münchner Olympiastadion einbilden, eigentlich die Schamröte ins Gesicht treiben müßte.
Aber vermutlich merken sie gar nicht, daß hier für weniger Geld Schöneres und Praktischeres geschaffen worden ist. Könnte man das Münchner Olympiastadion daneben stellen, dann sähe es aus wie der Zirkus Sarrasani, in dem gerade ein Sturm gewütet hat. Tatsächlich ist keinem zu helfen, dem hier nicht die aufwendige Unzulänglichkeit des Münchner Zeltdachs aufgeht, nebst der Banalität der Gegengeraden und der Stehplatzkurven. Wer immer glaubt, in München sei eine kühne, avantgardistische

Konstruktion gelungen, muß sich das Montrealer Olympiastadion ansehen.
Bei der Eröffnungsfeier, die den Münchnern besser gelungen ist, habe ich etwas getan, was man eigentlich nicht tun sollte. Ich bin, per Fernglas, in die Intimsphäre der Eröffnerin eingedrungen. Da die Presseplätze nahe bei der Königin lagen, wurde das Bild so groß und scharf, daß jede Gesichtsregung erkennbar war und natürlich auch das halb majestätische und halb seufzende Lächeln, wenn Majestät von Prinz Philip zum Aushalten ermuntert wurde. Denn Elizabeth II. war die einzige von 70 000 Zuschauern, die während des ganzen Einmarsches stehen mußte. Noblesse oblige.
Was die mit gefalteten Händen dastehende Queen dachte, weiß natürlich keiner. Ob ihr auffiel, daß so viele afrikanische Staaten fehlten? Oder ob ihr nur auffiel, daß Prinzessin Ann nicht an der Mutter vorbeimarschierte, sondern bei den Pferden geblieben war?
Ein Großteil der fröhlichen Zuschauer hat die Lücken, für die die Afrikaner sorgten, nicht registriert. Sie waren unnötig, und lächerlich war es, die Neuseeländer als Ursache zu bezeichnen, weil sie eine Rugbymannschaft nach Südafrika geschickt hatten. Ebensogut hätten die freiwilligen olympischen Abstinenzler den Ausschluß der Russen verlangen können, weil deren Tenniscrack Metreveli in Wimbledon gegen einen Südafrikaner gespielt hat.
Ob die Queen gesehen hat, daß einer von der brasilianischen Mannschaft mit den Händen in der Hosentasche an ihr vorbeischlenderte, als ob er sich bei einem Bummel auf der Copacabana befände? Sicherer ist, daß ihr die Castro-Mützen der Kubaner auffielen. Da guckte sie nicht so belustigt wie bei den Athleten von den Bermudas, die mit ihren gelben Shorts eine kokette Schleichwerbung für ihr Land betrieben. Die Kombination von Krawatte und Jacke ließ sie allerdings aussehen wie zu groß geratene Internatszöglinge.
Ganz groß geraten waren auch die Japaner. Nie kann man in ganz Tokio so viele große Menschen auf einem Haufen sehen.
Übrigens trug IOC-Präsident Lord Killanin Hosen, die für

einen kleineren als für ihn gemacht wurden. Obwohl kein Hochwasser war.
Kurz war, erfreulicherweise, auch seine Rede. Im Gegensatz zu der von Roger Rousseau. Der Chef des Organisationskomitees konnte der Versuchung, seinen Speech vor einem weltweiten Fernsehauditorium auszuwalzen, nicht widerstehen. Er sagte Banales in großer Länge, und ich fragte mich dauernd, wo ich ihn schon gesehen und gehört hätte. Bis mich sein überdimensionales Fernsehbild, das die Anzeigentafel ausstrahlte, erlöste. Er sah aus wie der Reserveportier der Hotel Sacher-Fernsehserie. Der aus Reichenberg, dem immer noch was einfällt.
Von der Musik war ich nicht sonderlich beeindruckt, aber als sie zum Schluß das alte französische Volkslied ›Auprès de ma blonde‹ sangen, wurde es mir warm ums Herz, und ich mußte, welch olympische Sünde, plötzlich an Paris und an die Tour de France denken. Welch ein Tag für Raymond Poulidor beim Zeitfahren auf den Champs-Elysées. Poupou, der Vierzigjährige, kämpft in seiner 14. Tour de France gegen Raymond Delisle um den 3. Platz. Sie werden ihm einen Triumphbogen bauen. Wenn man mir nicht befohlen hätte, in Montreal auszuharren, wäre ich gestern nach Paris geflogen.

Wenn der Koller kommt

Praktisch jeder, der in Montreal olympisch zu arbeiten versucht, bekommt früher oder später seinen olympischen Koller. Er ist unausbleiblich, aber nicht unheilbar.
Beides werde ich zu erklären versuchen.
Ausgelöst wird der Koller von diversen Ursachen. Eine der bedeutendsten sind mißglückte Arbeitsversuche. Wenn an einem Tag drei schiefgehen, und das ist noch wenig, kommt sich der Journalist vor wie ein Weitspringer, der nach drei ungültigen Versuchen in der Qualifikation ausscheidet.

Wie soll man an Athleten, die unter polizeilichem Schutz stehen, zum Interview herankommen? Nur List, Tücke und Glück helfen da, aber man hat nicht jeden Tag die richtige Inspiration und macht Metzgergänge, die frustrierend sind. Zu dieser gewichtigen Ursache des olympischen Kollers gesellt sich die nicht minder gravierende Tatsache, daß die täglichen Fahrten zum Pressezentrum verzweifelte Ähnlichkeit mit einem Almauftrieb haben. Schiller konnte beim Dichten der ›Glocke‹ nicht ahnen, wie zeitgemäß einst diese Zeilen wurden:
»Und der Rinder breitgestirnte glatte Scharen, kommen brüllend die gewohnten Ställe füllend.«
Ständig wirst du irgendwo hineingepreßt und wieder ausgespuckt. Das kann, wie Psychologen wissen, zu Verhaltensstörungen führen. Unausbleiblich werden sie aber erst, wenn du aus der aus den Nähten platzenden Metro herausgekrabbelt bist und hineingedrückt wirst in den Fahrstuhl, der zum 26. Stock des Wolkenkratzers führt, in dem sich das Pressezentrum befindet. Bis zu 25 Menschen nimmt er auf, dann streikt er per Klingel, und die Überzähligen müssen unter den Buhrufen der anderen wieder hinaus. Sie klingen sehr verständlich, obwohl fast jeder dieser Schreibmaschinensklaven eine andere Sprache spricht als du.
An sich wäre das egal, wenn das Sprachenproblem nicht in massivster Weise auf dich zukäme, wenn du in den riesigen summenden Bienenstock hineingeschoben wirst, der sich Arbeitssaal nennt.
Das ist gewaltig übertrieben. Denn da du deine Berichte per Fernschreiber absetzen mußt, brauchst du eine Schreibmaschine, mit der du einigermaßen umgehen kannst. Oh, es sind viele da. Man hat an diesem Turm zu Babel an alle Sprachen gedacht. Aber eine deutsche Maschine suchst du vergeblich. Genausogut kannst du auf einen Sechser im Lotto warten.
Das hat zwei Gründe. Einmal sind die deutschen Journalisten sehr zahlreich, und zum anderen scheint den Kanadiern niemand gesagt zu haben, daß auch alle Österreicher und viele Schweizer sich unserer Sprache und deshalb auch unserer Maschinen bedienen. Und leider hat

man kein Recht, einem schreibenden Eidgenossen die Maschinen mit der Begründung zu entreißen, daß »German« draufsteht. Denn das ist der einzige Fall, in dem er sehr deutsch denkt.

Iranische, ägyptische und auch russische Maschinen stehen massenweise unbenützt herum, aber was nützt das? Längst habe ich mich damit abgefunden, alle verfügbaren lateinischen Tastaturen zu behämmern, und mit der spanischen bin ich jetzt soweit, daß ich jederzeit einen Sekretärinnenkurs absolvieren könnte. Die englische geht auch, aber voller Tücken ist die französische. Einmal habe ich ein so schreckliches Manuskript mit ihr verfertigt, daß die Fernschreiberin weinte und nur durch ein vergleichsweise aufwendiges Geschenk, von dem ich nicht weiß, wie ich es in meinen Spesen unterbringen soll, zu besänftigen war. Mit Blindschreiben ist da nichts, und die Konfusion wird perfekt, wenn du bei dieser Tätigkeit noch acht plärrende Fernsehschirme vor Augen hast. Sechs davon berichten von Wettkampfstätten, wo du herkommst oder hinwillst, auf dem siebenten läuft Kojak und auf dem achten sagt eine schmunzelnde Oma, daß nichts über die Bekömmlichkeit von Café do Brasil geht.

In einem solchen Moment hat mich der Koller gepackt. Ich habe mein Blatt aus der spanischen Maschine gerissen und bin zum Aufzug gerannt. Als er mich wieder ausspuckte, verzichtete ich auf Metro und Taxi, weil ich weder erneut irgendwo eingepfercht sein, noch die geplagten Ohren dem schrecklichen Französisch der Montrealer Taxifahrer aussetzen wollte.

Und als ich nach einer Viertelstunde Fußmarsch in der französischen Altstadt ankam, passierte das Wunder. Auf einem schmalen Platz mit Kopfsteinpflaster, der aussah wie eine Mischung der Pariser Butte Montmartre und des Marseiller Vieux Port, war kein Hauch mehr von olympischer Hektik. Ein paar barfüßige Burschen und Mädchen in Jeans, die an aufregenden Stellen Risse hatten, spielten auf Akkordeons die Valse Musette. Später sang ein Mädchen ›J'attendrai‹, und selbst Lucienne Boyer hat meinen Ohren nie so viel Gutes getan.

Ich setzte mich auf eine Bank, an deren anderem Ende ein

sehr hübsches Mädchen saß, vor der ein junger Maler mit seiner Staffelei kniete. Wenn er ein bißchen was kann, dachte ich, wird's ein Traumbild.
Dann zog ich meinen Notizblock heraus und schrieb den angefangenen Artikel mit einer fast fröhlichen Gelassenheit zu Ende.
Nur ein klein wenig neidisch war ich, weil es unsereinem nicht gegeben ist, so viel auszusagen wie Malern mit Pinseln.

Stopp für Prinz Philip

Ein Fehler ist zu berichtigen. Bei der Eröffnungsfeier hatte ich geschrieben, daß Prinzessin Ann nicht mit der Mannschaft Großbritanniens ins Stadion einmaschiert sei. Obwohl ich mit dem Fernglas sorgsam alle Reihen abgesucht hatte, war sie mir entgangen.
Aber sie war doch dabei. In der drittletzten Reihe war sie gegangen, und diese späte Berichtigung verdanke ich keinem Geringeren als ihrem Vater.
Ein Interview mit Prinz Philip kann man freilich nicht planen, aber manchmal singen die olympischen Engel mit. Ohne bestimmtes Ziel war ich ins Olympische Dorf gefahren, und ich kam dazu, wie Königin Elizabeth und ihr Gemahl ihre Tochter besuchen wollten.
Wollten, wohlgemerkt. Denn vor der Schranke des Frauendorfs wurde Prinz Philip zum gewöhnlichen Mann wie du und ich. Und Männer dürfen da nicht rein. Wenn ein Klo verstopft ist, wird der benötigte Handwerker an der Schranke von zwei Wächterinnen in Empfang genommen, die dann mit gerümpften Näschen dabeistehen müssen, wenn er sein befreiendes Werk verrichtet.
Aber Besucher männlichen Geschlechts gibt's nicht. Und so hatte sich auch das königliche Paar an der Schranke zu trennen. Es machte gute Miene zum befohlenen Spiel, und der Herzog von Edinburgh sagte nichts anderes, als

was Mr. Miller aus Edinburgh auch gesagt hätte, nämlich: »Bis später, ich warte hier auf dich.«
Kaum war die Queen über die Demarkationslinie, als ein paar amerikanische Athletinnen in ihrer herrlichen Unbekümmertheit auf sie zustürmten. Wahrscheinlich sagten sie sogar »Mrs. Queen«, aber das war bei dem Geschnatter nicht auszumachen. Doch was hätte die Königin anderes tun können, als spontan ausgestreckte Hände zu schütteln? Olympia, und das ist eine seiner schönsten Seiten, kennt keine konventionellen Hürden. Als sich Elizabeth aus dem Pulk löste, hatten sie ihr zwei Abzeichen an die Brust gesteckt.
Dann stürzten sie sich auf Prinz Philip, aber die Polizistinnen paßten auf, daß er hinter der Linie blieb, die kein Mann überschreiten darf. Und sofort war eines jener unbefangenen Gespräche im Gang, mit denen Philip so gerne die gestrenge Hofetikette durchbricht. Er fragte alle, wo sie zu Hause seien, und bei so viel Unbefangenheit fiel es mir nicht schwer, ihn auch was zu fragen.
Ganz unkonventionell, weil ich nicht wußte, ob man sich da mit »Royal highness« oder noch vornehmerem Geschütz einschießen muß. »Warum«, fragte ich, »ist eigentlich Prinzessin Ann nicht ins Stadion einmarschiert?«
Erstaunt schaute er mich an. »Aber sie ist doch«, sagte er. »In der drittletzten Reihe ging sie. Haben Sie sie nicht gesehen?«
»Nein«, sagte ich. »Und ich habe auch nicht bemerkt, daß die Königin gewinkt hätte.«
»Das«, schmunzelte Prinz Philip, »hätte sich auch nicht gehört. Aber mich hätten Sie sehen sollen. Ich habe mit beiden Händen gewinkt. Schließlich war es ein stolzer Moment für einen Vater, oder nicht?«
Dem war nicht zu widersprechen. Ganz einfach und fröhlich hat ein Vater seiner Tochter zugewinkt. Wie Mr. Miller aus Edinburgh.

Gulliver bei den Riesen

Ich kann mir nicht helfen, aber jedesmal, wenn ich das olympische Dorf betrete, habe ich das unangenehme Gefühl, einen beträchtlichen Teil meiner Männlichkeit mit meinem Ausweis am Eingang zu hinterlegen. Das Deponieren der olympischen Kennkarte gehört zu den Sicherheitsmaßnahmen, deren Notwendigkeit jedermann einsieht.

Was freilich mich angeht, so käme mir nie die geringste Aggressivität in den Sinn, wenn ich auf die imposante Pyramide zugehe, um die sich ständig ein buntes, ameisenhaftes Gewimmel abspielt.

Aber wenn du näher kommst, verwandeln sich die Ameisen in Wesen, die nicht von dieser Welt sind. Du aber wirst, obwohl du dich morgens beim Rasieren noch einigermaßen leiden mochtest, zur grauen Maus. Da kommt dir einer entgegen, als ob er auf Stelzen liefe, aber es ist nur ein zwei Meter und zwölf Zentimeter langer Basketballer aus den USA. Kaum bist du aus seinem Schatten getreten, läufst du in einen türkischen Ringer hinein, der Gerd Müllers Oberschenkel wie rachitische Kinderärmchen aussehen läßt. Möglicherweise ist es auch ein Gewichtheber, denn was unter den kurzen Hemdsärmeln herausquillt, ist kein Bizeps mehr, sondern ein anabolisches Kraftwerk, das dir die heftigsten Komplexe einjagt.

Aber es kommt noch dicker. Viel mickriger noch macht dich nämlich die russische Kugelstoßerin, die aus einem Höschen herauswächst, das einen bewundernswerten Kampf zur Umhüllung enormer Ballungszonen führt. Und oben hat sie so viel Holz vor dem Haus, daß du den bläulichen Anflug von Damenbart vergessen kannst. Die braucht keinen Geschlechtstest zu fürchten. Zu fragen ist nur, was so ein Trumm Weib, das ja nicht Tag und Nacht mit der Kugel umgehen kann, mit einem Mann macht. Mit so einem wie du und ich. Der Gedanke ist das glatte Gegenteil von verführerisch.

Und gerade, als deine Männlichkeit so abserviert ist, daß du nach einem Mauseloch suchst, um dich zu verkriechen, kommt dir, ganz in Gelb, eine blonde schwedische Turne-

rin entgegen. Was sage ich, sie naht in jener unwirklichen Art schwebenden Schreitens, die dir Maul und Augen aufreißt. Du hast nicht das Gefühl, daß sie dich wie die russische Brunhilde wie eine Maus zertreten wird, doch das macht es nicht besser. Sie schwebt einfach über dich hinweg, als ob es dich überhaupt nicht gäbe.
Erst wenn du an der Pforte wieder deinen Ausweis kriegst und hinaustrittst in die Welt deiner Maßstäbe, kommt langsam dein Selbstvertrauen zurück.
Und es gibt dir die beruhigende Gewißheit, daß du den Dicken mit den Plattfüßen, der dir in der Metro gegenübersitzt und schon schnauft, wenn er in der Zeitung blättert, jederzeit noch ausstechen kannst.

Edelfan und Kumpel Anton

Dies ist eine Rückblende, die mit Sport nicht so viel zu tun hat wie die steilen Lawinen, mit denen die Sportredaktionen von der Belgrader Finalrunde überflutet wurden.
Es ist Sonntagmorgen im Hotel Slavia, und im großen Frühstückssaal wird fast nur deutsch gesprochen. Aber es gibt Unterschiede.
Kumpel Anton aus Gelsenkirchen steuert in luftiger Freizeitkleidung und Sandalen auf einen Tisch zu, wo schon drei andere, die genauso aussehen, mit Frühstücken fertig sind und ihre Morgenbibel lesen – mit gebührender Andacht, obwohl es natürlich keine Bibel sondern die ›Bildzeitung‹ ist. Auch der Orangensaft, den Kumpel Anton sofort vom Ober auf den Tisch geknallt bekommt, sieht nur so aus. Er riecht nach künstlicher Essenz. Aber das stört Kumpel Anton, der nach den zehn Bierchen des Vorabends einen Durst hat, als ob er nicht aus dem Bett, sondern aus dem Förderkorb käme, nicht. Ein Schluck, und das Zeug schwappert, da wo sich das taillierte Freizeithemd wohlstandsgemäß wölbt.
Fast ebenso schnell ist Kumpel Anton mit dem Frühstück

fertig. Ein Fingerhut Marmelade und ein Stückchen Butter, kaum größer als ein Würfelzucker, sind schnell auf zwei Semmeln verteilt und weggeputzt. Aber Kumpel Anton kommt es nicht in den Sinn, zu meckern. Er ist froh und stolz, daß er sich diese Reise hat leisten können, und paßt sich willig den Bräuchen an. ›Continental Breakfast‹ steht auf der Karte, und da außer den Jugoslawen kein Mensch jugoslawisch versteht, wird das schon seine Richtigkeit haben.

Seinen geistigen Nachtisch bezieht Kumpel Anton aus der Zeitung seiner Freunde und freut sich, schwarz auf weiß bestätigt zu finden, was er längst weiß, denn unsere Jungs sind tatsächlich prima. Da beißt keine Maus den Faden ab. Kumpel Anton ist rundum zufrieden, und in seine Nüstern steigt ein Hauch der großen weiten Welt, weil er diesen Frühstückssaal recht vornehm findet, trotz kleinen Portionen und falschem Orangensaft.

Aber neben ihm wird's jetzt laut. Ein stattlicher Herr mit hochkarätigem Arbeitgebergesicht, ebenfalls aus der Ruhr und soeben eingeflogen, weil ein Endspiel ohne ihn keines wäre, ist unzufrieden.

Irre unzufrieden sogar. Ehrlich! Eine halbe Stunde hat er warten müssen, bis sie ihm endlich ein Zimmer gaben. Und dabei hat er sofort den doppelten Preis angeboten. Lächerlich einfach, ihn abweisen zu wollen, wo hier Leute herumsitzen, denen man ansieht, daß sie kaum einen Tausender in der Tasche haben.

Und dieses Frühstück! Der vornehme Herr nippt am Orangensaft und verlangt dann Schinken und zwei Eier im Glas. Aber dalli, dalli! Es klingt, als ob er gleich zur Aufsichtsratsitzung müßte.

Doch der weißhaarige Ober, mit dem Kumpel Anton durchaus zufrieden war, ist nicht beeindruckt und läßt den Reserve-Rosenthal warten.

Was diesen zu der über viele Tische hinweg hörbaren Bemerkung veranlaßt, daß wohl nur die Dummen und Langsamen in diesem Lande geblieben seien, der clevere Rest verdiene ja in Deutschland seine Kohlen.

Als der vornehme Herr schließlich Schinken und Eier bekommt, ißt er nicht friedlich wie Kumpel Anton, sondern mit Ärger und Widerwillen. Vielleicht wird ihm das auf die Galle schlagen, aber er hat sicher einen guten Leibarzt. Ich beschließe deshalb, mir keine Sorgen um ihn zu machen, zumal er plötzlich entspannt und fast fröhlich aussieht. Denn er hat die Zeitung, die Kumpel Anton liegenließ, in die Brillantfinger genommen, und seine wohlgefällige Andacht bringt so viel Ruhe in den Saal, daß der weißhaarige Ober ein erleichtertes Amen flüstert.

Die Herausforderung

Manchmal kommt man in Gesprächsrunden hinein und ist sprachlos, weil einer da ist, der alles weiß. Es war in einem Hotel in Menzenschwand am Fuße des Feldbergs, und einer jener Alleinunterhalter von Rhein-Ruhr, die über jeden Widerspruch erhaben sind, dozierte über die Olympischen Spiele von Montreal, von denen er keine Fernsehminute versäumt hatte.
Deshalb wußte er alles. Und solchen Leuten widerspricht man nicht. Auch wenn man zufällig selbst in Montreal war. Still und staunend hörte ich zu und erfuhr von einem, der seine zwei Zentner auf Waldwegen bekämpft und sie abends auf der Waage wiederfindet, weil ihm das viel Durst macht, daß der Sport tot sei.
Mausetot. Denn mit feiner Logik machte dieser geniale Fachmann seinen Zuhörern klar, daß die sportliche Leistung ein reines Produkt von Spritzen und Tabletten geworden sei. Peng!
Er tat es überzeugend. Kein Widerspruch regte sich, als er seine bemerkenswerten Ausführungen mit der Behauptung abschloß, auch er könne, bei entsprechender Bespritzung nebst oraler medikamentöser Vorbereitung, einen flotten 5000-Meter-Lauf absolvieren oder den Feldberg per Fahrrad erklettern.
Letzteres schreckte mich auf. Ich war nämlich mit dem Radl da, und vom Feldberg her zogen bleigraue Regen-

wolken zu Tal. Auf der Terrasse begannen die Sonnenschirme zu wackeln, und noch ehe sie von emsigen Kellnerinnen geschlossen und dem regenschwangeren Wind entzogen waren, zuckten Blitze am Himmel, der von Grau in Violettschwarz überging.
Die Tischrunde löste sich auf, und der Mann, der mit so markanten und verständlichen Worten die Entwertung des Sports betrieben hatte, nahm einen letzten Schluck Weizenbier und erklärte gähnend, daß es jetzt nichts Besseres als den Mittagsschlaf gäbe. Und wohlgefällig streichelte er das, was man im Rheinischen einen Bauch und im Schwäbischen einen Ranzen nennt.
Es wäre übertrieben, zu sagen, daß ich ihn beneidet hätte. Aber genauso übertrieben wäre die Behauptung, ich hätte mich frohgemut auf mein Rad geschwungen.
Obwohl ich es liebe. Denn dieses Rad ist ein Juwel. Superleicht und nach eigenen Angaben zusammengebaut. Poulidor-Rahmen und Zehngangschaltung wie bei der Tour-de-France. Wenn man ein solches Rad besitzt, glaubt man weder an das Ende des Sports, noch fürchtet man sich vor einem Gewitter im Hochschwarzwald.
Außerdem war die Straße noch trocken. Aber ich wußte, daß ich in ein Gewitter hineinfuhr, während der Antisportprotz aus Wuppertal sich ins Bett legte.
Und ich wußte auch, daß mir der Kerl, ohne es zu ahnen, eine Herausforderung unter die dünnen Reifen gelegt hatte. Rennreifen, die kaum 170 Gramm wiegen. Tour-de-France-Gewicht sozusagen, und so anfällig, daß man eigentlich einen Begleitwagen mit Ersatzmaterial bräuchte.
Den hatte ich natürlich nicht. Radfahrer sind, wenn sie nicht zu dem Genuß eines organisierten Rennens kommen, Freiwild der Landstraße.
Ich werde das zu erklären versuchen. Zunächst aber technische Details: Von Menzenschwand nach St. Blasien »rollt« es, wie die Radfahrer sagen. Ich legte den großen Gang auf und bin jederzeit bereit, den Beweis dafür anzutreten, daß mich das Zucken der Blitze zu einem Schnitt von 40 Stundenkilometern beflügelte.
Denn die Angst setzt ungeahnte Kräfte frei. In diesem Fall

war es eine von Blitzen durchzuckte schwarze Wolkenwand, und es gab Lastwagen, die so langsam an mir vorbeistrichen, daß ich in ihrem Windschatten für ein paar hundert Meter einen 50er-Schnitt schaffte.
Aber damit war es vorbei, als die mächtige Kuppel der Kathedrale von St. Blasien auftauchte, die mich plötzlich noch mehr beklemmte als in meiner Freiburger Schulzeit, in der ich sie als Käseglocke empfand, die den Mief eines Tales zudecken will, das eigentlich gar keinen hat.
Doch das war unterschwellig. Als ich an dem Monument vorbeistrampelte, das aussieht, als ob sich die Erbauer der Londoner St. Pauls Cathedral, des Pariser Panthéon und des Moskauer Lenin-Mausoleums ein schöpferisches Rendezvous gegeben hätten, fing der Regen an.
Und die Straße fing zu steigen an. Hier ging es ehrliche neun Kilometer bergauf, und das entspricht einem Tour-de-France-Berg der 2. Kategorie.
Ursprünglich hatte ich es mir gar nicht zugetraut, diese Steigung zu schaffen. Aber dieser allwissende Sportexperte aus Wuppertal, der in diesem Moment seine zwei Zentner in das von seiner Krankenkasse bezahlte Bett gewuchtet hatte, beflügelte mich.
Wenigstens auf der ersten Etappe. Man muß dazu wissen, daß das Dorf Häusern genau in der Mitte des Aufstiegs von St. Blasien nach Höchenschwand liegt. In Häusern, sagte ich mir, fällt die Entscheidung.
Der letzte Kilometer vor der Ortschaft war hundsgemein. Es regnete jetzt in Strömen, aber es war nicht der Regen, den ich im Gesicht spürte. Das Wasser, das über die Schläfen hinunter zum Hals perlte, kam wie ein Quell von den Haarwurzeln, und ich weiß, daß ich in einem der zahlreichen Gasthöfe Häuserns, von denen einer, nämlich der ›Adler‹, beinahe weltberühmt ist, Unterschlupf gesucht hätte, wenn nicht dieser vollgefressene Miesmacher des Sports gewesen wäre, der in diesem Moment seine Atzung und seine Bierchen ausschlief.
Es war ein Kampf an zwei Fronten. Gegen ihn und gegen meinen inneren Schweinehund, welcher in Häusern Rast machen wollte.
Aber ich hatte noch einen Trumpf. Bis dahin oder wie es

im modernen Sprachgebrauch heißt, der vom ›Spiegel‹ eingeführt wurde, »bislang« hatte ich noch eine Gangreserve. Ich hatte, von oben nach unten gerechnet, erst den neunten Gang getreten, so daß mir für die letzten 4 Kilometer noch der zehnte und letzte blieb.
Die Erleichterung war minimal. Zwei Buben, die im Regen ihre Fahrräder schoben, schauten mich an, als ob der Bergschreck Rübezahl persönlich an ihnen vorbeischnaufte. Aber das war Balsam im Vergleich zu den bösen Blicken der meisten Automobilisten, die mir Wasserfontänen ins Gesicht spritzten und sich wegen des kleinen Bogens, den sie um mich machen mußten, ärgerten.
Jacques Anquetil hat mir einmal gesagt, daß er bei seinen großen Zeitfahren stets der Versuchung des »Kurvenschneidens« widerstand, weil die kleinen Steinsplitter des Straßenrands Gift für die fragilen Rennreifen sind. In der Mitte, wo sie sich wölben, sind die Straßen am saubersten. Aber leider sind Radfahrer da unerwünscht. Leute, die mit dem großen Zehen ein bißchen aufs Gaspedal drückten, verdrängten mich dahin, wo man höllisch aufpassen muß, um nicht einen Kilometerstein zu rammen.
Jeder Pedaltritt übertrug sich auf die Handgelenke, die am Lenker zerrten, und das Vorderrad scherte, so, wie sich die Schultern beugten, nach links und rechts aus.
Jetzt dachte ich nicht mehr an Anquetil, sondern an Rudi Altig. Einmal, in den steilen Rampen des Col de l'Izoard, war ich im Begleitfahrzeug etliche Kilometer neben ihm hergefahren, und er hatte genau die gleichen Zickzackkurven auf die Straßen gezeichnet.
Er war weit vom Gipfel und nahe am Aufgeben gewesen. Als ob er neben mir keuchte, sah ich sein zerquältes Gesicht und die zusammengebissenen Zähne. Vor allem aber die Augen, in denen sich Wille, Ohnmacht und auch Haß mischten, wenn sie von der Straße hochkamen und herüberschielten zum Auto.
Ich machte ihm auch das nach. Jetzt erst weiß ich, warum Rennfahrer beim Klettern den Blick auf die Straße heften und nicht den Berg sehen wollen, der sich hinter endlosen Serpentinen feindlich vor ihnen aufbaut.
Der letzte Kilometer war schrecklich. Aber ich blieb im

Sattel und brachte es fertig, mir einzureden, daß es nicht nutzlos sei. Und daß es auch nicht nutzlos sei, keinen anderen Gegner zu besiegen als mich selbst.
Doch als ich im Hotel das tropfende Hemd über den Kopf zog, wußte ich, daß ich noch einen anderen besiegt hatte. Nur er wußte es nicht, weil er drunten in Menzenschwand im Schlaf seine Spätzle verdaute.

Arme Millionäre?

Nicht um untere soziale Schichten geht es, wenn in diesem Land gelegentlich von Menschenhandel und Sklaverei die Rede ist, sondern um die kleine Gruppe derer, die im Berufsfußball ihr Geld verdienen. Ihr prominentester Vertreter heißt Franz Beckenbauer, und die Schizophrenie beginnt schon mit der Nennung seines Namens. Mit einem Sklaven hat der, den sie Kaiser nennen, so viel zu tun wie ein Generaldirektor mit dem, der seinen Hof fegt. Seine Einnahmen haben alle Rekorde des fußballerischen Profigeschäfts geschlagen, und erst vor wenigen Tagen hat er mit einer Vertragsunterschrift einen neuen aufgestellt. Man spricht von 300 000 Mark für seine aus ebenso vielen Originalunterschriften bestehende Mühewaltung für ein Buch von der Weltmeisterschaft 1978 in Argentinien.
Freilich steht die Galionsfigur Beckenbauer nicht stellvertretend für alle, die vom Berufsfußball leben und ihn leben lassen. Aber die Schizophrenie geht weiter, wenn man das Berufsbild derer durchleuchtet, welche die im Grunde unvereinbare Mischung von Spiel und Geschäft im Angestelltenverhältnis betreiben. Ermöglicht wird das durch den Verein. Er nimmt, ohne daß ihm das um die Jahrhundertwende an seiner Wiege gesungen worden wäre, die Stelle eines Arbeitgebers, also einer Firma, ein.
Und ist doch keine. Seine Produktion sind Tore und Punkte, die im Spiel und mit entsprechenden Spielregeln

erzielbar sind und wozu der Verein, um es auf den einfachsten Nenner zu bringen, wöchentlich einmal elf Männer ausschickt. Ihr Status: Spieler. Niemand käme auf die Idee, sie Facharbeiter zu nennen. Angestellte sind sie jedoch, wiewohl ihre Tätigkeit eine spielende ist, allemal, und in der ersten Bundesliga liegen ihre jährlichen Einkünfte zwischen 100 000 und 500 000 Mark. Ein ganz kleiner, von Beckenbauer angeführter Kreis, verdient noch mehr, aber man muß ihm nicht unbedingt angehören, um sich in den zehn Jahren, die eine Profikarriere normalerweise währt, zum Millionär hochzukicken.
Es gibt keinen anderen Angestellten, der das zwischen 20 und 30 schaffen kann. Aber die Vereine stehen auf viel unsichererem Boden als ihre hochbezahlten Angestellten, weil sie in hohem Maße abhängig sind vom Glück, das zu jeder Art von Spiel gehört. Folglich brauchen sie Sicherheiten, die gerne übersehen werden, wenn Juristen behaupten, daß Spielern das Recht der freien Wahl des Arbeitsplatzes beschnitten werde. Zunächst ist in diesem Zusammenhang der gravierende Unterschied zwischen individuellen Profis wie Boxern oder Radfahrern und dem Mannschaftsprofi herauszustellen. Auch Pelé und Beckenbauer konnten nur mit der Mannschaft groß werden, und nur der Klub bietet die Mannschaft. Da er indes kein Wohlfahrtsinstitut zur Absegnung lukrativer individueller Karrieren ist, muß er in seinen Arbeitnehmern Kapital sehen.
Vergleichbare Arbeitnehmer gibt es nicht, obwohl das Schweizer Bundesgericht in einem vielzitierten Grundsatzurteil offenbar anderer Meinung war. Mit einiger Logik aber hat es die Schweizer Transferbestimmungen für rechtswidrig erklärt und damit den Schweizer Profifußball in die totale Konfusion gestürzt. Sehr salomonisch war das nicht, denn das Transferverbot ist kein Allheilmittel. Den schlagenden Beweis dafür liefert der Berufsfußball in Frankreich, wo die Abschaffung der Transfersummen zu einem Diktat der nun selbst ihren Marktwert festsetzenden Spieler geführt hat. Nun wird die freie Wahl des Arbeitsplatzes durch städtische Subventionen an die Klubs erkauft, was nichts anderes bedeutet, als daß der

Steuerzahler zur Füllung staatlicher Profi-Gehaltstüten herangezogen wird. Deshalb sollte die Transfersumme ein legitimes Regulativ bleiben, und der Deutsche Fußballbund hat auch ein taugliches Mittel gegen Vereine gefunden, die Spieler mit überhöhten Forderungen »einfrieren« wollen. Wenn sich nämlich für den geforderten Betrag kein Käufer findet, muß der Klub dem Spieler ein Viertel dieser Summe zahlen.
Unbestreitbar bleibt, daß der Profi der unnatürlichen Mischung von Spiel und Geschäft seinen Tribut zollen muß. Die Klubs brauchen eine Absicherung, und alle Profis, die nicht nur rechnen, sondern auch denken können, wissen, daß das süße Brot ihrer jungen Jahre nur von intakten Vereinen gebacken werden kann. Von Leibeigenschaft redet deshalb keiner von ihnen, auch wenn der Drang zum Wechsel oft schwerer zu befriedigen ist als bei anderen Lohnempfängern. Im übrigen ist es denen, die für Geld Fußball spielen, nie so gutgegangen wie heute. Und wenn ihnen mal ein Hunderttausender flötengeht, weil sie das Trikot nicht wechseln können wie der Normalbürger sein Hemd, ist das noch lange keine Sklaverei.

Liv Ullmann und Richard Kirn

Frankfurter Buchmesse. In rauchigen Hallen Papier, wo man hinsieht, und zwischen den Ständen ein Gedränge, das beängstigend wird, wenn sich nachmittags zu den Buchhändlern das Publikum gesellt. Nachts, wenn die Hallen leer sind, geht des Buches größter Jahrmarkt der Welt in den Salons der großen Hotels weiter. Die großen Verleger lassen bitten, und sie lassen sich nicht lumpen. Die kleinen müssen sich was einfallen lassen, und wenn's gelingt, ist Frankfurt auch für sie eine Messe wert. Das Buch lebt und läßt leben.
Hunderte Gespräche und Impressionen. Was bleibt haften? Zwischen Curd Jürgens, der arbeiten läßt, wenn's um

Bücher geht, und dem russischen Emigranten Jurij A. Treguboff, der seine Bücher nicht nur schreibt, sondern selbst verlegt und anläßlich von Vorträgen aus dem Bauchladen verkauft, klaffen Welten. Aber beide werden vom Publikum wie exotische Tiere bestaunt. Der eine wie das größte und bunteste und natürlich mit gebührender Bewunderung; der andere wie das graue häßliche Entlein und mit schnell verfliegendem Amüsement.

Was bleibt noch haften? Bei mir waren's zwei andere. Zuerst Liv Ullmann, Ingmar Bergmans blonde Norwegerin mit der ungewöhnlichen Ausstrahlungskraft, die gestern das ZDF-Abendprogramm bestritt.

Es war eine dieser Autoren-Sternstunden, denen man nicht nachjagen kann. Zufällig wurde sie mir vorgestellt, und zufällig hatte sie die norwegische Ausgabe der ›Baskenmütze‹ gelesen. Mit umwerfender Natürlichkeit bot sie mir ihr Buch, ihre Freundschaft und das »Du« an. Und da man allen Grund hat, bei neuen Büchern abergläubisch zu sein, bilde ich mir jetzt ein, daß ›Der Schacht‹ einen guten Start haben wird. Denn die allererste Widmung in das noch warme Buch durfte ich für Liv Ullmann schreiben.

Die nächste Begegnung war ganz anders, aber auch sie bleibt haften. Am Stand eines Frankfurter Verlages saß ein alter Mann, und er trug trotz der rauchigen Wärme in der Halle den Mantel, der die schmalen Schultern verdeckte. Er sah müde aus, zerbrechlicher als früher, aber in den klugen Augen war nicht ein Schimmer von Resignation, als er von seiner unheilbaren Krankheit sprach. Ein neues amerikanisches Medikament verschaffe ihm Linderung und auch die Kraft zu arbeiten.

Das war der alte Richard Kirn. Arbeiten. Richtig gesund war er nie, seit ich ihn kenne, und das sind fast 30 Jahre. Schreiben, besessen sein vom Schreiben, war wohl das tauglichste Medikament des Mannes, der jetzt 71 ist und dem die Ärzte wegen seiner fragilen Konstitution keine 30 Jahre gegeben hatten.

»Hab ich's ihnen nicht gezeigt?« fragte Richard Kirn, und in den Augenwinkeln sitzt das spitzbübische Lächeln, das aus seinen Glossen springt.

Früher hat er sie am liebsten im Café an der Frankfurter Hauptwache geschrieben. Das war, als sein Freund Ernst Nebhut noch lebte, und es waren auch oft Feuilletons und Theaterkritiken.
Aber vom Sport kam er nicht los. Ich habe seine Glossen als 15jähriger gefressen und begriffen, daß da einer, lange bevor man von »human touch« sprach, aus dem Sport die menschliche Seite herauszugreifen verstand. Beim grünen ›Sportbericht‹ ist er dann unser Kolumnist geworden, und über zwei Jahrzehnte hinweg ist nie ein Manuskript von ihm ausgeblieben, auch wenn er von der Krankheit ans Bett gefesselt oder zur Kur in Davos weilte.
Richard Kirn hat auch Bücher geschrieben. Sportliche und andere, ohne in dem Maße, wie er es verdient gehabt hätte, davon zu profitieren. Er gehört zu denen, die zum Arbeiten und nicht zum Ernten geboren wurden, und wer weiß noch, daß er, mitten im Krieg, den Superbestseller ›Der lachende Fußball‹ schrieb? Die Auflage betrug eine halbe Million, und unter normalen Umständen hätte der Autor mindestens ebenso viele Reichsmark kassieren können. Aber es waren eben andere Verhältnisse. Das Buch wurde im Rahmen der Truppenbetreuung vertrieben, und Richard Kirn, weniger an rachitischem Papiergeld als an starkem Bohnenkaffee interessiert, durfte sich einen Sack davon als Honorar wünschen.
Heute wär's ein stattlicher Geldsack, aber der Mann, der den unverwechselbaren Stil des sportlichen Feuilletonisten schon zu einer Zeit kultivierte, in der die Sportberichterstattung noch in den Kinderschuhen hüpfte, ist viel zu sehr Philosoph, um solchen Dingen nachzutrauern.
Es war Samstagnachmittag, und als ich ihn fragte, ob ihn die Buchmesse nicht zu sehr anstrenge, stand er etwas mühsam, aber ohne zu zittern auf und gab mir die Hand: »Ich muß jetzt ins Stadion zu Eintracht – Saarbrücken.«
Es fiel ihm viel leichter, als ins Bett zu gehen. Ohne den Fußball, glaube ich, gäbe es längst keinen Richard Kirn mehr.

Und alle lagen Ali zu Füßen

Vor der Olympiahalle haben zwei Türken ihre rote Nationalfahne mit dem weißen Halbmond in den Rasen gesteckt. Sie knien auf einem Gebetsteppich, blicken dahin, wo sie Mekka vermuten, und beten für Muhammad Ali, ihren Propheten. Allah muß ein gnädiges Auge für sie haben, denn ein Schwarzhändler ist so gerührt, daß er ihnen zwei 400-Mark-Karten zu einem Spottpreis anbietet. Die Türken greifen zu, stehen auf und schlagen ihr Gebetslager hundert Meter weiter auf. Anschließend verkaufen sie die Karten mit hübschem Gewinn, weil sie ja schon zwei in der Tasche haben, und betreten frohen Mutes die Olympiahalle, die sich in den frühen Morgenstunden doch so gefüllt hat, daß die Veranstalter Gesichter machen wie Roulettspieler, die einen hohen Einsatz zurückkriegen.

Die Anziehungskraft des Größten funktioniert also noch, und es ist ja auch in der Tat etwas anderes, körperlich das zu spüren, was man die Hitze des Gefechts oder den heißen Atem des Kampfs nennt. Wenn man Ali nicht nur tänzeln sieht, sondern schnauben hört und gar so nahe ist, daß man den feinen Sprühregen weltmeisterlichen Schweißes in der rauchgeschwängerten Luft spürt. Und wer die Blitze sieht, die aus Frauenaugen von den 1000-Mark-Plätzen zucken, der weiß, daß Muhammad Ali in der Münchner Olympiahalle an diesem schönen Maimorgen tausendmal aufgefressen wird. Freilich kann manche dieser platonischen Vernascherinnen mit dem Brillantgeschmeide nicht verbergen, daß ihr Ringplatz von Freiern finanziert worden ist, die mit Sporthose und Boxhandschuhen erheblich geringere Männlichkeit ausstrahlen würden als der Größte. Ein begreiflicher Hunger also.

Ein seilumspanntes Viereck mit lilafarbenem Boden. Rote und blaue Pfosten in den Ecken, wo die Boxer auf winzigen Stühlchen ihre Kampfpausen machen und die Köpfe in orangefarbene Spucknäpfe stecken. Man hat das tausendmal gesehen, aber wenn es Ali tut, gewinnt der Ring eine neue Dimension. Nicht nur für Damen, deren Augen heftiger blitzen als ihre Brillantringe.

Aus dem Halbdunkel, in dem die billigeren Plätze liegen, wenn man hier von billig reden darf, kommen gutturale Schreie, wie sie sonst nur der Urwald hervorbringt, und im Fernglas sehe ich Mäuler, wie sie sonst nur Ali aufreißt. Es ist die Ekstase seiner Rassengenossen, die die Bestrafung des weißen Mannes fordern, und man hat das dumpfe Gefühl, daß sie nicht nur den Mann meinen, der im Ring steht.
Noch nicht. Richard Dunn hat auch bei seinen weißen Brüdern einen schweren Stand, weil er nicht viel anbieten kann, was sich gegen Alis natürliche Eleganz ausspielen ließe. Unter korngelbem Haar, von dem man weiß, daß es Ali reizt wie das rote Tuch den Stier, ein Gesicht, das eigenartig an Max Schmelings Kampfgefährten Walter Neusel erinnert, sind an der Hüfte Speckwülste, diese hartnäckigen Begleiter der meisten Schwergewichtler. Ali hat sie, zur Freude der Damenaugen, die wohlgefällig auf seinen Lenden ruhen, wieder einmal erfolgreich abtrainiert. Aber noch mehr kontrastieren die Gesichter. Fünfzehn Jahre Boxen sind spurlos an Ali vorübergegangen, aber man muß nicht direkt am Ring sitzen, um zu sehen, daß Dunns kantiger Schädel schon von vielen Fäusten als Trommel benützt wurde.
Der Champ, der mit seinem kostspieligen Hofstaat in die Halle eingezogen war wie Ali Baba und die vierzig Räuber, kommt just in dem Moment, in dem die Galerie zu einiger Bewunderung für Richard Dunns Mut bereit ist, zur Sache.
Fünfmal muß der Engländer auf die Bretter. Die Menge rast, vergißt aber, daß das Schauspiel, das sie auskosten will, schon dabei ist, sich um viele Runden zu verkürzen. Denn der menschliche Kopf ist eigentlich zu anderem geschaffen, als pausenlos Prügel dieser Sorte zu beziehen. Einmal wird es grotesk-makaber. Dunn geht nach einer schweren Rechten zu Boden, schlägt aber, knieend, zurück. Das sieht aus wie Versehrtensport. Die Fäuste fliegen noch, aber unterhalb der Gürtellinie sind keine Reflexe mehr.
In der fünften Runde beendet der Ringrichter das grausame Spiel, und Ali, dem einschließlich Dunn alles zu Fü-

ßen liegt, sagt in amerikanische Mikrophone, daß er es für Allah getan habe. Leider hören das die beiden Türken mit der Fahne und dem Gebetsteppich nicht. Aber sie sind sicher, daß sie mitgeholfen haben. Genau wie die vierzig schwarzen Räuber von Alis Hofstaat, deren stolze Gesichter aussehen wie Klavierdeckel, die pausenlos auf- und zugeklappt werden.
Denn Ali bleibt der Größte, und das große Geschäft geht weiter.

Jean Gabin und die Tour

Man fährt wieder Rad. Hobby-Rennfahrer sind Legion, und unter den prominenten gab es keinen sympathischeren als Jean Gabin, der im Herbst 1976 starb. Alle Zeitungen der Welt widmeten ihm Nachrufe, weil er eine der blutvollsten und knorrigsten Figuren des Films war. Kein Star von Hollywood-Zuschnitt freilich. Jean Gabin hätte lieber unter den Brücken von Paris geschlafen als eine Villa in Hollywood zu beziehen, wo ihm die Luft zum Atmen gefehlt hätte.
Nicht zu lesen war in seinen Nachrufen dies: Gabin war ein großer Freund des Sports. Keiner von denen allerdings, die in den Logen der Sechstagerennen Sektkorken knallen lassen, um gesehen zu werden. Viele Große des französischen Sports waren seine Freunde, Marcel Cerdan beispielsweise, mit dem er im Krieg in der Marine diente. Jean Gabins sportliche Passion aber war der Radsport und speziell die Tour de France. In einem Film, dessen Namen ich vergessen habe, spielte er den Manager eines hoffnungsvollen jungen Rennfahrers mit so viel Verve und Sachverstand, als ob er in diesem Metier großgeworden wäre. Obwohl bei Gabin immer alles natürlich wirkte, war das eine Meisterleistung, die ohne natürliche Wurzeln undenkbar gewesen wäre.
Des Rätsels Lösung habe ich am Vorabend eines Starts

der Tour de France in Paris von Jean Gabin selbst erfahren. Er sprach von der Faszination der Tour, der er sich nie entziehen konnte, aber der Höhepunkt seiner Geschichte durchbrach alle Schranken.
»Im Gegensatz zu euch«, sagte Jean Gabin mit seiner Bierruhe, »habe ich die Tour de France selbst gefahren!« Man glaubte an einen Witz, aber Gabin fuhr fort: »Es war 1930, und ich spielte damals Theater in Paris. Als der Start der Tour nahte, fragte ich ein paar Kumpels, ob wir mitmachen sollten. Auf unsere Art, versteht sich. Ich brachte drei zusammen, zwei Schauspieler und einen Regisseur. Wir waren lauter kräftige junge Burschen, und wir haben uns Rennräder und Trikots besorgt. Ein paar Stunden vor dem Start sind wir losgefahren, und bald haben uns viele Leute an der Strecke für die erste Ausreißergruppe der Tour de France gehalten. Nach ungefähr 50 Kilometern haben uns dann freilich die Richtigen überholt, zumal wir schon ein paar Erfrischungspausen in Bistros am Wege hinter uns hatten. Aber wir haben das bis zu den Pyrenäen durchgehalten und sind erst drei Wochen später wieder nach Paris zurückgekehrt. Und ich bin sicher, daß viele Leute in ihrem ganzen Leben nicht so viel Spaß hatten wie wir in diesen drei Wochen!«
Sicher, es waren geruhsamere Zeiten. Aber Jean Gabin gehörte zu jenen herrlichen und beneidenswerten Menschen, die sich ihre Träume mit umwerfender Natürlichkeit erfüllen und trotzdem mit beiden Beinen auf dem Boden bleiben. Einer von denen, für die Sport nicht alles, aber alles Sport ist.

Die chemisch präparierten Sportheroen

Im Aktuellen Sportstudio des ZDF passierte etwas Ungewöhnliches. Eine junge Frau namens Brigitte Berendonk griff nicht nur Sportärzte, Funktionäre und Athleten an, sondern einen gar nicht vorhandenen Moderator namens

Hans Joachim Friedrichs, welcher schnurstracks herbeieilte, ungekämmt und in Hemd und Pullover wie ein aus dem Schlaf gerissener Tatort-Kommissar. Brigitte Berendonks ungeschminkter Vorwurf, er habe in einem gewissen Interview Völkerverblödung betrieben, trieb ihn, völlig programmwidrig, an die Seite des diensthabenden Moderators Harry Valérien, um der streitbaren Dame barschen Tones zu erklären, daß er nie als Verniedlicher der Gefahren und Usancen des Doping eingetreten sei und auf schulmeisterliche Belehrungen dieser Art verzichte. Jawohl, und peng! Darauf zorniger Abgang Friedrichs' und ungerührte Fortsetzung der Berendonkschen Angriffe auf medizinische Manipulationen im modernen Leistungssport.
Schulmeisterlich blieb's weiter, denn die Athletin Brigitte Berendonk ist auch Lehrerin. Und sie kennt ihr Thema, weil sie viele Jahre lang im Kugelstoßen und Diskuswerfen zur deutschen Elite gehörte. Ihre Angriffe gegen die chemischen Leistungsexplosionen trafen unzweifelhaft den Kern und deckten sich auch weitgehend mit den Ansichten Harry Valériens, der schließlich kein heldenverehrender 08/15-Sportreporter ist, sondern ein Mann mit Durchblick und Erfahrung.
Die streitbare Brigitte Berendonk traf also den Kern der Sache. Aber es ist ein vielschichtiger Kern, der sich nicht spalten läßt, schon gar nicht in halbstündiger Sendezeit mit all ihrer zwangsläufigen Vordergründigkeit. Zu Recht wiesen Valérien und der zur Selbstverteidigung herbeigeeilte Friedrichs auf zahlreiche Sendungen hin, in denen das Problem mit Sportmedizinern, Funktionären und Athleten diskutiert worden war. Aber stets ist man an der Oberfläche dieses Kerns hängengeblieben, der nichts anderes als die komplizierte menschliche Natur umschließt.
Es geht in der Tat um die vollkommene Unvollkommenheit des Menschen. Er, dessen Vorfahren mit Sicherheit ausgerottet worden wären, wenn sie nicht angefangen hätten, gegen die größere Kraft und Geschicklichkeit der Tiere Geist zu entwickeln, kann denken und folglich manipulieren. Er erfand Waffen und Werkzeuge, um fehlende natürliche Fähigkeiten zu kompensieren. Und in

diesen künstlichen Vorteilen, die sich der Urmensch verschaffte, sind die eigentlichen Ursachen der Manipulation auf allen Gebieten des Lebens und folglich auch im Leistungssport zu suchen. Völlig unlogisch wäre es nämlich, wenn ausgerechnet im Sport, wo nichts wichtiger und sichtbarer als die Leistung ist, auf die Suche nach dem Vorteil, wie immer er auch geartet sein mag, verzichtet würde.

Man kann auch sagen, nach dem Wundermittel. Zu allen Zeiten hat es der Mensch gesucht, und in der Antike waren es die Götter, die den Platz der Chemiker einnahmen. Homer, der neben vielen Ehren auch die genießt, der Urahne der Sportjournalisten gewesen zu sein, erzählt in der Ilias von einem Wettlauf zwischen Odysseus, Ajax und Antilochos. Ein wahrhaft gigantisches Rennen von homerischer Dramatik, bei dem der keuchende Odysseus im Endspurt merkt, daß ihm Ajax überlegen ist. Da schickt er ein Stoßgebet zu Athene hoch, und die Zeustochter erhört ihn: »Leicht ihm schuf sie die Glieder, die Füß' und die Arme von oben.«

Was sich da in der hurtigen Eleganz des Hexameters liest, war nichts anderes als ein vom Himmel gefallenes Doping, und um ihren stampfenden Helden ganz sicher zum Sieg zu führen, ließ Athene den armen Ajax auch noch auf einem Kuhfladen ausrutschen.

Odysseus wurde so wenig disqualifiziert wie König Gunther im Nibelungenlied, der Brunhilde im Speerwurf nur mit Hilfe des mit der Tarnkappe ausgerüsteten Siegfried bezwingen konnte. Ritterlich war das gewiß nicht, aber das Publikum aller Zeiten hat die übernatürliche Kraft und den, der sie sich zu verschaffen vermochte, verherrlicht.

Und nun sind natürlichere, aber gleichwohl artifizielle Mächte an die Stelle der Götter und des geheimnisvollen Zaubers getreten. Nie ist uns das Übermenschliche, das von den Massen gefordert wird wie eh und je, so konzentriert zur Schau gestellt worden wie bei den Spielen in Montreal. Und nicht nur von gewichthebenden Mastodonten, die nur noch mühsam gehen können, weil sich ihre zu anabolischen Kraftwerken gewordenen Ober-

schenkel reiben, sondern auch von Frauen mit Männerschultern, tiefen Stimmen und bläulichen Anflügen von Lippenbärten.
Recht hat die schlanke Brigitte Berendonk, wenn sie in diesen massigen Brunhilden unlautere Konkurrenz sieht und feststellt, daß natürliches Training nicht mehr zum Weltrekord im Kugelstoßen führen kann.
Aber sie ist eine hoffnungslose Phantastin, wenn sie glaubt, bei medaillenhungrigen Athleten und besessenen Sportmedizinern den Rückwärtsgang einlegen zu können. Da werden sogar Blutwechsel vorgenommen wie Ölwechsel beim Auto, und die im Regierungsauftrag arbeitenden Sportmediziner des Ostens sind ihren westlichen Kollegen nicht nur um eine Nasenlänge voraus.
Das Ganze ist ebenso bedauerlich wie logisch. Versuche zur Leistungssteigerung durch medizinische Manipulation haben in dem Moment begonnen, indem die Feierabendsportler den Profis die Bühne räumten, degoutiert oder auch nur milde lächelnd über das sich ausbreitende Gladiatorentum. Daß der Staatsamateur als Superprofi zu betrachten ist, bedarf keiner besonderen Erwägung. Höchstens der Anfügung, daß er den Entschluß zu chemischer Hilfe nicht einmal selbst fassen kann.
Zu den letzten lupen- und pillenreinen Amateuren, die einen klassischen Weltrekord aufstellten, gehörte der Engländer Dr. Roger Bannister, der 1954 als erster die »Traummeile« unter vier Minuten lief. Glücklicherweise aber hat ein bedeutsames Wort Bannisters immer noch Geltung: »Wir laufen nicht, weil unser Land Ruhm braucht, sondern weil wir Freude daran haben. Für jeden von uns gibt es die Möglichkeit, durch den Sport eine Kraft auszulösen, die sonst in uns verschlossen bliebe.«
Bannister hat, im Gegensatz zu vielen modernen Leistungssportlern, in seinem Körper kein Kapital zu materieller oder staatlicher Ausbeutung gesehen. So wenig wie die Kugelstoßerin Brigitte Berendonk. Ihre vehemente Verdammung der sportlichen Manipulation von Doping entsprang echter Empörung, aber nur vordergründiger Betrachtung der menschlichen Natur.
Im übrigen ändern Appelle an Ethik und Moral nichts an

der Welt, in der wir leben, und Hochleistungssport kann keine blühende und heile Oase in ihr sein. Geheuchelt wird wie zu Homers Zeiten, nur ist mancher geheime Wunsch ohne die Hilfe der Götter zu erfüllen. Schön wär's, wenn Brigitte Berendonk alle, die sich unlautere Vorteile verschaffen, auf Kuhfladen ausrutschen lassen und mit der Mistgabel wegschaffen könnte.
Aber sie ist nicht Athene. Und selbst wenn sie es wäre, müßte sie für diesen Augiasstall mindestens noch den Herakles heranziehen.

Zum Tod von Sepp Herberger

Sepp Herberger ist tot, und wir können es nicht fassen. Vor vier Wochen, am 28. März, feierten wir mit ihm im Rittersaal des Mannheimer Schlosses seinen 80. Geburtstag, fasziniert von der fast jugendlichen Kraft seiner Lebensfreude, seines Elans und seines Witzes, die ihn jede Minute seines Ehrentages auskosten ließ.
Es war die Überzeugungskraft, mit der er alles meisterte, was er in seinem Leben anpackte. Aber jetzt ahnen wir, daß es auch ein Aufbäumen seiner außergewöhnlichen Energie gegen natürliche Gesetzmäßigkeiten war, gegen das Alter, das er mit einem Herzen, das sowohl jung geblieben als auch angegriffen war, zu verscheuchen versuchte. Der schwere Herzinfarkt vor zwei Jahren sowie die Lungenentzündung zu Beginn dieses Jahres waren in den vier Wochen, die seinem 80. Geburtstag vorausgingen, unverscheuchbare Belastungen gewesen. Täglich war das Haus voll mit Vertretern aller Medien der Publikation, und niemand wurde abgewiesen. Der 80jährige stellte sich diesem Ansturm, wie er sich immer allen Anstürmen gestellt hatte.
Er schien, wie ein knorriger Baum, zu widerstehen. Niemand merkte ihm an seinem Geburtstag die Anstrengungen an, obwohl sie für einen viel jüngeren Mann hart ge-

wesen wären. Aber die Reaktion blieb nicht aus. Der Körper regenerierte nicht wie nach früheren Belastungen, und es muß wohl Fügung gewesen sein, daß die Kerze, die Sepp Herberger an beiden Enden angezündet hatte, bei dem Spiel ausging, das der Inhalt seines Lebens war.
»Ich hatte«, sagte Eva Herberger, »schon den ganzen Tag gespürt, daß es ihm nicht gutging. Aber er wollte unbedingt das Länderspiel Deutschland gegen Nordirland sehen. Da der Abend mild war, saßen wir im Wintergarten. Ich merkte jedoch, daß er sich nicht konzentrieren konnte, und als er plötzlich bleich wurde und über starke Herzschmerzen klagte, rief ich unseren Hausarzt an. Er kam, als das Spiel noch lief, und bestellte nach kurzer Untersuchung sofort einen Krankenwagen. Ich war entsetzt, aber der Seppl versuchte mich zu beruhigen, obwohl es ihm sehr schlechtging. ›Gib mir den Trainingsanzug mit‹, sagte er, ›und das Sporthemd von Uwe Seeler. Ich komme wieder, verlaß dich drauf!‹
Aber diesmal kam alle Hilfe zu spät. Professor Hofmeister und alle verfügbaren Ärzte waren um Mitternacht im Mannheimer Krankenhaus bei Sepp Herberger. Wenig später mußten sie seine Frau von seinem Tod unterrichten.
Der Mann, dem der deutsche Fußball, ja, der gesamte deutsche Sport mehr als jedem anderen zu verdanken hat, wird auf dem kleinen Friedhof in Hohensachsen bei Weinheim seine letzte Ruhestätte finden. Erst im Laufe des gestrigen Tages erfuhr seine Frau, daß er dort vor kurzem ein Grab gekauft hatte. Er hatte ein schnelles Ende seiner unbeugsam scheinenden Vitalität geahnt.
Weil er sich genauso gut kannte, wie er andere erkannte. Die eigene Kraft hoch einschätzen, ohne sie jedoch zu überschätzen, das war immer Ansporn und Regulativ zugleich gewesen für diesen sowohl dynamischen als auch empfindsamen Mann, dem Röntgenaugen für die Einschätzung von Stärken und Schwächen der Menschen ein Psychologiestudium erspart haben.
Ein Sensibler mit harter Schale war er, ein Freund alten Brauchtums. Aber er war kein Feind des Fortschritts, weil er viel zu klug war, um nicht den Zug der Zeit zu erken-

nen, der nun just in dem Moment, in dem er geht, einen Franz Beckenbauer nach Amerika driftet, wo das Spiel, das sein Lebensinhalt wurde, eigentlich gar nicht gefragt ist.

Sepp Herberger hat nicht immer alles gebilligt, aber alles verstanden. Das war, neben seiner unbeugsamen Energie, das Geheimnis seiner Erfolge und seiner Popularität. Er war Vorbild für Sportlehrer und Jugenderzieher aller Sparten, und er beherrschte die Kunst, dem Mann in der Stehplatzkurve sehr nahe zu stehen, ohne den saturierten Tribünenbesucher mit der dicken Zigarre zu vergraulen. Er war ein autodidaktischer Philosoph hohen Ranges. Ein Mensch, dessen Freund zu sein etwas bedeutete.

Es tut weh, ihn zu verlieren, und es ist, als ob das große Spiel, das er in diesem Land geprägt hat wie kein anderer, eine Dimension verlöre.

Aber es war ein von rarer Intensität erfülltes Leben, und das mag der Frau, die an seiner Seite war und für die der Verlust größer ist, Kraft geben. Sie, die nie öffentliche Anerkennung gesucht hat, die ihr Wesen neben einem erfolgreichen Mann verfälscht hätte, hat ihm wie kein anderer beim Gehen seines Weges geholfen. Wie viel von Herbergers Popularität ist unpopulären Entschlüssen entsprungen? Halt gefunden hat er dabei nicht in der Öffentlichkeit, sondern in der einfachen Selbstverständlichkeit, mit der die Frau an seiner Seite, ohne in die Details der Probleme zu gehen, zu ihm stand.

Wer kannte den Herberger, der Hitlers Reichstrainer war und einen auf der Straße beschimpften Juden vor dem brutalen Zuschlagen der SA verteidigte, oder in Duisburg, wo er an der Sportschule lehrte, KZ-Häftlingen beim Straßenbau von der Frau gepackte Butterbrote und Zigaretten zuschob? In Frankreich sagt man »le style, c'est l'homme«. Nicht nur Können und Besessenheit, sondern Stil und Menschlichkeit haben Erfolg und Popularität Sepp Herbergers geformt.

Deshalb ist es nicht nur der Sport, der um einen außergewöhnlichen Mann trauert.

Gauchos, Romantik und Tupamaros

Man lebt in Südamerika nicht nach der europäischen Uhr, und das kleine Uruguay mit seinen knapp drei Millionen Einwohnern nimmt sich noch mehr Zeit als die großen Nachbarn zum Leben ohne Hast und Hetze, was unser Alltag geworden ist.
Man erfaßt ein solches Land bei einer Fußballreise sicherlich nicht vollkommen, aber man spürt nach dem lauten und geschäftigen Buenos Aires wohltuende Beschaulichkeit und Ruhe, wenn man vom kleinen Flughafen an den endlosen braunen Sandstränden vorbei in die Hauptstadt fährt, begleitet vom nördlichen Rio de la Plata, der sich fast ins Zentrum hineindrängt.
Übrigens sieht man bei klarem Wetter vom Flugzeug aus das Wrack des deutschen Schlachtschiffes ›Graf Spee‹ auf Grund liegen, das von seiner Besatzung 1941 versenkt wurde, als die Engländer den Rio de la Plata abgeriegelt hatten. Um der Internierung in Uruguay, das sich in einer Art von passivem Kriegszustand mit Deutschland befand, zu entgehen, flüchtete die Besatzung nach Buenos Aires, wo sie, sozusagen als Vorläufer vieler anderer, denen der Boden nach 1945 in Deutschland zu heiß wurde, gastliche Aufnahme fand.
Man fährt vom Flughafen aus an Eukalyptuswäldern vorbei und an Villen aller Baustile, aber nicht an genormten Betonsilos, und möchte aussteigen und ein bißchen den Reitern zusehen, die da auf Waldwegen galoppieren oder langsam am Strand entlang traben. Oder auch den Fischern in ihren kleinen Booten mit den frischen roten und grünen Farben, die zur Abendstunde noch einen kleinen Fang versuchen und dann ihr Boot einfach auf den Strand legen.
Denn Abend ist es, als wir endlich ankommen, weil die Abfertigung auf dem winzigen Flughafen, an dem sich kein Jota verändert hat, seit wir ihn bei der Weltmeisterschaft 1962 kennenlernten, von einer Gemächlichkeit ist, daß Helmut Schön das Trainingsprogramm über den Haufen wirft und die ihn nach der angenehmen Entspannung der Nacht von Buenos Aires nun wieder nervös

macht inmitten von Menschen, die ganz sicher auch ihre Probleme haben, aber niemals solche zeitlicher Art.
Fußballer bekommen bei diesen Reisen außer Hotel und Trainingsplatz erschreckend wenig zu sehen, wobei freilich die Frage offenbleibt, ob sie das erschreckt. Dem schreibenden Begleiter sei indes gestattet, ein klein wenig abzuweichen von der Tuchfühlung mit ihrem sportlichen Auftrag, zumal Montevideo trotz der so klein gewordenen Welt wirklich eine Stadt ist, in die man nicht alle Tage kommt.
Vom alten Glanz der ›Celeste‹, wie die Nationalelf hier genannt wird, ist allerdings nicht allzuviel übriggeblieben; erstens, weil ein kleines Land nicht laufend außergewöhnliche Talente wie einen Juan Schiaffino hervorbringt, und zweitens, weil man die finessenreiche Eleganz, die einst das Spiel des Weltmeisters von 1930 und 1950 auszeichnete, durch überbetontes Defensivspiel ersetzt hat, aus dem man nur sehr mühsam wieder herauszukommen scheint. Ähnlich, wie sich die Schotten ihren spitzbübischen Flachpaß stehlen ließen, haben sich die Urus die hochentwickelte Genialität ihres Stils, der Europa bei den Olympischen Spielen 1928 in staunendes Entzücken versetzte, stehlen lassen. Wobei allerdings jetzt gefragt werden muß, ob sie nicht zur Destruktivtaktik schritten, weil die hohen athletischen Anforderungen des modernen Spiels eben ganz schlicht nicht zu ihrer geruhsamen beziehungsweise bequemen Lebensqualität passen.
Sei's drum. Jeder nach seiner Fasson. Daß die uruguayische nicht mehr ganz ins Bild des heutigen Leistungsstandards auf oberster Plattform paßt, beweist das glanzlose Ausscheiden der einst so glanzvollen Celeste bei der Weltmeisterschaftsqualifikation für Argentinien. Allerdings ist das erste Auftreten des Weltmeisters Deutschland in Montevideo auch die allerbeste Gelegenheit, diese Scharte auszuwetzen, zumal er mit dem Skalp des fußballerischen Erzfeindes Argentinien eingezogen ist.
Natürlich ließe sich zur fachlichen Seite noch mehr sagen, aber die Pittoreske darf nicht unterschlagen werden in einem Land, wo es, im Gegensatz zu Argentinien, noch echte Gauchos gibt. Und man muß einfach die Augen auf-

reißen, wenn sich der Arbeiter der Großstadt unter freiem Himmel wie der freie Gaucho sein Pfund Beefsteak brät und bei diesem »bife« nicht nur ungemein saftigen Geschmack, sondern auch eine Ursprünglichkeit des Genusses schätzt, die uns hastigen Restaurant- und Kantinenessern abhanden gekommen ist.
Und er nimmt sich die Zeit, alles so geruhsam auszukosten, daß ihn der Fremdling beneidet und nichts von Uruguays zweitem Gesicht ahnt.
Zu sehen bekommt er es ohnehin nicht, denn es ist fast völlig verborgen. Schon hat man in Europa wieder vergessen, daß Uruguay Ende der 60er Jahre aufhörte, eine friedliche Oase im unruhigen Südamerika zu sein. In der Tat war es erstaunlich, daß zwischen 1918 und 1930, als die meisten südamerikanischen Länder von Rebellionen gegen die bestehenden Regierungen geschüttelt wurden, in Uruguay eine paradiesische Ruhe herrschte. Es hatte eine Art von Kollegialregierung nach dem Muster der schweizerischen Eidgenossenschaft. Der Präsident der Republik teilte die Regierungsgewalt mit einem aus neun Mitgliedern bestehenden Nationalrat, und zu Beginn der 50er Jahre wurde das Präsidentenamt sogar praktisch abgeschafft. Zum erstenmal in der Geschichte Lateinamerikas geschah es, daß ein Regierungschef seine Macht freiwillig zugunsten einer wirksamen Zusammenarbeit mit der Opposition einschränkte.
Doch diese Idylle war zu schön, um Bestand zu haben. Korruption in der Regierung kam auf, und als die Wirtschaftskrise einsetzte, wurde Uruguay von der Baader-Meinhof-ähnlichen Anarchistengruppe der Tupamaros an den Rand des Bürgerkriegs getrieben. Erst als eine Militärjunta die Regierungsgewalt übernahm, kehrte wieder Ruhe ein, aber es läßt sich nur ahnen, mit wie vielen Verhaftungen und Folterungen sie bezahlt wurde.
Noch heute sind zahllose Tupamaros in Haft, wiewohl man uns versichert hat, daß viele ins Ausland abgeschoben wurden und neue Verhaftungen selten seien, weil die Obristen unerwünschten Leuten, ehe sie zugreifen, diskrete Warnungen geben, ins Ausland zu verschwinden.

Die Idylle der Kollegialregierung ist verschwunden, wiewohl wir in vielen Gesprächen den Eindruck gewannen, daß den Uruguayern dieser Preis für die militärisch erzwungene Ruhe im Land nicht zu hoch war.
Aber man kann in ein paar Tagen nicht hinter jeden Vorhang und schon gar nicht hinter Mauern blicken. Der Knacks, den Südamerikas Musterdemokratie bekommen hat, ist unzweifelhaft ein Zeichen der Zeit, auch wenn sich für den Besucher alles noch so geruhsam und heiter präsentiert wie damals, als Curt Goetz sein köstliches ›Haus in Montevideo‹ schrieb.

Getroffen in Rio de Janeiro: Senhor Suppentopf

Samstag war der erste freie Tag dieser als Traumreise deklarierten Südamerika-Tournee, und ich bin mir vorgekommen wie bei einem Ruhetag der Tour de France in Nizza. Keine Hetze, kein nervtötendes Herumsitzen im Hotelzimmer vor einem stummen Telefon, sondern Sonne, Wind, Sand und Meer unter einem stahlblauen Himmel über der Bucht von Rio. Der Fußball wäre so weit weg gewesen wie der Mond, wären nicht die kaffeebraunen barfüßigen Buben auf der Copacabana gewesen, die in diesem Sand stundenlang mit ihm jonglieren und damit im Grunde das getreueste Bild der brasilianischen Auffassung des Spiels geben. Deutsche Talentsucher würden so gierig zugreifen wie Hausfrauen im Sommerschlußverkauf – um dann festzustellen, daß elf dieser Rastellis noch lange keine Mannschaft machen.
Wir essen unter freiem Himmel und unter bunten Sonnenschirmen einen vorzüglichen Fisch, dessen Name keiner aussprechen kann, und spülen ihn mit einem ebensolchen trockenen einheimischen Weißwein hinunter, von dem man schon ein paar Kisten mitnähme. Das wäre sinnvoller als vieles, was in den Souvenirläden der Copacabana angeboten wird.

Das Essen hat gewisse Unterbrechungen. Nicht, weil der Ober langsam wäre, sondern weil man Schuhputzer, die unter den Tisch kriechen und anfangen zu fummeln, abwehren muß. Oder weil junge Frauen mit Kindern auf dem Arm zum Betteln an den Tisch kommen. Ich will einem dieser putzigen Ninhos den Nachtisch schenken, aber die Mutter winkt fast beleidigt ab. Geld will sie, doch der Ober schiebt sie ab und erklärt uns, daß sie hier Stammbettlerin sei und sich alle Tage ein neues Kind ausleihe.

Später, als wir am Hotelstrand liegen und mit neidvoller Bewunderung zusehen, wie braune Burschen auf ihren Brettern im eleganten Surfing die Brandung besiegen, kommt Manoel. Er hat die Farbe eines starken, mit drei Tropfen Milch verdünnten Mokkas und verdient hier sein Geld, weil im Sheraton-Hotel nur zahlungskräftige und meist amerikanische Kundschaft absteigt. Nicht Eis oder Erdnüsse verkauft er wie die kleinen Bauchladenhändler von Copacabana, sondern Umhänge und Blusen für die Damen des Strands, von denen er sagt, daß sie seine Frau in reiner Handarbeit herstelle.

Die Amerikaner kaufen, aber sie kaufen natürlich Konfektionsware. Manoel gibt es auch zu, nachdem wir uns angefreundet haben, und er setzt sich gern eine halbe Stunde zum Plaudern in den Sand.

Manoel wohnt in einer Favela der grünen Berge, zwei Stunden vom Strand entfernt. Er besitzt ein Moped, auf das er sehr stolz ist, aber jetzt, im Winter, bleibt es im Stall, weil ihm der Fahrtwind zu kalt ist, obwohl er bergab kaum auf Tempo 40 kommt. Er fährt im Omnibus zu seinem Arbeitsplatz am Strand.

Rio quillt über von Omnibussen, und ihre Fahrer sind die Kapitäne aller Straßen, vor denen sogar die Taxifahrer, die dir an den Zebrastreifen die Bügelfalten aus der Hose wehen, Respekt haben.

Vielleicht sind es die besten Taxifahrer der Welt, obwohl kaum noch einer über einen Stoßdämpfer verfügt, dafür aber über Beulen am Blech wie ein Rothaariger über Sommersprossen. Denn Rios Verkehr brodelt 24 Stunden rund um die Uhr, und Vorfahrt hat nicht der, der recht

hat, sondern der Entschlußfreudigere. Deshalb sind Rios Taxifahrer auch höchst eigenwillige Fremdenführer.
Ich nahm einen, um ins Hotel zu fahren, und wir kamen sofort ins Gespräch. »Aleman?« fragte er.
»Ja«, sagte ich, »Deutscher.«
»Welche Stadt?«
»Stuttgart.«
Da haute er den Schaltknüppel mit dem rot leuchtenden Knopf – alle Schalthebel haben in Rio bei Nacht illuminierte Knöpfe – vom vierten auf den zweiten Gang zurück, daß es krachte und wir des Hintermannes Stoßstange spürten.
»Wenn Sie aus Stuttgart sind, müssen Sie unbedingt meinen Freund Dieter besuchen, und zwar sofort!«
»Sofort?« fragte ich. »Es ist gleich Mitternacht, und ich will ins Bett. Außerdem besucht man um diese Zeit keine Leute.«
Ich sagte es natürlich ein bißchen anders, in einer Mischung von Spanisch, Portugiesisch und Englisch, doch er verstand vorzüglich, schüttelte den Kopf und hatte schon den Wagen gewendet.
»Meinen Freund Dieter kann man die ganze Nacht besuchen, er hat ein Restaurant, und es heißt ›Suppentopf‹.«
Ich überlegte, was das auf Portugiesisch heißen könnte, und sagte: »Panela de Sopa?«
Er lachte dröhnend und klopfte mir auf die Schulter. »Genau richtig, perfecto! Wir sind gleich da.« Und da stand in der Avenida Princesa Isabel Nr. 350 tatsächlich ›Suppentopf‹ in der gleichen, völlig unlateinischen Frakturschrift, die der Stuttgarter Haxenwirt an seinem Laden hat. »Sagen Sie einen Gruß von Leonardo«, rief mir der Taxifahrer nach.
Aber ich kam gar nicht dazu, und die Sache war so verblüffend grotesk, daß sie die ganze Originalität verlöre, wenn ich nicht wirklich niederschriebe, was passierte. Jeder, der nach Rio kommt, kann sich im ›Suppentopf‹ von der exakten Wahrheit überzeugen.
»Jetzt leck mi no am Arsch, da kommt der Bli«, schrie ein junger Mann mit Brille und hochgekrempelten weißen Hemdsärmeln hinter einer dicht umlagerten Theke her-

vor, schob ein paar Leute zur Seite und machte eine Flanke aus dem Befehlszentrum des Suppentopfs heraus.
Es war Dieter Decker, und wir kannten uns tatsächlich vom Kickersplatz in Degerloch her.
Dann hat er mir bei einem Viertele Roten erzählt, daß er vor drei Jahren beschloß, ein neues Leben zu beginnen. Einfach so, gelernt hatte er nicht allzuviel, aber er war Hobbykoch und hatte Mut.
Ich war beeindruckt, da ich weder kochen kann noch über bemerkenswerten Mut verfüge. Und das Lokal mit seinen schweren Holztischen, den bunten Vorhängen und dem Wagenrad mit den Ähren an der Wand, das als gemütliche schwäbische Weinstube im Remstal stehen könnte, beeindruckte mich auch.
»Und das geht so einfach?« wollte ich wissen.
Dieter Decker, 36 Jahre alt und vielleicht schon auf manche Stelle gefallen, nur nicht auf den Kopf, schüttelte denselben.
»Ganz und gar nicht. Sie glauben gar nicht, wie ich mit der brasilianischen Bürokratie zu kämpfen hatte, bis ich den Laden aufmachen konnte. Erst im vorigen Jahr, als alle Schmiergelder an die richtigen Leute gegangen waren, konnte ich anfangen. Aber es war kein leichter Start, weil ich mir in den Kopf gesetzt hatte, den Cariocas beizubringen, Spätzle und Maultaschen zu essen.«
Man muß auf schwäbisch hören, wie er fortfuhr: »Dene hab i so lang mit 'em Wellholz aufs Hirn g'schlage, bis se's probiert hent. Heut gibt's Dag, wo 500 Maultasche net langet!« Dieter Deckers Publikum war an diesem Tag ausgesprochen schwäbisch. Im allgemeinen kommen 50 Prozent Deutsche und andere Europäer, dazu 50 Prozent Brasilianer, die seine Spezialitäten verschmeckt haben. Heute aber war die halbe schwäbische Belegschaft der Stuttgarter Firma Werner & Pfleiderer hier, die in Rio ein Zweigwerk hat, und es ging zu wie beim Cannstatter Volksfest.
Und als der völlig unerwartet zum Ehrengast avancierte Schreiber dieser Zeilen nach seinem zweiten Abendessen, welches ein gewaltiger Holzteller mit kaltem Braten, deutscher Salami und Steinhäger war, endlich ins Hotel

wollte, hielten ihn die schwäbischen Stammgäste und der Rotwein so lange in Schach, bis er glaubte, zwecks Heimfahrt ein Taxi nach Degerloch bestellen zu müssen.
Die Welt ist verdammt klein geworden, aber groß sind die Strapazen solcher Reisen.

Mexiko auf den Felgen erreicht

Der Einzug der deutschen Fußballwandertruppe ins Hotel ›Camino Real‹ von Mexico City war alles andere als beschwingt. Bärte sprossen aus müden Gesichtern, denn von Rio war man mit Zwischenlandungen in Caracas und Guatemala eine volle Nacht und einen halben Tag geflogen, gerade daß es nach dem Spiel gegen Brasilien noch zu einem Nachtessen am Flughafen gereicht hatte, dieweil Journalisten vergeblich um mitternächtliche Telefonverbindungen mit ihren Redaktionen kämpften.
Es gab zwei Entschädigungen dafür: erstens 40 000 Dollar, die der DFB als Garantiesumme vom mexikanischen Verband erhielt, und zweitens der Komfort des ›Camino-Real‹-Hotels. Feudaler kann man in Mexico City nicht unterkommen. Bester Beweis: Wir wohnten mit Walter Scheel unter einem Dach, und der Bundespräsident, der bei seinem Staatsbesuch die gleiche Suite bewohnte wie IOC-Präsident Avery Brundage bei den Olympischen Spielen 1968, hat spontan eine Einladung für die Mannschaft nach dem Spiel ausgesprochen.
So groß war die Übermüdung, daß allen klar war: Entweder hat man ein Spiel zuviel abgeschlossen oder man hätte sich mehr Zeit nehmen müssen.
Außerdem 2300 Meter Höhenunterschied. Es ist bei den Olympischen Spielen von 1968 und der Fußballweltmeisterschaft von 1970 soviel über die dünne Luft der aztekischen Hochebene geschrieben worden, daß hier niemand einen Aufguß erwarten wird. Immerhin sei erwähnt, daß

diese Zeilen mit leicht zitternder Hand geschrieben wurden, weil der Verfasser, um zeitraubenden Gepäckverwechslungen bei der allgemeinen Hetze vorzubeugen, seine Koffer selbst aufs Zimmer geschleppt hatte. Man muß hier gewaltig nach Luft schnappen bei körperlicher Arbeit, und gern werden es die Spieler, die heute morgen zu einer Zeit ins Aztekenstadion einliefen, als in Deutschland längst die Spatzen pfiffen, bestätigen.
Tausend Erinnerungen wurden wach, als wir wieder den Paseo de la Reforma, Mexikos Prachtstraße, unter den Füßen spürten. Beispielsweise Bob Beamons Riesensatz von 8,90 Meter, der vielleicht nie mehr übertroffen wird oder nur in Mexikos dünner Luft. Oder in 500 Kilometer Entfernung von der Hauptstadt der flimmernde Brutofen von Leon 1970, als Deutschland den regierenden Weltmeister England durch Tore von Beckenbauer, Uwe Seeler und Gerd Müller ausschaltete. Maßlos enttäuscht fuhren die Engländer nach Hause. Die Deutschen aber fuhren zum Halbfinalspiel ins Aztekenstadion der Hauptstadt und verloren gegen Italien nach Verlängerung 3:4 in einer der dramatischsten Auseinandersetzungen der Fußballgeschichte.
Im brodelnden Verkehr der Reforma klingt melancholische und temperamentvolle Mariachi-Musik auf, die Farben sind wieder von der frischen und faszinierenden Lebendigkeit, und es ist ein eigenartiges Gefühl des Heimkommens, wie es kein anderes fernes Land bietet.
Es kann nicht allein die bunte Vielfalt sein, die Mexikos Faszination auslöst. So stark ist sie, daß sie unsere körperliche Müdigkeit nicht nur vergessen läßt, sondern fast wegzaubert. Wenigstens für ein paar Stunden.
Wer Mexiko erlebt hat, will es immer wieder neu entdekken, und immer wieder findet er Neues, und vor allem spürt er in dieser Stadt die Seele des Landes, die er in der kalten Pracht von Rio de Janeiro nicht findet. Auf der Plaza Garibaldi, die so etwas wie der Marktplatz der Mariachi-Musikanten ist, hört er aus den Stimmen der Männer mit den schillernden Kostümen und den breitkrempigen Sombreros die mexikanische Provinz, die ebenso lebenslustig wie melancholisch ist, aber nie ängstlich, son-

dern immer stolz. Es mag in Spanien ähnliches geben, aber das gleiche ist es nicht.
Und es ist sehr schade, daß der Deutsche Fußballbund keine bessere Idee hatte, als seine Nationalspieler nach all den Strapazen dieser Tournee in der ersten mexikanischen Nacht zwecks Blitzregenerierung in ein Luxushotel zu verfrachten und in der zweiten Nacht ins Aztekenstadion einlaufen zu lassen und dann das Land wieder blitzartig zu verlassen.
Auch Fußballer sind nicht automatisch Leute ohne Erlebniskraft, die nur den Weg vom Hotel ins Stadion und umgekehrt zu kennen brauchen. Etwas mehr Luft zwischen den Spielen hätte ihnen auf dieser fast 35 000 Kilometer langen Tournee in jeder Beziehung gutgetan.
Sicher sind Vollprofi und Tourismus schwer vereinbar. Aber noch sind Kompromisse möglich, und sie sind sogar nötig, wenn die Kommerzialisierung dem Sport nicht den natürlichen Atem nehmen soll, den er braucht. Es hat nicht an Gelegenheiten gefehlt, den Spielern zu zeigen, daß Südamerika nicht nur aus Hotels und Fußballstadien besteht, und in Mexiko wäre es am lohnendsten gewesen.
Der DFB, regierender Meister des populärsten Sports der Welt und deren reichster Sportverband, hat es bei dieser Tournee versäumt, den Vereinen, denen er gern einen ausgeprägten Geschäftssinn vorwirft, zu zeigen, daß auch durch kommerzielle Angelegenheiten noch ein Hauch von Erlebnisgestaltung wehen kann.

Montezumas späte Rache

Gestern habe ich die letzten Spesen der Südamerikatournee gemacht. Aber sie kommen nicht auf die große Rechnung. Montezuma berechnet man nicht; man opfert ihm.
Spät kam seine Rache, aber sie kam. Auf leisen Sohlen und im Flugzeug erst, das uns von Mexico City nach Frankfurt brachte. Leider war die Sache mit ein paar Gän-

gen auf die höchst selten freie Toilette hoch über dem Atlantik nicht abgetan. Erst auf schwäbischem Boden, wo wieder Spätzle und Maultaschen lockten wie im ›Suppentopf‹ von Rio, schlug Montezuma richtig zu. Der Bursche hat einen langen Arm.

Es war ein Tiefschlag, der mich im Auto und mitten in der Stadt total überraschte. Und Durchfall ist ein viel zu harmloser Begriff für die Eruptionen, die meinen Bauch schüttelten.

Montezuma arbeitete ausgesprochen perfid, und es muß die Rache dafür gewesen sein, daß ich in Mexiko milde über ihn gelächelt und sowohl Salat gegessen als auch die Zähne mit blankem Leitungswasser anstatt mit Whisky geputzt hatte.

So weit trieb er die Rache, daß er mich mit meinem vor Krämpfen zitternden Bauch von einer roten Ampel zur anderen schleichen ließ, auf Straßen, die wie alle Stuttgarter Straßen von nichts anderem als von strammen Parkverboten begrenzt sind.

Als ich der Zeitbombe, die in meinen Innereien tickte, noch 30 Sekunden gab, kam der gute alte Tagblatt-Turm in Sicht. Da gibt's neben der Pförtnerloge eine Toilette, und obwohl die Chefsekretärin der Geschäftsleitung streng darüber wacht, daß kein Redakteur mehr in den Hof fährt, seit wir in Möhringen sind, beschloß ich, dieses »Off Limits« mit einer flotten Rechtskurve zu durchbrechen.

Es ging nicht. Irgendein Idiot hatte nichts Besseres zu tun gehabt, als sich quer vor die schmale Einfahrt zu stellen.

Ich parkte im Parkverbot der Nesenbachstraße und rannte keuchend zurück. Dem guten alten Pförtner und Chef-Fahrer Henne konnte ich im Vorbeilaufen gerade noch das nicht salonfähige, aber enorm wichtige Tätigkeitswort zurufen, das mit sch ... beginnt.

Aber als ich damit begann, war es zu spät. Ich mußte die Unterhose, welche glücklicherweise klein war, mit hinunterspülen, und nachdem ich mich davon überzeugt hatte, daß keine weiteren Spuren zurückgeblieben waren, erging ich mich ein paar Minuten im Hof, um den Wind sein hilfreiches desodorierendes Werk tun zu lassen. Dann ging

ich über die Straße, um bei Horten einen Slip zu erwerben, und niemand merkte, daß da, wo einer hätte sein sollen, keiner war.
Als ich die Toilette der Pförtnerloge zum zweiten Mal verließ, pfiff ich fröhlich vor mich hin, und der alte Freund Henne nickte mir freundlich zu. Seither weiß ich, warum Säuglinge so glücklich strahlen, wenn man sie trockengelegt hat.
Unter dem Scheibenwischer hing ein Strafmandat wegen unberechtigten Parkens. Da merkte ich, daß dies nicht Südamerika, sondern ein Land von Zucht und Ordnung ist. Aber das war mir Wurscht.

Heiße Suppe auf dem Tourmalet

Gestern hat die Tour de France in Fleurance mit dem Fünf-Kilometer-Prolog gegen die Uhr begonnen; morgen lernt Dietrich Thurau den Tourmalet kennen. Er ist der erste Deutsche, der die Tour gewinnen kann. Nicht gleich die erste wohl, denn er hat noch viel zu lernen.
In einem Zug lernt er am Samstag Aspin, Tourmalet und Aubisque kennen, drei Berge, auf denen sich ungezählte Dramen der Tour abgespielt haben. Es sind die drei ältesten und berühmtesten des Rennens, und Tour-Vater Henri Desgrange mußte sich Mörder nennen lassen, als er 1910 beschloß, die Fahrer in diese wilde Bergwelt, die nur von Holzfällerwegen erschlossen war, zu jagen.
Am schlimmsten war der Tourmalet. Aber es gab Fahrer, die auf den holprigen Wegen im Sattel blieben. Es war unvorstellbar, und in Paris glaubte man es erst, als die Zeitungen die ersten Fotos brachten.
Heute ist die Straße, die auf den Tourmalet führt, glatt wie ein Kinderpopo, und sie wird am Samstagabend per Fernsehen ins Haus kommen, sogar in Deutschland.
Ich habe den Tourmalet zu Beginn der 60er Jahre, als ich beschlossen hatte, ein Buch über die Tour de France zu

schreiben, aufgesucht, aber ich hatte nicht geahnt, wie intensiv ich ihn kennenlernen würde.
Das war, weil ich Antoine, diesen Fanatiker des Fahrrads, mitgenommen hatte, der nicht nur unendlich viel über die Tour weiß, sondern nur glücklich ist, wenn er im Sattel sitzt. Er hat mir eine gute Maschine geborgt, und wir sind jeden Tag ein paar Stunden gefahren.
Und eines Abends waren wir in Sainte-Marie-de-Campan, diesem winzigen Bergdorf am Fuße des Tourmalet, das so berühmt wie der Berg geworden ist, weil Eugène Christophe im Jahre 1913 in der Dorfschmiede mit ohnmächtiger Wut seine gebrochene Gabel reparierte. Er war Spitzenreiter der Gesamtwertung und verlor in dieser Schmiede zwei Stunden und den Sieg.
»Morgen«, sagte Antoine, »fahren wir nicht mit dem Auto, sondern mit den Rädern auf den Tourmalet.«
Ich lachte und wollte auf diesen guten Witz noch eine Flasche Roten in der kleinen Wirtschaft neben der Kirche bestellen, aber Antoine wies den Wein zurück. »Nimm von mir aus noch ein Wasser. Wer über den Tourmalet schreiben will, fährt nicht im Auto, sondern auf dem Rad hinauf!«
Zum Frühstück bestellte er Steaks, als ob wir nicht Touristen, sondern Rennfahrer wären, und sagte, daß er Aspin und Aubisque aus dem Programm gestrichen hätte. Normalerweise mache man, wenn man schon einmal hier sei, alle drei Berge zusammen und eventuell noch den Peyresourde dazu.
»Aber der Tourmalet«, wagte ich einzuwenden, »ist doch der schwerste.«
»Stimmt«, sagte Antoine. »Du mußt auch bloß den Tourmalet machen. Sind nur 17 Kilometer, und wir können ja mal eine Pause einlegen.«
Es gab keinen Ausweg, wenn man davon absieht, daß ich immer noch ein freier Mann war und absteigen konnte, wann ich wollte.
Unmittelbar hinter Sainte-Marie-de-Campan steigt man in den Tourmalet ein. Es gibt kein gemächliches Einrollen, und die ersten Rampen sind auf einer Länge von ungefähr fünf Kilometern von unregelmäßigen Steigungs-

graden. Das tat den Beinen weh, doch empfahl Antoine, noch nicht den kleinsten Gang zu schalten.
Dann kommt ein Weiler namens Gripp, wo ich schon deshalb gerne die erste Pause gemacht hätte, weil man jetzt erst den Berg in seiner wilden Größe vor sich sieht und sich nicht vorstellen kann, wie man die Straße meistern soll, die sich unter Betonpfeilern, die Lawinendächer stützen, an seinen Flanken entlang zieht, um sich dann blank den 2114 Metern des Gipfels entgegenzuwinden.
Mit verhältnismäßig wenig Serpentinen. Die Schleifen sind weit, und die Steigung spielt sich auf fast gleichmäßige acht Prozent ein.
Die Straße ist auf den letzten zwei Kilometern vor La Mongie wie ein Boulevard, aber ich zickzackte über die ganze Breite, obwohl ich längst den kleinsten Gang aufgelegt hatte. Antoine blieb bei mir, was seinen Rhythmus störte. »Von La Mongie aus«, sagte er, »sind es nur noch vier Kilometer bis zum Gipfel.«
Aber ich stieg ab, und Antoine holte Würfelzucker aus seiner Tasche. Ich schaute nicht zum Gipfel hoch, sondern nach unten, wo Sainte-Marie-de-Campan lag.
»Fahr allein weiter, Antoine. In zehn Minuten bin ich wieder unten, aber keine zehn Gäule bringen mich weiter nach oben.«
Der Wind wehte frisch vom Gipfel her, und ich lag eine halbe Stunde im dürren Gras. Es gab keine Bäume mehr, und die Heidelbeeren waren noch grün.
»Du erkältest dich«, sagte Antoine, und wir fuhren weiter. Natürlich nach oben. Die letzte steile Schleife, die 500 Meter unter dem Gipfel beginnt, habe ich nicht mehr geschafft. Ich stieg ab und schob, aber das hat's an dieser Stelle auch schon bei der Tour de France gegeben. Der Automobilist jedoch, der mir grinsend zurief: »Auf geht's, Anquetil, die anderen sind nicht weit!«, hätte ruhig sein Maul halten können.
Als ich ankam, hatte Antoine im Restaurant des Tourmalet schon eine heiße Suppe vor sich und meinte, daß es eine herrliche Abfahrt nach Argelès-Gazost gebe.
»Und wie kommen wir dann wieder zum Auto nach Sainte-Marie-de-Campan?«

»Über den Tourmalet natürlich«, sagte er freundlich schmatzend, als ob er seinen ganzen geliebten Berg im Suppenteller hätte.
Aber da habe ich gestreikt. Nur ein Spinner macht den Tourmalet an einem einzigen Tag zweimal.

Neuer und alter Schnee

Schneeflocken fielen aus bleigrauen Wolken und tanzten vor dem Fenster im Wind, der an den Läden rüttelte, ehe sie sich hinlegten. Ich nahm ein Buch zur Hand, weil es Besseres nicht zu tun gab, und es war Kurt Tucholskys Pyrenäenbuch.
Niemand hat so über die Pyrenäen geschrieben, und dabei war er doch kein Reiseschriftsteller. Keiner von denen, die in den Wirtshäusern freigehalten werden, damit sie schleichwerbend Speis' und Trank rühmen, und die nebenher einem Prospekt entnehmen, was sonst noch zu sagen ist.
Tucholsky aß sowohl in den steinernen, grauen Gasthöfen der Bauern, wo es keine Auswahl gibt, weil die Wirtsleute für sich und die Gäste in einem Topf kochen, als auch in der Plüsch-Hotellerie, in der Engländer und Amerikaner verkehren, die von Lourdes aus die Pyrenäen machen. Und überall hat er mehr als andere gesehen und in eine Sprache fließen lassen von der Klarheit der Gebirgsbäche, die hier in den Pyrenäen »gaves« heißen.
Manches liest man beschämt, wenn man ein gutes dutzendmal mit der Tour de France in den Pyrenäen war und viel zu selten die Augen von Rennfahrern und endlosen Serpentinen nahm, die sich wie Korkenzieher in die wilden Flanken der Berge bohren.
Natürlich hat man noch mehr gesehen. Aber man war weder Tourist noch hat man Auge, Umsetzungsvermögen und Aussagekraft eines Tucholsky, der den Bauern aufs Maul schaut, gleichzeitig Ziegenkäse mit Rotwein auf der

Zunge zergehen läßt und den Duft des Enzians riecht, ehe er durch die tropfenden Röhren der Destillation ging. Doch er schenkt einem in diesem Pyrenäenbuch, das er vor mehr als fünfzig Jahren schrieb, alles, was man gefühlt und erahnt hat von dieser wilden Region, die sich viel reiner erhalten hat als die französischen Alpen, in denen die scheußlichen Wohnsilos des Wintersports in den Himmel schießen wie die Wolkenkratzer von Manhattan.

1925 fühlte sich Tucholsky in den Pyrenäen ins Jahr 1875 zurückversetzt, und jeder, der Thermalbäder wie Eaux-Bonnes kennt, begreift ihn und spürt, daß die Zeit unter den Wolken, die fast immer die schroffen Gipfel verdekken, stehengeblieben ist.

Beispielsweise in Sainte-Marie-de-Campan am Fuße des Tourmalet. Da steht noch zwischen alten, grauen Steinhäusern die Dorfschmiede, in der Eugène Christophe die gebrochene Gabel seines Rennrads auf dem Amboß zusammenschweißte.

Ich lese Tucholsky und kehre zurück in die kleine Wirtschaft beim alten Kirchlein von Sainte-Marie-de-Campan. Und ich rieche den herben Rotwein, das baskische Omelett und den feuchtfrischen Käse der Bergziegen. Und ich höre die Wirtin, die vom Tourmalet erzählt, auf dessen Gipfel es im Sommer schneien kann. Ihr Vater, sagt sie, hat noch Bären gesehen, die im Frühjahr von den spanischen Schneefeldern herüberkamen, um die Ziegen und Schafe auf den Almen des Tourmalet zu fressen.

Tucholsky spricht von anderen Wirtinnen, doch es sind die gleichen, weil sich in den Pyrenäen nichts verändert hat. Irgendwo ertappe ich ihn aber bei einem Fehler, weil ich zufällig genau dort gewesen bin. Und einen Moment lang juckt es mich, wie ein Besserwisser den Finger zu strecken.

Aber tut man das? Ist es nicht eine läßliche Sünde bei einem, der diese Wege und ihre Menschen wie kein anderer zu zeichnen vermochte?

Man tut es natürlich nicht. Eine viel größere Sünde ist die vielleicht fehlerlose, aber tödliche Langweiligkeit von so unendlich vielem, was man uns gedruckt in die Hände drückt.

Die Tour und ihre Presse

Die Tour de France wäre längst gestorben, wenn die Zahl der Reporter die der Rennfahrer nicht bei weitem überträfe. Sie lebt vom Papier, weil das in Sekundenschnelle vorbeihuschende Feld ein Spektakel ohne Aussagekraft ist. Nur in den Bergen, wo es sich kilometerweit auseinanderzieht und die Fahrer sich am meisten quälen, sind sie etwas länger zu besichtigen. Aber die Eindrücke sind flüchtig und auch das Fernsehen ersetzt die Zeitung nicht.
Es ist ein Sommervergnügen besonderer Art, französische Zeitungen während der Tour zu lesen. Beispielsweise das tägliche Feuilleton des espritvollen Literaten Antoine Blondin in ›L'Equipe‹. Oder Pierre Macaignes Tagesglosse im ›Figaro‹, kleine Kunstwerke des Sportjournalismus von geschliffener Klarheit, denen niemand ansieht, daß sie auf holpernden Rädern kaum leserlich auf einen Papierfetzen gekritzelt worden sind.
Die Methode hat sich nicht geändert. Sie war vor fünfzig und vor siebzig Jahren die gleiche, und gleich ist der Appetit von Millionen auf das »bonne feuille« geblieben, dieses eingerahmte Stückchen Zeitung, in dem das Bonmot blitzt und die Pointe sitzt. Künstler mit Einfällen sind da am Werk beim täglichen Brückenschlag vom triumphierenden und vom hoffnungslos abgehängten Rennfahrer zum passiven Konsumenten dieser Hetzjagd durch Frankreich, die im Zeitalter der Vollmotorisierung eigentlich ein Anachronismus ist, aber gerade deswegen die Einbildungskraft stimuliert.
Das Abenteuer der Landschaft mit seinen tausend Herausforderungen ist nur darstellbar in den Zeitungen, und die Tour ist für Boulevard- und Intelligenzblatt ein unerschöpflicher Stromlieferant journalistischer Glanzlichter. In Frankreich, wohlgemerkt. Greift ein deutsches Intelligenzblatt nach der Tour, wird mit anderen Mitteln gearbeitet. Da wird das Seziermesser angesetzt und es wird aufgespießt. Wäre ja gelacht, wenn nicht der Nachweis gelänge, daß die Tour de France ein kommerzielles Glitzerding für schlichte Gemüter ist, erfunden von einem diabolischen Schinderhannes.

Alles ist eben relativ, und alles kommt auf den Standpunkt an. Sport mag zwar Millionen faszinieren, aber ist es nicht völlig unnötig, daß einer, sagen wir, einen Weitsprung von 8,90 Metern macht? Eine Herausforderung? I wo. Mit zehn Schritten kommt ein plattfüßiger Dünnbeiniger genauso weit.

Ein Rennfahrer läßt grüßen

Anstelle eines stumpfsinnigen Jahresrückblicks, der den Schreiber zu einem vom Leser schlecht honorierten Galeerensklaven macht, haben wir mit voller Absicht vor vielen Jahren die Weihnachtsgeschichte eingeführt. Sie muß nicht in der Weihnachtswoche passieren und auch nicht nach Pfefferkuchen und Weihrauch riechen. Aber sie sollte Bezug zum ablaufenden Jahr haben und auch ein wenig zum Nachdenken anregen.
Zunächst sortiert man Reiseerlebnisse. Es passiert immer etwas auf Reisen. Da war der ›Suppentopf‹ von Rio, wo der Stuttgarter Dieter Decker für staunende Brasilianer und dankbare Schwaben Maultaschen röstet, die man in gewaltigen Mengen von Bier und Rotwein baden läßt. Und am Morgen badet man das in den Wellen der Copacabana aus, ehe man sich ins Bett legt. Ein sportlicher Bezug wäre also herzustellen, aber mit dem besinnlichen hapert's.
Montevideo fiel mir ein. Der Fischersmann, der mich in sein kleines grünes Boot nahm und hineintuckerte in den Rio de la Plata, den der Schein der Abendsonne zu einem gewaltigen silbernen Spiegel machte. »Dort draußen«, sagte der Fischer und deutete zum Horizont, »liegt das deutsche Schlachtschiff Graf Spee auf Grund.«
Besinnlich war das schon eher, aber ich brachte keinen sportlichen Bezug hinein, und bei vielem Sportlichen, das mir einfiel, fehlte das Besinnliche.
Da kam mir die Tour de France des Dietrich Thurau in

den Sinn. Vor ein paar Tagen hat ihn die deutsche Sportpresse im Baden-Badener Kursaal zum Sportler des Jahres gekürt. Ohne ihn hätten wir keinen großformatigen Titelträger gehabt, denn es war weder ein olympisches noch ein weltmeisterliches Jahr im Fußball.

Dietrich Thuraus Tour de France, die die deutschen Bildschirme gelb machte, ist tatsächlich ein Märchen. Als 12jähriger hatte er vom Gelben Trikot geträumt, zehn Jahre später, aber ein Bub fast noch, stieg er ins schwerste Rennen der Welt, kam, sah und trug 15 Tage das Trikot, dem viele der größten Rennfahrer eine Karriere lang vergeblich nachgejagt sind. In der ersten Nacht schlief er mit ihm, und die Franzosen liebten ihn, und sie konnten sich nicht genug darüber wundern, daß einer das männlichste aller Trikots tragen und verteidigen konnte mit einem Engelsgesicht, das lächelte wie die Putten vom Pont Alexandre. – Nie hat ein Deutscher im westlichen Nachbarland, das längst nicht so viele Vorurteile abgebaut hat, wie man im EG-Zeitalter glauben könnte, solche Ovationen erlebt. Sie adoptierten ihn, und sie hätten Blumen auf seinen Weg gestreut, wenn das nicht hinderlich für einen Rennfahrer wäre.

Gelb vor Neid mußten alle werden, die an der deutsch-französischen Freundschaft herumkitten, und sie merkten, daß sie winzige Rädchen waren gegenüber dem Jungen, der mit seinen mächtigen Pedaltritten viel mehr bewegte und in Schwung brachte als sein Hinterrad.

Ist das nicht eine schöne Geschichte? Von Etappe zu Etappe ließe sie sich ausschmücken, bis zu Dietrich Thuraus Via Triumphalis auf den Champs-Élysées. Als er an einem windigen Julitag das abschließende Zeitfahren auf der schönsten Prachtstraße der Welt gewonnen hatte, war die Welt des Dietrich Thurau verändert. Weil es ein wenigen nur vergönntes Märchen ist, kühne Jugendträume dieser Art mit eigener Kraft zu verwirklichen.

Natürlich klingt das pathetisch. Aber der Phantasien beflügelnde Sport, der in dieser nüchternen Welt so viel zu ersetzen hat – man denke nur an die anstehende Fußballweltmeisterschaft in Argentinien –, kann sich das erlauben. Er muß es sogar.

Und er braucht Helden wie Thurau. Solche, die weniger nationale Emotionen als Bewunderung wecken durch nichts anderes als durch die individuelle Leistung der reinsten und einfachsten Art. Ja, man ist versucht, von der unschuldigsten Art zu sprechen, weil das alles eine Sache des Individuums und nicht der Politik ist, so sehr sie sich in den Sport drängt und so wenig sie noch von ihm trennbar ist.

Womit wir eigentlich schon eine Weihnachtsgeschichte hätten. Aber sie soll erst kommen, gezogen vom Schrittmacher Dietrich Thurau.

Er hat alle anderen an Popularität übertroffen, weil er sich in einem Sport, der ein ganzes Land zur Bühne hat, drei Wochen lang jeden Tag übertreffen mußte. Nichts stimuliert die Einbildungskraft der Massen mehr als der einsame Mann auf der fragilen Rennmaschine, der mit der reinen Kraft seines Willens und seiner Muskeln im heißesten Monat des Jahres unglaubliche Distanzen meistert und sogar die schneebedeckten Gipfel des Hochgebirges.

Reich ist die Tour de France an Beispielen fast unfaßbarer Willenskraft, und eigentlich verdankt sie ihr Überleben im Zeitalter der Vollmotorisierung dem uralten Ruf der Massen nach dem Helden, der leiden muß, ehe er strahlen darf.

Deshalb halten sich ihre Geschichten wie früher die Heldensagen. In den meisten von ihnen geht es um das Pech, gegen das sich der gestürzte Fahrer mit einer Energie auflehnt, die du und ich nur bewundern, aber nie aufbringen können.

Keiner, der beschlossen hat, sein Brot solchermaßen auf der Straße zu verdienen, kann auf diese Energie verzichten, die normale Vorstellungskraft sprengt, und so ist es kein Wunder, daß die »Forçats de la Route«, die Sträflinge der Landstraße, in Frankreich zum geflügelten Wort wurden.

Doch von einem anderen sei die Rede, wiewohl es nicht so leicht zu übersetzen ist. Aber es lohnt den Versuch, weil es sich bei allen, die der Tour de France verbunden sind, durch Jahrzehnte mit einer Hartnäckigkeit gehalten hat, die um so mehr verblüffen muß, als es sich um einen eher

nichtssagenden Ausspruch zu handeln scheint: »Je te salue, gars Jean!«
Dies sagt ein Rennfahrer, erbarmungswürdig erschöpft, am Rand einer geröllübersäten Pyrenäenstraße zum Konkurrenten, der an ihm vorbeizieht, dem Gipfel entgegen. Man schreibt das Jahr 1923, und der demoralisierte Mann am Straßenrand heißt Robert Jacquinot. Er ist ein renommierter Bergfahrer, und alle Hoffnungen hat er auf diese Königsetappe der Pyrenäen gesetzt mit den drei klassischen Tour-Gipfeln Aubisque, Tourmalet und Peyresourde.
Wie eine Gemse ist Jacquinot geklettert. Am Aubisque hat er sechs Minuten Vorsprung, auf dem Gipfel des Tourmalet liegt er schon zwölf Minuten vor Jean Alavoine, der seinerseits den Italiener Bottechia abgehängt hat.
Und er attackiert auch am Peyresourde. Aber der Siegeshunger hat ihn den natürlichen Hunger vergessen lassen. Kaum Nahrung hat er zwischen den Bergen zu sich genommen, und dicht unter dem Gipfel fällt er, von einem fürchterlichen Schwächeanfall geschüttelt, vom Rad.
Minutenlang liegt er bewegungslos am Straßenrand, und als er, wie ein Betrunkener wankend, aufsteht, sieht er einen Fahrer die über den Serpentinen hängende Wolkenwand durchstoßen. Keuchend zickzackt er von einem Straßenrand zum andern, aber er hat Kraft und kommt vorwärts, und Jacquinot erkennt ihn sofort. Es ist Jean Alavoine.
Sie sind nie Freunde gewesen. Feinde eher, die sich seit Jahren auf den französischen Landstraßen ohne Pardon bekämpfen. »Chacun pour soi, Dieu pour tous!« hat ihm Alvoine einmal im Vorbeifahren zugerufen, als ihm dicht vor dem Etappenziel ein Reifen platzte. »Jeder für sich, Gott für alle!«
Aber diese Begegnung in der schroffen Wildnis der Pyrenäen, weit vor der hoffnungslos abgeschlagenen Konkurrenz, verwandelt die beiden Männer. Bewunderung und Mitleid für den Mann, der uneinholbar geschienen, und den er verflucht hatte, packt Jean Alavoine.
»Was ist los, Robert?« keucht er. »Geht's nicht mehr?«
Da zieht Robert Jacquinot seine verschmierte Rennfah-

rermütze vom Kopf und sagt mit einer Stimme, die rauh und schwer ist: »Ça ne va plus pour moi, mais je te salue, gars Jean!«
Millionen kennen in Frankreich diesen Satz, obwohl er 54 Jahre alt ist: »Für mich ist's vorbei, aber ich grüße dich, gars Jean!« Nicht übersetzt ist das Wort »gars«, doch wie soll man's sagen? Gars, das ist die Abkürzung von garçon und eine Art Koseform für Junge. Bub, sagt man im Süddeutschen.
»Ich grüße dich, Hansebub«, wäre eine sinngemäße Übersetzung, aber immer noch zu schwach, zumal in diesem »je te salue« viel mehr feierliche Bewunderung als im »ich grüße dich« steckt.
In Luchon gewann Jean Alavoine mit 16 Minuten Vorsprung auf Robert Jacquinot. Aber ohne den sporthistorischen Satz des Dramas, der aus zwei Feinden Freunde machte, wäre das längst vergessen.
Die Tour de France ist ein Rennen, bei dem mehr bewegt wird als Pedale. Und wenn durch diese Geschichte auch nur einer morgen jemanden grüßen sollte, der gestern noch sein Feind war, dann ist es wohl wert gewesen, sie auszugraben.

Veränderte Zeiten

In einer Stadt, in der man sein Leben bis zum vierzehnten Jahr verbracht hat, hat man schon seine Wurzeln. Auch wenn man es nur selber merkt und wenn diese Stadt so zerstört worden ist wie Pforzheim.
Aber diesmal hatte ich einen Mitfühler. Ich habe am Bahnhof den Hopf abgeholt, der jetzt in Mexiko lebt. Im Sommer wollen wir uns bei der Weltmeisterschaft in Argentinien mal treffen.
Der Hopf kam mit dem Orientexpreß aus Paris, weil man nicht nur nach Europa kommt, um Pforzheim zu sehen. Wir sind in die gleiche Schule gegangen und haben beim

1. FC Pforzheim in der B-Jugend gespielt. Und haben im Brötzinger Tal so manches Ding fabriziert, das wir für das Tor des Monats hielten.

Wir sind über den Bahnhofsplatz in den Schloßkeller gegangen, weil wir dort das erste Bier unseres Lebens getrunken haben. Und dann gingen wir am Café Wagner vorbei, wo immer die schönsten Mädchen der Hilda-Schule gesessen sind.

Der Hopf meinte, daß sie überhaupt alle schön gewesen seien. Bis auf ein paar krummbeinige. Aber das hat er wohl zu verklärt gesehen.

Aus dem Café Wagner sind zwei herausgekommen, die ungefähr unser Alter und viel Gewicht unter den Nerzmänteln hatten. »Da siehst du«, sagte ich, »was aus deinen Hilda-Schülerinnen geworden ist.«

»Quatsch«, sagte der Hopf. »Viel zu fett.« Dabei hat er Glatze und Bauch, und ich bekämpfe beides mit unterschiedlichem Erfolg.

Als wir aus der Bahnunterführung in die Nordstadt stiegen, sagte der Hopf: »Hier war der Rühle ihr Kiosk.«

»Stimmt«, sagte ich.

Man brauchte ein bißchen Phantasie, weil da jetzt ein banales Mietshaus steht, aber ich sah, wie auch vor seinen Augen das herrliche alte Hexenhäuschen der Frau Rühle stand, das tatsächlich nach Lebkuchen, Brausepulver und Cremeschokolade gerochen hatte.

Und sie hatte alle Sportzeitungen. Auch die großformatige Sportillustrierte mit den braunen Bildern des Kupfertiefdrucks, die dreißig kostete und unerschwinglich für einen war, der bestenfalls den Fünfer für Nappo oder Waffelbruch im Sack hatte.

Aber die Frau Rühle war ein Engel im Hexenhäuschen. Sie ließ uns das kostbare Blatt von vorne bis hinten lesen, und wenn es kalt war, durften wir es drinnen neben dem Kanonenöfelchen tun.

Das waren unsere ersten Blicke in die große Welt des Fußballs. Unsere kleine lag fünf Kilometer entfernt im Brötzinger Tal, und sie war groß genug, um einen Klub wie den VfB Stuttgart das Fürchten zu lehren. Denn der 1. FC Pforzheim spielte damals in der württembergischen Gau-

liga und zog dem VfB oft genug die weißen Hosen aus. Einer wie Franz Seybold gibt gerne Auskunft darüber.
»Das waren noch Zeiten«, sagte der Hopf, und ich sah uns auf strammem einstündigem Fußmarsch ins Brötzinger Tal, weil der Zehner für die Straßenbahn ein geradezu utopischer Luxus gewesen wäre.
Als wir uns endlich von dem Platz lösten, wo das Hexenhäuschen der Frau Rühle gestanden hatte, kreuzten uns drei vollgepackte Autos, aus denen weiß-rote VfB-Schals flatterten. Denn es war Samstagnachmittag, und nicht nur in Stuttgart rüsteten sich die Fans zum Empfang des TSV 1860 im Neckarstadion.
Da staunte der Hopf, der geglaubt hatte, daß es nur in Mexiko, wo er Millionär geworden ist, keine Entfernungen mehr gäbe.

Nichts mehr zu lachen

Der Fußball ist schneller, härter und in mancher Hinsicht auch besser geworden. Aber er lacht nicht mehr. Hat vielleicht keine Zeit dazu. Einem Jürgen Sundermann gräbt sich bei der Pressekonferenz nach einem gewonnenen Spiel schon die Sorge vor dem nächsten ins Gesicht, und besorgt fragt man sich, ob der Mann wird lachen können, wenn der VfB Meister wird.
Wahrscheinlicher ist, daß er dies feststellen wird: »Wir haben den Kampf gegen den Abstieg trotz aller schädlichen Einflüsse von außen so klar gewonnen, daß wir 16 Plätze zwischen uns und den Tabellenletzten brachten. Aber wir müssen uns noch steigern.«
Wohin? In den Himmel?
Ehrlich, der Fußball hat Heiterkeit und Poesie verloren. Vorbei die Zeiten, in denen der Wiener Burgschauspieler sagte: »Heute geh ich zur Austria, um zu sehen, wie der Sindelar die Rolle des Mittelstürmers gegen Bologna auffaßt.«

Er meinte das ernst. Nicht nur ergötzen wollte er sich an Sindelars genialen Einfällen; er wollte auch lernen von ihm.
Und Poeten haben damals in Wien über Fußball geschrieben. Man kann Wiedersehen mit ihnen feiern, wenn man Friedrich Torbergs ›Die Erben der Tante Jolesch‹ liest. Ein ungewöhnlich großes Kapitel hat er, der in Wien und Prag einer der besten Wasserballer und Stammgast beim Fußball war, dem Sport gewidmet. Da kullert der Witz nur so aus lockerer Hand und ermahnt uns, dem Bierernst der Sportreportage gelegentlich ein paar bunte Tupfer aufzusetzen.
Torberg ging nach Amerika, als Hitler seinen Anschluß machte; seine Freunde Dr. Willy Meisl und Dr. Paul Schneeberger fanden in London Refugium. Aber sie schlüpften nicht nur unter, sondern sie schlüpften, zum Staunen der Engländer, als vorzügliche Fußballjournalisten aus, in einem Land, das alle Weisheit dieses Spiels gepachtet zu haben glaubte. Das war ein Beweis von Klasse, der geliefert sein will. Wenn sie englisch sprachen, hatten sie einen entsetzlichen Wiener Akzent, aber sie schrieben es besser und sauberer als die meisten englischen Sportjournalisten.
Beide sind tot. Meisl war in seinem Humor sarkastischer, Schneeberger war der fröhlichere. Aber immer, wenn ich in St. John's Wood im Londoner Norden an seinem Kamin saß, hatte er Heimweh nach dem Café Herrenhof in Wien. Und jetzt lese ich darüber bei Torberg: »Selbst im Café Herrenhof, wo sich Dr. Schneeberger das Sitz- und Siedlungsrecht doch ganz gewiß durch kompetente Behandlung anspruchsvollerer Themen erworben haben muß, schlug er die Zeitung immer nur auf der Sportseite auf und legte sie nach deren Lektüre wieder weg.«
Weise Narren des Fußballs, der ihnen über viel Schweres im Leben weggeholfen hat.
Und in Torbergs neuem Buch steht eine Geschichte, die auch zu Schneebergers Repertoire gehörte. Es ging um den Abstieg von der zweiten in die dritte Wiener Klasse. Der Brigittenauer AC, auf dem vorletzten Tabellenplatz liegend, empfing auf seinem holprigen Acker den jüdi-

schen Sportklub Hakoah. Im Falle einer Niederlage mußten die Brigittenauer die rote Laterne des in Simmering beheimateten FC Vorwärts 06 übernehmen. Wodurch sich die zahlreich erschienenen Simmeringer Anhänger in der absonderlichen Zwangslage sahen, für eine jüdische Mannschaft Partei ergreifen zu müssen.
Sie taten es, alldieweil der Sieg jedes Mittel rechtfertigt. Aber ihre Geduld wurde auf eine verdammt harte Probe gestellt. Bis weit in die zweite Halbzeit hinein hieß es 0:0. Dann aber bekam Norbert Katz, der pfeilschnelle Linksaußen von Hakoah, eine Steilvorlage, die mit Sicherheit zum Tor führen mußte, vorausgesetzt, daß er den Ball erlief.
Nicht nur der Hakoah-Anhang, auch alle Simmeringer feuerten ihn an. »Hoppauf« brüllt man in solchen Fällen in Wien. Nun wird diesem Hoppauf üblicherweise der Name des Angefeuerten hinzugefügt. Aber den kannte jener mit hochrotem Gesicht an der Barriere schreiende Simmeringer nicht, und das geläufige »Saujud« schien ihm in der gegebenen Situation nicht recht angebracht.
Da kam ihm die rettende Erleuchtung: »Hoppauf!« brüllte er. »Hoppauf, Herr Jud!«
Höflichkeit in der Sportplatzkurve. Männer wie Torberg und Schneeberger haben sie noch gefunden.

Fußball bei José-Maria

Auch der WM-Reporter in Buenos Aires braucht das Fernsehen. Er kann nur in ein Stadion gehen, und was er sonst noch wissen muß, zeigen ihm die Fernsehapparate, die wie Luftballone im riesigen Saal stehen, wo Schreibmaschinen für alle Sprachen der Welt bereitgestellt sind und wo alle paar Minuten die Aschenbecher geleert werden. Keine Redaktionsstube der Welt macht einen so ordentlichen Eindruck.
Manchmal gehe ich aber auch in eine Kneipe, wo sich vor

dem Bildschirm das ausgefallene Mittagessen nachholen läßt, und ich habe eine gefunden, die sich als besonders tauglich erweist, weil ich José-Maria, dem Chefkellner, gleich am ersten Tag ein signiertes Foto von Beckenbauer geschenkt habe.
Seitdem findet José-Maria, auch wenn der Laden voll ist, immer einen guten Platz am Bildschirm für mich, und im Handumdrehen steht der Rotwein auf dem Tisch nebst einer üppigen Platte mit Wurst- und Käsewürfeln. Dazu einen Zahnstocher, mit dem man das Zeug aufspießt. Glücklicherweise ist er eingewickelt, da José-Maria ziemlich Trauer unter den Fingernägeln trägt. Es ist, zugegeben, keine sehr feine Kneipe.
Dafür sehr volkstümlich, und das macht sich vor allem bemerkbar, wenn ein Tor fällt. Dann kommt es leicht vor, daß mich mein Hintermann mit Rotwein bespritzt, weil er beim Klatschen vergißt, daß er ein Glas in der Hand hat. Aber er merkt es gar nicht, und beim erstenmal habe ich es auch nicht gemerkt. Jetzt gehe ich sofort in Deckung, wenn ein Tor fällt. In der Halbzeitpause spricht Pelé. Im Maßanzug spaziert er durch ein Stadion, zeigt ein bekanntes Erfrischungsgetränk vor und versichert den Argentiniern glaubhaft, daß sie nur mit dieser Flasche Weltmeister werden können.
Mal sehen, wie es mit den Flaschen wird, die Helmut Schön dabei hat. Bemerkenswert an der Sache ist, daß Pelé vor ein paar Jahren noch aus Brasilien als Landesverräter verstoßen worden wäre, wenn er einem anderen Land nicht nur die Weltmeisterschaft gewünscht, sondern auch noch Erfolgsgeheimnisse verraten hätte.
Aber die Zeiten haben sich geändert. Früher durfte Pelé, das Nationalheiligtum, nur für Café do Brasil werben, den er in schweren Säcken im Hafen von Santos auf die großen Frachter hätte schleppen müssen, wenn aus dem Bauernjungen Edson Arantes do Nascimento nicht Pelé geworden wäre.
Die großen Stars, denke ich bei Halbzeit in meiner Kneipe und spieße Wurst in den Mund, sind gewaltig in die großen Geschäfte gestiegen. Zu Fritz Walters Zeiten gab es beim DFB zehn Mark Taschengeld und fünf frankierte

Postkarten für die Lieben pro Tag. Heute telefonieren sie zwischen den Spielen aus Argentinien nach Europa, damit die Geschäfte weiterlaufen.
Aber das Spiel und ihre Bewunderer sind gleichgeblieben. Heftig stößt mir mein Hintermann ins Kreuz und scheucht mich aus meinen Gedanken. Am Bildschirm hat die zweite Halbzeit begonnen.

In der Wiege des Tangos

Das war das große Wochenende von Spielen, die Endspiele hätten sein können. Und es war ein großes Wochenende der Boca. Sie brodelte und schäumte wie der Rio de la Plata bei Windstärke 10, und wenn man sich dazu noch Neapel mit speiendem Vesuv vorstellt, hat man eine ungefähre Vorstellung vom Volksfest in der italienischsten aller italienischen Enklaven dieses gewaltigen Kontinents. Ich hatte den Fäßles-Wirt aus Degerloch, einen Namensvetter von Sepp Maier, dabei, aber ich glaube nicht, daß sich Don Peppone, bei dem wir glänzend gespeist und getrunken haben, bei einem Besuch in der Stuttgarter Altstadt so amüsiert hätte.
Boca, das ist das Hafenviertel, aber es ist viel mehr. Genua und Neapel zusammen, Italien in einer Nußschale, wilde Farbtupfen im grauen Häusermeer von Buenos Aires. Abgesoffene Pötte strecken ihre rostigen Nasen aus brackigem Wasser und starren aus toten Bullaugen die farbenprächtigsten Fassaden der Stadt an. Mit so bunter Frische und Vielfältigkeit stechen sie ins Auge, daß es ihre Baufälligkeit nicht wahrnimmt. Und das Ohr, seit Wochen nur noch spanische Töne gewöhnt, gaukelt dir an jeder Ecke Italien vor.
Und die Musik – aus winzigen Kneipen, aber auch aus Sälen, die Münchner Ausmaße haben, dröhnt es heiß und pausenlos durch holprige Straßen und Gäßchen, deren Trottoirs hoch an die Häuser hinaufgebaut sind wie Brük-

ken, weil die Boca bei Hochwasser zu einem argentinischen Venedig wird, wo man die Kähne aus den überfluteten Kellern zieht. Und die Tänze – atemberaubend ist ihr Rhythmus, und sie hätten den Degerlocher Fäßles-Wirt einige Pfund gekostet, wenn er sich nicht nach jeder Runde an herben Rotwein und üppige Platten hätte halten müssen. Doch auch das gehört zur Boca. Viel mehr als der Tango, der zwar hier geboren wurde, aber mehr und mehr seiner Wiege entsteigt. Es gibt wohl keinen Tanz, der in Europa mehr mißverstanden worden ist als der Tango. Für den Argentinier ist er »der traurige Gedanke, zu dem man tanzen kann«.

Geboren hat ihn nicht die argentinische Seele, die es angesichts dieses größten Schmelztiegels der Rassen eigentlich gar nicht gibt wie beispielsweise die mexikanische.

Geboren hat ihn das Leid der Einwanderer, die hier in der Boca den Fuß auf argentinischen Boden setzten und nach einer Ausdrucksform für ihre Verlassenheit und Enttäuschung suchten. Der richtige, dieser Boca entstiegene Tango ist stets melancholisch und stets ohne Happy-End, und es gab Zeiten, wo Leute, die beim Tango lachten, aus dem Saal geprügelt wurden.

Die Boca schämte sich, als Europa den Tango in den 20er Jahren entdeckte. Sie fühlte sich mißverstanden, weil sie nicht mehr die todwunde Seele spürte.

Ganz dicht bei der Boca aber, in San Telmo, habe ich sie gespürt. Hier, wo seit fünfzig Jahren nichts verändert wurde, sitzt ein Pianist, von dem sie sagen, daß er so alt wie das Inventar sei. Mit traurigem, leicht vereistem Fernblick singt er die alten Tangos mit der alten Tristesse, und dann kommt es auch vor, daß plötzlich ein zum Clochard gewordener Jean Gabin hereinkommt und einfach Stimm- und Hausrecht verlangt.

Mit der Rotweinflasche in der Hand läßt er seinen Tango in ein mäuschenstilles Auditorium schmelzen, und vor verzauberten feuchten Augen verwandelt er sein zerfranstes Wams in Carusos Smoking.

Auch das ist Buenos Aires. Man braucht einige Zeit, um es zu erfassen, und darf nicht nur durch Straßenschluchten hasten und in Stadien rasen.

Ein Weltmann beim Friseur

Ich habe mit unserem trefflichen Fotografen Erich Baumann viele sportliche Großereignisse in aller Welt erlebt, und erst neulich fiel mir ein, daß er die Prügel noch nicht gekriegt hat, die ich ihm in Sapporo zusicherte, wenn sein Gebrüll beim nächtlichen Skatspiel wie Donnerhall durch die hauchdünnen Wände unserer japanischen Wohnungen drang. Die Putzfrauen nannten ihn ehrfürchtig »Baumann-San« und verneigten sich vor so gewaltiger Stimmkraft, die keinem Japaner gegeben ist. Auch ein schwäbischer Quadratschädel ist es nicht.
Und da die Haare immer noch so mächtig darauf sprießen wie zu alten Zeiten, in denen er als Jüngling sein Metier lernte und unsere Zeitung mit mäßigen Bildern verunstaltete, bedurften sie auch während der Weltmeisterschaft des Schneidens.
Also zog Erich Baumann eines Morgens aus, den Friseur aufzusuchen. Aber die Sache hatte zwei Haken: Erstens findet man in Buenos Aires nur sehr schwer einen Friseur, und zweitens ist der wackere Knipskönig der souveränen Meinung aller Engländer, daß man mit der Muttersprache überall durchkommt.
Da diese Muttersprache indes reinstes Ludwigsburger Schwäbisch ist, hat er sich im Gewühl von Buenos Aires stundenlang die Absätze nach einem Friseur krummgelaufen.
Bis sich schließlich ein intelligenter Mensch fand, der seine immer verzweifelter werdende Zeichensprache verstand. Er erklärte ihm, daß sich der feine Mann im Kaufhaus Harrods in der Florida die Haare schneiden lasse und daß er ganz dicht davorstehe.
Baumann, der den Götz von Berlichingen auf der Suche nach dem Figaro öfter zitiert hatte als bei einem dreistündigen Skat, bedankte sich für seine Verhältnisse überaus freundlich – und stand nach längerem Suchen im Harrods plötzlich in einem Saal, der ihm den Atem nahm.
Man muß sich eine Bahnhofshalle mittlerer Größe vorstellen. Und gleich noch die Bahnsteigkarte dazu. Denn unser wackerer Schwabe bekam von einem Herrn, der wie

ein Stationsvorsteher aussah, einen kleinen Karton mit einer Nummer in die Hand gedrückt.
Freundlich nickend nahm er auf einer Wartebank Platz, und da sie leer war, begriff er alles ohne Dolmetscher: er hatte seine Nummer und würde der nächste sein.
Denkste. Da kamen laufend Herren herein und gingen schnurstracks und ohne Nummer des Stationsvorstehers auf einen der freiwerdenden silbernen und dick gepolsterten Sessel viktorianischer Bauart zu, von denen es vierzig oder fünfzig nebst dem dazugehörigen Friseur gab.
Und das ging nun wirklich nicht in den schwäbischen Dickschädel hinein, in dem nicht nur purer Widerspruchsgeist, sondern auch eine gehörige Portion Gerechtigkeitssinn steckt.
Fast eine Stunde lang hielt er das aus. Aber dann wurde er, wie weiland in Sapporo, zum brüllenden Baumann-San, der eingeseifte Köpfe hochschnellen und blitzende Scheren zu Boden fallen ließ.
Der Saal erstarrte. Obwohl er nicht einmal das ganze Ausmaß des Baumannschen Wutausbruchs begriff. Denn die zornige Rede war von Schweinerei und Saustall, um nur das Gelindeste herauszugreifen. Fünfzig Friseure und ebenso viele Klienten waren ratlos. Möglicherweise hielten einige von ihnen den Schreier für einen ausländischen General, der eine neue Revolution ankündigte.
Bis plötzlich ein Vorhang aufging, aus dem barfüßig und lauter kleine Pfützchen auf dem Marmorboden hinter sich lassend ein Herr heranhüpfte. Das Gebrüll hatte ihn aus seiner Pediküre gerissen, und da er der deutschen Sprache mächtig war, begriff er die Lage und erklärte sie dem Stationsvorsteher.
Der wiederum konnte den wütenden Schwaben mit Hilfe des barfüßigen Dolmetschers über die Gebräuche aufklären und besänftigen. So erfuhr der staunende und sich nicht ungern als Weltmann bezeichnende Fotograf, welch eine sakrale Handlung der Gang zum Barbier in Buenos Aires für den wirklichen »Hombre del Mundo« ist.
Da hat man sich nämlich einige Tage zuvor anzumelden und sich in das große Kontorbuch des Stationsvorstehers einschreiben zu lassen. Laufkundschaft kann zwar Num-

mern kriegen, aber sie hat nur dann eine kleine Chance, wenn einer der Angemeldeten vom Schlag oder einer anderen heftigen Sache betroffen wird. Doch der WM-Ausweis bewirkte ein Wunder. Der Stationsvorsteher ging das Gästebuch durch wie der Chefportier vom Hotel Sacher, wenn plötzlich noch eine unangemeldete Durchlaucht auftaucht.

Und sofort saß Erich Baumann nicht mehr auf der Wartebank, sondern im gepolsterten Sessel, und selbstverständlich wurde er nicht nur von einem freundlichen Figaro am Kopf, sondern von einem ebensolchen Mädchen an den Händen bearbeitet. So kamen seine Pratzen, die aus unerfindlichen Gründen gelegentlich im rechten Moment auf den Auslöser drücken, die erste weltmännische Maniküre verpaßt. Man sah es am nächsten Tag noch beim Skatspielen, weil der Lack wie Perlmutt glänzte.

Möglicherweise sind sie so fein geworden, daß er jetzt noch bessere Bilder macht. Wir Behämmerer von Schreibmaschinen brauchen das ja nicht. Zwei Stunden hatten sie ihn in der Mangel, und seine Rübe sieht tatsächlich so weltmännisch aus, wie ein Ludwigsburger Dickschädel bei maximaler Anstrengung eines Figaro del Mundo eben aussehen kann. Und das alles für 9000 Pesos, was 27 Mark entspricht. Plus 1000 Pesos Trinkgeld. Da ließ er sich nicht lumpen. Hombre del Mundo, der er ist.

Allerdings überraschte es ihn, mit welcher verschämten Delikatesse der Beschenkte das Geld wegsteckte, und der brave Baumann bekam das Gefühl, daß so etwas in diesen heiligen Hallen verpönt sei.

Und es ist tatsächlich so. Dies erfuhr unser wie ein Pfingstochse herausgeputzter Freund von seinem freundlichen Dolmetscher, der inzwischen wieder Strümpfe und Schuhe trug. »Der vornehme Klient«, sagte er ihm, »bezahlt hier seine Trinkgelder vierteljährlich per Banküberweisung.«

Dagegen wirkt selbst ein vornehmer englischer Klub wie ein Kleintierzüchterverein. Erich Baumann aber ist so begeistert, daß er nochmals hingehen wird. Und dann will er seinem Ludwigsburger Friseur beibringen, wie so eine Sache weltmännisch aufgezogen gehört.

Adios, Rivelino

Wir haben sie oft genug erlebt, diese Spiele um den 3. Platz, denen die große Würze fehlt. Beim dritten fängt das Feld der »ferner liefen« an, und Jacques Anquetil, einer der größten Radchampions aller Zeiten, pflegte dazu zu sagen: »Wenn man Anquetil heißt, spurtet man nicht um einen 3. Platz.«
Um den 3. Platz kämpfen, das ist, wie wenn man mit seiner Schwester tanzt. Deshalb erlebte das River-Plate-Stadion auch seine Ruhe vor dem Sturm des Sonntags. Es blieb, für seine Verhältnisse, fast stumm.
Immerhin wurde es in der zweiten Halbzeit von einem aufgeweckt. Roberto Rivelino wurde in der 63. Minute eingewechselt in dem Moment, in dem Nelhino mit einem Volley der höchsten Güteklasse den Ausgleich für Brasilien erzielt hatte. Bis dahin hatten die Italiener, die sich technisch gegenüber den Kaffeebraunen nicht lumpen ließen und taktisch stärker waren, wie die Sieger ausgesehen.
Und plötzlich war es, als ob der alte Rivelino seinen jungen Nebenleuten Feuer unter den Hintern machen würde. In seinem letzten Auftritt für Brasilien, denn jetzt wird er Franz Beckenbauers Nebenmann bei Cosmos New York.
Der Schnauzbärtige mit dem subtilsten und zugleich kräftigsten linken Fuß seit Ferenc Puskas, dieser letzte Mohikaner der großen brasilianischen Weltmeisterschaft von 1970, ist etwas breit um die Hüften geworden, und den Dribblings mag ein Schuß der alten Furiosität fehlen. Aber die langen Pässe kommen noch so präzis wie früher, und einer von ihnen leitete das Siegestor ein.
Rivelino hat dieses Finale der Enttäuschten um so mehr aufgewertet, als diese Weltmeisterschaft der ganz großen Spielerpersönlichkeiten entbehrt hat. Sie sind wie vierblättrige Kleeblätter auf einer riesigen Wiese geworden, die zwar gut im Saft steht, aber das Ungewöhnliche vermissen läßt.
Denn der Fußball ist ein Spiegelbild seiner Zeit. Rivelino war zwar nicht so ungewöhnlich wie Pelé, aber er war einer der Großen einer zu Ende gehenden Epoche.

Und es ist fraglich, ob sein Weltrekord von 1976 jemals überboten wird. Damals erzielte er das ungewöhnlichste aller Tore nach einer Spielzeit von drei oder vier Sekunden. Nachgemessen hat es niemand, und keine Fernsehkamera hat es der Nachwelt erhalten. Es war bei einem brasilianischen Meisterschaftsspiel, und Rivelino erfüllte sich einen Traum, den Pelé und viele andere vor ihm geträumt hatten. Als der Schiedsrichter das Spiel anpfiff, ließ er sich den Ball von seinem Mittelstürmer um fünfzig Zentimeter an der Mittellinie vorlegen und pfefferte ihn mit seinem unheimlichen linken Hammer dahin, wo er normalerweise nur mit den vereinten Anstrengungen vieler Beine gebracht werden kann: genau ins gegnerische Tor. Hoch segelte der Ball über erstaunte Köpfe, die auf etwas ganz anderes gefaßt waren, über das halbe Spielfeld, und zum maßlosen Erstaunen eines Torhüters, für den der Angstschrei seiner Verteidiger zu spät kam, senkte er sich dicht unter dem Querbalken ins Netz.
Wahrscheinlich wird sich ein solcher Treffer, solange Fußball gespielt wird, nicht wiederholen. Aber man wird auch Roberto Rivelino nie mehr im gelb-grünen Dreß der brasilianischen Nationalmannschaft sehen, die trotz aller Virtuosität wieder Männer wie ihn braucht, um Weltmeisterschaften zu erringen.
Rivelino, das war eher Overath oder Netzer als Beckenbauer oder Pelé, aber auf jeden Fall viel höher einzuordnen als die neue Garde, die ihre Begabung durch tägliches Training voll ausschöpft, aber eben nicht lernen kann, Persönlichkeit zu werden. Das läßt sich nicht üben.
Man sieht Männer wie ihn ungern scheiden, weil immer weniger nachrücken. Es muß an unserer Zeit, dieser großen Gleichmacherin, liegen, die dem Individuum immer weniger Spielraum läßt.
Adios, Rivelino!

Grüße aus Buenos Aires

Es ist immer das gleiche. So eine Weltmeisterschaft scheint dem Journalisten, der jeden Tag rund um die Uhr mit ihr zu tun hat, am Anfang wie ein endloses Verlassen des Alltags. Du bist nicht mehr der Mensch, der du bist. Deine Essenszeiten sind so wenig geregelt wie die deines Schlafs, und wenn du etwas Wichtiges verschläfst, gehörst du zu denen, die gar nicht hierhergehören.
Auf neudeutsch nennt man das Streß. Dafür gibt dir der Doktor ein paar Pillen mit und die Empfehlung, das Rauchen zu reduzieren.
Der liebe Mensch. Soll er sich doch im Pressezentrum zuerst einmal um eine Maschine herumschlagen, auf der man deutsch schreiben kann und nicht französisch oder polnisch. Dann einen Platz finden, wo nicht gerade die Italiener, die nur in Rudeln auftreten wie in der Stuttgarter Bahnhofshalle, ihr Palaver abhalten.
Im Vergleich zu diesen journalistischen Konferenzen wirken die Marktweiber von Neapel wie taubstumme Mütterchen.
Der Doktor hat gut reden. Er weiß nicht, daß die Zigarette da zum stummen Freund und Helfer wird. Aber ich folge ihm trotzdem, seit der mitgebrachte Vorrat an schwarzen aufgebraucht ist. Denn das, was ihnen hier am nächsten kommt, schmeckt wie eine Mischung von Fingernägeln und Tee. Da kaut man lieber auf den eigenen herum oder wird zum Nasenbohrer.
Glücklicherweise spürt man jetzt das Ende nahen. Der Alltag, den man oft genug verflucht hat, rückt näher mit Sphärenklängen, für die man sonst gar kein Ohr hat. Einmal wieder aufstehen dürfen, ohne den Zwang, eine Geschichte schreiben zu müssen, die zu einer präzis festgelegten Zeit über den Fernschreiber oder durchs Telefon laufen muß. Und dem Fußball, sosehr man ihn liebt, den schwäbischen Gruß entbieten zu dürfen.
Der Zwang zur täglichen Story ist in der vierten Woche nicht mehr so leicht zu ertragen wie in der ersten. Männer, die am Anfang das Pressezentrum wie hurtige Springinsfelds betraten, wanken jetzt müden Schrittes durch die

Gassen zwischen den Schreibtischen und sind häufiger am Stand von »Café do Brasil« als an ihren Maschinen zu finden.
Und zu Hause wird man sie dann fragen, ob sie einen schönen Urlaub hatten. Das stinkt ihnen am meisten. Und dann drückt wieder der Imperativ der täglichen Story. Flott und frisch wünscht sie sich die Redaktion, die ja nicht den matten Wankenden sieht, der eigentlich schon alles, was ihm einfiel, geschrieben und jetzt den Spürsinn eines Hundes mit trockener Schnauze hat.
Links von mir sitzt einer von denen, die es am härtesten getroffen hat. Ein kleiner Belgier aus Brüssel, der am Anfang immer Neuigkeiten von den Deutschen bei mir einholte und wie ein Teufelchen drauflos schrieb. Jetzt kann ich ihm nicht mehr helfen, weil die Deutschen unwichtig geworden sind.
Dafür sind die Holländer interessant, aber die haßt ein richtiger Belgier mehr als ein Bayer die Preußen. Und regelmäßig versalzen sie den Belgiern im Fußball die Suppe. Von denen wird er nicht viel mehr als das Resultat nach Brüssel vermelden.
Seine Finger liegen auf den Tasten der Schreibmaschine, aber die Buchstaben tröpfeln nur, und er steckt mich an. Ich blicke mich um und erwische den Kollegen Erzberger aus Basel, der sonst zu den Fleißigen gehört, beim Schreiben von Postkarten. Ein Geschäft, zu dem ich überhaupt nicht tauge. Aber in diesem Moment kommt mir die rettende Idee. Warum nicht nach schwäbischer Hausfrauenart wie beim morgendlichen Wunschkonzert des Süddeutschen Rundfunks alle herzlich grüßen, die auf eine Postkarte warten? Ist hiermit geschehen.
Der Kollege Erzberger, dieser grenzenloseste VfB-Fanatiker außerhalb der Grenzen, schreibt sogar an Sundermann und Mayer-Vorfelder, und ich muß unterschreiben, wobei also doch etwas Postalisches geleistet wäre.
Ringsum ist das Klappern mäßig, aber das Husten und Schnupfen regelmäßig, jeder zweite Europäer ist erkältet und sehnt sich aus dem argentinischen Winter in den heimatlichen Sommer. Ich habe den Schnupfen lange abge-

wehrt, aber jetzt habe ich ihn von einem Italiener, der regelmäßig in Manuskriptblätter schneuzt.
Man sitzt eben in einem Boot, und sosehr man sich auf die Heimreise freut, diese immer wiederkehrende hemdsärmelige Männerwirtschaft der internationalen Sportschreiber, bei der gegenseitige Hilfe ganz groß geschrieben wird, wird einem gelegentlich fehlen, wenn der Alltag mit seinen großen und kleinen Intrigen wieder da ist.
Hellmuth Karasek, Feuilletonstar des ›Spiegel‹ und zum erstenmal bei einer Weltmeisterschaft, hatte so viel Kameradschaft und Toleranz unter einer so großen Schar von Journalisten nicht für möglich gehalten.
Freilich, Arbeit und Zeitdruck sind härter als in anderen Sparten, aber die Galeere hat Männer schon immer mehr zusammengeschweißt als die Yacht.

Geständnis eines Weltmeisters

Vor dem großen Kofferpacken noch eine kleine Geschichte um Mundial, die nur indirekt mit dem zu tun hat, was uns hier fünf Wochen lang im wahrsten Sinne des Wortes in Atem hielt. Viel Zeit zum Verschnaufen läßt einem der Fußball bei solchen Anlässen in der Tat nicht. Und dankbar ist man für eine gelegentliche Oase.
Eine von ihnen war der 67. Geburtstag von Juan Manuel Fangio kurz vor dem Endspiel, und aus beiden Anlässen war auch Daimler-Benz-Direktor Helmut Schmidt aus Untertürkheim gekommen, von wo aus er an der Mercedes-Armada, die bei Mundial ebenso gerollt ist wie der Ball, mitgesteuert hatte. 57 Pkw waren eigens aus Deutschland geholt worden, 70 Omnibusse aus der Produktion der Mercedes-Benz Argentina zur Verfügung gestellt. Ihr Präsident ist Juan Manuel Fangio, ihr Geschäftsführer der Vizepräsident Werner Lechner, und beide haben auch uns als alte Freunde der ›Stuttgarter Zeitung‹ in schwierigen Lagen Unterstützung zuteil wer-

den lassen, um termingerechtes Arbeiten zu ermöglichen. Ich fragte Juan Manuel Fangio an seinem Geburtstag, wann er, der fünfmalige Automobilweltmeister, der in den 50er Jahren in aller Welt Sieg um Sieg für die Untertürkheimer herausfuhr, den Führerschein gemacht habe. Eine sehr pluralistische Frage, etwa so, wie wenn man Beckenbauer fragen würde, wann er mit dem Kicken anfing.
Aber die Antwort war umwerfend. »Ich habe«, sagte Fangio grinsend, »als Weltmeister nie einen Führerschein besessen. Erst 1961 nach Beendigung meiner Rennfahrerlaufbahn habe ich die Prüfung gemacht!«
Wir hatten dem Weltmeister also etwas voraus, ohne es zu ahnen. Allerdings auch ohne etwas damit anfangen zu können. Und die deutsche Polizei hat sich einen schönen Fang entgehen lassen. Heute kann man ja darüber reden.
Und es scheint doch noch Meister zu geben, die vom Himmel fallen.

Prag, Café Savarin

Der letzte kam am Dienstagmorgen, und er sah nicht aus wie der Allerfrischeste. Rainer Bonhof, die spanische Leihgabe von Valencia, hatte folgende Odyssee hinter sich: Am Sonntag in Burgos gespielt, dann nach Madrid geflogen und von dort, immer vom Nebel aufgehalten, über Genf nach Zürich. Endlich saß er im Flugzeug nach Prag, aber es mußte in Preßburg wegen Nebels über der Hauptstadt runter. Und da saß er nun in der Nacht wie einer, der vom Mond gefallen ist, denn er hatte kein Visum. Das war nämlich in Prag für ihn hinterlegt. Und wenn er kein bekannter Fußballer gewesen wäre, der dortselbst heute abend als deutscher Gastarbeiter gebraucht wird, säße er heut noch in Preßburg.
Aber Fußball ist mächtiger als Bürokratie. Auf einem amtlichen Stück Papier wurde Rainer Bonhof sozusagen freigestempelt. Und eine 250-Mark-Taxifahrt brachte ihn in

der nebligen Nacht über 380 Kilometer nach Prag, wo er am Dienstagmorgen um 4 Uhr im Hotel ›Intercontinental‹ eintraf – und im wahrsten Sinn des Wortes gerädert war.
Doch um 9 Uhr saß er mit den anderen beim Frühstück, und dann ging's zum Training auf einen Nebenplatz des Rosickystadions. Und Jupp Derwall, der einen guten Einstand herbeisehnt wie die Weinbauern warme Oktobersonne, erzählte jedem, der es wissen wollte, wie sehr seine Männer darauf brennen, hier in Prag gegen den Europameister mit einer Rehabilitation für Argentinien aufzuwarten.
Aber Fußball ist nicht nur ein Spiel des Willens und der Geschicklichkeit, er ist auch ein Glücksspiel. Weshalb es ein Unding wäre, einen neuen Nationaltrainer am ersten Spiel zu messen.
Trotzdem wird es so sein. Gewinnt er, hat er seine Komplimente; verliert er, hat er seine Pfiffe und womöglich die Bescheinigung der Unfähigkeit. Das ist unüberlegt und ungerecht, aber unabänderliche Fußball-Logik.
Ein Tip? Lieb Vaterland, magst ruhig sein, es wird dir nicht bessergehen, wenn wir verlieren, und nicht schlechter, wenn wir gewinnen. Dies jedenfalls ist, denke ich, sicher.
Ich denke es im altehrwürdigen Café Savarin im ›Graben‹ und sage es zu dem weißhaarigen Ober, der tatsächlich meinen Tip will. Aber es ist nur eine professionelle Routinefrage, und die Antwort gefällt ihm.
Er sieht aus wie der weltmännische alte Oberkellner, der im ›Talmon-Gros‹ gegenüber dem Tagblatturm regierte, und vielleicht ist es deshalb, daß ich in diesem Moment an das großartige ›Prager Tagblatt‹ denken muß, das hier im Savarin seinen Ehrenplatz unter den Zeitungen aus aller Welt hatte.
Dieser Ober ist wie das letzte Stück des alten Savarin, und er spricht ein so blumiges Prager Deutsch, daß man einen großen Strauß davon mitnehmen möchte. Bei ihm hieße es natürlich »mechte«, denn dieses Prager Deutsch ist, wie es sich gehört, von keinem Umlaut getrübt, bitte scheen!
Der Mann hat noch die herrlichen Zeitungstage erlebt, in

denen Egon Erwin Kisch in einer Ecke des Savarin mit seiner kleinen Schrift unnachahmliche Reportagen auf einen Fetzen Papier kritzelte und die großen Prager Bankiers hier ihre Gipfeltreffen hatten. Kleine Bankiers hatten sich in respektvollem Abstand von ihrem Tisch niederzulassen und erfuhren dann mittels handfester Trinkgelder vom Ober, welche Aktien zu kaufen oder abzustoßen waren.
Im Savarin war es auch, wo Friedrich Torberg die köstliche Geschichte von der Namensänderung des Herrn Nelkenblum aufschnappte.
Nelkenblum, so erzählt er, fand, daß sein Name seiner Karriere hinderlich sei. Doch zuerst verlangte die Behörde eine Bestätigung seiner Arbeitgeber.
Die Direktoren der Prager Commerzbank zeigten Verständnis und händigten ihm folgendes Schreiben aus: »Auf Wunsch von Herrn Bernhard Nelkenblum bestätigen wir gerne die Notwendigkeit der von ihm angestrebten Namensänderung, da sich der Name Nelkenblum auf ein berufliches Fortkommen nachteilig auswirken könnte. – Gezeichnet: Veilchenfeld, Generaldirektor. Rosenblatt, Prokurist.«
Im Café Savarin müssen solche Prager Geschichten früher wie Edelsteine gehandelt worden sein. Es war sozusagen ein sublimer Sportplatz des Witzes, und der alte Ober im schwarzen Frack sieht aus wie ein melancholischer Schiedsrichter, der aus unerfindlichen Gründen zurückgeblieben ist, nachdem die Mannschaften abgetreten sind.
Später entdecke ich, nur einen Steinwurf vom ›Graben‹ entfernt, in der Ulica des Kleinen Wassers, im Wässerleingäßchen also, ein ganz ungewöhnliches Etablissement.
Es ist der größte Spielsaal, den ich je betreten habe, aber ganz anders als alle anderen. An die 50 riesige Billardtische, aber keine mit Löchern, sondern richtige Turniertische, daneben mindestens 100 Tische, auf die Schachbretter gemalt sind, und noch einmal 100 für Kartenspieler. Und besetzt ist jedes Billard, jeder Tisch. Nur Männer aller Altersgruppen zwischen 18 und 70.
Man hört nichts außer dem leisen Klicken der zusammenprallenden Elfenbeinkugeln und einen gelegentlich etwas forsch auf den Tisch geschmetterten Trumpf. Stumm glei-

ten die Schachfiguren, von stummen Spielern geschoben, über die auf die Tischplatten gemalten weißen und braunen Felder.
Und doch liegt prickelnde Ungewißheit und verhaltene Spannung, von der alle geprägt sind, in der rauchigen Luft. Fast eine Stunde schaue ich zu und spüre Sport in seiner ganzen Spannweite. Das stumme geistige Fingerhakeln der Schachspieler, das subtile Fingerspitzengefühl der Billardspieler und natürlich auch ihr Hoffen auf Glück, ohne das nichts geht und das drüben bei den Kartenspielern alles ist. Und jeden Abend ist der Laden voll, mehr als 300 Leute.
Zum Fußball gehört eigentlich von allem etwas davon. Vom Schach, vom Billard und vom Kartenspiel. Vielleicht ist das das tiefe Geheimnis seiner Popularität.

Blick in die russische Seele

Wenn die Adventszeit kommt, bemühst du dich um Besinnlichkeit, fängst an, das ablaufende Jahr nach Erlebnissen zu durchforschen, die durchstrahlt sind von jenem vielgepriesenen guten Werk, das wir uns in diesen Tagen so oft vornehmen und so selten vollbringen.
Im Laufe der Zeit habe ich herausgefunden, daß ich ziemlich untauglich für das Vollbringen guter Werke bin. Sicherlich, ich habe neulich, als der VfB in Prag spielte, ein paar durchfrorenen Schlachtenbummlern aus der DDR ein Essen bezahlt. Sie haben sich auch herzhaft gefreut, und ich muß sagen, daß ich mir, nicht nur, weil gerade Nikolaustag war, vorgekommen bin wie der liebe Knecht Ruprecht persönlich. Aber im Grunde war es ein Nasenwasser, weil ich harte D-Mark schwarz gewechselt hatte und somit den Hunger von sechs Leuten mit einem Betrag stillen konnte, der kaum zu Aperitif und Vorspeise in einem noblen Restaurant hierzulande ausgereicht hätte. Für eine Person, versteht sich. Lassen wir also faules Eigenlob.

Und erkennen wir, daß das gute Werk nicht unbedingt vom Geld abhängt, wiewohl es die dominierende Rolle in unserer Wohlstandsgesellschaft spielt.
Eine Geschichte, die das bestätigt, will ich erzählen, und sie spielt in der einzigen Nacht dieses Jahres, in der ich kein Auge zugemacht habe.
Wirklich nicht. Es gibt zwar so manche Nächte, in denen man spät beziehungsweise früh am Morgen ins Bett kommt, aber die total durchwachte Nacht, nach der man, ohne ein Bett berührt zu haben, die Arbeit wieder aufnimmt, ist ein seltener und gar nicht so leicht zu bewältigender Fall.
Es war im Oktober, und der VfB spielte in Moskau gegen Torpedo. Man weiß, daß er sich nicht die Breitseite aufschlitzen lassen durfte, wenn er im Wettbewerb um den UEFA-Pokal bleiben wollte. Und man weiß auch, daß er sich mit einer starken taktischen Leistung nicht versenken ließ. Er verlor nur mit 1:2 und bügelte das 14 Tage später mit einem 2:0-Heimsieg aus.
Aber nicht davon soll die Rede sein. Vom Fußball reden wir das ganze Jahr. Vielmehr geht's um die frustrierende Nacht von Moskau, welche die den VfB begleitenden Journalisten von acht bis acht, also in ihrer ganzen endlosen Länge, sitzend und fluchend in der riesigen Halle des Hotels Rossija verbrachten.
Darüber ist geschrieben worden, und logischerweise nicht in den freundlichsten Tönen. Wer mit hungrigem Magen und dem fürchterlichen Durst, den überheizte Hotelhallen produzieren, eine Nacht zu durchwachen hat, wird sich schwerlich bei einem Verein und dem Reisebüro, die ihm das eingebrockt haben, bedanken.
Aber wir wollen ja versöhnlich sein. Und deshalb sei die bisher ungeschriebene Geschichte vom Moskauer Frühstück der unglücklichen Reporter erzählt, die morgens um fünf vom Geschwader der Putzfrauen noch mit nassen Lappen beworfen worden waren, weil sie störend inmitten der Halle saßen, die so groß wie ein halber Fußballplatz war.
Unerforschlich ist die russische Seele. Ganz anders nämlich reagierte die alte Frau, die den Kollegen Bruno

Bienzle und mich gegen sechs beim Klauen erwischte. Es muß vorausgeschickt werden, daß unser Hunger um diese Zeit so gewaltig geworden war, daß wir wie abgezehrte Wölfe auf der Suche nach einem Kanten Brot durchs Hotel streunten.
In der 6. Etage entdeckten wir eine Cafeteria, deren Tür nicht verschlossen war. Und da waren in einem Regal süße Plätzchen von der Art, die wir früher Amerikaner nannten. Mit Zuckerglasur und konisch zulaufend wie die Stollen, die der VfB in Prag gebraucht hätte.
Ich steckte alle verfügbaren Taschen voll, während Bienzle Schmiere stand. Und wir dachten uns, daß dies legitimer Mundraub sei in einem 6000-Betten-Hotel, das 2000 davon frei hatte und uns trotzdem keines überließ, weil wir, aus welchem Grund auch immer, nicht die richtigen Intourist-Quartierzettel vorlegen konnten. Wie diese Leute Olympische Spiele durchführen wollen, ist mir ein totales Rätsel. Aber darum geht es ja heute nicht, weil wir versöhnlich sein wollen.
Ich war also am Klauen, und die alte Babuschka kam dazu. Sie trat offenbar um sechs ihren Dienst an, und der Kollege Bienzle konnte schließlich keinen Ringkampf mit ihr anfangen.
Sie stemmte ihre Hände in die Hüften, und die Augen unter dem Kopftuch, das alle russischen Frauen so gleichmacht, blitzten genauso verärgert wie jene der Putzfrauen, die in der Halle nasse Lappen auf uns geworfen hatten.
Wir sahen uns schon als Angeklagte im Büro des Hoteldirektors, und wenn dir so etwas in Moskau passiert, kann es peinlicher werden, als wenn sie dich in einer deutschen Nobelherberge als Juwelendieb erwischen.
Aber Russinnen haben eine Seele. Unterschwellig begriffen wir plötzlich, daß uns die Frau begriff. Das Putzlappengeschwader in der Halle hatte uns zwangsläufig als Ärgernis betrachten müssen, weil wir ihm im Weg waren. Wir hatten den Ablauf eines Rituals gestört.
Aber hier war die Situation ganz anders. Ein Einbruch. Juristisch gesehen war es zwar keiner, weil die Tür offenstand und jeder Hotelgast sich in der Tür irren kann.

Aber ich hatte schon dicke Taschen von den Plätzchen, und sie schielte darauf, während sie, die Hände noch immer in die Hüften gestemmt, einen Dampf abließ, der weder vornehm noch verständnisvoll klang.
Mein Kriegsrussisch ließ mich etwa 20 Prozent davon verstehen. Und das war genug. Kein Zweifel, daß sie uns umgehend dem Hoteldirektor vorführen würde. Das KGB und die Lubjanka fielen mir ein.
In solchen Situationen spielt man mit den letzten Karten, die einem verbleiben, hoch. Ich sprach von fürchterlichem Hunger, kratzte mich am Bart, der langsam zu sprießen begann, und schimpfte in dem Rahmen, den ich für tolerabel hielt, über die katastophale Situation, in die unschuldige Ausländer in einem russischen Hotel kommen können. – Das wirkte. Plötzlich bezeichnete sie uns nicht mehr als Räuber, sondern als ihre »Malinkis«, ihre Kleinen. Von der bös meckernden Ziege verwandelte sie sich in eine Glucke, die ihre Küken zu schützen hat.
»Wenn sie euch kein Bett gegeben haben, Kinder, müßt ihr wenigstens was zum Essen haben. Aber frisches Brot und frische Brötchen kriege ich erst in einer Stunde. Könnt ihr so lange warten?«
Wir schüttelten die Köpfe. Und sie begriff das. »Nehmt euch, was ich habe«, sagte sie. »Kaffee kann ich machen.«
Aber wir sagten ihr, daß noch ein halbes Dutzend Hungriger drunten in der Halle säße und daß sie da wohl kaum servieren könne.
Sie begriff das und holte einen leeren Karton. Wir taten zehn Flaschen Bier hinein und so viele Amerikaner, wie wir Platz hatten. Und wir gaben ihr zehn Rubel, die sie gar nicht erwartet hatte und auch nicht annehmen wollte. Sie nahm sie dann doch, aber ihre Augen strahlten, weil sie uns geholfen hatte.
O Babuschka! Das Bier war warm, und die Amerikaner, die wir hineintunkten, waren so hart, als ob sie aus Stalins kaltem Krieg stammten. Aber du warst eine herrliche Frau, Babuschka. Ich danke dem VfB Stuttgart, daß er seine Reise nach Moskau nicht besser organisiert hat. Nie hätte ich sonst diesen tiefen Blick in die russische Seele tun dürfen.

Kevin Keegan und Bert Trautmann

Nicht jedem dürfte zwischen den Jahren aufgefallen sein, was es eigentlich heißt, daß der in Deutschland spielende Engländer Kevin Keegan Europas Fußballer des Jahres 1978 geworden – und daß man in Merry Old England sehr stolz darauf ist. Man durfte bei der Weltmeisterschaft in Argentinien wieder einmal nicht mitspielen, aber der beste europäische Fußballer ist Engländer, und er ist, wenn man's genau nimmt, wohl auch der beste der Welt.
Ein Engländer, der in Hamburg die heimische Flagge hochhält. Vor nicht allzu langer Zeit hätte die Sache den Briten kalte Schauer über den Rücken gejagt. Es wäre nicht anders gewesen, als wenn man Horatio Nelson von seiner Säule am Trafalgar-Square heruntergeholt und auf den Michel von St. Pauli gestellt hätte.
Denn England hielt Fußball mit souveränem Selbstverständnis für eine britische Angelegenheit, an der sich gerade noch Schotten, Waliser und Iren beteiligen durften. Die Football Association ließ keine Ausländer herein und keine Engländer hinaus.
Nehmen wir an, Stanley Matthews oder Timmy Lawton wären nach dem Krieg auf die Idee gekommen, ins Ausland zu gehen. Nicht ins ausgebombte Deutschland natürlich, in das man höchstens Soldaten schicken konnte, sondern etwa nach Spanien oder Italien. Die königliche Yacht wäre ausgelaufen, um die Ausreißer zurückzuholen. Engländer hatten Fußball in England zu spielen, und Ausländer sollten zu Hause bleiben. Jeder englische Klub hätte damals auch einen Pelé abgelehnt, und wenn er keinen Penny gekostet hätte.
Allerdings befand sich unter der Kriegsbeute ein deutscher Fallschirmjäger namens Bernd Trautmann. Der zeigte hinter Stacheldraht so außergewöhnliche Torhüterqualitäten, daß Manchester City auf ihn aufmerksam wurde.
Und kaum war der Krieg aus, da stand Trautmann mit einem richtigen Vertrag und mit der regulären Arbeitserlaubnis eines britischen Untertanen im Tor des berühmten Klubs.

Das war so aufregend, daß es nicht nur heftige Debatten in den Leserbriefspalten der Zeitungen, sondern auch im Unterhaus gab.
Indes erwies es sich als günstig für den blonden Hünen, der sich jetzt nicht mehr Bernd, sondern Bert nannte, daß die Rolle des Türhüters rein defensiver Natur ist. In jenen Tagen wäre ein aggressiver deutscher Stürmer oder Verteidiger, der, was gelegentlich unvermeidlich ist, einen Engländer auf einen englischen Rasen geworfen hätte, schlicht unvorstellbar gewesen. So aber wurde Bert Trautmann bald ein trautes Bild in Englands großen Stadien. Und eines Tages, es war wie ein Märchen, wählten sie ihn sogar zum englischen Fußballer des Jahres.
Undenkbar blieb freilich das Umgekehrte. Absurd der Gedanke, ein Star der englischen Spitzenklasse könnte abwandern nach Deutschland, wo man sich noch mit einem lächerlichen Amateurstatut herumplagte, als man in England schon fast hundert Jahre den Berufsfußball hatte.
Aber Kevin Keegan kam, sah und siegte. Er siegte nicht nur da, wo er hinging, sondern auch da, wo er herkam. Die englischen Massenblätter schreiben mehr über ihn als zu seinen Liverpooler Zeiten, und Millionen, die nie über die Kreidefelsen von Dover hinausblickten, wenn es um Fußball ging, wollen jeden Sonntag wissen, was die Hamburger wieder ihrem kleinen englischen Riesen verdanken. Kevin Keegan hat die Insel ein Stück näher an den Kontinent gerückt.
Einen Vorgänger hatte er allerdings. Aber der war nicht aus England, sondern aus Wales, und zum europäischen Fußballer des Jahres hat er es auch nicht gebracht. Es war der hünenhafte John Charles, der Mitte der fünfziger Jahre zu Juventus ging und zusammen mit Boniperti und Sivori für glanzvolle Tage des Turiner Klubs sorgte.
Engländer und Schotten jedoch haben in Italien nicht reüssiert. Sie scheinen schwerer verpflanzbar zu sein. Der große Techniker Jimmy Greaves beispielsweise scheiterte nach wenigen Monaten beim AC Mailand, weil seine Frau Heimweh bekam und nichts unversucht ließ, um ihn anzustecken. Gerry Hitchens ging es bei Inter Mailand nicht

besser, und auch Dennis Law, allerdings schon im Veteranenalter, machte in Turin zwar gute Kasse, aber wenig gute Spiele.
Bei Kevin Keegan stimmt beides. Aber einen Ausverkauf der englischen Klubs wird er nicht auslösen, denn sie haben seinesgleichen nicht. Er ist, wie die Diamentenhändler sagen, ein Solitär.

Der andere Hoeneß

Im Stuttgarter Raum, oder sagen wir, überall, wo man den VfB mag, wird zur Zeit kein guter Faden an den Hoeneß-Brüdern gelassen. Der Dieter merkte es am Montagabend im Spiel gegen die Nationalelf, und für den Uli wäre es nicht ratsam, zur Zeit das Neckarstadion überhaupt zu betreten. Übrigens kann der lange Mittelstürmer des VfB, der sich gegen die Nationalen am Montag in der ersten Halbzeit den linken Mittelhandknochen brach, mit einer Gipsmanschette schon wieder trainieren.
Was über Uli Hoeneß in diesen Tagen gesagt und geschrieben wird, ist zumeist richtig. Zweifellos war er es, der Manager des FC Bayern werden will, der seinen jüngeren Bruder zu dem großen Transfer überredet und auch für Konditionen gesorgt hat, die der VfB nicht bieten kann, ohne sein Modell, das ihm so großen Erfolg gebracht hat, zu zerstören. Und viel deutet darauf hin, daß Bayern-Präsident Neudecker von seinem künftigen Manager den VfB-Mittelstürmer als Morgengabe verlangt hat.
Richtig ist auch, daß dieser Uli Hoeneß ziemlich viel vom Geld und ziemlich wenig von der Struktur des deutschen Berufsfußballs hält. Will sagen, daß er sich in allen Schwächen und Schlupflöchern auskennt und bereit ist, sie schonungslos zu nützen.
Aber denkt dieser Uli Hoeneß wirklich nur an sich und seinen Eigennutz?

Ist er nichts anderes als ein eiskalter, egoistischer Rechner?
So, wie die Dinge liegen, fällt es schwer, eine Lanze für ihn zu brechen. Aber ich werde es, auf die Gefahr hin, nicht von allen verstanden zu werden, trotzdem tun. Denn ich gehöre zu denen, denen er, ohne den geringsten Vorteil davon zu haben, geholfen hat, als kein anderer einen Finger rührte. Auch die nicht, die berufener gewesen wären als der Fußballer Hoeneß. Die Sache passierte im Frühjahr 1975 in der Sowjetunion beim Europapokalspiel der Landesmeister zwischen Ararat Erewan und dem FC Bayern. Ich hatte mir, bald nach der Ankunft, eine Entzündung unter dem rechten Daumennagel zugezogen, aber der Sache, wiewohl sie recht hinderlich war, keine Bedeutung beigemessen. Abends im Hotelzimmer machte ich, nach dem Rezept der Großmutter, Seifenbäder.
Aber am letzten Tag war nicht nur der Daumen mächtig angeschwollen, sondern es zeigten sich am Unterarm die ersten roten Streifen der Blutvergiftung. Aber in ein russisches Krankenhaus mochte ich nicht gehen. Nicht wegen mangelnden Vertrauens, sondern weil wir auf Sammelvisum reisten und ich logischerweise mit der Mannschaft wieder zurück mußte.
»Komme ich auch alleine wieder aus Erewan heraus?« fragte ich einen Funktionär von Ararat. »Im Prinzip ja«, sagte er, »aber es wird kompliziert.«
Ich flog also mit der Mannschaft und zeigte die Sache dem Masseur des FC Bayern, der einige medizinische Erfahrung hat. Der Mann machte ein bedenkliches Gesicht, führte mich in die Toilette des Flugzeugs und gab mir zunächst einmal eine Penizillinspritze in den Hintern.
Dann führte er mich zu Dr. Spannbauer, dem Mannschaftsarzt. Aber der konnte sich die Geschichte nur flüchtig ansehen, weil er bei einem wichtigen Kartenspiel war und viele große blaue Scheine im Topf lagen. »Am besten«, sagte er, »gehen Sie gleich zu einem Arzt, wenn Sie nach Stuttgart kommen.« Dann zog er ein Trumpf-As, und ich setzte mich wieder auf meinen Platz. Von der russischen Stewardeß ließ ich mir ein großes Glas Wodka bringen, in das ich den Daumen hängte. Die roten Strei-

fen gingen jetzt in den Oberarm über. Ein paar Spieler zeigten Mitgefühl, aber was sollten sie tun, wenn nicht einmal der Doktor einen Rat wußte?
Doch dann kam Uli Hoeneß, schaute sich die Sache nicht nur an, sondern nahm sie in die Hand.
»Wenn du bis Stuttgart wartest«, sagte er, »kannst du dich amputieren lassen. Du mußt sofort nach der Ankunft in München operiert werden.«
»Aber wie und von wem?« fragte ich. »Wir landen frühestens um 19.30 Uhr.«
»Laß mich das machen. Russische Piloten müssen ja auch Englisch können.«
Er ging vor zum Cockpit und kam nach zehn Minuten zurück. »Alles klar. Sie haben mit dem Tower in München gesprochen, und die haben meinen Arzt verständigt. Dr. Taknady, ein hervorragender Chirurg. Er wollte gerade zumachen, bleibt aber jetzt mit zwei Schwestern in der Praxis, bis wir kommen.«
»Du gehst mit?«
»Aber selbstverständlich. Meine Frau auch. Sie wartet am Flughafen mit dem Auto.«
Es war genau so. Susi Hoeneß fuhr wie ein kleines Teufelchen von Riem in die Innenstadt, weil ich schon Fieber hatte, und eine halbe Stunde später operierte mich Dr. Taknady. »Morgen hätten Sie mehr verloren als einen Daumennagel«, sagte er, als er mich mit einem dicken Verband entließ. »Es war höchste Zeit!«
Wir erreichten den Bahnsteig, als der Zug nach Stuttgart schon anfuhr, und der Uli legte mit meinem Koffer einen Spurt ein, der ihn mehr schlauchte als das ganze Spiel von Erewan.
Man vergißt so etwas nicht. Geschrieben habe ich es freilich nur, weil bloß noch Schlechtes über den Mann zu lesen ist.

Der unbekannte Soldat

Tour de France 1979. Es könnte auch 1932 oder 1925 sein. Ein Haufen Namenloser kommt am Sonntag nach Paris, zusammen mit denen, die die großen Schlagzeilen und auch das große Geld gemacht haben. Beziehungsweise es noch machen werden in den zahllosen Après-Tour-Rennen. Es sind die Erbhofbauern, die die große Ernte einfahren. Ihre Großknechte kriegen natürlich auch etwas. Sagen wir den Zehnten, der von ihrem Tisch fällt.
Die Kleinknechte kriegen nichts. Und sie sind in der Überzahl. Bei weitem. Ganz wörtlich ist dieses ›Nichts‹ zwar nicht zu nehmen, aber wenn sie zusammenzählen, was unter dem Strich herauskommt, dann hätten sie genausogut vier Wochen lang als Hilfsarbeiter auf den Bau gehen können. Sie hätten nicht weniger verdient, aber sich viel weniger schinden müssen.
Warum tun sie's? Was hält sie, von denen keiner spricht, im Sattel?
Greifen wir einen heraus. Julien heißt er. Ein Name, der sich so brav und unbedeutend anhört wie sein 51. Platz in der Gesamtwertung. Ferdinand Julien, Wasserträger seines Zeichens in einer Mannschaft, die keinen Fahrer unter den ersten zwanzig plazieren konnte und deren Kasse so leer ist wie ein Gänsestall nach Weihnachten.
Trotzdem plagt sich der Ferdinand Tag für Tag unverdrossen. Als Amateur hatte man ihn eine »Éspoir« genannt, einen vielversprechenden Fahrer, aber seit er Profi ist, hat er in Frankreich kein einziges Rennen mehr gewonnen. Nur ein unbedeutendes Kriterium in der Schweiz.
Obwohl ihm die Berge behagten. Aber der Bauernsohn aus dem Loire-Tal ist ein Zauderer. Ein Mini-Junkermann sozusagen. Hören wir ihn selbst:
»1976 bei der Tour de Suisse war ich in Form. Ehrlich. Es lief mir so gut, daß ich, ohne zu forcieren, einen schwierigen Paß in Angriff nahm und plötzlich feststellte, daß keiner mehr an meinem Hinterrad war. Das war mir unheimlich. Ich begriff nichts mehr. Wollten sie mich foppen? Ich drosselte mein Tempo, weil ich kein Mann für die Spitze

bin. Der Deutsche Thurau und der Belgier Pollentier holten mich ein, und ich muß zugeben, daß ich lieber in Gesellschaft fahre. Aber ich gebe auch zu, daß man so nicht gewinnen kann. Ich bin an diesem Tag Dritter geworden. Heute ärgere ich mich darüber, weil ich weiß, daß ich hätte gewinnen können.«
Heute kann er nicht mehr gewinnen. Er ist 32 und kommt nicht mehr so flott über die Berge. Aber immer noch kann er Wasser tragen und sich im Mittelfeld der Gesamtwertung halten. Er ist ein braver Schweißvergießer ohne Ambitionen. Einer von denen, die man braucht, ohne sie zu beachten, und die trotzdem das masochistische Kunststück vollbringen, stolz auf ihre Teilnahme zu sein.
Ferdinand Julien, unbekannter, aber nicht nutzloser Soldat der Schlacht auf der Landstraße, die so manche Ähnlichkeit mit dem Kampf hat, den wir alle in unserem Berufsleben führen.

Einer steigt in den Besenwagen

Tour de France in Biarritz. Blanke Sonne auf weißem Sandstrand. Und die Mädchen von Biarritz sind die schönsten. Behauptet der treffliche Kollege Denis Lalanne, der die Pfiffigkeit und das Durchsetzungsvermögen hatte, sich dortselbst als Poet und als Sonderkorrespondent von ›L'Equipe‹ für Rugby niederzulassen. In Paris sehen sie ihn dreimal im Jahr, und das hält er schon für übertrieben. Man begreift's, wenn man Biarritz kennt. Für die Rennfahrer war der Ruhetag in Biarritz das große Atemholen vor den Pyrenäen. Aber nicht jeder ist in der Lage, einen Urlaubstag im Vorzimmer der Hölle auszukosten. Es ist ein Unterschied, ob man den Tourmalet auf zwei Rädern oder auf vieren erklettert.
Und der Schweiß fließt wie früher, und die Leute wollen ihn fließen sehen wie früher. Und die Bilder am Straßenrand haben sich nicht geändert. An Klapptischen picknik-

kende Familien vom Großvater bis zum Säugling, und es steht so viel neben der unvermeidlichen Rotweinflasche auf dem Tisch, das man sich fragt, wie der kleine Renault das alles transportiert hat.

Und plötzlich fährt der Besenwagen an dieser Idylle vorbei. Ein alter Mann mit Baskenmütze deutet ihm nach, aber er weckt nur mäßiges Interesse bei den Kauenden. Ob er nur einen Witz macht, oder ob er sagt, daß der Besenwagen das trostloseste Fahrzeug bei der Tour de France ist? Man nennt ihn auch den Lumpensammler, weil er das letzte aller Fahrzeuge ist und in der Tat Bündel aufnimmt. Zerschundene Bündel von Menschen, die das Rennen ausgestoßen hat und die nun weggeräumt werden müssen.

Es sind die, die langsam, aber stetig zurückfallen, auch den Anschluß an die letzte Gruppe verlierend, die sich noch eine minimale Chance ausrechnet, das Etappenziel vor Kontrollschluß zu erreichen. Männer, die alle Kraft auf der Landstraße gelassen haben und nur noch im Unterbewußtsein Rennfahrer sind. Ein Rest von Moral, der ihnen das Aufgeben verbietet, vermischt sich mit dem elenden Gefühl, auf der Stelle zu treten, wie man es in Angstträumen tut.

Und nun fällt so einer zurück. Meter für Meter, bis ihm die vordersten um eine halbe Stunde enteilt sind und er hinter sich nichts mehr spürt als den Besenwagen. Wie einen Aasgeier spürt er ihn, und er braucht sich nicht umzudrehen.

Und der Fahrer des Besenwagens schaltet auf ein Tempo zurück, das das von radelnden Landbriefträgern ist. Er hat Erfahrung mit solcher Kundschaft und könnte ihn gleich aufnehmen, aber den letzten Rest von Stolz will er ihm lassen, und er will auch auf eine Stelle warten, wo es nicht zu viele Gaffer gibt.

Aber schließlich muß er halten und zugreifen, weil ein Marschplan einzuhalten ist. Er macht's kurz und schmerzlos, und dann sitzt der Mann, der eigentlich längst aus dem Sattel gehoben gehörte, im Halbdunkel des geschlossenen Kastenwagens auf einer Holzpritsche, und wie die Leute, die vom ›Panier à Salade‹ mitgenom-

men werden, wie sie in Frankreich die ›Grüne Minna‹ nennen, ist er froh, daß ihn keiner sieht.
Es ist der Abtransport eines gestrauchelten Helden zur Demobilisierung in die Etappe, wo ein Koffer auf ihn wartet und die letzte Mahlzeit, die ihm die Rennleitung spendiert. Und auch die Zeitungen haben noch eine Zeile für ihn: »Aufgegeben hat der Fahrer X bei Kilometer 121.«
Niemand weiß etwas von seinen Tränen in der Dunkelheit des Besenwagens. Er wird wiederkommen, aber er ist Profi und weiß, daß er ein Jahr verloren hat.

Feiertage der Wasserträger

Was macht ein Wasserträger, wenn's kein Wasser zu tragen gibt? Die Antwort ist recht einfach: Er schiebt eine ruhige Kugel, so wie der Butler, wenn der Herr verreist. Eine Art von Ruhetag.
Deshalb haben die Wasserträger, diese anonymen Schwerstarbeiter, so seltsam es klingen mag, bei der Tour de France mehr Ruhetage als die Asse.
Bei dieser Tour gibt es nur einen offiziellen. Am kommenden Samstag nämlich, dem 14. Juli. Es ist der französische Nationalfeiertag, und man wird dann mitten in den Alpen sein, im Wintersportplatz Les Menuires.
Die Wasserträger haben ihre zusätzlichen geruhsamen Tage beim Einzelzeitfahren, und man muß das so sehen: Die Placierung in der Gesamtwertung spielt für diese Leute, die von den Kapitänen ihrer Mannschaften nobel entlohnt werden, nicht die geringste Rolle. Es ist schnurzegal, ob sie 99. oder 55. sind.
Arbeiten müssen sie an normalen Tagen enorm viel, wobei das Wassertragen noch zu den Kleinigkeiten zählt. Die taktische Entwicklung des Rennens bestimmt ihren Kräfteverbrauch. Beispielsweise werden sie einem Ausreißer nachgeschickt, um ihn zu neutralisieren. Sie sollen an

seinem Hinterrad kleben, um seine Kadenz, seinen Rhythmus zu brechen. Oder sie müssen sich zurückfallen lassen, um ihren in Schwierigkeiten geratenen Kapitän mit allen Kräften wieder ans Feld heranzuführen. Kurzum, sie sind Arbeitsbienen, die nie zur Ruhe kommen und am Ende eines harten Tages nur noch die Sorge haben, vor Kontrollschluß ins Etappenziel zu kommen.
Nur beim Einzelzeitfahren ist das anders. Da haben sie keinen Chef zu betreuen, und wenn es auch nicht gerade ein Ruhetag ist, weil schließlich ein Zeitlimit eingehalten werden muß, so ist es doch ein ruhiger Tag für sie.
Manche ziehen ihn sogar dem echten Ruhetag vor, und die Begründung ist ebenso verblüffend wie einleuchtend. Beim Ruhetag, so sagen sie, bist du faul und steigst nicht gern aufs Rad, obwohl du rollen sollst, um nicht einzurosten. Außerdem packt dich die Lust, wieder einmal zu essen wie ein richtiger Monsieur. Du überlädst dir den Magen und kriegst schwere Glieder. Beim Zeitfahren aber erholst du dich, wenn du ein kluger Wasserträger bist.
Die Sache stimmt tatsächlich. Der Wasserträger, für dessen Zeit sich niemand interessiert und der nicht das geringste Interesse daran hat, sich am Schwanz der Gesamtwertung um ein paar Plätze zu verbessern, betrachtet das Zeitfahren, bei dem die Asse die letzten Reserven aus sich herauspumpen, als einen flotten und sorglosen Trainingsausflug, bei dem er sich körperlich und psychisch erholt. Das angesetzte Limit ist großzügig und allemal einhaltbar, wenn er nicht gerade in einem Straßencafé zum Vespern absteigt.
Deshalb lieben die Wasserträger den Kampf gegen die Uhr, der ihr Feiertag ist. Manche pfeifen sogar vor sich hin dabei.

Das Abenteuer Tiflis

Nach Tiflis kommt man nur mit Geduld und Beziehungen. Die Probleme haben in Moskau begonnen, aber dann fingen sie an, sich aufzulösen wie der Nebel.
Der Kollege Karl-Heinz Heimann vom ›Kicker‹ verfügt über glänzende Moskauer Beziehungen, und er hatte mir vorgeschlagen, bei der Reise nach Tiflis einen zweitägigen Stopp in Moskau zu machen, um olympische Vorbereitungen zu treffen. Alles war vorzüglich organisiert, und der erste Tag strotzte nur so von Kontakten mit alten Bekannten von Fußball und Presse sowie wichtigen Männern vom Olympischen Organisationskomitee. Das war nützlich, und es wird noch einiges darüber zu berichten sein.
Leider ist diese Reise nach Tiflis dann am südlichsten Flughafen Moskaus, Domodowo, brutal gestoppt worden, und auf fatale Weise wurde ich an die lange Nacht im Hotel Rossija erinnert, die wir teils dem VfB, teils einigen anderen Faktoren verdankten, die noch unberechenbarer als ein Bundesliga-Klub sind.
Diesmal war es das Wetter. Drei Tage hatte in Tiflis keine Maschine aufsteigen oder landen können, und die Möchtegern-Passagiere lagen mit fatalistischer Apathie in Wartehallen zwischen Spucknäpfen und Gepäckstücken, ohne daß sich bei ihnen das eingestellt hätte, was mit dem sattsam bekannten neudeutschen Wort Frust bezeichnet wird. Die Russen lassen solche Dinge über sich ergehen wie unabänderliche Regen- oder Schneeschauer. Da für drei Maschinen nach Tiflis Passagiere vorhanden waren, aber nur eine irgendwann starten sollte, wurden wir auf die Warteliste gesetzt. So etwas trifft den Reisenden aus dem Westen härter als den Russen mit seinem schlafenden Zeitbegriff. Denn immerhin bedeutete diese Warteliste den frühesten Abflug in drei Tagen, und wir fingen an, uns mit der 36stündigen Bahnfahrt zu befreunden, um wenigstens noch vor dem Länderspiel am Mittwoch in Tiflis einzutreffen.
Aber vorher telefonierten wir noch mit dem Kollegen Viktor Ponedelnik vom ›Sowjetskij Sport‹. Man wird sich an

ihn, den Mittelstürmer des Europameisters Sowjetunion von 1960, noch ebenso erinnern wie an den Kapitän Igor Netto. Mit beiden hatten wir den Vortag verbracht, und ihre Hilfsbereitschaft war von jener totalen und ursprünglichen Art gewesen, mit der uns die Russen immer wieder beschämen. Nur Lew Jaschin hatte als Dritter im Bunde gefehlt. Er lag krank im Bett.
Viktor Ponedelnik, Fußballchef von ›Sowjetskij Sport‹, ist ein Journalist mit weitreichenden Beziehungen geworden. Sein Schwiegervater ist der Präsident der russischen Föderativen Sowjetrepublik, des alten Rußland also, und wir beide festgeklemmten Fußballreisenden, die wir uns auf harten Bänken einen geschlagenen Tag mit heißem Tee und harten Eiern ernährt hatten, gerieten per Draht unter die Fittiche des Ministerpräsidenten. Er avisierte das Luftfahrtministerium, und flugs stiegen wir von der anonymen Warteliste in die Liste der bevorzugten Passagiere auf.
Aber noch immer fehlte die Maschine. Es war, als ob du in einer Fußballmannschaft aufgestellt bist, die keinen Ball hat.
Das zusammengewürfelte Völkergemisch war nicht nur von bemerkenswerter Buntheit. Man trifft das auch auf anderen Flughäfen, aber gewaltige Unterschiede stiegen ins Auge. Da war ein Ingenieur aus der DDR auf dem Weg nach Irkutsk, und er war angezogen, als wenn er schon da wäre. Es war der erste sächsische Eskimo meines Lebens.
Neben ihm Neger in Freizeithemden und Blue jeans, die nach Baku flogen, wo es warm ist, und ein alter Kirgise, der die Schuhe auszog und nicht mehr in sie hineinkam, als seine Maschine aufgerufen wurde, weil die Füße vom langen Stehen geschwollen waren. Er humpelte in seinen Wollsocken aufs Flugfeld, die Latschen emporhaltend, wie ein Ober, der sein Tablett balanciert. Mit einem nervösen Geschäftsmann, der es im Gegensatz zu allen anderen Russen nicht verbergen konnte, daß er es eilig hatte, nach Wolgograd zu kommen, kam ich ins Gespräch und sagte ihm, daß ich 1941 in seiner Stadt gewesen sei, als sie noch Stalingrad hieß.
Heute kann man ja über solche Dinge reden, zumal ich diese kriegerische Reise weder aus freiem Willen und

schon gar nicht aus Lust unternommen hatte. »Sie sind«, grinste er, »wenigstens hingekommen.«
»Ja«, sagte ich, »aber schwer wieder raus.«
Dann haben wir einen großen Wodka genommen und weitergeredet. Es war ungefähr die neunte gemeinsame Stunde des Wartens.
Eine Stunde mehr als das, was wir einen Arbeitstag nennen. Immerhin konnte man sich harte Eier und Wodka kaufen, was seinerzeit in Stalingrad nicht angeboten worden war.
Als die Maschine des Mannes aufgerufen wurde, gab er mir seine Visitenkarte und lud mich in sein Haus ein, das mit Sicherheit auf einer Ruine steht, die wir oder seine Leute errichtet haben, wenn man das von einer Ruine sagen darf, und ich habe ihm das Rendezvous versprochen. Sportreisen können, zumal wenn sie unterbrochen werden, ganz außergewöhnliche Kontakte hervorzaubern.
Und auch Wunder. Es geschah nach zehn Stunden Wartezeit, und ich hätte es beinahe verschlafen. Aber plötzlich klopfte mir Karl-Heinz Heimann, der in fünf Jahren russischer Kriegsgefangenschaft nicht nur Straßen gebaut, sondern auch die Landessprache perfekt erlernt hat, auf die Schulter.
»Wir sind aufgerufen«, sagte er. Ich mochte es zwar nicht glauben, aber ich griff schlaftrunken nach Mantel und Handgepäck.
Es stimmte tatsächlich. Und draußen auf dem Flugfeld bin ich nicht nur von der Moskauer Kälte wach geworden, sondern auch von der Hitze des Andrangs. Dem Neckermann-Pauschalreisenden, der die Sowjetunion wohlbehütet im Gruppenarrangement bereist, sind solche Erlebnisse, die im Prinzip unbezahlbar sind, nicht vergönnt.
Plötzlich wurde ich wieder an meinen Freund aus Wolgograd erinnert. Ein gewaltiger Menschenpulk raste auf die Maschine zu, wie die letzten Landser, die aus Stalingrad ausgeflogen waren, und zum ersten Mal habe ich erlebt, daß eine Maschine nicht bestiegen, sondern geentert wurde.
Sie wälzten sich wie Ertrinkende über die Gangway, und der Flugkapitän brüllte auf den obersten Sprossen wie ein

Kornschütz, um Ordnung in den entfesselten Haufen zu bringen, und die einzige Stewardeß, eine mächtige Brunhilde von zwei Zentnern, stand da wie der Erzengel Gabriel, bereit, jeden mit der linken Hand übers Geländer zu werfen, der keine reguläre Bordkarte vorzuweisen hatte.

Einige hätten es freilich mit ihr aufgenommen. Was da an kaukasischen Gebirglern mit breiten Schultern und gezwirbelten Schnurrbärten einstieg, hätte jeder braven deutschen Stewardeß zu einer handfesten Ohnmacht verholfen.

Aber unsere Olga Iwanowna, der man zutrauen durfte, einen VW beim Radwechsel ohne Wagenheber einfach mit der linken Hand hochzuhalten, stand wie der Fels in der Brandung, sie fluchte wie ein Fuhrmann, sortierte aus und füllte die Maschine Platz um Platz mit jenem Sinn für Gerechtigkeit, der auch nicht den leisesten Hauch von faulen Tricks duldet. Während des Flugs hat man nichts von ihr gesehen. Da hat sie sich ausgeruht.

Ist ja auch ziemlich logisch. Im innerrussischen Verkehr ist die Aeroflot fast total konkurrenzlos und deshalb ein reines Transportunternehmen. Wer Hunger oder Durst hat, muß seine Sachen mitbringen. Ein dreistündiger Flug von Moskau nach Tiflis verlangt Treibstoff und sonst nichts. Man ist konkurrenzlos, und die Passagiere müssen ihre Bedürfnisse selbst befriedigen.

Das ist das eine Rußland. Wenn du aber als Gast nach Georgien kommst, erlebst du ein ganz anderes, das kaum zu verdauen ist. In meinem Hotelzimmer stehen als Gastgeschenk von Dynamo Tiflis mehr als zehn Kilo Äpfel, Birnen, Orangen und Trauben sowie Wein, Krimsekt und Cognac. Der Cognac wärmt, und der Sekt braucht nicht kalt gestellt zu werden, da die Heizung nicht funktioniert und milchige Nebel die mehr als 800 Meter hohen Berge umhüllen, zwischen die Tiflis eingebettet ist. Man kann um diese Jahreszeit hier 20 Grad Wärme erleben, aber dann muß der Wind vom Kaspischen Meer blasen und nicht von der wilden Bergwelt des Kaukasus.

Die Georgier, die indes dieses Wort nicht hören wollen, sondern sich Grusinier nennen, schwärmen noch immer

vom Tifliser Europapokalsieg des HSV und sind von einer ähnlichen Leistung der deutschen Nationalmannschaft am Mittwoch überzeugt. Aber da wird sie an große Leistungen anknüpfen müssen.
Im übrigen ist die Wartezeit auf das Telefonat von Tiflis nach Stuttgart nicht geringer gewesen als der Zwangsaufenthalt in Moskau. Es mag sein, daß der Sonntag eine Rolle gespielt hat, weil die Moskauer Auslandszentrale da mit einer lustlosen Notbesetzung antritt, aber die Frage, wie dieses Land Olympische Spiele organisieren will, hat sich wieder einmal mit unüberbietbarer Deutlichkeit gestellt. Problemlos telefonieren kann man von den kleinsten Ländern Europas in alle Winkel der Erde. Aber was aus dem größten Land dieses Kontinents in den Moskauer Flaschenhals gerät, bleibt unweigerlich stecken wie eine Fischgräte.
Journalistische Arbeit in der Sowjetunion gehört im Zeitalter dessen, was wir Fortschritt nennen, noch immer zu den unberechenbaren Abenteuern.

Plötzlich schwäbelte die grusinische Babuschka

»Und besucht uns auch in Tiflis, wenn ihr im nächsten Jahr nach Moskau geht!« Das waren die Abschiedsworte der vielen Freunde, die wir innerhalb weniger Tage in der Hauptstadt der autonomen Sowjetrepublik Georgien gewonnen haben. Sie haben es sehr ernst gemeint und getan, als ob das wie ein Hüpfer von Stuttgart nach Frankfurt oder nach München wäre. Für sie ist es tatsächlich so. Dabei ist es von Moskau nach Tiflis weiter als von Stuttgart nach Moskau.
Man hat in der Sowjetunion andere Begriffe von Zeit und Raum und daher auch die Gelassenheit, die die bei uns so hochentwickelte Angst, etwas zu versäumen, nicht aufkommen läßt.
Viele Häuser haben wir in Tiflis besucht, weil eine Einla-

dung die andere nach sich zieht und du dich ihr nicht entziehen kannst, wenn du für keine Beleidigung sorgen willst, die einem heißblütigen Georgier die Schnurrbartspitzen sträubt. Indes nennen sie sich Grusinier und haben eine eigene Sprache, die sie manchmal innerhalb eines Satzes mit dem Russischen wechseln wie Elsässer, die einen Satz mit »enfin bref« beginnen und mit »gottverdoori« schließen. Vor allem aber haben sie eigene Kultur und eigene Bräuche, deren für den Fremdling auffallendster bei Tische stattfindet. Wirst du in ein Haus geladen, verbringst du mehr Stunden beim Essen als der deutsche Kantinen-Normalverbraucher in einer ganzen Woche, Samstag eingeschlossen.

Das Unglaublichste aber ist mir im Hause von Nodar Achalkazy passiert. Er ist Trainer des amtierenden sowjetischen Fußballmeisters Dynamo Tiflis und war früher Brückenbauingenieur, eine Kombination, wie man sie wohl nur in der Sowjetunion findet. Außerdem habe ich hierzulande noch keinen Trainer von seinem hohen Bildungsstand kennengelernt. Aber nicht darum geht es. Drei Frauen, nämlich seine eigene und zwei betagte Babuschkas vom Familienclan, haben zwei geschlagene Tage mit den Vorbereitungen verbracht, auf daß meinem Nürnberger Kollegen Heimann und mir nichts fehle, was die grusinische Küche an Köstlichkeiten anzubieten hat. Es fehlte nichts. Aber am Tisch saßen nur Männer. Die Frauen räumten ab und trugen auf. Stundenlang. Bis der Punkt kam, an dem ich nach einer vermutlichen Gewichtszunahme von zwei Kilo die Hände hob wie einer, der sich ergibt. Es ist tatsächlich eine Art von Notwehr gewesen, weil ich ja nicht mit wohlgesetzten Worten sagen konnte, daß nichts mehr gehe.

Aber dann geschah das Unbegreifliche. Ungerührt legte mir die Babuschka, die wie Mütterchen Rußland aussah und bisher kein Wort geredet hatte, neues aufgespießtes Fleisch auf den Teller und sagte im reinsten Schwäbisch einer Bäuerin von der Alb: »Des goht schau no nonter, Büble. En rechter Kerle muaß au was Rechts fressa!« Das »r« rollte wie ein älblerischer Steinschlag, und ich bin zusammengezuckt, als ob ein Blitz in mein Wodkaglas eingeschlagen hätte. Und zum Kollegen Heimann, der die linguistischen Feinheiten als gebürtiger Preuße nicht voll zu erfassen vermochte, sagte ich, er möge mich am Ohr zupfen. Hochkarätiges Schwäbisch aus dem Munde einer Tifliser Babuschka! Ich bin aufgestanden, sie zu umarmen, und sie hat vor Freude geweint.

Wolgaschwäbin war sie. Vor mehr als zweihundert Jahren war die Familie ausgewandert, und sie hat Deutschland nie gesehen. Nicht einmal den Geburtsort der Urahnen kennt sie, aber ihre Sprache ist von kristallener Klarheit. Ich habe ihr zuliebe noch was hinuntergewürgt und viel auf ihr Wohl getrunken. Und an ihrer Tochter hat man gesehen, daß Schwäbisches und Grusinisches eine vorzügliche Mischung ergeben, zur höchsten Zufriedenheit des Hausherrn Nodar Achalkazy, der kein Wort deutsch spricht, aber unheimlich viel von den Deutschen hält.

Einer der zahllosen Trinksprüche des Abends, die den Grusiniern wie farbige Girlanden aus den Mündern kommen, hieß so: »Das Los möge Dynamo Tiflis und den VfB Stuttgart im nächsten Jahr bei einem internationalen Wettbewerb zusammenführen. Dann wird die Babuschka nicht nur zwei Tage lang kochen, sondern vier, und die ganze Mannschaft muß kommen. Weil rechte Kerle was Rechts fressa müsset.« Freilich darf die Fete keinesfalls vor dem Spiel steigen. Sonst wäre der VfB hoffnungslos verloren. Schon Journalisten haben Probleme mit solchem Brauchtum.

Und wie steht's mit sowjetischem Journalistentum? Zwar habe ich durch viele Auslandsreisen einiges davon gewußt, aber in Moskau wollte ich dann doch einmal die Gelegenheit nützen, an die Quelle zu gehen. ›Sowjetskij Sport‹ ist mit einer Auflage von 3,8 Millionen die größte Sportzeitung der Welt und wird an Auflagehöhe im Lande nur noch von der ›Prawda‹ übertroffen. Man hat uns mit außergewöhnlicher Kollegialität empfangen und sich Zeit für uns genommen, wie wir sie im umgekehrten Fall kaum aufbrächten. Auf deutschen Redaktionen brennt ja, wie man weiß, immer etwas an.

Nun kennt man in Rußland freilich auch nicht die Hektik

des journalistischen Konkurrenzkampfs. Diese Sportzeitung ist eine Institution. Sie ist weder von Anzeigen abhängig noch von Ereignissen. Sie schlägt keine Purzelbäume, wenn wichtige Nachtspiele stattfinden, sondern trägt sie am nächsten Tag nach. Meist lapidar und in einer Kürze, die den deutschen Leser gewaltig enttäuschen würde, aber das Blatt muß sich wegen des chronischen Papiermangels täglich mit vier Seiten begnügen. Im Augenblick trägt es einen harten vorolympischen Kampf mit den zuständigen Stellen aus, um während der Spiele mit acht Seiten erscheinen zu können. Aber auch wenn das gelingen sollte, wird man ›Sowjetskij Sport‹ nach zehn Uhr morgens kaum noch irgendwo bekommen. Uns ist das jedenfalls während unseres ganzen Aufenthalts nie gelungen.

Die Platznot, so ist es uns erschienen, läßt den 35 Redakteuren – von denen sich allerdings nur die vier Höchsten so nennen dürfen, die anderen laufen unter dem Sammelbegriff Journalisten – mehr Zeit als unsereinem. Interessant ist, daß fast ein Dutzend Frauen unter ihnen sind, ein für unsere Begriffe ungewöhnlich hoher Prozentsatz. Eine einzige Druckerei in Moskau würde natürlich den Vertrieb bei der gewaltigen Weite des Landes unmöglich machen. So wird das Blatt in 28 Städten gedruckt, eine technische Meisterleistung, die indes die Frage stellt, ob sich solcher Aufwand lohnt bei einem Preis von zwei Kopeken, der etwa sieben Pfennig entspricht. Man hat uns glaubhaft versichert, daß er sich lohne und daß die Zeitung keine Unterstützung brauche, sondern jährlich ihre 14 Millionen Rubel Gewinn an den Sport abführe. Vom Verkaufspreis gehen freilich auch keine Prozente an den staatlich besoldeten Mann im Kiosk ab.

Und Auslandstermine schlagen viel seltener zu Buch als bei uns, weil sie Devisen kosten. Als beispielsweise Torpedo Moskau im vergangenen Jahr im UEFA-Pokal beim VfB Stuttgart spielte, übernahm ›Sowjetskij Sport‹ am Abend nur das Resultat von TASS, und der Bericht für den nächsten Tag wurde in Moskau nach einem Telefonat mit dem Torpedo-Trainer in seinem Stuttgarter Hotel geschrieben. Die russische Auffassung von Journalismus ist eben eine andere, und wir werden es, obwohl in Moskau große Anstrengungen für die Arbeitsmöglichkeiten der internationalen Presse unternommen werden, bei den Olympischen Spielen zu spüren bekommen.

Angst hat der Torhüter nicht nur vor dem Elfmeter

Es war einmal ein kleiner Bub, der wünschte sich vom Christkind riesige Handschuhe und die Unüberwindbarkeit der furchtlosen Ritter in den Märchenbüchern. Aber er wollte keiner von ihnen werden, und er war auch schon groß genug, um zu wissen, daß es sie gar nicht gibt.
Torhüter wollte er werden, aber er war noch zu klein, um zu wissen, daß es auch bei ihnen die Unüberwindlichen nicht gibt. Er wußte nicht, daß jede Mannschaft verwundbar sein muß, weil es sonst das große Spiel nicht gäbe.
Als er Torhüter wurde, lernte er es schnell. Aber er lernte auch alles andere, was man lernen kann, und zählte bald zu den Besten im Lande, zu denen, die in die Nationalmannschaft berufen werden.
Aber das war ihm nicht genug. Der Beste der Welt wollte er werden, und als er es zum erstenmal öffentlich sagte, wurde er belächelt, weil es unheimlich viele gute Torhüter in der Welt gibt. Ihr Bester zu sein ist beinahe so schwer wie König zu werden.
Man muß dazu geboren sein, und der Josef Maier war es. Er ist der König der Torhüter der Welt geworden, weil seine Begabung und Klasse so groß wie seine Besessenheit waren.
Er ist es auch geblieben zu einer Zeit, in der andere nicht nur mit Bällen, sondern auch mit der Last der Jahre zu kämpfen haben. Aber dann ist an einem Maientag dieses Jahres der Autounfall gekommen. Nicht nur Arm- und Rippenbrüche, auch innere Verletzungen von einer

Schwere, die jeden Gedanken an Leistungssport absurd machen. Männer mit viel geringeren Schäden sind lebenslange Invaliden.
Aber dieser Maier-Sepp ist von einem Lager, das sein letztes hätte sein können, aufgestanden, um zu trainieren, weil er zur Sonderrasse der Besessenen gehört. Er hat der Natur, die ihn in überreichem Maß beschenkt, den Kampf angesagt, will sie zwingen, seinem Willen zu gehorchen. Kann man das? Es gibt Beispiele dafür.
Darf man das? Es gibt Grenzen, deren Überschreiten der Arzt verbieten muß.
Aber wer will einen wie ihn bremsen, dessen Willen auch Risse am Zwerchfell flickt, die medizinisch irreparabel erscheinen?
Geht so etwas überhaupt? Man muß abwarten. Sicher ist, daß kaum jemals ein Sportler so hart am Comeback gearbeitet hat wie dieser Josef Dieter Maier.
Warum tut er das? Der Fußball hat ihn reich und unabhängig gemacht, und in spätestens zwei Jahren hätte er ihn verabschiedet.
Als den größten Torhüter seiner Epoche. Aber der ist er auch so. Warum also dieser verzweifelte Kampf um eine Rückkehr, der, vernünftig betrachtet, unnötig ist für einen wie ihn, der alles bewiesen hat?
Die Antwort ist zweifellos im besessenen Bestätigungsdrang des Energiebündels Sepp Maier zu suchen, aber nicht nur in ihm.
Die ganze Seelenwelt des Torhüters spielt mit. Seine insulare Einsamkeit im prickelnden Spannungsfeld des Mannschaftskampfes, seine Verantwortung, die mit keiner der zehn anderen vergleichbar und nicht übertragbar ist wie draußen zwischen den Strafräumen. Die Galerie entdeckt sie erst, wenn sie blitzartig Tatsache wird, und noch viel ahnungsloser bleibt das große Fernsehpublikum.
Denn die kleinen Ausschnitte der 90-Minuten-Dramen, die sich auf den sogenannten zählbaren Erfolg konzentrieren, sind zur modernen visuellen Krankheit geworden. Allemal zeigen sie den Torhüter als Verlierer, was immer er auch geleistet haben mag, und das beliebteste Bild in der Zeitung am Montag ist das des Torhüters, der ins

Gras beißt, und das des Balles, der im Netz zappelt. So wird der Mann zwischen den Pfosten noch mehr zum Masochismus getrieben, als er es schon ist. Die sportliche Konsumgesellschaft in ihrer deutlichen Mehrzahl bekommt viel mehr von seinem Unglück als von seinem Glanz zu sehen, weil nur das zählt, was er zu verhindern hat, nämlich die Tore.

Vergessen, ausgelöscht sind dann die Fehler, die weitab vom Tor von den Mannschaftskameraden begangen worden sind. Es erhebt sich höchstens noch die akademische Frage, ob der Treffer haltbar war oder nicht.

Für einen Torhüter vom Schlage Sepp Maiers ist sie zum Kotzen. Er weiß, wieviel sogenannte »Unhaltbare« er herausgeholt hat, so wie er weiß, wer den eigentlichen Fehler, der plötzlich ihm angekreidet wird, gemacht hat.

Aber was bringt's? Den Letzten beißen die Tore, und wenn vor ihm reihenweise die Schlafmützen gestanden sind.

Torhüter müssen mit dieser Philosophie leben. Sie müssen sich auch herbe Kritik gefallen lassen, wenn sie kalt erwischt werden, obwohl jeder wissen sollte, wie schwer es ist, warme Muskeln und blitzschnelle Reflexe aufzubieten, wenn du im winterlichen Kampf eine halbe Stunde tatenlos gefroren hast und plötzlich ein Überfall kommt.

Deshalb sind alle Torhüter, die groß werden, außergewöhnliche Männer, die sich nicht nur durch ihren Pullover von denen unterscheiden, die das Spiel machen.

In gewisser Hinsicht hat er sehr wohl mit der Ritterrüstung der einstigen Unbezwingbaren zu tun, und wenn ich an die Helden meiner Jugend denke, ertappe ich mich bei der Idee, daß es gar nicht so verwunderlich gewesen wäre, wenn sie sich mit Helm und Hellebarde zwischen ihre beiden Pfosten gestellt hätten. Waren Heiner Stuhlfauth und Hans Jakob vielleicht keine Recken, die mit den Nibelungen konkurrieren konnten?

Wer darüber lacht, kann sich nicht in zehnjährige Buben versetzen, die ohne Europapokale und Fernsehen aufwuchsen und deren Idole aus Wien oder Prag kamen,

Städte, die damals viel weiter entfernt waren als heute Rio oder Montevideo.
Aber zwischen den Jahren sind die Wiener und Prager Klubs gerne auf Tournee gegangen, und an einem Weihnachtsfeiertag habe ich als winziger Knirps im Brötzinger Tal zu Pforzheim Rudi Hiden, den schwarzen Panther vom Wiener AC und vom österreichischen Wunderteam, gesehen. Für doppelten Eintrittspreis, was für uns Buben 20 Pfennig bedeutete. Ich stand direkt hinter dem vorsintflutlichen Kasten mit der durchhängenden Torlatte. Nur das verbeulte und aus Draht geflochtene Netz trennte mich von dem, den sie den besten Torhüter der Welt nannten.
Er hat mit einer Hand einen flach geschossenen Elfmeter gehalten. Genauer gesagt mit der Faust, die nach dem Hechtsprung auf den Ball schlug und ihn buchstäblich auf die Linie nagelte. Erst dann faßten beide Hände zu. Wir aber hatten solches nie gesehen und konnten es nicht fassen.
Arsenal hat damals viel Geld für den früheren Grazer Zuckerbäcker geboten, der den schwarzen Pullover mit dem weißen Rollkragen einführte, aber er bekam keine Arbeitsgenehmigung in England, und das Rennen machte der Racing Club de Paris. Und noch heute schwören die alten Stammgäste des Prinzenparks, daß es nie einen eleganteren Torhüter in Frankreich gegeben hat.
Freilich war der junge französische Profifußball nicht stark genug, um Hiden die Ausstrahlung zu geben, die seine Zeitgenossen Ricardo Zamora in Madrid und Frantisek Planicka in Prag hatten. Der Spanier war der Göttliche, der Tscheche war die Katze von Prag, und was an Legenden von ihnen über die Grenzen drang, vergrößerte sich mit der Entfernung zum Wundersamen.
Was der Panther, die Katze und der Göttliche gemeinsam hatten, war ihr von der Galerie gewünschter und von ihnen bis zum Exzeß praktizierter Wagemut. Jeder von ihnen hat sämtliche Rippen und Arme gebrochen, ganz zu schweigen von den Kopfverletzungen, die sie in Serie hinnahmen.
Und mit ihnen ihre Nachahmer. Der sich kopfhals ins Ge-

tümmel stürzende Torhüter war ein gefährliches Markenzeichen des Fußballs zwischen den beiden Weltkriegen, und er hat nicht nur den Ruhm der einsamen Männer zwischen den Pfosten vermehrt, sondern auch ihre Verletzungen.

Gegenüber diesen ohne Netz arbeitenden Akrobaten waren Heiner Stuhlfauth und Hans Jakob eher Männer des Nordens, die sich der sachlicheren englischen Schule anglichen, Riesen, die ihr Risiko kalkulierten und auf die Galerie pfiffen, ohne von ihr bepfiffen zu werden. Oft genügte ihnen, wo der südländische Akrobat Kopf und Kragen riskierte, eine simple Fußabwehr.

Zur Wissenschaft erhoben aber wurde nach dem Zweiten Weltkrieg die Kunst des Toreverhütens von Lew Jaschin. Der Mann mit der breiten und scheußlichen Schildmütze eines sowjetischen Fabrikarbeiters, die er nie erneuerte, weil er sie als Glücksbringer ansah, hat die Kunst des Toreverhütens viel eindrucksvoller entwickelt als seine Mannschaftskameraden von Dynamo Moskau und der Nationalmannschaft die Kunst der Produktion. Aus dem höchst einfachen Grund, weil er sozusagen im eigenen Labor schaffte und sich weitgehend unabhängig fühlte vom Zwang des Kollektivdenkens, mit dem die Russen den Weltfußball erobern wollten.

So wurde er in einem Land, das den Individualismus im Spiel ablehnte, ihn aber dem Torhüter nicht verbieten konnte, ein authentischer Star.

Lew Jaschins Karriere endete, als die des Sepp Maier begann. Beide haben, wiewohl sie grundverschiedene Charaktere sind, viel Gemeinsames, wenn man an das Gefühl für die Entwicklung eines Angriffs denkt, an Stellungsspiel und auch an Reflexe, die ja nur dann nützlich zu sein pflegen, wenn man am rechten Fleck steht.

Und beide gehören, wie die Hiden, Planicka und Zamora, zu den Unsterblichen des großen Spiels, zu den Männern, von denen man überall auf der Welt sprechen wird, solange der Ball rollt. Manchmal machen sie uns sogar glauben, sie seien unüberwindlich, und lassen uns vergessen, daß der Ball nur weiterrollen kann, weil es den Übermenschen im Tor nicht gibt.

Aber der Maier-Sepp wäre beinahe einer, wenn er zurückkäme. Das treibt ihn zu Anstrengungen, die man getrost als übermenschlich bezeichnen darf. Torhüter lassen sich nicht mit üblichen Maßstäben messen, und sie können sich immer nur selbst helfen.

In memoriam Richard Kirn

Auf dem Frankfurter Südfriedhof wird heute Richard Kirn beerdigt. Jeder, der im Sportjournalismus mehr sieht als emotionales Trommeln und Peitschenknallen, weiß, daß ein Unersetzlicher geht. Einer aus der alten Zeit, denn er ist 74 geworden und hat ein erfülltes Leben hinter sich. Aus der alten Zeit ja, aber aus der alten Schule? Ich glaube es nicht. Kirn war ein störrischer Einzelgänger, ein Autodidakt, der zum großen Journalisten wurde und von seiner Liebe zum Sport nie loskam, obwohl seine Tagesaufgabe der blitzende Essay war, oft ein paar Zeilen nur, heiter, ironisch oder auch nachdenklich. Er war kein rasender Reporter wie Egon Erwin Kisch, den er verehrte, eher ein Literat des Journals wie Altenberg oder Torberg. Täglich hat die ›Frankfurter Neue Presse‹ ihm, dem Einzelgänger, auf der ersten Seite sein Kästchen freigelassen.
Was da hineinkam, hat er ›Tagebücher‹ genannt, und wenn man bedenkt, daß er damit 1927 in der ›Wormser Volkszeitung‹ begann, dann sind das in mehr als fünfzig Jahren an die 20000 Blätter. Es gab, besonders im Sport, junge Kollegen, die über ihn lächelten, aber sie hätten besser über sich geweint.
Wahllos sei ein Fragment herausgegriffen: »Heute abend liegt eine eigenartige Stimmung über der Landschaft: ein graues Rosa wie auf manchen Bildern von Monet. Es gehört zum Hochgebirge, doch stärkeren Eindruck hat das Aroser Blau auf mich gemacht. An wolkenlosen Tagen, in der Stunde vor der Abenddämmerung, steht es in einem unwirklichen Kontrast zu der eisweißen Bergkette, die

das Hochtal im Osten abriegelt. Es ist ein Blau wie aus einer anderen Welt; die alten Maler haben es dem Mantel der Jungfrau verliehen.«
Richard Kirn gehört zu den alten Malern des Sportjournalismus, und Arosa ist ein Teil seiner Welt gewesen. Oft, wenn auch glücklicherweise nicht so oft wie im Frankfurter Café Hauptwache, sind seine Manuskripte in Arosa entstanden, weil der hochgewachsene, aber schmächtige Mann dort eine hartnäckige Tuberkulose bekämpfte. Er tat es mit der ihm eigenen Energie und stellte die Ärzte, die ihm als Jüngling eine Lebenserwartung von 30 Jahren gegeben hatten, vor ein Rätsel.
Als jungem Redakteur oblag es mir, seine wöchentliche Kolumne im ›Grünen Sportbericht‹ zu redigieren, und das ist am Anfang eine Heidenarbeit gewesen. Denn Richard Kirn, der zum Tippen nichts anderes als zwei lange dünne Zeigefinger benützte und dies mit bemerkenswertem Tempo tat, vertippte sich zwangsläufig in fast jeder Zeile, und seine mit krakeliger Schrift vollzogenen Korrekturen verlangten eine Phantasie, die häufig über meine Verhältnisse ging.
Bis mir eines Tages ein erfahrener Maschinensetzer erklärte, ich solle mir meine Mühe sparen. Er werde das schon machen, und überhaupt sei es ein Genuß, den Kirn zu setzen.
Sie haben sich tatsächlich alle um seine kaum leserlichen Manuskripte gerissen; selbst die Pingeligsten, die bei Jungredakteuren wegen eines fehlenden Kommas maulten.
Aber nicht nur die Schriftsetzer liebten ihn, diese von der technischen Revolution gefressenen Kinder der Schwarzen Kunst. Kirn hat damals beim ›Sportbericht‹ die meiste Leserpost bekommen, weil seine Kolumne eine wohltuende Oase in einer von permanentem Zeitdruck diktierten Hektik der Berichterstattung war.
Bei ihm ruhte der Leser aus. Daß der Mann bei allem, was er zu tun hatte, nicht Meisterwerk um Meisterwerk produzieren konnte, versteht sich am Rande; aber oft genug gelang ihm eine Poesie der Prosa, die viele die Hüte ziehen ließ.

Geld hat er nicht damit einsammeln können, aber er war auch keiner, der nach Reichtum strebte. Sein Leben war reich, weil er andere Menschen mit seiner Phantasie und seiner blumigen und doch klaren Sprache beschenken konnte.
Einmal freilich, mitten im Krieg, ist er vor einem großen Coup gestanden. Sein ›Lachender Fußball‹ ging hoch bis fast zur Millionenauflage. Er wurde zum größten Bestseller unter den Sportbüchern, aber er wurde sozusagen staatlich verlegt und an die Front geschickt, und Richard Kirns Goodwill-Honorar bestand aus einem Sack seines geliebten Bohnenkaffees.
Er hätte reich werden können, doch er hat sich nie arm gefühlt. Der deutsche Sportjournalismus aber ist ärmer geworden.

Das Paradies der Alten

Als am Samstagabend die Bundesliga von den ARD-Bildschirmen verschwand und Eintracht Braunschweig vom VfB Stuttgart praktisch in den Fahrstuhl gesetzt war, der erst wieder in der Zweiten Liga hält, kam lustiger Fußball: Fort Lauderdale Strikers gegen Cosmos New York mit Gerd Müller und Franz Beckenbauer in den Hauptrollen. Bomber contra Kaiser im sonnigen Florida.
Es war, wie wenn Donald Duck nach dem ›Kommissar‹ kommt. Nicht nur weil der Bomber watschelte und der Kaiser lächelte. Nie hat man deutlicher die Unterschiede zwischen Fußballbusineß made in Germany und Fußballbusineß made in USA erkennen können.
Verbissen kämpfen die Deutschen vor einer kritischen, drohenden Zuschauerwand, die nichts verzeiht und nichts übersieht. Leistung will sie, nicht Show.
Ganz anders in Fort Lauderdale. Langbeinige hübsche Mädchen mit Federhüten, die aus dem Casino de Paris sein könnten, hüpfen pausenlos ums Spielfeld herum, auf

dem Männer mit teilweise illustren Namen eine fußballähnliche Demonstration machen, die ein wenig an die Kriegstänze von domestizierten Indianern für Touristen erinnert.
Oh, sie können's alle noch, und daß sie nicht mehr so schnell und so viel laufen wie damals, als sie sich ihre Namen machten, stört ein unkritisches Publikum, das bei hohen Bällen und unnötigen Dribblings jauchzt, überhaupt nicht.
Ab und zu läuft der Kaiser Slalom wie in großen Zeiten, aber er gibt den Ball erst ab, wenn er ins Schnaufen kommt. Daß sich neben ihm freilich keiner freiläuft, merkt nur er. Er, der selbst zu Bayerns größten Zeiten zu sagen pflegte, daß er einmal in einer Mannschaft spielen möchte, in der jeder kicken kann.
Und nun kickt er, der Ästhet, in einem zusammengewürfelten Haufen von alternden Individualisten, die das süße amerikanische Brot der späten Tage essen. Geniales blitzt da manchmal auf, aber es wird in Dosen dargeboten, und es mag wohl sein, daß sie in solchen Momenten das Gefühl haben, Perlen vor die Säue zu werfen.
Denn der Beifall kommt zu ganz anderen Momenten, in denen gar nichts zu beklatschen ist, und das mag sie traurig machen wie den Mimen, der vom Broadway in die Schmiere abgerutscht ist, ob sie Beckenbauer, Müller, Marinho oder Cubillas heißen.
Fort Lauderdale ist übrigens ein Altersparadies. Zahllose Begüterte aus New York und dem Mittelwesten haben an seinem Strand ihre Alterssitze gebaut und nennen Gerd Müller, wenn er durchs Städtchen geht, immer noch einen »boy«.
Das tut einem, der im Paradies der alten Fußballer kickt, schon gut.

Wenn's in Moskau piepst

Erste Nacht und erster Tag in Moskau. Man braucht Geduld, aber die olympische Maschinerie läuft. Sie läuft langsam, aber sicher, und wenn dir der olympische Presseausweis am Hals baumelt, bist du aus dem Gröbsten heraus und sowjetischer Gastarbeiter mit bemerkenswerten Privilegien.

Der Weg freilich ist mit einigen Tücken gepflastert. Es hat mit einem strengen Verweis begonnen, den allerdings nicht ich einzustecken hatte, sondern der treffliche Ruslan Podosimmikow, welcher zur Repräsentanz der Daimler-Benz AG in Moskau gehört und mich mit einem unverschämt neuen Auto am Flughafen abholte. Man sieht so ein Ding in Moskau so selten wie einen auf der Königstraße landenden Hubschrauber.

Aber leider darf es auch nur 90 fahren. Als der wackere Chauffeur auf der schnurgeraden Straße auf flotte, aber für unsere Begriffe keineswegs berauschende 110 ging, kam die kalte Dusche. Sie kam sozusagen aus dem Nichts. Denn in einem als Zivilfahrzeug verkleideten Polizeiwagen saß ein Polizist, der leider nicht verkleidet war.

Wir erschraken tüchtig, denn ungewöhnlich war die Art der Annäherung. Der Gesetzeswächter schnauzte uns nämlich per Mikrophon und Lautsprecher an, und sein »stoi«, welches sofortiges Halten gebot, klang schneidend.

Dann sprach er schneidend mit dem Fahrer, der indes weder auf Kopf noch auf Mund gefallen war und aus meiner Wenigkeit einen so bedeutenden olympischen Fahrgast machte, daß das Gespräch zunehmend an Freundlichkeit gewann und vielleicht sogar in einer Kneipe geendet hätte, wenn es in Moskau segensreiche Einrichtungen dieser Art gäbe.

Dafür gibt es andere, und die haben mir einige Probleme bereitet, ehe ich mein Zimmer im gewaltigen Komplex des Hotels ›Rossija‹ beziehen konnte.

In der Tat habe ich einen veritablen Alarm ausgelöst, der eine große Menge von Ordnungshütern zusammenlaufen ließ, und das kam so: Jeder Ankömmling wird nebst Ge-

päck von Strahlen durchleuchtet, die beim kleinsten Metallstück ein schrilles Piepsen auslösen.
Ich habe gepiepst wie fünfzig Spatzen. Zuerst war es die Uhr, dann das Geld und am Schluß aus völlig undurchsichtigen Gründen sogar die Zigaretten. Sechsmal haben sie mich durch die Strahlen gejagt, bis ich keinen verdächtigen Ton mehr von mir gab. – Aber das Schlimmste kam noch. Das Durchleuchten der Koffer ergab ein Röntgenbild, das die Kontrolleure erstarren ließ. In der Tat zeigte der Schirm Bilder, die so eine verflixte Ähnlichkeit mit Munition hatten, daß ich selbst erschrak und an jene bösen Spionagekrimis denken mußte, bei denen man Agenten heiße Ware in die Koffer schmuggelt.
Mit sehr gemischten Gefühlen habe ich die Koffer geöffnet und mich schon in der Lubjanka beim KGB gesehen. Aber es sind nur die Feuerzeuge und die Kugelschreiber gewesen, von denen eine größere Menge in Rußland sehr nützlich sein kann. Die Herren haben dann auch hochbefriedigt aufgeatmet und alles wohlwollend als Arbeitsgeräte anerkannt. Sogar eine Puderdose, mit der sich jetzt die gestrenge, aber mir sehr wohlgesonnene Etagenbeschließerin morgens schönmacht.
Zunächst aber bin ich zur Erledigung anderer Formalitäten eingezogen in die gleiche Halle, in der eine Handvoll Stuttgarter Journalisten vor zwei Jahren beim UEFA-Cupspiel des VfB fluchend auf den Koffern hatte nächtigen müssen, weil jemand Mist gebaut hatte.
Welch ein Unterschied diesmal! Es war ein Genuß, offiziell erwarteter Gast zu sein und den Koffer, der damals zum nächtlichen Sitzen diente, sogar ins Zimmer getragen zu bekommen. An der Bar habe ich einen Wodka getrunken und habe zufrieden von der Empore hinuntergeblickt, von der aus die Putzfrauen morgens um vier Uhr mit nassen Lappen nach uns geworfen hatten.
Ich habe überdies ein schönes Zimmer mit Blick auf den Kreml und einen Wasserhahn, der nicht tropft, auch wenn das warme Wasser zu heiß und das kalte zu warm ist und das Klo wie ein isländischer Geysir ausbricht, wenn man nicht sehr gefühlvoll drückt. Aber alle fünf Lampen brennen, und sie brennen viel heller als beim letztenmal. Man-

cher deutsche Hotelier mit seinen müden Nachttischfunzeln könnte sich eine Scheibe davon abschneiden.
Und die Üppigkeit des Frühstücks stellt sogar München und Grenoble in den Schatten, die bisher auf diesem Sektor als Träger der olympischen Goldmedaille gegolten hatten. Alle kriegen beim erstenmal große Augen.
Ich habe aber auch große gekriegt, als ich aus meinem neunten Stock zum erstenmal über die rote Backsteinmauer des Kremls blickte. Von unten kann man das ja nicht.
Ich sah keine finster blickenden Bonzen, die wichtigen Amtsgeschäften nachgehen, wie man sich das so vorstellt, sondern ein maßgerechtes Basketballfeld mit seinen Körben. Sicher, es ist kein Haupt-, sondern ein Randbezirk des Kremls, und der Spassky-Turm ist weit. Aber trotzdem erstaunlich, oder? Ein Basketballfeld da, wo Rußlands Herz schlägt.
Vielleicht ertüchtigt sich hier Leonid Breschnews engerer Stab, und ich bin gespannt, ob ich es mal sehe. Er muß von beachtlicher Stärke sein, denn wenn Helmut Schmidt 44 um sich hat, sind es bei Leonid sicherlich ein paar hundert, und die wollen ja wohl auch mal was Vernünftiges tun.

Weißes Band im Sommerwind

Die Sonne, auf die wir zu Hause so lange gewartet haben, strahlt über Moskau. Sie spiegelt sich in den goldenen Zwiebelkuppen der Kremlkirchen und macht die Basiliuskathedrale zum flammenden Pilz, der mit unwirklicher Farbenpracht aus dem Roten Platz schießt, da, wo er aufhört beim großen Tor, aus dem die geheimnisvoll verhängten schwarzen Limousinen rollen. Je größer sie sind, um so lauter pfeifen die Polizisten, damit alles stehenbleibt und der Wagen mit quietschenden Reifen in die breite Straße einbiegen kann, die an der Frontseite des Kaufhauses Gum beginnt.

Ich bin ausgebrochen aus den mit einer Akribie ohnegleichen abgeschirmten Ghettos von Pressehotel und Pressezentrum, die mit Spezialomnibussen verbunden sind, in denen selbstverständlich auch nur Presseleute sitzen. Denn man spürt sonst nichts von Moskau, und nicht einmal die Polizisten, die sich wie die weißen Mäuse vermehren und aus jeder Schublade krabbeln, sind aus Moskau. In der Provinz können nicht viele übriggeblieben sein, und Olympia muß außerhalb der Hauptstadt ein Dorado für Gauner sein.
An diesem sommerüberfluteten Morgen hatte ich reges Leben auf dem Roten Platz erwartet, der einer der schönsten dieser Erde ist und sicherlich der bedeutungsvollste, denn selbst Kaltblütler mit schwacher Phantasie müssen spüren, daß hier Rußlands Herz schlägt.
Aber trotz der Sonne habe ich ihn unterkühlt gefunden. Irgend etwas von olympischer Vorfreude hatte ich erwartet, ein Stück bewegte Buntheit neben der strahlenden Farbenpracht der Basiliuskathedrale und dem frischen Ockergelb des langgestreckten, die roten Backsteinmauern überragenden Palastes.
Doch drei Viertel des Roten Platzes liegen in gähnender Leere. Ein paar Streifenwagen der Polizei parken auf dem uralten Kopfsteinpflaster, das wohl schon Iwan den Schrecklichen trug, und nur an der Kremlmauer bewegte sich stumm und mit langsamen Tippelschritten der ewige Pilgerzug zu den braunroten Porphyrquadern des massigen Lenin-Mausoleums.
Es ist ganz still auf dem riesigen Platz, und begehbar ist er nur dort, wo die Basiliuskathedrale steht. Sonst bleibt, um ihn abzuschreiten, nur das breite gegenüberliegende Trottoir am Kaufhaus Gum.
Aber es scheint, als ob auch hier niemand die Stille durchbrechen wolle. Die Moskowiter flanieren nicht wie Bewohner anderer Hauptstädte, sondern sie machen den Eindruck von Leuten, die zwar nicht unbedingt griesgrämig sind, aber angestrengt über etwas nachdenken und dringend irgendwohin müssen. Bei vielen denkt man, es sei der Zahnarzt.
Vielleicht geht es aber nur um ein günstiges Verkaufsan-

gebot. Olympia bringt manches in die Stadt, was sonst nur schwer oder mit Beziehungen zu kriegen ist. Kirschen von allerbester Qualität habe ich gesehen, die aus Georgien, wenn nicht gar aus Frankreich oder Italien eingeflogen wurden, und man spricht davon, daß in vielen Betrieben Leute vom Dienst befreit seien, um auf Pirsch zu gehen. Man darf das ruhig ein legitimes Abschneiden vom olympischen Kuchen nennen.

Wie aber steht's mit den olympischen Kontakten? Wie begegnet der Mann auf der Straße dem Fremdling, der seinen großen olympischen Ausweis auf der Brust trägt und dies auch tun muß?

Nun, die Touristen, die wohl die Hunderttausend erreichen werden, sind noch nicht da, und die Journalisten sind hauptsächlich mit dem Pendeln zwischen ihren Ghettos beschäftigt. Steht man aber auf dem breiten Trottoir vor dem Roten Platz, kommt der kleine neugierige Blick auf das Brustschild, aber sofort schwenkt er ab, als ob das schon ein Schuß zuviel gewesen sei. Manchmal spürt man, daß einer vielleicht gerne etwas gefragt hätte, aber da ist er schon wieder zwei Schritte weiter. Und bei den Mädchen ist der Blick noch kürzer, ja kaum angedeutet, aber es kommt vor, daß sie nachher tuscheln und sich an der Ecke nochmals umdrehen. Doch nur ganz kurz.

Aber ein Gespräch habe ich trotzdem gehabt. Es ist nicht am Roten Platz, sondern an der anderen Seite der Kremlmauer gewesen, da wo ein kleiner Park mit schönen Blumen ist und man hintreten darf bis zur Mauer, wo die ewige Flamme zu Ehren des Unbekannten Soldaten brennt.

Hier findet der regste Hochzeitsverkehr der Welt statt. In Limousinen, die die Stadt Moskau zur Verfügung stellt, rollen Brautpaare nebst Eltern und Trauzeugen wie am Fließband an, um Blumen niederzulegen. Es mag viel ernsthafte vaterländische Symbolik dahinterstecken, aber man spürt eben auch viel hochzeitliche Fröhlichkeit, und man hat wohl auch schon was getrunken, obwohl das große Fest erst kommt.

Mir jedenfalls hat ein unheimlich gemütlich aussehender Brautvater mit markanter Herzlichkeit auf die Schulter

geklopft und wissen wollen, wo ich herkomme. Er hat sogar ein paar Brocken Deutsch gekonnt und gesagt: »Daß BRD nicht kommt, ist nix gutt. Aber gutt, daß du kommst. So du sehen, daß Russen gute Menschen!«
Viel habe ich nicht dazu sagen können. Es ist auch gar keine Zeit gewesen, weil schon die nächsten Paare gekommen sind und das bekränzte Hochzeitsauto gewartet hat. Es sind acht Leute eingestiegen, und die Braut ist auf dem Schoß ihres zwei Stunden alten Gatten gesessen und hat herausgewinkt. Hinter dem Wagen hat ein weißes Band im Sommerwind geflattert wie ein Silberstreifen.

Draußen im Birkenwald

Gelegentlich trifft die eigene Zeitung im Hotel ›Rossija‹ ein, und vielleicht wird der Normalverbraucher nicht verstehen, daß man sie fast streicheln möchte und viel aufmerksamer liest als zu Hause. Es ist nicht pure Eigenliebe, weil man da ein bißchen mitmachen darf, sondern heimatlicher Informationshunger, gekoppelt mit der absoluten Unmöglichkeit, russischen Zeitungen etwas Verständliches zu entlocken. Damit entfällt natürlich, und warum soll man es nicht zugeben, eine wichtige journalistische Morgenlektüre, die, wenn man von Tokio und Sapporo absieht, bei allen Olympischen Spielen sehr hilfreich war.
Was nun den Empfang des eigenen Blattes anlangt, so ist er freilich von bemerkenswertem russischem Bürokratismus. Die Etagenbeschließerin übergibt dir einen mit unheimlich vielen unleserlichen Worten gefüllten Laufzettel, mit dem du dich ins Postzimmer der zweiten Etage zu begeben hast. Falls die Dame nicht gerade Pause macht, darfst du ihn vorlegen und warten, bis sie deine Zeitung aus einem großen Korb gefischt hat. Ist sie schlecht aufgelegt, dauert es lange, weil sie sich nicht helfen läßt und nicht weiß, wie das Blatt aussieht. Ist sie aber guter Laune, darfst du es selbst suchen, und dann bestätigst du feierlich

den Empfang an der vorgeschriebenen Stelle des Laufzettels.
Ich habe Leitartikel und »Brücke« der Samstagsausgabe mit vorzüglicher Hochachtung gelesen und mir gesagt, Menschenskind, da mußt du dich ganz schön auf den Hintern setzen, wenn die zu Hause so kluge olympische Sachen schreiben. Zumal es verflixte Spiele sind. Man ist dabei, aber *wir* sind nicht dabei. Damit soll kein Nationalismus heraufbeschworen oder der Unmöglichkeit nachgetrauert werden, sich an Rockschöße deutscher Funktionäre oder Athleten zwecks Interviews zu hängen. Wir werden schon noch Wissenswertes aus anderen herausklopfen.
Aber ein Stück nie erlebter olympischer Hohlheit läßt sich einfach nicht totschweigen. Man denkt an Burschen und Mädchen, die einer Sache, die nun einmal alles andere als eine Nebensache für sie ist, unendlich viel Zeit und Energie gewidmet haben und nun mit einer lächerlichen Olympiabekleidung abgefunden werden und sich von der Politik mißbraucht fühlen.
Gedanken dieser Art haben mir einen olympischen Tiefpunkt beschert, und Marina, die Dolmetscherin, hat es gemerkt. Sie hat ein feines Gefühl für solche Dinge, wenn auch manch eigenartige Ansicht über das Deutschland des Westens.
Sie schlug, weil sie meine Liebe für Georgien und Tiflis kennt, ein georgisches Lokal an der Moshaiskaja vor, und wir sind auf der Minsker Autobahn unheimlich weit nach Westen gefahren, länger als eine Stunde, und durch endlose Birkenwälder. Aber es war, bitte sehr, keine zweisame Mondscheintour, denn der Student Wolodja war dabei, weil Marina ebenso tugendsam wie diskussionsfreudig ist. Aber sie ist plötzlich viel weniger spartanisch gewesen, denn der Tisch hat sich schon unter der verführerischen Last der georgischen Vorspeisen gebogen, und nach den Hauptgängen habe ich beschlossen, einen strengen Fasttag einzulegen. Mit viel Wasser.
Wolodja war ein vergleichsweise stiller und tapferer Esser, aber Marina hat geredet wie ein Buch. Zwar konnte ich sie immer noch nicht davon überzeugen, daß deutsche

Millionäre nicht alles über den Haufen schießen, wenn sie Lust dazu verspüren, aber sie hat mir mit Vehemenz und allerhand Logik erklärt, warum es der Mann auf der Straße so sehr begrüßt hätte, wenn die deutschen Athleten gekommen wären.
»Wir haben vieles nicht vergessen, aber wir bewundern an den Deutschen auch vieles. Wärt ihr gekommen, wäre mancher Schlußstrich gezogen worden. Euer Boykott hat Wunden aufbrechen lassen, aber die, die ihn verfügt haben, begreifen es nicht.« Und nach einer Pause: »Wissen Sie, wie schrecklich gekämpft worden ist an der Stelle, wo wir jetzt sitzen?«
Wolodja brachte einen Trinkspruch auf den Frieden aus, und er klang gut. Ich aber holte mir beim Taxifahrer, der brav in seinem Wagen schlief, ohne den Zähler laufen zu lassen, was Marina mit Fug und Recht als einen im Kapitalismus undenkbaren Service bezeichnete, eine Landkarte.
Denn wir waren nicht weit von Moshaisk entfernt, und noch viel näher, ein paar winzige Kilometer nur, wie ich der Karte einwandfrei entnehmen konnte, war die Stelle, wo ich im Winter 1941 bei 45 Grad Kälte einen Granatsplitter in die Ferse bekommen habe.
Man zieht zwar keine Schuhe unter dem Tisch aus, aber Wolodja wollte die Wunde unbedingt sehen. Und dann wollte er in das Dorf fahren. Aber es war dunkel, und es gab nur schmale Wege durch Birkenwälder, und der Taxifahrer sprach von der Miliz, die sicherlich keinen Gefallen an einer kaum glaubhaften nächtlichen Orientierungsfahrt dieser Art gehabt hätte.
Wir haben deshalb lieber auf meinen Fuß getrunken, der später wieder ganz tauglich für den Fußball geworden ist, und auch darauf, daß der Schütze Iwan Iwanowitsch nicht besser gezielt hatte.
Ich habe hinausgeschaut zu den Birken, die immer noch die gleichen waren und nur größer geworden sind, und hätte mir nie träumen lassen, daß ich jemals einen solchen Trinkspruch erleben würde.
Und in Marinas braunen und melancholischen Augen ist Wärme gewesen.

Nadia und Al

Olympische Wiedersehen sind immer reizvoll, und vier Jahre sind eine lange Zeit im schnellebigen Rhythmus der Leistungssportler. Ihr hochtouriger Motor ist nicht der von unsereinem und in den meisten Fällen nur einmal für Olympia verwendbar.

Freilich, wir hätten in Moskau das Phänomen Al Oerter wiedersehen können, den Mann, der vier Goldmedaillen im Diskus geworfen hat, sich mit 44 Jahren auf die fünfte vorbereitet hatte. Als ob es gestern gewesen wäre, sehe ich ihn vor mir, wie er im tropischen Regen von Mexico City den Diskus sorgsam mit einem weißen Handtuch abwischte und ihn so weit schleuderte, daß sein hypernervöser Landsmann Jay Silvester mit wütender Ungläubigkeit seine Vorschußlorbeeren zerstampfte.

Aber es gibt in Moskau keine US-Athleten und keinen Al Oerter, der einen unschlagbaren Weltrekord aufstellen wollte. »Man muß sich unheimlich plagen, um mit 44 in die Weltelite zurückzukehren«, hat er gesagt, »und wenn ich gewußt hätte, daß alles umsonst war, hätte ich den Diskus durch die schönste Scheibe des Weißen Hauses geschmissen.«

Andere müssen sich schon mit 19 gewaltig für ein olympisches Comeback plagen. Ich habe Nadia Comaneci, die Fee von Montreal, wiedergesehen, und sie ist mir vorgekommen wie die Tante im Kindergarten. Um sie herum diese biegsamen Winzlinge mit den Gummiknochen und den zu großen und zu ernsten Augen in den Kindergesichtern, bei denen man sich nicht wundern würde, wenn sie zwischen ihren Übungen an der Schoppenflasche nuckeln würden.

Aber sie bekommen ganz andere Sachen verabreicht. Beispielsweise solche, die die Pubertät hinausschieben, weil natürliche Rundungen hinderlich sind bei dem, was man fälschlicherweise Frauenturnen nennt.

Heute hat Nadia kein piepsendes Kinderstimmchen mehr. Sie schläft auch nicht mehr mit ihren Puppen, und ihr Französisch ist so gut geworden, daß man sich viel besser mit ihr unterhalten kann als in Montreal.

Sagen wir lieber könnte. Das Mädchen ist ein Eisberg von Konzentration. Kein Wort über die Gegnerinnen, keines über die eigenen Hoffnungen. Belangloses nur, man spürt, daß sie auch das als unnötige Ablenkung betrachtet. Und man ertappt sich dabei, sie zu bedauern, weil sie nicht einmal mehr ihre Puppen hat. Sie könnte Kinder kriegen, aber sie zeigt das undurchdringliche und vor Konzentration maskenhaft erstarrende Gesicht einer Medaillen-Wöchnerin. Sie bestiehlt sich für den Erfolg um Schönheit und Charme, doch muß das wohl sein, wenn man einer solchen Reputation gerecht werden will. Und daß sie das will, zeigt jeder Zoll zwischen Haar- und Fußspitzen. Das ist nicht mehr das Persönchen, dem in Montreal alles zuzufliegen schien, einschließlich der Herzen der Kampfrichter, die siebenmal die Zehn zogen und die Halle heftiger vibrieren ließen, als es die Cracks des Eishockeys je fertiggebracht haben.

Die Montrealer gingen zu Nadia wie die Moskauer ins Bolschoi oder die Mailänder in die Scala, weil sie das Flair des Genialen ausstrahlte. Und so will sie auch die Moskowiter erobern, aller sowjetischen Konkurrenz zum Trotz und auch der Unkenrufe, daß die Dame Comaneci nie wiederholen könne, was dem Kind Comaneci mit jener feenhaften Leichtigkeit gelang, die perplex macht.

In der Tat ist die Leichtigkeit weggeblasen. Man erinnert sich, daß sie vor zwei Jahren verloren schien für den Wettkampf auf höchstem Niveau, weil sie sozusagen übergangslos vom Kind zur Frau wurde. Was künstlich verzögert worden war, mußte bezahlt werden.

Und der Preis war hoch. Die Adaptation ihrer Bewegungen für das zunehmende Gewicht machte ihr enorme Schwierigkeiten, aber sie schaffte es mit einer Energie, die ebenso ins Fabulöse ging wie ihre Montrealer Leistungen.

Man mag Inhumanes in diesem gewaltigen Trainingsaufwand sehen, aber wer wollte diesem Mädchen Bewunderung versagen für ein Comebak, das die Fachwelt für unmöglich gehalten hatte? Und hier ist auch die Parallele zu Al Oerter, dem Veteranen der klassischen Wurfscheibe,

den wir so gerne in Moskau beim Annehmen der großen Herausforderung gesehen hätten.
Aber wenn dieser Teufelskerl seinen Diskus nicht doch noch ins Weiße Haus schmeißt, ist ihm zuzutrauen, daß er 1984 in Los Angeles auftaucht.

Plötzlich war der Riese Ignaz da

Endlich im Stadion. Die anderen Wettkampfstätten mögen so eindrucksvoll sein, wie sie wollen, aber sie bleiben Nebenschauplätze des gewaltigen Ovals, das an diesem ersten Morgen der Leichtathletik erstaunlich gut besetzt ist. Mindestens 70000 sind da, und das haben zum Auftakt weder Mexiko, München noch Montreal aufgebracht. Man sitzt in Freizeithemden auf den Bänken des Lenin-Stadions, und niemand braucht zu stehen wie in München, wo man einem avantgardistischen Zeltdach eine banale Gegengerade der Jahrhundertwende gegenübergestellt hat. Man sitzt unter der in Schäfchenwolken ein bißchen blaß gewordenen Moskauer Sonne, aber die feuchte Luft ist schwül, und es ist so windstill im Oval, daß sich die olympische Flagge fast unbewegt an den Zentralmast schmiegt. Neben mir hat ein australischer Kollege das Hemd ausgezogen und hängt mit einer weißen Hühnerbrust über seinem Arbeitspult wie ein frischgerupftes Brathendl am Spieß vom ›Wienerwald‹. Er will die Sonne ausnützen, weil bei ihm zu Hause jetzt Winter ist.
Olympias sportliche Grausamkeit ist natürlich auch zu Gast. Für viele der Sprinter, die ihr Pensum in einer Zeit erledigen, in der man nicht einmal eine Pfeife anzündet, ist an diesem Morgen schon die Sense gekommen. Von den acht Teilnehmern jedes 100-Meter-Vorlaufs scheiden fünf aus, wobei die fünf Zeitbesten der Verlierer allerdings im Rennen bleiben.
Mit einer theoretischen Chance freilich, denn der Kampf wird ja härter, wenn die Spreu vom Weizen getrennt ist.

Zehn Sekunden plus die Zeit eines Wimpernzuckens – der kürzeste olympische Traum.
Den schönsten dieser Träume von den Läufern der kürzesten Strecke aber wird sich in Abwesenheit der Amerikaner mit einiger Sicherheit der Italiener Pietro Mennea erfüllen. Seinen Vorlaufsieg in 10,33 Sekunden hat er herausgelaufen wie einer, der mit Fußkranken spielt – Eddy Merckx bei einem Bauernrennen.
In der Mittagspause, bei der nur noch die Hochspringerinnen des Fünfkampfes beschäftigt sind, die sich unheimlich langsam von 1,55 Meter hocharbeiten, werden die Ränge leer, und im Luschniki-Park beginnt ein gewaltiges Massenpicknick.
Die ersten Interviews werden gemacht, und die deutschen Journalisten sind nicht gerade privilegiert. Wem die eigene Mannschaft fehlt, dem fehlt viel Stoff, der anderen zufliegt.
Aber es gibt Glücksfälle. Ignaz fliegt mir zu. Eigentlich heißt er Ignace, aber es gab eine Zeit, in der er sich Ignaz nennen mußte. Denn er ist gebürtiger Elsässer und hat Rußland, ohne darum gebeten zu haben, schon früher kennengelernt. Als deutscher Soldat nämlich. Und er geriet sogar in eine Gefangenschaft, die viele nicht überlebt haben.
Aber Ignace Heinrich, 1,97 Meter groß, 55 Jahre alt und ein stattlicher Zwei-Zentner-Mann, ist nicht daran zerbrochen. Ältere Freunde der Leichtathletik werden sich gut daran erinnern, daß es unmittelbar nach dem Krieg eine Zeit gab, in der Frankreich diesen elsässischen Riesen beinahe allein zu einem Länderkampf schicken konnte. Er war nicht nur französischer Meister im Stabhochsprung, im Weitsprung und über 110 Meter Hürden, sondern auch im Zehnkampf. 1948 beim ersten Nachkriegs-Olympia in London wurde er in dieser Königsdisziplin Zweiter hinter dem US-Phänomen Bob Matthias.
Die Franzosen haben ihn Force de Nature genannt, vielleicht weil man damals noch nicht Force de Frappe sagte. Aber dieser Heinrich ist auch eine Force de Caractère mit ungewöhnlicher Ausstrahlungskraft auf die jungen Athleten. Deshalb haben sie ihn mit nach Moskau genommen.

»Von London 1948 kann ich den Burschen natürlich nicht erzählen«, sagt er, »das wäre, als ob Kriegsveteranen Geschichten auspacken, die außer ihnen niemand hören will. Wie sollen sie ahnen, was wir an Stolz und Freude empfunden haben, wir, die wir aus dem Chaos kamen? Es war eine urwüchsige Begeisterung, die keiner empfinden kann, der in Sattheit aufgewachsen ist. Und unsere Freundschaften waren tiefer als die, die heute geknüpft werden.«

Politik? Heinrich sagt, daß keine Rede davon gewesen sei. Aber er fügt auch gleich hinzu, daß es keine Betreuung, kein Material oder finanzielle Unterstützung gab. Er gibt zu, daß die Politik das alles in den Sport hineingetragen hat, ihn dafür auch nicht mehr losläßt und etwas zerbrochen hat.

Aber da einer wie er, der dem Sport so viel gegeben hat und ihm so viel verdankt, an die starke innere Kraft des Sports glaubt, ohne in dümmliches Geschwätz von völkerverbindender Mission etc. zu verfallen, glaubt er auch, daß die olympische Idee zu retten ist und daß das französische Olympische Komitee richtig gehandelt hat, indem es gegen die Empfehlung seiner Regierung eine Mannschaft nach Moskau entsandte.

Als einer, der auch die Deutschen kennt und sogar Krieg für sie zu führen hatte, weiß er freilich auch, unter welchem Druck die deutschen Sportler standen und daß Regierungsempfehlungen links und rechts des Rheins nicht unbedingt das gleiche sind.

Dafür sind mindestens doppelt so viele deutsche Touristen in Moskau wie französische, und man würde, ehrlich gesagt, lieber unsere Athleten in kurzen Hosen im Stadion sehen als vollwampige landsmännische Schlachtenbummler in dieser hier höchst unüblichen Kluft auf dem Roten Platz.

Toni und seine Troika

Man kommt sich jeden Tag ein bißchen näher, und man lernt jeden Tag ein bißchen mehr Russisch. Meine gestrige Lektion hat im Treppenhaus des riesigen Pressezentrums stattgefunden, auf dessen endlosen Korridoren man täglich seinen 300-m-Hindernislauf macht.

Zum Sportinformationsdienst, kurz SID genannt, wollte ich, welcher sich im vierten Stock befindet. Aber der Aufzug, der hinaufführt, hält aus unerfindlichen Gründen nur im dritten und im sechsten Stock.

Auch ein russischer Kollege stieg ein und wollte zum SID. Als ich, Gewohnheitstier, das man ist, im dritten Stock aussteigen wollte, um dann eine Treppe hochzusteigen, hielt er mich am Arm zurück und deutete mit dem Daumen nach oben. »Aber er hält doch nicht im vierten«, sagte ich. Erst wieder im sechsten.«

Da hat er ein bißchen weise und mitleidig gelächelt und mir mit seiner russischen Logik dies gesagt: »Siehst du, du wolltest im dritten 'raus und eine Treppe steigen, weil du ein energischer und fleißiger Deutscher bist. Aber ich fahre zum sechsten, weil ich nicht von deiner Hast geplagt bin. Man muß nicht Zeit sparen, sondern Kraft!«

Es ist tatsächlich angenehmer, zwei Treppen hinunterzugehen als eine zu steigen. Aber unsereiner hat eine zu lange Leitung für russische Feinheiten.

Durchblick und Überblick sind eben auch olympische Disziplinen, und ich habe da zwei Luxemburger kennengelernt, die ihre Mannschaft mit einer Souveränität im Griff haben, die die ganze Kollegenschaft vor Neid erblassen läßt.

Diese beiden lustigen und nie von Nervosität geplagten olympischen Versorger des Großherzogtums Luxemburg haben es mit genau drei Athleten zu tun. Das heißt, sie hatten. Jetzt ist nur noch einer im Rennen, nämlich der Bogenschütze André Braun, der freilich keine furchterregenden Schüsse für die Konkurrenz abgeben wird.

Der Geher Lucien Faber hat auch kein Fersengeld gegeben, sondern sich Blasen an den Fersen geholt. Nach zwölf von zwanzig Kilometern hat er genug gehabt, aber

unsere beiden Kollegen haben gelernt, es mit Einstein zu halten und alles relativ zu sehen. »Wenn du bedenkst«, sagte mir Toni, der eigentlich Antoine Lahure heißt und aus Esch kommt, »ist das doch ein ganz hübscher Schnitt. Er hat mehr als die Hälfte der Distanz geschafft, und Rußland ist ein paar hundertmal größer als Luxemburg. Wenn unser Lucien richtig trainieren will, stößt er jedesmal auf die Grenze!« Dieser Toni imponiert mir. Man scheint Sportjournalismus in Luxemburg nicht mit dem missionarischen Eifer zu betreiben, der bei uns eingerissen ist, und ich gestehe unumwunden, daß ich im Stadion lieber neben ihm sitze als zwischen jenen Experten der Leichtathletik, die da, wo mein Herz sitzt, eine Stoppuhr haben und bei einer Zwischenzeit, die mich kalt wie einen Fisch läßt, Tänze von balzenden Auerhähnen aufführen. Gefällt mir aber die faszinierende Eleganz eines Laufstils, winken sie mit lässiger Experten-Souveränität ab, weil der Mann nicht in ihrem Favoritenkatalog steht. Der alte Coubertin hätte gar keinen Spaß an den königlichen Buchhaltern der Leichtathletik gehabt.
Da lob' ich mir meinen luxemburgischen Toni mit seiner Troika, die hinterherfährt wie die Nachhut Napoleons beim Rückzug aus Moskau, aber keine kalten Füße kriegt und voller olympischer Heiterkeit ist.
Aber einmal hat es ihn und seinen Kollegen Schonckert doch gepackt. Das war beinah wie bei Josy Bartels 1952 in Helsinki oder bei den Husarenritten von Charly Gaul über Alpen und Pyrenäen, denn Roland Jacoby, der großherzogliche Kleinkaliberschütze, hatte nach 40 Schüssen noch Silber, doch dann patzte er und wurde Elfter.
Und Toni ist an der größten Geschichte seiner journalistischen Laufbahn vorbeigegangen. Toni Super-Zar hätte er werden können. Sein Kommentar: »Scheiße, sprach der Großherzog, als Roland sein Gewehr verzog.«
Dafür wohnt das Dreierteam großherzoglich. Es bewohnt, zusammen mit Missionschef, Arzt und Masseur, ein ganzes Stockwerk im olympischen Dorf, was vier Appartements mit je vier Zimmern und sechzehn Betten bedeutet. Klein muß man sein, um groß zu leben.
Aber auch sonst schlagen die Luxemburger, um mit mei-

nem Freund Toni zu sprechen, alles. Dies war meine zweite russische Lektion des Tages, denn im Räderwerk der olympischen Planwirtschaft ist kein Mini-Service vorgesehen. So hat man den Winzlingen zwei Dolmetscher und einen Autopark zur Verfügung gestellt, bestehend aus zwei Personenwagen und einem Omnibus mit zehn Plätzen, dessen Fahrer sich mangels Fuhren zum professionellen Kartenspieler hat umschulen lassen.
Große Mannschaften mögen Medaillen holen, Luxemburg gibt sich die stille Ehre mit der Komfort-Medaille.

Der dreigeteilte Blätterwald

Das Büro ist klimatisiert, großräumig und von jener Eleganz, die keinem Direktor einer großen Bank oder Versicherung etwas von der ihm gebührenden Würde nähme. Aber es ist in der fünften Etage der Regierungszeitung ›Iswestija‹, und der Mann hinter dem massigen Schreibtisch ist Sergej Tossunian, Chefredakteur der in Millionenauflage erscheinenden Zeitschrift ›Nedjelja‹, was zu deutsch ›Woche‹ heißt. Ein sehr sportfreudiges Blatt übrigens, was freilich nicht überrascht, wenn man weiß, daß der drahtige Mann hinter dem Schreibtisch Armenischer Meister im Ringen war.
Sergej Tossunian weiß auch vom deutschen Sport viel, denn er war viele Jahre Bonner Korrespondent der ›Iswestija‹, und ich spüre, daß es keine Phrase ist, als er sagt, wie sehr er das Fehlen einer deutschen Mannschaft bedauert. Aber er gehört auch zu denen, die aus sehr klarer Optik beurteilen können, warum das so ist.
Und auch, warum alle großen Zeitungen, die zwischen Australien und Norwegen gedruckt werden, bei ihrer Olympiaberichterstattung in drei Kategorien einzuteilen sind. Dieser internationale Blätterwald hat jetzt mit seiner ganzen Vielfalt im Pressezentrum Wurzeln geschlagen.

Warum drei Kategorien? Wir besprechen das beim Tee, der in allen russischen Redaktionen so unvermeidlich ist wie die Hektik in den deutschen. Und aufs neue staune ich darüber, wieviel Zeit sich russische Zeitungsmacher nehmen können. Als ich mit meinem deutschen Pflichtbewußtsein auf die Uhr schaue, weil mir der Redaktionsschluß in Nacken und Magen sitzt, lacht Sergej dieses russische Lachen, das tatsächlich etwas Beruhigendes hat, und verspricht mir seinen Dienstwagen mit dem schnellsten und besten Chauffeur Moskaus, der auch einmal auf die Tube drücken darf, wo sich andere zurückhalten müssen.

Und wir sprechen über die drei Kategorien von Zeitungen. Die erste kann partout in Moskau nichts Positives finden. Lassen wir die bundesdeutschen mal aus dem Spiel, obwohl sich einiges dazu sagen ließe. Aber schließlich kann sich darüber jeder zu Hause sein eigenes Bild machen.

Reden wir von meiner amerikanischen Bulldogge. Es handelt sich um eine ältere und, wie ich mir sagen ließ, des spitzen und bärbeißigen Schreibens höchst kundige Dame. Manchmal sehe ich sie, wenn ich im Pressezentrum zum Telefonieren gehe, mit gefletschten Zähnen auf ihr Gespräch warten, und ich habe dann immer das Gefühl, daß sie dabei ist, mit wütender Wucht einen russischen Knochen zu zermalmen. Sie ist der Prototyp der Krümelsucher, denen viel zuwenig für die negative Schlagzeile passiert. Denn es ist ja eigentlich verflixt ruhig für die Leute, die nach verprügelten Journalisten oder ähnlichen Opfern lechzen, die es in Montreal ja immerhin gegeben hat und die sogar die Ehre hatten, im Fernsehen mit ironischen Kommentaren gezeigt zu werden.

Die zweite Kategorie sind die Blätter, die nur im Jubel schwelgen und eigentlich rosarot gedruckt werden müßten. Wenn ich es nicht wage, die DDR da als führend zu bezeichnen, so aus dem höchst einfachen Grund, weil es als Medailleneid ausgelegt werden könnte.

Nehmen wir also lieber die ›Humanité‹, das Blatt der französischen Kommunisten. Ich lese es oft schon beim Frühstück und habe dann das Gefühl, daß kein Papier auf dem

Tisch liegt, sondern ein halber Zentner Staubzucker. So süß meinen's die mit den Gastgebern. Im übrigen muß man natürlich die gesamte Ostpresse mit mehr oder weniger großen Abstrichen zu dieser Kategorie zählen.

Und dann wäre da noch die dritte Kategorie. Sie ist um Objektivität bemüht, wiewohl das ja bekanntlich nicht nur für den Journalisten die schwierigste Übung ist.

Aber wer wollte beispielsweise bestreiten, daß der sowjetische Organisationsapparat gar nicht so schwerfällig ist, wie ihn schwarze Pinsel an die Wand gemalt haben? Oder daß es rührende Bemühungen gibt, Service und überhaupt Dienstleistungen jeder Art in einer Weise zu verbessern, die jeden perplex macht, der schon vorher einmal in diesem Land war?

Und Chauvinismus ist in den Wettkampfstätten viel weniger verbreitet als Kennerschaft. Die Leute verstehen etwas von den Sportarten, die sie sich aussuchen. Man hat vor vier Jahren in Kanada dieses Gefühl nicht gehabt, und es hat einmal eine Olympiade in Melbourne gegeben, bei der Sieger kaum registriert wurden, aber drittklassigen Australiern, die wie Fußkranke hinterherliefen, frenetischer Beifall sicher war.

Natürlich glänzt nicht alles wie die goldenen Zwiebeltürme des Kreml, und es ist kein Geheimnis, daß der Verkehr nur deshalb nicht zusammenbricht, weil die meisten Leute olympisches Fahrverbot haben und Auswärtige nur mit Sondererlaubnis nach Moskau rein dürfen. So etwas ist nur hier zu verwirklichen. Man stelle es sich einmal in einer bundesdeutschen Großstadt vor.

Man sollte es der dritten Kategorie nicht verübeln, wenn sie im olympischen Dorf ein bißchen Wärme vermißt und lieber mehr Polizisten vermissen möchte. Aber trotzdem ist sie die olympische Kategorie.

Ich habe eine Reise in die Vergangenheit gemacht, aber ich weiß nicht, ob es richtig war. Soll man sie in Ruhe lassen oder soll man an ihr rühren? Ich habe es zuvor mit zwei Freunden besprochen, und wir sind zu der Meinung gekommen, es zu tun. Sie waren Igor Netto, Olympiasieger von 1956 in Melbourne und immer noch Rußlands bester und berühmtester Fußballer der Nachkriegszeit, und Karl Heinz Heimann, Chefredakteur des ›Kicker‹.

Es ging um einen nun gewiß nicht alltäglichen Besuch in dem Städtchen Rusa bei Moskau, doch möge die Vorrede damit beendet und nur noch hinzugefügt sein, daß Rusa eine Hauptrolle in meinem Buch ›Die Söhne des Krieges‹ spielt. Nie hätte ich mir träumen lassen, daß ich das Städtchen an der Moskwa wiedersehen würde.

Wir fahren am Roten Platz ab und dann hinaus zur Minsker Chaussee. Es ist eine Fahrt, die genau 1 Stunde und 30 Minuten dauert und dem Normalverbraucher eigentlich nicht erlaubt ist. Aber am Steuer sitzt der verdiente Meister des Sports Igor Netto, und den hat weder auf dem Fußballfeld noch außerhalb etwas aus der Ruhe gebracht. Bald sind wieder die Birkenwälder da und die kleinen, meist grüngestrichenen Holzhäuschen mit den verzierten Fenstern und den farbigen Zäunchen um Gemüse- und Blumengarten. Innerhalb der Bannmeile von Moskau hat man sie abgerissen, weil so manche dieser bunten Tupfen aus der Zarenzeit ein bißchen windschief und wurmstichig geworden sind und nicht neben die Hochhäuser paßten, die hier aus dem Boden schießen wie Pilze nach einem warmen Regen.

Aber hier in den Birkenwäldern nisten sie zähwurzlig wie unzerstörbare Symbole des ewigen Rußland, und sie sind gut für Augen und Nerven nach dem olympischen Trubel.

Dann müssen wir nach Nordwesten abbiegen, und plötzlich flutet linkerhand und silbrig glänzend die Moskwa vorbei. Das Wasser ist klar, weil es ohne industrielle Zusätze auf Moskau zufließt, und seit meiner Kindheit habe ich nie mehr so viele Menschen in einem Fluß baden gesehen.

Jungen und Mädchen, die in dieser Gegend zu Tausenden ihren Urlaub in Lagern der Jungen Pioniere verbringen, winken uns zu. Aber es sind auch wohlproportionierte Mädchen dabei, die nicht die schlechtesten Plätze an der Riviera einnehmen würden. Das Märchen von der ebenso breitgesichtigen wie breithüftigen Russin ist endgültig ad acta zu legen.
Dann kommt das Ortsschild ›Rusa‹ und ich muß Igor Netto bremsen. Das Städtchen hat sich vergrößert, hat seine Hügel mit Erholungsheimen der Gewerkschaft bebaut und sich auch sonst natürlich ein paar Neubauten zugelegt. Aber der Kern ist erstaunlich unverändert geblieben.
Ich finde die alte Ziegelei, die im bitterkalten Winter 1941 der östliche Ortsausgang war, und sage zu Igor, daß ich jetzt auch das hölzerne Eckhaus finde, wenn sie es nicht abgerissen haben.
Und es steht noch. Sie haben es bloß grün gestrichen, aber es ist unverwechselbar. Wenn du zwei Wochen lang bei mehr als 40 Grad Kälte Wärme unter einem Dach gefunden hast, findest du es unter einer Million anderer heraus. Und da ist auch der kleine Garten mit dem Holzschuppen, in dem ich, der 18jährige Landser, mit der 16jährigen Tatjana Alexandrowna Holz gesägt hatte, diese friedliche und herrliche Munition für den riesigen Ofen, der uns nach endlosen Tagen und Nächten in den eisigen Wäldern zum Leben zurückgebracht hat.
Man vergißt so etwas nicht. Ich sehe durch das Fenster, hinter dem ich mit den vier anderen des zerschossenen Panzers zwei Wochen geschlafen habe, und blicke auf das Haus auf der anderen Seite der Straße, in dem der Spieß seine Schreibstube aufgemacht hatte, bis uns die sibirischen Truppen Anfang Dezember in einem Aufwaschen aus Rusa hinausgejagt haben.
Heimann und ich warten auf der Straße, auf der ich fast jede Nacht Doppelposten geschoben und dann noch einen Tee aus dem Samowar von Tatjana Alexandrowna bekommen habe. Zuerst war sie scheu wie ein Reh gewesen, weil sie viel Schlimmes von uns gehört hatte, aber dann hat sie mir das kyrillische Alphabet beigebracht.

Igor geht ins Haus, doch es ist nur ein sechsjähriges Mädchen da, und es kann mit dem Namen, den er ihm nennt, nichts anfangen.
Wir gehen aufs Rathaus, aber auch dort ist es nichts. Igor wird zur Miliz geschickt und dann noch zu einer anderen Dienststelle – Einwohnermeldeamt oder so ähnlich. Wieder nichts. Er ist so betrübt wie ich und begreift, daß ich ein unheimlich drängendes Verlangen habe, einfach in das grüne hölzerne Haus in der Hauptstraße von Rusa hineinzugehen. Häuser, die einem Schutz und Hilfe gegeben haben, sind wie Magnete.
Und da waren Tatjana Alexandrowna, die Mutter und die alte Babuschka. Sie haben bessere Mittel für die halb erfrorenen Füße als der deutsche Stabsarzt gehabt, und es gibt nichts, was mich in diesem Land mehr beeindruckt hat als die Güte und Hilfsbereitschaft seiner Frauen.
Aber es sind 39 Jahre vergangen. Igor kommt auch vom Einwohnermeldeamt ohne brauchbare Nachricht zurück. Er sagt, daß nicht alle Unterlagen gerettet werden konnten und daß in den Kriegswirren viele Menschen zwischen vielen Wohnsitzen pendelten.
Als wir zum Wagen zurückgehen, kommen wir noch einmal vorbei am Haus an der Moskwa, aber es ist wieder die Kleine, die mit einem Glas Milch in der Hand öffnet und nichts weiß.
Im Garten nebenan aber pflückt eine alte Frau Johannisbeeren, und Igor macht den letzten Versuch. Und die Babuschka erinnert sich. Es dauert eine Weile, aber dann fällt ihr ein, daß die Leute von nebenan nach Kirgisien verzogen sind. »Sehr weit, Brüderchen, und es ist schon sehr lange her. Muß wohl noch im Krieg gewesen sein. Und das Mädchen hat Tatjana Alexandrowna geheißen, richtig. War ein liebes Kind, die Tatjana.«
Wir fahren an der alten Ziegelei vorbei zur Moskauer Straße hinunter, und in der Moskwa baden immer noch die Jungen Pioniere und winken. Man sollte wohl, wie sie, in die Zukunft fahren und nicht in die Vergangenheit.

Unüberspringbare Schatten

Der Tag begann mit einem Anruf, der mich fluchen ließ, aber er begann trotzdem gut. Um sieben Uhr weckte mich Toni, der Luxemburger, und ich drohte ihm Prügel an, weil ein solches Wecken im olympischen Streß zu den unverzeihlichen Unverschämtheiten gehört.

Für Toni natürlich nicht. Er war gar nicht im Bett gewesen, sondern hatte mit einem luxemburgischen Schlachtenbummler aus Schifferdingen namens Schang, was wie Jean zu schreiben ist, gefeiert. Und nun standen blaue Zigarettenstangen wie Bleisoldaten um sein unberührtes Bett herum.

Schang, ein Leser von Toni, war nämlich am Vortag eingeflogen und hatte einen Notruf auf überaus großzügige Weise befolgt. Toni, dieses kettenrauchende Schlitzohr, hatte in seiner Zeitung ganz einfach geschrieben, daß er seine Lieblingszigaretten, welche auch die seines deutschen Freundes seien, in Moskau nicht bekommen könne und daß wir beide in die Röhre guckten.

Nun standen die Stangen da, und auf der Hälfte davon stand in zierlicher Schrift mein Name. Ich habe meine Beschimpfungen zurück- und die Stangen angenommen, während Toni größere Mengen Eiswasser zu sich nahm und den Schang hochleben ließ.

Die zweite Ladung des Tages ist um 10.25 Uhr mit dem D-Zug, der 34 Stunden von Tiflis unterwegs war, auf dem Kursker Bahnhof angekommen. Es war eine große Kiste Wein und Cognac aus Tiflis vom früheren Nationalspieler und heutigen Polizeipräsidenten der georgischen Hauptstadt, Giwi Tschocheli, bestimmt für Karl-Heinz Heimann vom ›Kicker‹ und für mich. Giwi nannte es eine kleine Erinnerung an unseren Besuch in Tiflis im vergangenen Herbst, und die Sendung war abzuholen beim Direktor des Speisewagens und außerdem speziell bewacht vom Sicherheitschef des Zuges. Ich ließ mir sagen, daß einiges Gut in der Sowjetunion häufig auf solche Weise befördert wird, weil die Post nicht zu den effektvollsten Einrichtungen des Landes gehört.

Nun kann ich mich bei Toni und Schang mit tauglichen

Gegenwerten revanchieren, aber es darf jetzt nichts mehr kommen, weil uns andere Aufgaben obliegen als die Eröffnung einer Marketenderei.
Ich bin von der Basilius-Kathedrale über die immer wieder beeindruckende Weite des Roten Platzes gegangen. Die goldenen Zwiebelkuppeln blitzten in das strahlende Blau des wolkenlosen Himmels hinein, und zum erstenmal habe ich gemerkt, daß Farben jauchzen und die Beine leicht machen können wie die einer Bolschoi-Ballerina.
Natürlich bin ich nicht gehüpft. Erstens, weil man nicht über seinen Schatten springt, und zweitens, weil man nicht weiß, ob einem die Milizionäre, die jeden Pflasterstein des gewaltigen Platzes im Blick haben, solches übelnehmen.
Aber ich habe Assoziationen gehabt. An Lutz Dombrowski aus Karl-Marx-Stadt habe ich denken müssen, der mit seinen 8,54 Metern an einem olympischen Rekord vorbeigesprungen ist, weil Bob Beamon Mexiko Citys dünne Luft mit seinen 8,90 Meter durchschnitten hat und damit alle Chancen der Rekordjäger.
Wir sind nicht in der Lage, mit unseren menschlichen Sinnen Luft zu wiegen, aber der kämpfende Muskel spürt sie.
Ob Lutz Dombrowski, Modellathlet von jener urwüchsigen Kraft, die sich nicht bändigen lassen will und das Wort »unmöglich« nicht toleriert, bei optimalen Bedingungen, zu denen auch Rückenwind von zulässiger Stärke gehört, in Mexikos Höhenluft den Sprung von Bob Beamon übertreffen könnte, von dem man sagt, er sei über dieses Jahrhundert hinausgegangen?
Er selbst schüttelte den Kopf. Da ist einem in einer Stunde der Gnade ein Sprung über die menschliche Reichweite hinaus gelungen. Dombrowski weiß, daß er sich mit seinen 21 Jahren noch oft verbessern kann, und er weiß, daß er ohne diesen Wundersatz Beamons Weltrekordler würde.
Hundertprozentig. Aber der Weitsprung ist zur verfluchten Disziplin geworden, weil sich da einer etwas erlaubt hat, was die Leichtathletik bei aller ewigen Rekordträchtigkeit, die ihr innerstes Wesen ist, nie gekannt hat.
Es gibt Mexikaner, die glauben, Bob Beamon sei von aztekischen Göttern getragen worden, so wie Homer, dieser

Urvater der Sportjournalisten, bei der Entscheidung von Wettkämpfen seine Götter eingreifen ließ.
Bob Beamon hat aber auch in der dünnen mexikanischen Höhenluft außer seinen 8,90 Meter nie mehr als 8,55 Meter übersprungen, und deshalb weiß Lutz Dombrowski, daß er nur noch ein paar Sprossen höherklettern kann auf der Leiter, die der schwarze Mann aus den USA an die unerreichbare Plattform gestellt hat. Hinaufschwingen kann er sich nicht. Denn was im Weitsprung geschieht, hat nichts mit den Bruchteilen von Sekunden und den Zentimetern zu tun, mit denen Rekorde gebrochen zu werden pflegen. Ein Naturereignis hat einer klassischen Disziplin die Ursprünglichkeit ihres Reizes genommen.
Ich stehe immer noch am Roten Platz und überschlage, daß der nächste Polizist etwa neun Meter von mir entfernt steht. Nicht einmal mit einem Dreisprung könnte ich ihn erreichen, auch wenn ich bis zur Basilius-Kathedrale zurückginge, um Anlauf zu nehmen. Bob Beamons Weltrekord wird von unseren Enkeln noch geführt werden.

Eine haarige Geschichte

Stabhochsprung bis in die Moskauer Nacht hinein. Ein Kampf der Giganten. Nie sind die Weltrekorde der Männer, die am höchsten springen, so gepurzelt wie in dieser Saison. Ich besorge mir ein Fernglas, und ich hoffe auf eine französische Medaille. Auf die Goldene sogar.
Ich gebe ja zu, daß ich sie mag, diese Troika aus Frankreich, bestehend aus Philippe Houvion, dessen Vater schon Rekordmann war, aus Thierry Vigneron und aus Jean-Michel Bellot. Mit einem Pariser Kollegen, der skeptischer als ich ist, wette ich eine Stange Gauloises (ohne Filter), die jetzt, wo die Vorräte ausgehen, ein kleines Vermögen bedeutet und mit Rubeln überhaupt nicht zu bezahlen ist.
Aber die Franzosen verlieren, und ich verliere. Wenigstens

hat der Kollege einen kleinen Trost für die große Enttäuschung, und mir macht's nichts aus, weil ich durch Toni, den Luxemburger, gut versorgt bin.
Die Franzosen sind gut, aber sie scheitern an ihren Nerven. Und Philippe Houvion ist sauer, daß man seinen Vater vom Rasen gejagt hat, der für ihn den Wind testete, um ihm anzuzeigen, wann der günstigste Moment zum Anlauf war. Aber einen russischen Trainer sehe ich, der emsig mit dieser Zeichensprache arbeitet.
Ich sehe auch das nervöse Zucken um die Mundwinkel von Thierry Vigneron und daneben ein bärtiges polnisches Gesicht von der Eiseskälte des Björn Borg. Es ist ein Kampf der Nerven, und die Franzosen verlieren ihn. Eines nach dem anderen der drei Eisen erkaltet im olympischen Feuer. Olympia kennt viele Beispiele dafür.
Vielleicht hätte der bärige und bärtige Günter Lohre eine Chance gehabt? Er ist kaltblütiger in den großen Momenten, die keine Schwäche verzeihen.
Seltsames Olympia, bei dem man mit keinem bundesdeutschen Athleten reden kann und auch noch von den Franzosen enttäuscht wird.
Doch halt, ich habe spät in der Nacht mit einem gesprochen. Es war bei einer Grill-Party, wie man sie sich in Moskau gemeinhin nicht vorstellen kann, und Zehnkampf-Weltrekordmann Guido Kratschmer ist gekommen. Lufthansa und Adidas hatten einen ganzen Sportpark mit einem großen See gemietet, und es ist sehr lustig gewesen, und wir haben um Mitternacht gebadet.
Nur Guido Kratschmer war einsilbig. Man tröstet Weltrekordler, die bei Olympia zusehen müssen, auch mit so was nicht.
Übrigens auch ein Bärtiger, und es ist mir bei dieser Party etwas Merkwürdiges aufgefallen. Mehr als die Hälfte der jungen deutschen Herren trugen ziemlich volle Bärte, und ich habe in ganz Moskau bis jetzt noch keinen bärtigen Russen gesehen. Höchstens mal einen hakennasigen Georgier mit stalinschem Lippenbart.
Aber wo ist der Vollbart geblieben, wenn man von den weißen Bilderbuchgewächsen der Popen absieht, die indes nicht in Moskau, sondern höchstens in Sagorsk zu besich-

tigen sind? Als Kind habe ich mir überhaupt keinen Russen ohne Bart vorstellen können. Und das kam nicht nur vom Zaren. Lenin hatte den spitzen und feinen, der die Energie seines Kinns verlängerte, und Tolstois Bart war von der üppigen Langatmigkeit seiner Romane. Und Rasputin. Der hat jene ungepflegte scheußliche Art von Bart gehabt, vor der sich alle gefürchtet haben außer der Zarin, und wenn er Rühreier gegessen hat, konnte man es nach zwei Tagen noch sehen.
Und vergessen wir unsere Leihgabe Karl Marx nicht. Hat er, der Königsverächter, nicht einen wahrhaft königlichen Bart getragen?
Wo sind sie geblieben, die stolzen russischen Bärte? Ich habe Marina, die Dolmetscherin, gefragt, und sie hat zum erstenmal nach einer Antwort suchen müssen, weil es keine politische Frage war. Wenigstens nicht auf den ersten Blick. Aber schnell hat sie ihr Fahrwasser erwischt und mir den Bart als Merkmal von Unordentlichkeit und Dekadenz erklärt.
Ich habe schüchtern einzuwerfen versucht, daß ihn manche Leute auch als sekundäres Geschlechtsmerkmal oder gar als Sichtbarmachung einer Intelligenz betrachten, die indes nicht unbedingt vorhanden sein muß, aber Marina blieb bei der Dekadenz und ließ sich auch durch meinen Hinweis auf Tolstoi nicht davon abbringen. Sowjetbürger rasieren sich, und zwar sauber, basta.
Und wie das Leben so spielt, bin ich an diesem Tag schlecht rasiert gewesen. Mitten in der Rasur war der Stecker des Apparats kaputtgegangen, und ich mußte Marina um ihre Hilfe bitten. Sie hat tatsächlich einen neuen besorgt, und wer wissen will, was Stecker oder Stöpsel auf russisch heißt, wird sich wundern.
Es gibt nämlich kein russisches Wort dafür, und es heißt nicht anders als Stecker oder Stöpsel. Womit einwandfrei bewiesen wäre, daß zumindest der Strom nicht zu den Dingen gehört, die die Russen erfunden haben.

Nicht jeder Wind weht olympisch

Olympia ist aus, aber es ist nicht wie sonst. Der Zustand von Aktiven, Reportern, Offiziellen, Hostessen und Helfern aller Art ist um so schwerer zu definieren, als man das eigenartige Gefühl eines erstrebenswerten, aber sehr unsicheren Wunsches des Wiedersehens hat.
Doswidanja sagen die Russen dafür. Es ist ihr Good bye und ihr Au revoir, und es ist mit Sicherheit in den allermeisten Fällen ehrlich gemeint.
Aber wie wird das olympische Wiedersehen 1984 in Los Angeles aussehen? Vier Jahre sind in unserer Zeit eine gewaltige Zeitspanne, wenn man bedenkt, daß im letzten Dezember noch niemand die geringste Ahnung davon hatte, daß es Ereignisse in Afghanistan geben würde, die Jimmy Carter zu einem olympischen Boykott treiben würden, in den sich die Bundesrepublik bei allen Eiertänzen hineinziehen lassen mußte.
So haben wir, die wir über Olympia zu berichten hatten, das größte Sportereignis der Welt in der Art von Eunuchen erlebt. Wir waren dabei, ohne dabeizusein. Aber darüber ist genug geschrieben worden. Was gestern bei einem Mittagessen im kleinen Kreis und im Club der Moskauer Journalisten darüber gesprochen wurde, ist neueste Information aus erster Hand, und ich möchte deshalb meinem Kollegen Semjon Blisnijuk von ›Sowjetski Sport‹ das Wort geben.
Allerdings nicht ohne herauszustreichen, daß wir deutschen Journalisten nicht über einen bemerkenswert feudalen Club dieser Art verfügen, in dem wie im besten Restaurant gegessen und getrunken wird. Und zumindest was das Essen betrifft, schlägt er den Fleet-Street-Club der Londoner Zeitungsleute um jene Länge, die den Sieger des olympischen Marathons vom letzten trennt. Ich bin da also eingeladen gewesen und habe jene Gastfreundschaft genossen, bei der mindestens einige jener Kilos hängenbleiben, die nach Jogging schreien. Aber wie willst du joggen, wenn die Schreibmaschine nach dir schreit.
Doch kommen wir zurück zu Semjon, dem Leichtathle-

tik-Chef der größten sowjetischen Fachzeitung. Er hat unsere Abwesenheit bedauert, aber die Spiele gut gefunden. Und ich habe ihm, das Fehlen der Bundesdeutschen bescheidener übergehend als das der Amerikaner, nicht widersprochen, denn es sind, sowohl organisatorisch als auch leistungsmäßig, gute Olympische Spiele gewesen.
Semjon ist einer von denen, die oft genug ins Ausland kommen, um Urteile fällen zu können, es ist ihm deshalb weniger um die Leistungen gegangen, die sich, notabene, hinter nichts zu verstecken brauchen, als um dieses von keinen Meisterschaften, sondern nur von Olympia realisierbare Gemeinschaftsgefühl junger Menschen, die sich mit einer Energie, die vielen Normalbürgern unvorstellbar ist, zu einem universellen Eliteklub zusammengeschlossen haben. Die Atmosphäre im olympischen Dorf mag aus mancherlei Gründen nicht die gelöste Fröhlichkeit früherer Spiele erreicht haben, aber sie ist gut gewesen und hat nach Semjons Meinung, der ich mich anschließe, dafür gesorgt, daß der Sport trotz aller politischen Wogen, die gegen ihn anprallen, noch eine Oase geblieben ist.
Sagen wir, eine halbe. Man kann furchtbar naß gemacht werden, wenn man am Rand steht, aber der Kern bleibt trocken, weil er hart und unzerstörbar ist wie der Wille des Menschen, die körperliche Leistung ebenso zu vollbringen wie die geistige.
Wir sind kritische, aber nicht böswillige Beobachter dieser Spiele gewesen, und vielleicht hat die Tatsache, keine ›eigene‹ Mannschaft gestellt zu haben, die Scheuklappen derer weggenommen, die auf ihr Team fixiert sind.
Und genau deswegen erinnere ich mich jetzt an den unvergeßlichsten Tag meiner sportjournalistischen Laufbahn. Es war jener sonnenüberflutete Tag der Olympischen Spiele von München, der für alle Zeiten der unvergeßlichste bleiben wird. Nicht weil Klaus Wolfermann das Gold im Speerwurf und der Teenager Ulrike Meyfarth jenes im Hochsprung holte, sondern weil unter dem Zeltdach eine Stimmung von jener Art war, die Pierre de Coubertin zum Zentralpunkt seiner olympischen Idee gemacht hatte.

Er wäre diesem Publikum um den Hals gefallen, als es Lusis, dem Sowjetrussen, mit Aufmunterung und Stille zur rechten Zeit die gleiche Chance gab wie Wolfermann, dem Bundesdeutschen.

Es war eine unbeschreibliche und fast unwirkliche olympische Stimmung, und wir werden nie mehr ihresgleichen erleben. Am nächsten Tag geschah das Attentat auf die Israelis, und Olympia hatte seine wichtigste Dimension verloren.

Leider haben die Russen, bei allem, was ihnen auf dem organisatorischen Sektor gelungen ist, die Gastgeberrolle gelegentlich zu ihrem Vorteil mißbraucht. Beispielsweise gerade beim Speerwerfen. Da sind nicht nur Würfe anerkannt und gemessen worden, die nicht in den Rasen einstachen, sondern über ihn hinwegflutschten, was irreguläre Weitengewinne einbrachte, sondern es ist ein bisher einmaliger Trick in der olympischen Geschichte praktiziert worden. Bekanntlich muß ein Speer gut im Gegenwind liegen, um zu hohem Ziel zu fliegen, und jedesmal, wenn ein Russe warf, wurde das Marathontor des Lenin-Stadions geöffnet, um den günstigen Wind zu produzieren.

Bei den anderen blieb es zu. Mit anderen Worten: Man kann Wind machen, um Chancengleichheit zu zerstören.

Es hat noch andere Manipulationen dieser Art gegeben, und der Mann, der sie hätte verhindern müssen, ist Adrian Paulen, der höchst selbstgefällige Präsident des internationalen Leichtathletikverbands.

Er ist ohne Zweifel einer, der die Leichtathletik liebt. Aber aus vielen Begegnungen wissen wir, daß er sich selbst noch mehr liebt. Er merkt nicht, daß ihm olympischer Kalk aus den Hosen rieselt, aber aufmerksame Beobachter merken es wohl. Und die Russen sind aufmerksame Beobachter.

Sie haben den sehr ehrenwerten Mijnheer Paulen davon überzeugt, daß ihre Kampfrichter so gut sind, daß sie keiner internationalen Kontrolle bedürfen, und der vor Selbstüberschätzung berstende Leichtathletik-Papst aus Holland, der Gastfreundschaft besonders schätzt, wenn sie mit Kaviar und Krimsekt angereichert ist, hat Dinge

durchgelassen, die die Haare so mancher Athleten sträubten.
Die meisten sind aus der DDR gekommen. Wir haben sie gut verstanden. Aber wir haben auch verstanden, warum sie auf Proteste verzichteten. Die Spiele haben, wie man weiß, in Moskau stattgefunden.

Mischas und Marinas Tränen

Olympia war aus, und auf der Gegengeraden des Lenin-Stadions waren Tränen aus den vorher so lustigen Augen von Mischa dem Bären gekullert.
Richtig gekullert. Und sogar seine Mundwinkel hatten sich traurig verzogen. Die Russen sind Meister dieser bunten, akribischen Massen-Choreographie im Stadion. Kaleidoskopartig und mit verblüffender Präzision wechseln die Bilder, produziert mit bunten Kartons in den Händen Tausender von Jungen und Mädchen.
Mischa weinte, aber es sind nicht die einzigen Tränen im Stadion gewesen. Und ich habe an einen Satz denken müssen, den ich im Buch der Erinnerungen des berühmtesten Olympioniken der Neuzeit gefunden habe, James Cleveland Owens, genannt Jesse:
»Langsam wurde die Olympische Fahne vom großen Zentralmast heruntergezogen, und in diesem Augenblick hat es im Stadion keinen Unterschied mehr von Rassen, Religionen und Nationalitäten gegeben. Was blieb, war eine einzigartige, bewegende und aristokratische Form von Humanität, deren Wurzeln Talent und Tugend waren.«
Es ist lange her. Pathos schwingt mit. Und trotzdem, es ist etwas von Jesse Owens' Berliner Gefühlen im Moskauer Betonkessel zu spüren gewesen. Unsere Sprache ist nüchterner geworden, aber die olympische Idee lebt bei allen, die guten Willens sind.
Unten, im Arbeitsraum der Presse, wo das Nachspiel in die Tasten gehämmert wurde, habe ich Marina, die Dol-

metscherin, getroffen. In ihren großen braunen Augen war ein Schuß mehr von dieser Melancholie, die wir mit dem strapazierten Schlagwort von der russischen Seele zu definieren pflegen.
Bis zu diesem Zeitpunkt hatte ich Marina nicht definieren können. Ich kann es jetzt besser, wenn auch sicher nicht gut genug, und ehe ich sage, wie es aufhörte, muß ich sagen, wie es begonnen hat.
Ich habe oft genug von Marinas Sprachtalent und Klugheit profitiert bei den Problemen und Problemchen, die auf dich zukommen in einem Land, in dem du kaum etwas reden und gar nichts lesen kannst.
Aber Marina war von dieser vorgeschriebenen, dienstlich kühlen Hilfsbereitschaft, zwischen deren Barrieren man sich vorgekommen ist wie im Spalier der Miliz, durch das ich über Dutzende von Kilometern durch Moskau marschiert bin. Marina konnte lächeln, aber manchmal ist sie mir vorgekommen wie die Moskwa, wenn sie im Dezember einzufrieren beginnt.
Und wir haben auch gestritten, weil sie nicht davon abzubringen war, daß im westlichen Deutschland die Korruption so verbreitet sei, daß alle ihre Frauen oder ihre Freundinnen straflos erschießen können, wenn sie nur über genügend Geld und Beziehungen verfügen. Sie hat ein Buch darüber gelesen, das ›Western Police‹ heißt.
Es ist schwer gewesen, ihr winzige Zugeständnisse abzuringen wie beispielsweise das, daß auch in der Sowjetunion nicht lauter Engel herumlaufen, wenn dieser Ausdruck in sozialistischem Zusammenhang überhaupt erlaubt ist. Und daß nicht alles Gold ist, was glänzt wie die Zwiebelkuppeln des Kreml.
Marina war hilfsbereit, aber die zäheste und schwierigste olympische Diskussionspartnerin.
Ich war deshalb einigermaßen überrascht, daß sie mich nach der Schlußfeier zur Seite nahm und mir ziemlich leise ein Abschiedstreffen vorschlug. Sie wußte, daß es nicht zu ihr paßte, und sie wollte nicht, daß es eine Kollegin hörte. Und ihre großen braunen Augen sahen ganz anders aus, als wenn sie stritt.
Aber es war kein Abendessen. Nicht einmal ein Mittages-

sen. Sie hatte am nächsten Morgen frei und bestimmte den Treffpunkt da, wo Moskau am schönsten ist.
Roter Platz, Basilius-Kathedrale. Wahrscheinlich hat es vor der alten Kirche mit den buntesten aller Zwiebeltürme mehr Rendezvous gegeben als am Times Square oder am Piccadilly Circus. Iwan der Schreckliche hat sie bauen und dann dem Baumeister die Augen ausstechen lassen, auf daß niemals wieder etwas so Schönes entstehen könne.
Ich habe überlegt, ob man da Blumen mitnimmt. Rote Nelken oder so. Aber ich habe dann etwas anderes genommen und gemerkt, daß es Marina lieber war.
Ich habe aber noch damit gewartet und nach dem Programm gefragt.
Marina zuckt mit den Schultern, weil sie keines hat, und es ist nichts von dieser kühlen Selbstsicherheit in den braunen Augen. Verlegenheit eher und etwas von der Melancholie, die die russische Seele ans Licht bringt.
Es ist warmes, aber kein so grelles Licht wie an den Vortagen, als ob der heilige Basilius den angemessenen Mollton in den Abschied tragen wollte.
Wir gehen am Spassky-Turm vorbei und an den Tannen, deren bläuliches Weiß sich mit majestätischer Noblesse an die braunrote Kremlmauer schmiegt. Keine Zigarettenkippe auf dem riesigen Platz, nicht einmal der kleinste Papierfetzen in den Rillen der klobigen Pflastersteine. Es ist nicht nur der schönste, sondern auch der sauberste Platz der Welt.
Hinter dem Platz, wo es hinuntergeht zum Bolschoi-Theater und zur Gorki-Straße, gibt es in einem ›Gastronom‹ Weintrauben, und das ist eine solche Sensation, daß wir uns in die Schlange stellen.
Marina ernennt sie zu unserem Mittagessen. Sie will in kein Restaurant, und es wäre jetzt auch kaum möglich, ohne Vorbestellung einen Platz zu finden.
Wir schlendern zurück an den kleinen Park an der Kremlmauer, wo alle Moskauer Hochzeiten mit dem Niederlegen von Blumen an der ewigen Flamme enden, die für den unbekannten Soldaten brennt.
Eine Bank ist frei, und wir setzen uns hin und essen Trau-

ben. Vor uns patroulliert auf einem schmalen Weg ein Milizionär mit weißer Sommerweste und Schirmmütze.
»Sie sind überall«, sage ich. »Habt ihr da nicht ein bißchen übertrieben?«
Marina zuckt mit den Schultern. »Hast du das nicht schon oft genug gefragt? Und hast du nicht gesehen, daß es gut war, denn es ist nichts passiert. Wenigstens nicht genug für eure Sensationsgeier.«
Sie kann sehr gut Deutsch, aber dieses Wort kann sie nur bei den Spielen aufgeschnappt haben.
Wir essen Trauben, und Marina, die so viel von Ordnung und der Notwendigkeit von Ordnungshütern hält, wirft, wenn der Milizionär uns den Rücken zudreht, mit einem spitzbübischen Lächeln die leergezupften Stengel über die Schulter nach hinten.
Man darf das nicht. Es ist eine Frechheit, die den Milizionär hoch auf die Palme brächte. Aber er sieht nichts, und es muß eine Art von sportlicher Trotzreaktion Marinas sein. Die erste, die ich bei ihr erlebe.
Wir lachen wie Kinder, die dem Lehrer Tinte auf den Stuhl geschmiert haben, aber dann macht sie mich sprachlos. Sie entnimmt ihrer Handtasche eine Krawatte aus Rentierfell. Sie sagt, daß sie aus Sibirien sei und man sie hier in Moskau gar nicht bekommen könne und sie sei ihr Souvenir für mich.
Dann ist schnell Schluß. Marina, die Kühle und Unnahbare, nestelt nach einem Taschentuch und sagt, sie müsse mit der Metro zu einem dringenden Termin.
Aber alleine. Ich soll noch ein bißchen auf der Bank sitzenbleiben, und wenn sie mal vorbeikommt, setzt sie sich drauf zur Erinnerung.
Sie ist schnell weggegangen und hat sich nicht umgedreht, und sogar der Milizionär hat sich gewundert.

Gerede um den Brei herum

Samstagabend im ZDF-Sportstudio: Dieter Kürten stöhnt, daß etwas gegen die Brutalität im Fußball geschehen müsse, und bittet einen erlauchten Expertenkreis um Stellungnahme. Aber die Sache geht aus wie das Hornberger Schießen. Was zu beweisen war.

Vor ein paar Jahren habe ich in Monte Carlo auf Einladung des Fürsten Rainier eine ›Table Ronde‹ des Weltfußballs mitgemacht, und man hatte mehr Zeit gehabt als das Sportstudio.

Vier volle Tage. Aber die Sache ist genauso ausgegangen, wenn man von der hundertseitigen Denkschrift gegen die Brutalität absieht, die dabei herauskam und die kein Mensch gelesen hat. Natürlich kann man sie einem Fußballer geben. Aber genausogut kann man einem Bankräuber die Bibel mit auf den Weg geben.

Man hat im Sportstudio wieder einmal um den Brei herumgeredet. Um dies zu vermeiden, hätte man mit gebührender Klarheit folgendes feststellen müssen: Spiel und Geschäft sind Feuer und Wasser, sind Widersprüche in sich. Dieses Spiel hat sich vor mehr als hundert Jahren die im Prinzip heute noch gültigen Cambridge-Regeln gegeben, ausgetüftelt von honorigen Gentlemen, deren oberste Prinzipien Achtung vor dem Gegner und Spielen um des Spielens willen hießen.

Wird aber gespielt um des (großen) Geldes willen, sind diese Regeln in ihrem ursprünglichen Sinn nicht mehr praktikabel. Denn nach diesem Sinn ist das vorsätzliche Foul so verdammungswürdig, daß es allemal den Platzverweis nach sich zu ziehen hat.

Würden die Schiedsrichter so handeln, würden die Bundesligaspiele in ihrer jetzigen Gangart zwischen fünf und zehn Minuten dauern, weil bestenfalls noch zwei Torhüter und ein paar Zerquetschte auf dem Platz wären. Folglich müssen die Schiedsrichter im Namen der zahlenden Zuschauer und des Sports, der ja weitergehen muß, mehr die Augen zudrücken als die Pfeife betätigen.

Aber niemand hat sich bei der Diskussion im Sportstudio an die nackte Wahrheit herangewagt. Dafür hat man wie-

der einmal den rührenden Vorschlag an die Adresse der Trainer gehört, erziehend auf ihre Spieler einzuwirken und ihnen die ganze Verdammungswürdigkeit des absichtlichen Regelverstoßes klarzumachen.
Als ob sie Pfarrer wären und nicht engagierte Einpeitscher des Erfolgs! Nicht wenige von ihnen sieht man deshalb am Spielfeldrand wie Halbverrückte toben, aber wer hat schon einmal einen gesehen, der dort den eigenen Mann wegen eines Fouls zur Schnecke gemacht hätte?
Im Lexikon der Männer, die mehr verdienen als Minister, aber dafür nicht verlieren dürfen, stehen andere Dinge. Und auf dem grünen Rasen werden die schönsten Worte des grünen Tisches zu Schall und Rauch.
Seit Fußball ein großes Geschäft geworden ist, ist es wie bei allen großen Geschäften. Wer sie mit jener biederen Ehrlichkeit betreibt, die es ablehnt, die Konkurrenz zu übervorteilen, darf auch brav und bieder zugucken, wie andere die Ernte einfahren.
Das ›play the game‹ der alten Engländer hat einen ganz anderen Sinn bekommen. Man muß das Spiel, das im Grunde keines mehr ist, zeitgemäß mitspielen, um sich zu behaupten. Schön ist das nicht, aber es ist auch nicht wegzudiskutieren.

Fritz Walter 60 – und immer noch kein bißchen alt

Fritz Walter wird 60. Er wird's am Freitag, dem 31. Oktober 1980, und wer ihn in Rudi Michels ›Sport unter der Lupe‹ gesehen hat, mag's nicht glauben. Selbst mit der Lupe war da nichts von Pensionärsreife zu entdecken, und wer ihn früher in die Stadien der Welt einlaufen sah, fragte sich, ob der Mann, der die Fähigkeit hatte, mit Zauberfüßen Bälle in der Luft stehenzulassen, auch die Zeit stehenlassen kann.

Vergleiche? Man muß ganz hoch greifen. Pelé, Beckenbauer, Cruyff. Man kann die ganze fine fleur des Weltfußballs heranziehen und wird keine Parallelen finden – und doch hinken alle diese Vergleiche, weil sich in der Karriere des Fritz Walter ein Graben auftat, der unüberspringbar schien.
Vom Geld gar nicht zu reden. Er hat kein Fußball-Millionär werden können, weil in der größten Zeit seiner Laufbahn für die Ehre gespielt wurde.
Der große Graben war der Zweite Weltkrieg. Mit neunzehneinhalb bestritt er sein erstes Länderspiel, mit 22 hatte er 24 gemacht, dann waren acht Jahre Pause. Er war 31, als Sepp Herberger wieder eine Nationalelf aufbaute, und er fehlte, als Deutschland am Bußtag 1950 im Nekkarstadion sein erstes Nachkriegsländerspiel gegen die Schweiz bestritt.
Oh, er hätte spielen können. Aber Fritz, der Sensible, hatte Zeitungen gelesen, die ihn einen Veteranen nannten, der der Jugend Platz machen sollte. Er wollte keinem im Weg stehen, aber Sepp Herberger überzeugte ihn, daß es keinen gab, der ihm im Weg stehen konnte.
Vier Jahre später kam der 4. Juli von Bern. Aus der Hand des greisen FIFA-Präsidenten Jules Rimet nahm Fritz Walter als Spielführer der deutschen Nationalmannschaft nach dem Endspielsieg über die hochfavorisierten Ungarn den Weltmeisterschaftspokal entgegen.
Damals ist ihm jene Popularität in die Hand gegeben worden, die sich nur mit der von Max Schmeling vergleichen läßt. Deutschland war aus dem Nichts gekommen und war plötzlich Weltmeister im größten aller Spiele – und zwar mit Männern, die ihren Berufen nachgingen. Feierabendfußballer besiegten die Elite der Profis und bekamen dafür 2500 Mark und eine Polstergarnitur.
Auch bei der Weltmeisterschaft 1958, als unter blankem schwedischem Himmel der Stern Pelés aufging, war Fritz Walter mit 38 Jahren Kapitän der deutschen Mannschaft, und Herberger faßte den Geheimplan, ihn auch 1962, als 42jährigen, nach Chile mitzunehmen. Aber diesmal streikte Fritz, der Sensible – und beide haben es später bereut.

Aber wir wollen tiefer schürfen, wollen zum 60. Geburtstag dessen, den sie immer und überall nur »den Fritz« nannten, an das Geheimnis herangehen, das hinter dem Erfolg von 1954 steht und für die fast unglaublich perfekt konservierte Popularität Fritz Walters.

Von nichts kommt nichts. Alles, was Bestand hat, braucht solide Wurzeln, und die jungen Profis, die heute auf den ›Betze‹ kommen und nach Prämien jagen, wissen nicht, daß sie auf der Muttererde stehen, in der diese Wurzeln stecken.

Der ›Betze‹ ist der Betzenberg von Kaiserslautern, auf dem sich in den ersten trüben Nachkriegsjahren eine Handvoll junger Männer um den Rußlandheimkehrer Fritz Walter scharten.

Mehr als drei Jahre lang hatten sie nicht einmal einen Trainer. Der Fritz machte das alles, und er brauchte dazu keinen Lehrgang beim DFB, den es damals übrigens noch gar nicht wieder gab.

Der Fritz brauchte kein Lehrbuch. Er zeigte, wie's gemacht wird, und mit einer spontanen Begeisterung, die sie die Trostlosigkeit des Alltags vergessen ließ, machten sie es ihm nach und überschritten die unbestimmbare Grenze zwischen Handwerk und Kunst, ohne daß sie etwas anderes darüber empfunden hätten als eine unbändige Freude.

Ihr Publikum war das dankbarste, daß es je gab, und wer über den Vergleich mit den ersten nach dem Krieg geöffneten Theatern und Opern lächelt, begreift nicht, daß kein Flutlicht so hell strahlen kann wie das Licht, das damals auf dem Betzenberg brannte.

Fritz Walter hat es angezündet, und kein anderer hat seine Bedeutung besser begriffen als Sepp Herberger, der aus allernächster Nähe die Weiterentwicklung seines Lieblingsschülers und die der Mannschaft, die sich um ihn geschart hatte, verfolgte. Sie stahlen sich neben ihrer Arbeit jede freie Stunde für den Fußball; niemand mußte ihre Freizeit überwachen, niemand mußte sie zum Training herbeischleppen.

Fritz Walter hat mehr als die meisten Trainer erreicht, obwohl er nie einer war. Er hat in dem einzigen Verein, dem er je angehörte, einen ungewöhnlichen Einfluß auf seine Kameraden ausgeübt. Seine Rolle war nicht die des Diktators, die Alfredo Di Stefano später mit der Berechtigung des Alleskönners, aber auch mit allerhand unvermeidlichen Schattenseiten, beim Real Madrid spielte. Fritz Walters Ausstrahlung war, wie es seinem sensiblen Naturell entsprach, diskreter und niemals herrschsüchtig. Auf der Tastatur seiner ungewöhnlichen Begabung hat er sich niemals vergriffen, und seine wohl bedeutendste Fähigkeit war die, die Entwicklung eines Angriffs sowohl erahnen als auch bestimmen zu können.

Zwar muß eingeräumt werden, daß die Akzente der damaligen Spielweise mehr im Konstruktiven als im Destruktiven lagen und ein Fritz Walter keine Deckungsaufgaben zu verrichten hatte, aber wer den geringsten Zweifel daran hegt, daß sich seine Klasse heute genauso durchsetzen würde, hat ihn nie spielen sehen. Seine Fähigkeit, nicht nur einen, sondern mehrere Spielzüge vorauszudenken, konnte dem Angriffsspiel immer wieder neue und unerwartete Impulse geben, und was Sepp Herberger insgeheim erhoffte, blieb nicht aus: Die jungen Kaiserslauterner Spieler sahen nicht nur bewundernd zu ihm auf, sondern sie bemühten sich, mit der Schwungkraft einer urwüchsigen Begeisterung auf seine Ideen einzugehen. Ohne daß man in Kaiserslautern große taktische Probleme an der Wandtafel gewälzt hätte, begann man, einander auf dem Spielfeld zu finden, ohne sich suchen zu müssen, und Paßfolgen, die den Gegner verwirrten, liefen mit verblüffender Selbstverständlichkeit durch die eigenen Reihen.

Die Harmonie wurde noch größer, als Ottmar Walter aus der Gefangenschaft zurückkehrte. Zwei Brüderpaare waren jetzt am Werk: die Walters sorgten für Tore, die Liebrichs dafür, daß sie verhindert wurden. 1951 und 1953 holte die Mannschaft, die in der Oberliga Südwest längst keinen ernsthaften Gegner mehr hatte, die Deutsche Meisterschaft in die Pfalz. Und als Sepp Herberger im Sommer 1954 auszog, um dem deutschen Fußball den größten Triumph seiner Geschichte zu bescheren, standen fünf Spieler des 1. FC Kaiserslautern im Weltmeisterschaftsauf-

gebot: Werner Kohlmeyer, Horst Eckel, Werner Liebrich, Ottmar Walter und Fritz Walter:
Fritz Walters Saat vom ›Betze‹ war aufgegangen, und nicht nur in der Pfalz hat man gespürt, daß es ohne ihn nie den Triumph von Bern gegeben hätte, der so vielen Deutschen das Gefühl gab, »wieder jemand zu sein«.
Und der Fritz hat es, wie Max Schmeling, verstanden, seinen Ruhm zu konservieren und auch zu Haus und Hof zu kommen. Das hat am Anfang und bei seiner oft mit Schüchternheit verwechselten Sensibilität gar nicht so ausgesehen. Da gab es Fehlversuche mit einem Kino und einer Wäscherei in Kaiserslautern und die üblichen Unkenrufe vom Star, der die zweite Karriere nicht schaffe. Fritz Walter dazu: »Es hat genug Rückschläge gegeben, und ohne meine Frau Italia hätte ich es auch nie geschafft. Sie war es, die mich immer wieder aufgerichtet hat, und heute, mit 60, ist mein Terminkalender voller denn je.«
Es stimmt. Da sind Hersteller von Sportartikeln, Möbeln und Sekt, da ist die Sepp-Herberger-Stiftung, die ihn durch Jugendstrafanstalten führt, und da ist Radio Luxemburg, das das Wochenende beansprucht. Der Fritz ist viel mehr unterwegs als zu seinen fußballerischen Zeiten, und das schöne weiße Haus vorm Wald in Alsenborn sieht ihn viel seltener, als es Frau Italia recht ist.
Aber er ist stolz darauf. Legitimer Stolz eines Mannes, der zu früh in die Wiege der Ausnahmekönner gelegt wurde, um vom großen Profiboom profitieren zu können. Er hat im kleinen Zeh mehr Ballgefühl als mancher frischgebakkene Fußball-Millionär in beiden Füßen, aber er hat sich seine Philosophie gemacht und trauert Dingen nicht nach, die sich nicht zurückholen lassen.
Beim Vermarkten des Ruhms ist er ein Spätstarter gewesen, aber dann hat es keinen Ausrutscher mehr auf der Popularitätsleiter gegeben. Und sie steht auch richtig. Nämlich da, wo man von den oberen Sprossen nicht ins Leere greift, sondern Früchte findet.
Die alten Kumpels von der WM-Elf '54 nennen ihn Friedrich, und so ist er am 31. Oktober 1920 in Kaiserslautern wohl auch getauft worden. Aber da schwingt mehr mit. Es ist eine Truppe, die ihren Friedrich den Großen hatte und

es auch weiß. Seine Begabung im Zusammenklang mit dem, der Herberger hieß und den er nur den ›Chef‹ nannte, brachte das Ensemble in Schwung. Sepp Herberger und Fritz Walter sind mit Sicherheit das fruchtbarste Tandem des Weltfußballs gewesen.
Die anderen Spieler, und natürlich auch die Journalisten, haben zum Bundestrainer oft ›Muckel‹ gesagt. Das war ein in der Figur bedingter liebevoller Spitzname, der aber dem Fritz gegen den Strich ging.
Sein Vater-Sohn-Verhältnis mit Herberger duldete es nicht. Zwar war die Munkelei, daß der kinderlose ›Chef‹ den Friedrich als Sohn adoptieren wollte, kompletter Unsinn, doch ist Herbergers Vaterstelle wie ein roter Faden durch des Friedrichs Karriere gegangen.
Das habe ich eines Abends in den großen fünfziger Jahren, als wir gemütlich beim Pfälzer Wein saßen, zu spüren gekriegt. Von Herberger redend, sprach ich plötzlich vom ›Muckel‹, und der Fritz verzog das Gesicht, als ob er den sauersten aller Weine erwischt hätte. »Du brauchst«, sagte er, »nicht Chef sagen wie ich, aber Muckel will ich auch nicht hören!«
Für ihn war es ein Stückchen Majestätsbeleidigung, und es hatte unzweifelhaft mit der wichtigsten Sache seines Lebens zu tun.
»Von Beruf Weltmeister« also? Zynische Zungen flöten es nicht ungern, aber es stört ihn längst nicht mehr.
»Wenn es nach denen gegangen wäre, müßte ich in der Gosse sitzen wie ein Boxer, der einen Kampf zuviel gemacht hat. Und dann würden sie mich ad acta legen, mit dem einzigen Unterschied, daß ich's halt nicht in den Fäusten, sondern in den Füßen habe.«
Denen hat Fritz Walter das Maul gestopft. Wir aber, die wir so viele Wege mit ihm durch die ganze Welt gegangen sind, haben es mit Freude aufgemacht, um ihm zu seinem 60. Geburtstag zu gratulieren.
Ad multos annos, Friderice!

Ein Tag im Leben des Fans K.

Der Lehrling Max Knallmann war knapp 16 und lebte in durchaus geregelten Verhältnissen, wenn man davon absieht, daß er zwei Dienstverhältnisse hatte. Das eine beim Bosch und das andere bei seinem Fanklub, welcher sich seinerseits zu Diensten beim großen Bundesligaklub verpflichtet hatte.

Der Bundesligaklub sah das nicht ungern, weil auch laute Leute zahlen und auch bei schlechtem Wetter Verlaß auf sie ist. Und gelegentlich setzte sich sein Präsident sogar zu sportkameradschaftlichem Gespräch mit den Präsidenten der Fanklubs zusammen.

Der Fanklub des Lehrlings Knallmann hieß Blücher und besaß eine Fahne, auf welche mit roter Seide das Wort ›Vorwärts‹ gestickt war. Das hatten die Bräute der Älteren gemacht. Max Knallmann stand sozusagen zwischen ihnen und den Spunden, die erst 14 waren und nach drei Bier besoffen.

An diesem Samstagmorgen erschien er nicht zum gemeinsamen Frühstück in der Wohnküche, obwohl er sonst vergleichsweise pünktlich war. Vater Knallmann, der auch frei hatte, trank mehr Kaffee als sonst und las die Zeitung. Nach der dritten Tasse fragte er, wo denn der Max sei.

»Er schläft«, sagte die Mutter. »Sie haben ihn gestern in den harten Kern aufgenommen.«

»Was für ein harter Kern?«

»Der vom Fanklub, natürlich.«

»Hm«, brummte Vater Knallmann. »Wenn das nur keinen Ärger gibt.«

Aber seine Frau beruhigte ihn. »Du hast doch selber gesagt, man muß ihm seinen Auslauf lassen, und es ist dir lieber, wenn er ins Stadion geht, als daß er in den Discos herumgammelt.«

»Es wird Ärger geben«, insistierte Vater Knallmann, aber das Gespräch ging nicht weiter, weil Max eintrat. Er hatte verquollene rote Augen und stank nach Tropfbier und kaltem Tabak.

Der Vater rümpfte die Nase, aber die Mutter strich ihrem Sohn übers verstrubbelte Haar und fragte, ob das Kopf-

weh besser sei. Er nickte und krächzte mit einem vom Bier geförderten Stimmbruch, daß die Nacht hart gewesen sei und er ein schweres Heimspiel vor sich habe.
»Scheißspiel«, brummte der Vater und las die Zeitung weiter. Mutter und Sohn aber gingen hinaus, um die Ausrüstung zu prüfen. Sie hatte ihm den Wollschal in den Klubfarben gestrickt und ihm die Fahne genäht, und sie war stolz darauf, daß er jetzt beinahe ein richtiger Mann war und sie ihn in den harten Kern aufgenommen hatten. Dazu mußte man von einem Auswärtsspiel mindestens zwei ausgeschlagene Zähne mitbringen. Aber keine eigenen. Der Max war kein Schlappschwanz wie sein Alter.
Der Max fragte, ob sie die Eier besorgt habe. Sie nickte. Leider seien sie nicht alle faulig, weil der Kaufmann fast nur frische gehabt habe.
Der Max sagte, es sei schade und sie solle sie sorgfältig in das Säckchen mit den Steinen legen. Dann frühstückte er und nahm noch zwei Bier, damit der Mut von der Nacht nicht flötengehe. Es war nämlich wirklich ein schweres Heimspiel.
Deshalb mußte er früh zum Treffpunkt, wo Lage und Einsatz besprochen wurden. Er war schwer bepackt, weil er zuvor im Keller noch die Kette von seinem Fahrrad montiert hatte.
Er war einer der ersten im ›Scharfen Eck‹ und konnte noch drei Bier nehmen, bis der harte Kern einsatzbereit war. Die Spunde fuhren immer drei Straßenbahnen früher, weil sie noch keine besonderen Aufgaben hatten.
Außerdem mußte der Sonderzug abgewartet werden, der die Fans vom Gegner brachte.
»Wenn wir Glück haben«, sagte der Einsatzleiter, »wird es bock, weil wir sie schon in der Straßenbahn erwischen.«
Aber sie trafen nur ein halbes Dutzend, und es gab wenig Arbeit. Nach zwei Stationen hatten sie sie hinausgeschmissen, und nur einer hatte leicht geblutet. Immerhin hatten sie drei Fahnen erbeutet, und sie hatten bis zum Stadion Zeit, sie auf die Breite von Klorollen zu zerschneiden. Einige Fahrgäste warfen ängstliche Blicke auf die scharfen Messer der Männer des harten Kerns.
Dann stimmte der Einsatzleiter das Lied an:

»Unsre Mäuler wollen Bier, unsre Ärsche dieses hier!«
Max Knallmann sang noch kräftig mit, aber beim Aussteigen merkte er, daß er sich zu kräftig in den harten Kern hineingetrunken hatte. Nur mit Hilfe der unüberbietbaren Gruppenkameradschaft konnte er auf seinen Kurvenplatz gehievt werden, allwo er sofort begann, schöne Beweise für die Berechtigung seines Eintritts in den harten Kern zu liefern.
Das faulste seiner Eier zerplatzte, wonniges Gejohle auslösend, auf der Glatze eines dicken Herrn und stank in so weitem Umkreis, daß es Polizei anlockte.
Max Knallmann stank es, daß sie überall die Nase hineinsteckt. Mutig warf er den ersten Stein, welcher keine Glatze, aber einen Polizisten an der gleichen Stelle traf.
Am Abend dieses schweren Heimspiels fragte Vater Knallmann in der Wohnküche, wo denn der Max sei. Seine Frau lächelte und sagte, es sei doch klar, daß er im ›Scharfen Eck‹ den großen Sieg feiere. Aber dann kam der Anruf von der Polizeiwache 1 mit der festen Versicherung, daß Max Knallmann nicht nach Hause komme, jedoch wohlverwahrt und auch nebst Fahrradkette und anderen Schlagwaffen zu besichtigen sei, was Herrn Knallmann zu der treffenden Bemerkung veranlaßte, daß er es geahnt habe.
Seine Frau aber fragte erzürnt, was die Polizei überhaupt im Stadion verloren hätte und warum man bestraft würde, wenn man seine Kinder bei den heutigen Gefahren von der Straße fernhielte.
Es ist eines dieser schweren Heimspiele gewesen, bei denen man nie weiß, wie's ausgeht.

Der Champ, der aus der Kälte kam

Neulich bin ich im Restaurant einem Dicken gegenübergesessen. Das wäre an sich nichts Besonderes, weil unser Wohlstand viele Dicke hervorbringt, aber der Mann ge-

hörte schon zur Superklasse und mag leicht seine zwei Zentner dreißig auf den Stuhl gebracht haben.
Er aß nicht, sondern er stach Torf. Und er tat es mit dem zügigen, gleichmäßigen Tempo des Akkordarbeiters, der bei unnötigen Pausen Zeit und Geld verliert.
Es war das teuerste Menü mit den meisten Gängen, und obwohl der Ober mit Nachreichen kaum nachkam, war der Dicke beim Dessert, als ich erst bei der Hälfte meines bescheidenen Steaks angekommen war.
Es muß salzig geschmeckt haben, weil ihm immer wieder Schweißperlen von der Stirn in die Sahne tropften.
Da fiel mir Wassili Alexejew ein und eine erstaunliche Geschichte, die ich diesen Sommer über ihn in Moskau gehört habe. Und ich dachte, der Dicke hätte besser getan, sich ein kaltes Fußbad als einen üppigen Nachtisch zu bestellen.
Die Geschichte vom 150 Kilo schweren Alexejew ist ebenso erstaunlich wie einleuchtend. Der Weltrekordmann und Olympiasieger im Superschwergewicht hat sich jahrelang nicht um die Trainingsanweisungen seiner staatlichen Gewichtheber-Experten gekümmert, sondern sich im Sommer in die ländliche Einsamkeit zurückgezogen und sich kleine und kühle Flüsse ausgesucht.
Nicht etwa zum Fischen, sondern zum Trainieren. Was er, bis zum Bauch im kalten Wasser stehend, herauszog, war die schwere Hantel. Er hatte herausgefunden, daß er bei großer Hitze, die ihn, wie alle Dicken, gewaltig transpirieren ließ, mit ›Kühlwasser‹ mindestens die dreifache Trainingsleistung erbringen konnte.
Trainer, die den Koloß nach den neuesten Erkenntnissen der Sportwissenschaft zu betreuen gedachten, wetterten gegen so primitive und in keinem Lehrbuch verzeichnete Eigenmächtigkeiten, aber Wassili lächelte mit seinen gutmütigen Hundeaugen über sie – und brach Weltrekord um Weltrekord.
Und machte ihnen nicht nur deutlich, daß sein Pulsschlag im kalten Wasser um zehn bis zwanzig Schläge in der Minute zurückging, sondern daß allein das Eintauchen der Finger in ein 10 Grad kaltes Wasser deren Muskelkapazitäten verdoppelte.

Ich hätte dem Dicken am Nebentisch gerne erzählt, wie er sich seine Schwerarbeit erleichtern könnte, aber der Mann hatte tellergroße Hände, von denen die linke ohne Verdoppelung der Muskelkapazität genügt hätte, mich aus dem Lokal zu schmeißen.

O Deutschland hoch in Ehren

Ich bin auf eine große Bank gegangen, einen Scheck einzulösen. Das ist in Montevideo etwa so, wie wenn man bei uns ohne Anmeldung zum Zahnarzt geht. Man reißt sich am Schalter einen Zettel mit einer Nummer ab, aber spätestens nach einer Viertelstunde merkt man, daß sich nur die Dummen auf die Bank setzen und daß eigentlich nie eine Nummer aufgerufen wird. Dagegen ist ein beträchtlicher Andrang an den diversen Schaltern, und nach einer halben Stunde beschließt man, mitzudrücken. Die Zettel mit den Nummern sind vermutlich für die Bauern gedacht, die nur alle paar Monate in der Hauptstadt etwas zu erledigen und deshalb nach Meinung der Hauptstädter viel Zeit haben.
Nach einer Dreiviertelstunde bin ich so weit vorne gewesen, daß ich meinen sinnlosen Nummernzettel auf den Tisch knallen und einen jungen Mann anschreien konnte, der ein tailliertes weißes Hemd nebst getupfter blauer Krawatte trug und den sparsamen Einheitsblick einer Bankgesellschaft hatte, die vier Prozent Zinsen für eine erpresserische Forderung ihrer Kunden hält.
Und nun kam auch noch einer und fluchte ihn in einem Spanisch an, dessen Primitivität ihn schaudern ließ. Auch die umstehenden Herren – anscheinend finden uruguayische Bankgeschäfte unter Ausschluß der Damen statt – machten indignierte Gesichter. Aber jetzt konnte ich nicht mehr zurück, und da ich von Moskau her weiß, daß man hoffnungslos auf der Strecke bleibt, wenn man da, wo der Bürokratismus seine schönsten Blüten treibt, nach dem er-

sten Brüllen zurückzuckt, brüllte ich weiter. Zwar ist mein Schatz an spanischen Flüchen vergleichsweise klein, aber dafür von einer Schärfe, die den Jüngling hinter dem Schalter schaudern ließ, als ob schwärzester Teer auf sein weißes Hemd und die blaue Krawatte geschmissen würde. Sein Gesicht bekam die Farbe einer vollreifen Tomate, und er fing an, mit den Händen zu fuchteln wie ein Schiedsrichter, der die rote Karte sucht. Und um mich herum nahm das Murren der wartenden Kunden bedrohliche Formen an. Ich spürte, daß ich einen unkorrigierbaren Fehler gemacht und vielleicht nicht einmal mehr eine Chance zum Rückzug hatte, da die Bank groß genug war, um über eine eigene Hauspolizei zu verfügen. Außerdem sollen die ja nicht zimperlich sein in Uruguay.
Das Maul hätte ich halten sollen. »En boca cerrada no entran las moscas« – »In den geschlossenen Mund fliegen keine Mücken«. Aber da ertönte, mitten hinein in das bedrohliche Murren der Menge und das beleidigte Gesicht des Schalterchefs im weißen Hemd, eine sonore Stimme: »Creo es un Aleman« – »Ich glaube, es ist ein Deutscher, fragt ihn doch mal!« Der Weißhemdige fragte, und ich nickte sittsam.
Und mit einem Schlag löste sich die Feindseligkeit in das herzhafte Lachen von Männern auf, die nie einen besseren Witz gehört haben. Sogar der Kohlweißling, dieser Krautscheißer, der nahe daran gewesen war, mir an die Gurgel zu springen, machte nach zweimaligem Schlucken ein Gesicht, als ob er mir mindestens die Stelle des Vizedirektors anbieten wollte.
Ich habe sogar dreimal schlucken müssen, bis ich begriff, daß es nicht bloßes Deutschtum war, das diesen Sinneswandel verursacht hatte. Es war ganz schlicht der Fußball. Jeder rechte Mann in Montevideo versteht etwas von ihm und hat sich nicht Argentinien, sondern Brasilien als Endspielgegner von Uruguay gewünscht. Und da das Ausscheiden des Erbfeindes nur dadurch zustande kam, daß sich Deutschland fürchterliche Hiebe von Brasilien geben ließ, sind die Deutschen seit Mittwoch in der Popularitätsrangliste der Ausländer in Uruguay unangefochtene Spitzenreiter.

Ich bin von dem Weißhemdigen so schnell und zuvorkommend bedient worden, als ob ich ein Millionenkonto auf der Bank hätte, und es fehlte nicht viel, dann hätten alle zusammengelegt und mir ein Konto eröffnet.
Fußball hat mitunter merkwürdige Auswirkungen, und es ist sicherlich gut, wenn man ihn nicht immer mit tödlichem Ernst betrachtet. Allerdings sollten die, die besser von ihm leben als alle anderen vor ihnen im Nationaltrikot, den Ernst aufbringen, der verhindert, daß sie zu Witzfiguren werden.

Murrhardt bei Moskau

Das Mädchen hieß Mercedes und hatte einen unaussprechlichen Nachnamen, was sie von dem meinigen allerdings auch behauptete. Bezüglich der Schnittigkeit war sie von der SL-Klasse und noch klug dazu, was auch in Uruguay keine alltägliche Mischung ist.
Außerdem ist Mercedes Reporterin. Als sie den großen Stuttgarter Künstler Herbert Hajek interviewt hatte, der gewichtiges Kulturelles auszusagen hatte und der mein Zeuge ist, falls jemand an eine erfundene Geschichte glauben sollte, hat sie den kleinen Schreiber zum Interview gebeten. Ich gebe zu, daß ich geschmeichelt gewesen bin, weil unsereiner zwar Interviews zu machen hat, aber so selten interviewt wird wie ein Linienrichter.
Mercedes wollte natürlich nichts vom Fußball wissen, sondern von meinen uruguayischen Eindrücken, und es ging leicht vonstatten, weil sie gescheite Fragen in einem prächtigen Französisch stellte. Ich nahm mir vor, meinen nächsten Interview-Partner auch nicht mehr mit den 08/15-Fragen zu belästigen, die so alt sind wie die ältesten Zeitungen. – Und natürlich habe ich auch den Stiel umgedreht in der klugen Erkenntnis, daß eine Journalistin wie Mercedes mehr hergeben müsse als das Zimmermädchen vom Columbia Palace-Hotel.

Was denkt sie über Uruguay? Nun, Politik hat sie kategorisch abgelehnt und sich auf ihre feuilletonistische Tätigkeit und auf die Schönheit des Landes mit seinem hohen kulturellen Standard berufen. Womit wir automatisch auf die beiden großen Nachbarn zu sprechen kamen, denen sie kein entsprechendes Niveau zubilligte. Bei den Argentiniern stellte sie das Näschen hoch, rümpfte es, weil ihre Einbildung um genau soviel größer sei, wie Argentinien größer als Uruguay ist, nämlich 45mal.
Bei den Brasilianern lächelte sie nachsichtig, wie man es bei Kindern tut, die noch in die Vorschule gehen: »Sie lesen keine Literatur, sondern Mickey Mouse und Donald Duck. Aber dafür sind sie auch nicht eingebildet, sondern freundlich und gutmütig. Man muß sie mögen, aber die Länder, die ich liebe, sind im Norden.«
Ich dachte an Venezuela oder Mexiko, erfuhr jedoch gleich, daß ein Uruguayer, wenn er Norden sagt, Europa meint. Sie kommen ja auch praktisch alle von dort, die Vorfahren von Mercedes beispielsweise aus Alicante.
Aber nicht Spanien gilt ihre Sehnsucht. Sie nannte mir drei Städte, die sie kennen- und liebenlernte: Paris, Amsterdam und Straßburg. Und sie hat diese Liebe mit bemerkenswertem Feingefühl begründet. Ob sie auch Stuttgart kennt? Ja, aber sie ist nur zwei Tage dagewesen und muß zugeben, daß sich nichts Besonderes eingegraben hat. Allerdings hat sie irgendwo in der Nähe in einem schönen Hotel ganz ausgezeichnet gegessen.
Sie überlegt, kommt aber nicht auf den Namen, und ich frage nach der Himmelsrichtung.
»Richtung Rußland«, sagt sie, und das ist die verblüffendste Antwort dieses Gesprächs, weil sie es ohne jeden ironischen Hintergedanken sagt. Ich muß das dreimal nachprüfen, bis ich begreife, daß die Leute von Südamerikas Südzipfel ganz einfach viel weitergesteckte geographische Begriffe als wir haben. Wenn man am Ende der Neuen Welt lebt, schrumpft die Alte so zusammen, daß »östlich von Stuttgart« eben nichts anderes bedeutet als Richtung Rußland. Glücklicherweise ist es bis dorthin noch ein Stückchen weiter als nach dieser großzügigen Auslegung.
Wir haben dann auch gemeinsam herausgebracht, daß es

sich nicht um einen Ort in Ostpolen, sondern ganz schlicht um Murrhardt und dessen ›Sonne-Post‹ gehandelt hat.
Bedenkt man freilich, welchen Weg Mercedes auf ihrem eigenen Kontinent von Montevideo nach Caracas zurückzulegen hat, dann liegt der Schwäbische Wald tatsächlich vor Moskaus Toren.

Seeräuber und Schiffsjunge

Wenn das Fernsehen live zu einem Finale McEnroe – Borg bittet, ist der Krimi ein müder Vorreiter. Flushing Meadow hat es wieder einmal bewiesen. Da schaffen zwei Männer Faszination, von der Drehbuchautoren und Regisseure nur träumen können.
Kein toter Punkt, wenn man von den Kurzperioden zwischen den Seitenwechseln absieht. Amerika nützt sie für Replays mit Werbung, was natürlich nicht über den europäischen Satelliten ging.
Da hatten wir Pause mit der Totalen. Ein in den gewaltigen 20 000-Menschen-Krater eingebettetes Grün von steinerner Härte. Zwar heißt Meadow Wiese, aber auf dem Beton liegt der härteste aller Kunstbeläge.
Übrigens würde ich in den kurzen Pausen als Werbechef einer einschlägigen Firma einen Eisschrank namens Borg zeigen. Mehr Wirkung wäre mit tausend Inseraten nicht zu erzielen.
Keine Gesichtsregung des Schweden bei guten oder schlechten Bällen. Man ertappt sich bei der Frage, wie er es bei seiner Frau hält, die mit blau-weißem Sonnenhütchen und ausdrucksvollen Augen unter den Ehrengästen sitzt.
Und doch: Manchmal erwischt man in den Augen über den leicht eingezogenen Borgschen Schultern eine Art von Ausdruck. Keine Aufhellung wie bei McEnroe, und Freundliches schon gar nicht. Eher ist's der Blick eines

Serräubers, und es fehlt nur die schwarze Klappe über einem Auge, um das Bild perfekt zu machen.
Und dann wird der andere zum frechen, meuternden Schiffsjungen. Er sieht diesmal sowieso jünger aus mit den geschnittenen Haaren und dem fehlenden roten Stirnband.
Und ganz alt läßt er Borg aussehen, wenn er vorstürmt ans Netz. Der alte Mann und das Netz. Hemingway geht einem durch den Kopf.
Und was denkt John McEnroe? Man spürt es, weil jeder Fehler in sein Gesicht steigt und Trotz signalisiert. Kindlicher Trotz mit Selbstbezichtigung und Racheschwur. Doch schnell hebt sich der gesenkte Mea-Culpa-Blick, wenn ein guter Ball gelingt, und in die Augen steigt ein leises Leuchten, Triumph ausdrückend, Genugtuung andeutend.
McEnroe lebt sein Spiel. Borg peitscht es durch und erduldet es zugleich. Es entsteht der Eindruck, als ob ein Vater begreifen müsse, daß alle bewährten Mittel nicht mehr reichen, um den aufmüpfigen Sohn zu bändigen. Sicher, da kommen immer noch diese knallharten Passierbälle der beidhändigen Rückhand, die den Jungen nur machtlos aufstampfen lassen, aber es ist eher maschinenhafte Perfektion gegen die virtuose Improvisation, mit der ihn McEnroe im nächsten Moment auf dem falschen Fuß erwischt.
Vielleicht hat er nie die unbestreitbaren Vorteile des Linkshänders so geschickt und unerbittlich genützt wie in diesem Finale der US-Meisterschaften, die Björn Borg nie gewinnen konnte.
Nach Wimbledon Flushing Meadow gegen McEnroe zu verlieren ist hart für den Mann mit dem unbeweglichen Pokerface, und unverkennbar ist die Parallele zum Eddy Merckx jener Tage, die ihm das Ende einer langen Regierungszeit auf Europas Landstraßen ankündigten. Aber damals war Merckx schon älter, und Pokerface hat noch genug Trümpfe und Revanchen im Ärmel.
Im übrigen hat uns eine der faszinierendsten Errungenschaften der modernen Technik teilnehmen lassen an der auf die Spitze getriebenen Erbarmungslosigkeit eines

Sports, dessen Altvordere es sich noch erlaubten, mit besinnlichen und kräftesparenden Ballpassagen den entscheidenden Schlag zu präparieren.
Heute ist, weil Sport immer seine Zeit reflektiert hat, jeder Schlag die Herausforderung.

Der Erfinder des Elfmeters

Nicht jede Woche macht der Fußball Spaß, aber am Ende von dieser serviert er uns einen Witz, der vor allem wegen seiner Unfreiwilligkeit so umwerfend ist. Ich entnehme ihn der deutschen Ausgabe der ›FIFA News‹, des monatlichen Bulletins des Internationalen Fußballverbandes, und versuche vergeblich, das Lachen zu unterdrücken.
Dabei pflegen sich offizielle Bulletins, und wenn sie vom größten Sportverband der Welt sind, nicht gerade durch humorvolle Beiträge auszuzeichnen. Aber in diesem Septemberheft von 1981 steht aus der Feder des deutschen Sportjournalisten Ossi Brucker aus Weinheim an der Bergstraße eine so phantastische Geschichte, daß ich sie nicht nur dreimal lesen mußte, sondern auch dreimal überprüfte, ob ich ein Witzblatt oder etwas Amtliches von der ehrwürdigen FIFA in der Hand hielt, die der Vatikan des Fußballs ist. Es war die Überschrift, die mich fesselte. Was sage ich, sie ließ mir die Augen aus dem Kopf fallen, denn über einem großen vierseitigen Artikel stand in fetten Lettern dies: VOR 90 JAHREN: DER IRE JOHN MCPENALTY ERFAND DEN ELFMETER.
Dann folgte die phantastische Geschichte des irischen Regelexperten John McPenalty, dessen Gerechtigkeitssinn es nicht länger duldete, daß Abwehrspieler einfach mit bösen Fouls vor ihrem Tor aufräumten und manchmal sogar den Ball für ihren geschlagenen Torwart herausboxten. Die Regel habe aber nur einen Freistoß erlaubt, der selten etwas einbrachte, weil sich alle gegnerischen Spieler auf die Torlinie stellten.

»Deshalb«, so schreibt der Kollege Ossi Brucker in den ›FIFA News‹, »erfand John McPenalty den Penalty.«
Nun weiß man, daß Penalty Strafe bedeutet und ein Penalty deshalb ein Strafstoß ist. Aber den John McPenalty, den Erfinder des Strafstoßes, hat es natürlich nie gegeben. Ich habe den bekannterweise sehr anglophilen Pressechef des DFB, Dr. Wilfried Gerhardt, angerufen und gleich gemerkt, daß er sich auch schon vor Lachen über John McPenalty gekugelt hatte. Vielleicht ist der Kollege Ossi Brucker, ehe er der FIFA (die es allerdings besser hätte wissen müssen) dieses faule Ei ins Nest legte, einem dieser skurrilen englischen Spaßvögel aufgesessen, die gerne solche Witze machen und beispielsweise den Iren Seamus O'Corner als den Erfinder des Eckballs bezeichnen.
Um aber etwas historische Wahrheit in die Geschichte zu bringen: Der Penalty ist tatsächlich 1891, also vor 90 Jahren, eingeführt worden, und zwar auf Betreiben des Nordirischen Fußballverbandes. Bis dahin hatten Schiedsrichter die Möglichkeit, einfach auf Tor zu entscheiden, wenn beispielsweise ein Abwehrspieler den Ball mit der Hand herausschlug.
Aber der Elfmeter hatte eine schwere Kindheit. Die nach britischen Fairplay-Muster erzogenen Amateure fanden ihn würdelos, weil ihnen ›Profimätzchen‹, die zum Elfmeter führten, gar nicht in den Sinn kamen. Folglich war diese Strafe nach ihrem Kodex ehrenrührig und wurde jahrelang dergestalt boykottiert, daß entweder der Torhüter seinen Kasten verließ oder der Schütze mit Absicht danebenschoß.
Viel lustiger aber ist der Fehlschuß der FIFA mit ihrem John McPenalty. Das ist ungefähr so, wie wenn man den deutschen Maurern erklärt, daß der Erfinder ihres Vespers Julius Käsebier heißt. Wenn ich einmal viel Zeit habe, schreibe ich der FIFA für ihr Monatsheft einen Beitrag über Caspar David Scholl, den Erfinder der Fußpflege und des Fußballs.
Die Chancen für einen Abdruck scheinen mir nicht schlecht zu stehen.

Wenn Damen Fußball spielen

Der ›Spiegel‹ bringt in dieser Woche nicht nur Rudolf Augstein mit Breschnew, sondern auch deutsche Mädchen mit Fußball. Er untersucht, warum der DFB weibliche Fußballer nicht vollnimmt, obwohl in diesem Land nicht weniger als 400 000 in 2701 Mannschaften spielen. Niemand würde auf die Idee kommen, Frauenschaften zu sagen, obwohl es logisch wäre.
Aber mit der Logik ist das so eine Sache, weil Damenfußball für viele Männer einfach unlogisch bleibt. Zwar hat ihn der DFB vor zehn Jahren sanktioniert, aber keiner seiner Funktionäre rührte sich, als es darum ging, die Spielerinnen aus Bergisch-Gladbach zu empfangen, die in Taiwan die inoffizielle Weltmeisterschaft für die Bundesrepublik gewonnen hatten.
Denn höheren Fußballorts kommt Damenfußball nicht an. Der ›Spiegel‹ beweist es mit Funktionärszitaten und solchen von Breitner und Derwall, und sehr gut erinnere ich mich daran, daß Sepp Herberger ein Gesicht machte, als ob er in die sauerste Zitrone gebissen hätte, wenn von kickenden Damen die Rede war.
Warum viele Männer den Damenfußball nicht ernst nehmen und höchstens als Reizthema sehen, ist dem zitatengespickten Beitrag des ›Spiegels‹ eigentlich nicht zu entnehmen. Man darf indes füglich annehmen, daß Urinstinkte am Werk sind, wie sie das Fernsehen auslöst, wenn moderierende Damen im Aktuellen Sportstudio Fußball behandeln. Da werden Männer zu knurrenden, ohrenspitzenden Jagdhunden, denen sich das Fell sträubt.
Und dieses Phänomen hat wohl, wie der Fußball selbst, tatsächlich mit Jagd im ursprünglichsten Sinne zu tun. Die rituelle Jagd, sagt der englische Verhaltensforscher Desmond Morris in seinem vorzüglichen Buch ›Das Spiel‹, sei eines der verhüllten Gesichter des Fußballs. Für ihn hat sich der Jäger vom Überlebensjäger über den Sportjäger zum Fußballspieler gemausert, wobei die Waffe zum Ball und die Beute zum Tor wurde. Morris führt an, daß das Tor »angegriffen« und der Ball »geschossen« wird, sieht

darin eindeutige Hinweise auf eine verkappte Jagd, die er als wahre Natur des Fußballs bezeichnet.
Und stets ist die symbolische Tötung mit Gefahr verbunden, weshalb das Ganze instinktiv als absolute Männersache betrachtet wird.
Nun hat der Damenfußball aber unbestreitbare Fortschritte gemacht. Vorbei sind die schrecklichen Zeiten der unbeholfenen Spitzkicks, und die deutschen Mädchen, die in Taiwan inoffizielle Weltmeister wurden, verstehen es, mit Witz und Technik zu spielen.
Und trotzdem. Männliche Urinstinkte haben eine Barriere aufgebaut, die für den Damenfußball unüberbrückbar bleiben wird. Viele seiner Teams werden auch aus ganz natürlichen Gründen schwach bleiben, und was seine guten angeht, so müssen sie sich, ebenfalls aus natürlichen Gründen, mit l'art pour l'art zufriedengeben. Großes Geld, Massenhysterie und nationaler Chauvinismus werden sie nie umbranden.
Und vielleicht ist das gar nicht das Schlechteste, was dem Fußball der Damen passieren kann. Dem DFB freilich stünde es nicht schlecht an, diesen bunten Ziergarten neben seinen Schlachtfeldern etwas besser zu pflegen.

Sportjournalismus heute

Der Schreiber dieser Zeilen hat sieben Weltmeisterschaften im Fußball mitgemacht, beziehungsweise über sie berichtet, und wenn er über die nächste redet, dann weiß er, wovon er spricht.
Um Seltsames geht es, das von vielen Sportjournalisten nicht begriffen wird. Viele merken schon gar nicht mehr, wie sie dabei sind, Art und Stil der Berichterstattung nicht mehr mit eigenem Denken zu beleben, denn sie huldigen dem ›Und-sagte-uns-Report‹. Mit anderen Worten: es wird weniger reflektiert als kolportiert nach dem Motto »Sag mir was, dann hab ich was«. Man strapaziert den ei-

genen Kopf nicht mehr und behauptet, damit den Publikumsgeschmack von heute zu treffen.
Aber so sicher ist das nicht. Sicher ist hingegen, daß Deutschlands Nationalmannschaft in Spanien einer journalistischen Dauerbelagerung ausgesetzt sein wird wie keine andere. Aber ist es wirklich so wichtig, jeden Wind zu registrieren, den sie fahren läßt?
Ich glaube es nicht, aber ich sehe die Blüten voraus, die es treiben wird. Je größer eine Boulevardzeitung ist, um so mehr ›Mitarbeiter‹ wird sie in der deutschen Mannschaft haben, wobei der Bundestrainer nicht ausgeschlossen ist. Schließlich ist Jupp Derwall schon heute Kolumnist des auflagestärksten deutschen Blattes.
Daß das hübsch bezahlt wird, versteht sich am Rande. Es fragt sich aber, ob sich ein Bundestrainer das leisten kann. Wären die deutschen Sportjournalisten in ihrer Gesamtheit zu größerer eigener Meinungsbildung bereit, würden sie ihn mit einem Interview-Boykott belegen, den sie viel besser durchhalten könnten als der Bundestrainer.
Außerdem gibt es untrügliche Hinweise dafür, daß das gleiche Blatt zwei weitere ›Schreiber‹ im deutschen WM-Hauptquartier haben wird, nämlich Rummenigge und Beckenbauer. Wie wir am Montag als erste deutsche Zeitung meldeten, wird der Kaiser am 1. Juni in Hamburg sein Abschiedsspiel erhalten und mit der offiziellen DFB-Delegation nach Spanien reisen. Und aus sicherer Quelle verlautet, daß er unser journalistischer ›Kollege‹ wird, ohne die Akkredition zu benötigen, für die die FIFA so strenge Maßstäbe anlegt.
Vom Anliegen journalistischer Maßstäbe wollen wir gar nicht reden. Es ist klar, daß da mit ›Negern‹ gearbeitet wird, die prominente und manchmal sicherlich auch brauchbare Stichworte zu verwerten haben, an die der mit gebotener Ehrlichkeit arbeitende Journalist nicht herankommt.
Bei Weltmeisterchaften sind solche Methoden nicht so belanglos wie im Bundesliga-Alltag. Wenn Max Merkel über seine Neger Schmäh verbreitet, mag das manchmal sogar amüsant sein, und außerdem kommt dem Mann nur noch die Bedeutung zu, die er sich selber beimißt.

Wenn die Jagd nach Exklusiv-Informanten aus dem Kreis der Nationalmannschaft im spanischen WM-Vorfeld so weitergeht, werden vielleicht gerade noch ein paar Ersatzspieler übrigbleiben, die nicht an ein Blatt gebunden sind, weil ihr Popularitätsgrad nicht groß genug ist. Und vielleicht wächst sogar ihre Chance, eingesetzt zu werden, dadurch, daß die Asse zu sehr mit publizistischen Aufgaben überlastet sind.
Aber Spaß beiseite: In Frankreich, wo man mit unendlicher Mühe die Qualifikation geschafft hat und froh ist, dabeizusein, wäre es ebenso undenkbar, daß Nationaltrainer Michel Hidalgo Kolumnen für eine Zeitung schreibt, wie ähnliche Tätigkeiten seiner Spieler. Zwischen Zeitungen aller Art und der Nationalmannschaft besteht da ein Gleichheitsprinzip, über das der französische Sportjournalistenverband mit Argusaugen wacht. Er ist freilich auch viel mächtiger als der deutsche, der in seinem Mitteilungsblatt Kegelausflüge beschreibt und großen Wert darauf legt, daß sich seine Mitglieder zu ihren Geburtstagen gratulieren.

Die wundersame Odyssee des ersten deutschen Profis

Bei weihnachtlichen Geschichten soll Märchenhaftes mitschwingen, aber Märchenhaftes wird im modernen Sport immer rarer, wenn man davon absieht, daß er mit märchenhaften Gagen winkt. Und der Profi, sofern er die nötige Klasse besitzt, pflückt sie mit einer Selbstverständlichkeit, mit der niemand rechnen konnte, als sich der Sport nach dem Zweiten Weltkrieg wieder aus dem Chaos heraustastete. Fußballprofis der Spitzenklasse haben ausgesorgt, wenn sie ihre Karriere beenden.
Viele haben aber schon vergessen, daß man in Deutschland erst 1963 mit der Einführung der Bundesliga Vollprofi werden konnte. Vorher gab es den Vertragsspieler, der einen anderen Beruf nachweisen mußte, und in der

Zeit vor dem Krieg galt es gar als schändlich, überhaupt Geld anzunehmen für sportliche Leistung. Profi werden konnte keiner.
Aber es war einmal ein Mannheimer Bub, der so viel Talent hatte und dem der Fußball so viel bedeutete, daß er beschloß, gegen den Strom zu schwimmen. Er wurde der erste richtige deutsche Profi, und wenn man an die Watte und die großen Scheine denkt, in die der Berufsspieler von heute eingepackt wird, dann liegt in der Tat Märchenhaftes in der Geschichte des Mannheimer Buben, der auszog, um Profi zu werden. Er heißt Ossy Rohr und wird im März des kommenden Jahres 70.
Mit 18 schon schoß er als Mittelstürmer des VfR Mannheim die Tornetze in Fetzen. Aber es war die Zeit der großen Wirtschaftskrise, und es war nicht immer leicht für den Lehrling Rohr, sowohl seinen normalen natürlichen Hunger als auch seinen ungewöhnlichen Torhunger zu stillen.
Da meldete sich 1931 der FC Bayern München, der einen Nachfolger für seinen Torjäger Pöttinger suchte. Bezahlte Transfers waren natürlich verboten, aber die Bayern sahen in dem jungen Rohr ein solches Kanonenrohr, daß unter dem Tisch kein schlechtes Angebot lief und auch der VfR Mannheim zufrieden sein konnte. Und Ossy zahlte zurück. »Ich hatte«, sagt er, »grausiges Lampenfieber, als junger Spund einen so berühmten Mittelstürmer wie Pöttinger ersetzen zu müssen, aber kein anderer als der noch berühmtere Nationaltorhüter Hans Jakob hat es mir genommen. Im ersten Spiel haben wir nämlich gegen Jahn Regensburg gespielt und 7:1 gewonnen. Und fünf von diesen sieben Toren hab ich dem Jakob reingehauen!«
Ossy Rohr spielte bis 1933 beim FC Bayern, wurde bayerischer Schützenkönig, Deutscher Meister und Nationalspieler. Viermal trug er den Nationaldreß.
Aber ein richtiger Profi wollte er werden, und 1934 kam ein verlockendes Angebot von Grasshoppers Zürich. Inzwischen war freilich ein gewisser Adolf Hitler an der Macht, und man konnte als Nationalspieler nicht einfach den Hut lüpfen und ins Ausland gehen wie die modernen

Kollegen Stielike oder Schuster. Aber als sich der reiche Schweizer Klub nicht nur bereit erklärte, harte Franken in die Taschen von Klub und Spieler, sondern auch in die Parteikasse zu zahlen, erhielt Rohr 1934 die Freigabe. Es wurde ein gutes Jahr für ihn, denn er wurde mit den Grasshoppers Schweizer Meister und Pokalsieger. Und Schützenkönig obendrein.

So feudal war der Klub, daß er schon damals auf seinem Platz am Hardturm eine der ersten Flutlichtanlagen des Kontinents besaß. Und eines Abends gastierte hier der betuchte französische Profiklub Racing Strassburg.

1932 war in Frankreich der Vollprofi eingeführt worden, und die Elsässer waren hingerissen von Ossy Rohr. Noch am gleichen Abend wurden die Verhandlungen aufgenommen, und 1935 war Rohr Mittelstürmer von Racing Strassburg, ohne freilich seinen ›Führer‹ um Erlaubnis gefragt zu haben. »Von Deutschland aus«, sagt er, »wäre das natürlich nicht gegangen, und die Parteibonzen haben dumme Gesichter gemacht.« Er aber wurde mit 37 Treffern in der ersten Saison gleich französischer Schützenkönig und von keinem Geringeren geehrt als von Staatspräsident Lebrun, der von allen französischen Karikaturisten immer wegen seiner Schuhgröße 46 veräppelt wurde. »Ich habe«, sagte Lebrun bei der Gratulation, »zwar größere Füße, aber nicht so viel Dynamit drin wie Sie!«

Aber Adolf Hitler hatte noch mehr davon. Als 1939 der Krieg ausbrach, wurden alle in Frankreich lebenden Deutschen interniert, und der Berufsfußballer Ossy Rohr kam in ein Lager bei Lyon.

Doch was ein echter Fußballer ist, spielt auch hinter Stacheldraht und ohne Geld. Ossy Rohr bildete sofort eine Lagermannschaft, und da er ein populärer Mann in Frankreich war, durfte sie schnell auch außerhalb des Stacheldrahts spielen.

Als jedoch Hitlers Frankreichfeldzug kam, verspürte er nicht die geringste Lust, ›befreit‹ zu werden. Er setzte sich ab in Richtung Mittelmeer, und zu seiner großen Erleichterung besetzten die Deutschen den Süden nicht. Es wurde die ›zone non occupée‹, im französischen Volksmund ›zone nono‹ benannt.

Und man spielte dort Profifußball wie im tiefsten Frieden. Der FC Sète verpflichtete den Deutschen ohne die geringsten Hemmungen – und seltsamerweise auch ohne daß die Deutschen eingegriffen hätten.
Und es kam zu einer jener verrückten Begegnungen, für die Kriege allemal sorgen: Karl Ziegler, ein Mannheimer Freund und Nachbar von Ossy Rohr, Entdecker von Rudi Altig und später Trainer des Bundes Deutscher Radfahrer, war als Besatzungssoldat in Mont-de-Marsan stationiert. Eines Tages erfuhr er, daß der FC Sète mit Ossy Rohr jenseits der Demarkationslinie, aber nur 30 Kilometer entfernt, in dem Städtchen Auch zu einem Freundschaftsspiel antrat.
Nun hatte der Soldat Ziegler zwar nicht die Erlaubnis, diese Linie zu überschreiten, aber da der Ziegler Karl nie ein Einfältiger war, besorgte er sich bei einem Franzosen Knickerbocker, Pullover und ein Tourenrad und radelte über Schleichwege zum Spielort, allwo es eines jener Wiedersehen gab, die man nicht vergißt. Zwei Mannemer Buben beim seltsamsten aller Rendezvous!
Aber Ossy Rohr hatte nicht ausgesorgt. Als die Deutschen später ganz Frankreich besetzten, benahmen sie sich zwar nicht barbarisch gegen ihn, aber sie machten ihm unmißverständlich klar, daß er Trikot und Fußballschuhe gegen Knobelbecher und Uniform zu vertauschen habe.
Schließlich wurde jeder Mann gebraucht, von einem Mittelstürmer, der nutzlose französische Tore schoß, gar nicht zu reden.
Und eine angenehme Stellung als Dolmetscher in einer Besatzungskompanie war nur von kurzer Dauer. Dann schickten sie ihn nach Rußland, wo er indes wenig von der Treffsicherheit, die ihn auszeichnete, beweisen konnte. Schneller als er dachte, befand er sich in einem Gefangenenlager in Kirowograd, wo er indes, wie einst Fritz Walter, das unglaubliche Glück hatte, einem russischen Kommandanten, der ein Fußballnarr war, in den Stacheldraht zu laufen. Das Lager hatte eine passable Mannschaft, aber als Rohr kam, war der Kommandant so fasziniert, daß er alles von ihm wissen wollte. Er erfuhr es, weil der »Rohre-Schnackel«, wie sie ihn in Mannheim nennen,

nicht nur kicken konnte, sondern auch nicht aufs Mannheimer Blaumaul gefallen ist.
Das beeindruckte den russischen Lagerkommandanten so, daß er ihn unverzüglich auf die Entlassungsliste setzte.
Woraus gefolgert werden kann, daß der Fußball Ossy Rohr zwar nicht zum Millionär gemacht hat, wie er es heute täte, aber ihm vielleicht das Leben gerettet hat.
Was unzweifelhaft mehr ist.

Lanze für die Vielgeschmähten

Der Mann in der schwarzen Sporthose hörte durch die Decke der Umkleidekabine das Trampeln der Menschen auf der Tribüne und wie durch eine dicke Wand von Watte auch das Summen ihrer Stimmen. Es war dem Summen eines Bienenschwarms nicht unähnlich, und er wußte, daß das Stadion jetzt voll war. Vor einer Stunde, als er sich im Regenmantel den Rasen angesehen hatte, war es noch fast leer gewesen. Die Leute kamen spät hier, weil das Stadion modern war und viele Eingänge hatte.
Er stellte den linken Fuß auf die blank gescheuerte Bank und zog die weißen Schnürsenkel der Fußballschuhe fest. Diese Prozedur hob er sich immer für die letzten fünf Minuten auf. Wenn die Schuhe fest saßen, wurde es ernst. Es war so etwas wie das Festbinden des Helms.
Die anderen waren längst fertig, und auf dem Steinboden der Kabine machten die Klötzchen ihrer Fußballschuhe ein kratzendes Geräusch, das ihn störte wie die Witze, die sie zu reißen versuchten.
Es waren, wenn man so will, seine Mannschaftskameraden, und er wußte, daß sie ihn zu beruhigen versuchten. Und er wußte auch, daß es im Grunde in dieser kleinen Kabine nicht anders war als in den beiden großen nebenan. Nur galt Nervosität dort als natürlich.
Der Mann in der schwarzen Sporthose, der jetzt die Bluse zurechtzupfte, war kein Fußballer, sondern der Schieds-

richter des Meisterschaftsspiels, das in genau 4,30 Minuten von ihm anzupfeifen war. Die beiden anderen waren seine Linienrichter.
»Geht schon mal raus«, sagte er, »und schaut nach, ob die Sanitäter in ihrem Raum sind oder wenigstens am Spielfeldrand. Manchmal sitzen diese Heinis auf der Tribüne, als ob sie bezahlt hätten!«
Die beiden Linienrichter blickten ihn verwundert an, aber sie gingen, als er ihren Augen auswich und sich wieder mit seinen Schuhen beschäftigte.
Es war ein Trick von ihm gewesen. Er kannte die beiden nicht gut genug. Sie waren ihm zum ersten Mal zugeteilt. Als sie draußen auf dem Gang waren, drehte er von innen den Schlüssel um, ging an seinen Spind und entnahm der ledernen Tragtasche den Flachmann. Er setzte ihn zweimal an, und der Cognac brannte wie Feuer in der Magengrube und nahm ihm den Atem.
Dann schraubte er den Flachmann zu, der in einem eleganten Etui steckte und ein Geschenk der Frau war, die er nach dem Spiel wiederzusehen hoffte, und schloß die Tür auf.
Sein langgezogener Pfiff hallte durch das Labyrinth unter der Tribüne, und wie so oft mußte er an die Kasematten einer Festung denken.
Hier war noch Geborgenheit, und es war nicht die einzige Erinnerung an seine Militärzeit. Dieser schrille, aufreizende Pfiff hieß »Fertig machen zum Raustreten«, und er war ein besitzergreifendes Signal. Von nun an hatte alles auf sein Kommando zu hören. 22 Spieler und 44000 Zuschauer.
Mehr als eine ganze Division. Folglich war er nicht Hauptfeldwebel, sondern General.
Dieses Gefühl war überwältigend. In der Tat überwältigte es ihn immer, wenn er die Spieler durch den langen Gang trieb wie Raubtiere, die in die Manege müssen. Er war der Dompteur, und seine Pfeife war die Peitsche. Oder umgekehrt.
Und er hatte Angst wie der Dompteur. Immer war das so. Deshalb brauchte er den Flachmann, und die beiden jungen Linienrichter brauchten es nicht zu wissen.

Niemand brauchte es zu wissen, und auch niemand erfuhr es, weil zwei Schlucke Schnaps einen Mann nicht umwerfen, aber viel für sein Selbstvertrauen tun. Als er das erste Foul gegen die Platzherren pfiff und die Galerie knurrte, ahnte niemand, daß er just für diesen ersten Kontakt mit dem Publikum Mut inhaliert hatte.
Niemand glaube, daß das ein Einzelfall wäre. Ein enormer Prozentsatz der Bundesligaschiedsrichter geht mit ähnlicher feuchter Hilfe in das Gefecht, das ihnen fast nie Anerkennung, fast immer Kritik und nicht selten Gefahr bringt.
Deshalb ist diese Studie als Lanze für die gedacht, die den undankbarsten und zugleich wichtigsten Job im Fußball ausüben. Aber es ist möglich, daß es die Schiedsrichter nicht merken.
Denn sie sind eigenartige Gesellen, Idealismus, Hilfsbereitschaft, Rechtschaffenheit, Masochismus, Ehrgeiz, Machthunger und auch Neid sind Komponenten ihrer Psyche. Sie gehören zum Spiel wie der Ball, aber im Gegensatz zu ihm werden sie von Spielern und Publikum als notwendiges Übel betrachtet.
Das ist zwar falsch, aber es ist unabänderlich, und es erzeugt bei den Schwarzröcken, weil sie Menschen wie du und ich sind, eine Art von Trotzreaktion. Sie sind die einzigen Richter der Welt, die 90 Minuten lang laufend, keuchend und pfeifend zu richten haben und dabei pausenlos beschimpft werden dürfen.
Auch wenn sie gut sind. Aber wann sind sie gut? Ein verschwindend kleiner Prozentsatz des Publikums ist fähig und guten Willens, die Leistung des Unparteiischen unparteiisch zu sehen. Denn Fußball ist in erster Linie eine emotionale Angelegenheit.
Und Schiedsrichter sind weder fehler- noch emotionslos. Unter denen, die sich zur obersten Spielklasse durchboxen, findet man Hähne, Pfauen, Bulldoggen und Stiere, aber man findet keine Lämmer, weil die in den unteren Klassen hängenbleiben. Auch Radfahrer kommen, um nicht nur am zoologischen Vergleich zu hängen, weiter.
Aber Angst und Nervosität werden auch die Größten

nicht los, und oft genug ist forsches Auftreten nur Tünche dafür.
Wann sind sie gut? Wenn das Publikum mit seinen Beleidigungen sparsam bleibt oder es ihnen von der Zeitung bescheinigt wird?
Nicht unbedingt. Der sogenannte Heimschiedsrichter kann bedenklich schwach sein und gar Beifall bekommen. Und wenn ein Lokalberichterstatter aus Unterbollenhard schreibt »Schiedsrichter X wollen wir hier nicht mehr sehen«, ist das noch lange kein Beweis für schlechte Leistung. Höchstens dafür, daß kein Platzschiedsrichter am Werk war.
Freilich ist den meisten Leuten, nicht aber dem Schiedsrichter unbekannt, daß irgendwo auf der Tribüne ein Mann versteckt ist, der 90 Minuten lang an einem Fragebogen arbeitet.
Es handelt sich um den sogenannten Schiedsrichter-Beobachter, einen Mann aus der pfeifenden Gilde, vor dem der Schwarzrock auf dem Rasen mehr Angst hat als vor allen, die ihn als das größte Arschloch der Fußballgeschichte bezeichnen.
Denn von diesem Beobachter hängt es ab, ob der Schiedsrichter weiterkommt und vielleicht gar der FIFA für internationale Aufgaben gemeldet wird. Für den Schiedsrichter ist das nichts anderes als für den Spieler die Berufung in die Nationalmannschaft.
Aber es ist, so seltsam es klingen mag, eine Sache, die die ohnehin schwer meßbare Leistung des Pfeifenmannes eher drückt denn hebt. Denn diese Beobachter sind nicht selten Griffelspitzer, für die der Buchstabe der Regel wichtiger als ihr Geist ist. Automatisch engen sie mit sturem Blick für Kleinigkeiten die Entscheidungsfreiheit des Schiedsrichters ein, der in dieser oder jener Situation aus psychologischen Gründen, die sich vielleicht nur aus dem Kampfgetümmel heraus begreifen lassen, zur Nachsicht bereit wäre. Aber wenn er vorwärtskommen will, muß er für seinen Beobachter pfeifen, der am nächsten Tag den ausgefüllen Fragebogen einschickt.
Die Schiedsrichter sind nicht nur deshalb eigenartige und in vieler Hinsicht unterprivilegierte Gesellen, weil sie sich

so oft schmähen lassen müssen, sondern auch weil ihnen so selten Gerechtigkeit widerfährt, wenn sie wirklich gut sind.
Deshalb greifen sie auch gar nicht so selten zu dem, was man ihnen ständig bildlich und gelegentlich auch in natura an den Kopf wirft. Nämlich zur Flasche.

Traum von einem schweren Spiel

Jeder, der sich mit Fußball befaßt, träumt auch davon. Fragen Sie einmal Jupp Derwall. Unsereiner mag zwar eine größere Auswahl haben, aber unweigerlich hüpft auch ihm immer wieder der Fußball hinein und schlägt die verrücktesten Kapriolen. Auf dem Höhepunkt der Falkland-Krise hat er mir so ein Ding eingebrockt. Ich habe geträumt, ich säße in einem spanischen WM-Stadion, in das die Nationalmannschaften von England und Argentinien einliefen.
Ausgerechnet die. Auf den Barrieren, wo sonst für Liköre und Bier geworben wird, stand in überdimensionaler Größe ›Falklands‹, als ob die Inselchen, die wie Kieselsteine vor dem argentinischen Hochhaus liegen, der Nabel der Welt wären.
Und dann erst das Spiel! Argentiniens Torhüter machte in seinem Kasten ein Feuerchen und briet sich ein ›Bife‹ wie die Gauchos in der Pampa. Und seinen Strafraum erklärte er zum Kriegsgebiet. Jeden Engländer, der hineinlief, fing er mit dem Lasso und band ihn an den Pfosten. Und man war nach dem zweiten gespannt, ob er neue Pfähle holen würde. Aber es gab einen Schiedsrichter, der das Problem elegant löste. Kein dritter Engländer wurde eingefangen, weil der Keeper nach der gelben Karte die rote bekam. Mürrisch nahm er sein Bife vom Feuer, um es hinter dem Tor zu verzehren. Dabei nahm er die Handschuhe ab und warf einen davon dem Schiedsrichter vor die Füße, der ihn wegkicken wollte, aber verfehlte. Denn es war der

Deutsche Eschweiler, der den Fußball mehr im Kopf als in den Storchenbeinen hat.
Ausgewählt worden war er für dieses schwere Spiel ganz zweifellos deshalb, weil er im Bonner Auswärtigen Amt arbeitet und von seinem Chef Genscher die Grundsätze striktester Neutralität gelernt hat. Und auch geschicktes Lavieren. Geschmeidig entging er den Apfelsinen, die argentinische Schlachtenbummler mit gerechter Empörung auf ihn warfen, und erst eine Flasche Johnnie Walker, born 1820 and still going strong, setzte ihn außer Gefecht, womit zunächst auch das gesamte Gefecht beendet war. Denn Fußball ist nicht Krieg, wie oft behauptet wird. Ohne Schiedsrichter läuft da gar nichts.
Die Flasche war übrigens leer, was dem Herrn Eschweiler einerseits, und zum Bedauern vieler Bundesligaklubs, das Leben gerettet haben könnte und andererseits Anlaß gibt zu der Vermutung, daß sie nicht von einem Engländer, sondern von einem Schotten geworfen worden war. Dank eines zufällig auf der Tribüne sitzenden brasilianischen Schiedsrichters ging der Kampf schon nach einer Viertelstunde weiter, doch spielten die Engländer unter Protest, weil sie nachbarliche Hilfe für Argentinien befürchteten.
Woraus man sieht, daß sie immer noch in ihrer spleenigen Isolation leben und nicht über die Kreidefelsen von Dover hinaussehen. Sonst hätten sie wissen müssen, daß die Brasilianer den Argentiniern noch nicht einmal die Luft im Fußball gönnen. Es ist füglich anzunehmen, daß der ohnmächtige Eschweiler den Engländern niemals die großzügige Unterstützung des brasilianischen Pfeifenmannes hätte zuteil werden lassen.
Zunächst ließ er die beiden englischen Stürmer von den Pfählen losbinden, zumal der des Feldes verwiesene argentinische Torhüter Anstalten traf, ihnen Feuer unter den Hintern zu machen. Damit war die älteste Großmacht des Fußballs wieder vollzählig. Bei Argentinien aber ging Maradona zwischen die Pfosten, da ein vom Platz gestellter Torwart nicht ersetzt werden darf.
Und die Engländer, mit 0:2 im Rückstand, kamen angebraust, daß Diego Maradona in seinem Kasten nicht größer aussah als die Falklands auf der Seekarte. Nach weni-

gen Minuten hieß es 2:2, und es war ein Glück für den brasilianischen Referee, daß nur noch Orangen auf ihn zuflogen, weil Englands Schlachtenbummler keinen Grund mehr zum Einsatz stärkerer Geschütze hatten.
Ob England den Kampf aber tatsächlich gewonnen hat, weiß ich nicht. Denn ich bin justament und schweißgebadet aufgewacht, als die Argentinier beschlossen, ihre Spieler durch Stiere zu ersetzen. Das letzte Bild war die wilde Flucht des brasilianischen Schiedsrichters, nachdem er dem ersten Stier die rote Karte gezeigt hatte.
Ob die Stiere Corned beef wurden oder Sieger? Träume haben den Nachteil, selten komplett zu sein, aber den ungeheuren Vorzug, daß man sie wegstecken darf wie der Torhüter den Pfostenschuß. Wo kämen wir hin, wenn wir sie ernst nehmen müßten!

Vom Segen des Interviews

Das Interview ist in der sportlichen Zeitungsküche von der Zutat zum Hauptgericht geworden. Sag mir was, dann hab ich was. Man bedient sich eines Partners, und je prominenter er ist, um so sicherer werden Bonmots und Banalitäten, die er von sich gibt, konsumiert. Womit eigenes Denken mit hinterhältigem Raffinement erspart wird.
Ivan Audouard, einer der ironischsten und liebenswertesten zeitgenössischen französischen Schriftsteller, hat die Kunst des Interviews in der satirischen Zeitschrift ›Le Canard Enchâiné‹ unter der Rubrik ›Les interviews imaginaires‹ mit gallischem Esprit persifliert. Sein Rezept war furchtbar simpel. Er hat die Persönlichkeiten, die er im Geiste interviewte, studiert und sie jede Frage so beantworten lassen, wie es ihnen ihre Einstellung zu den Dingen befahl.
Das hat so unheimliche Übereinstimmung zu den nicht imaginären, sondern wirklichen Interviews gegeben, die diese Leute gaben. Manche sollen sogar den ›Canard En-

châiné‹ gelesen haben, um zu wissen, was zu sagen war. Ivan Audouard ist freilich nicht nachahmbar. Er hat beispielsweise ein Buch herausgebracht, das in Deutschland undenkbar wäre und auch schon wegen seines Titels nicht übersetzt werden kann. Denn es heißt ›Lettre ouverte aux cons‹, und schon die Übersetzung des Titels ist kaum verzeihlich, aber in diesem Fall notwendig. Sie heißt ›Offener Brief an die A . . . löcher‹. So offen darf kein deutscher Verleger seinem Publikum kommen.

Ivan Audouard hat mit seinen imaginären Interviews freilich einen bemerkenswerten Beweis geführt. Er hat aufgezeigt (die Franzosen sagen antizipiert), daß im öffentlichen Interesse stehende Persönlichkeiten zu sagen pflegen, was man von ihnen erwartet.

Und er hat, betrachtet man die Sportszene, mehr trittbrettfahrende Kollegen, als man denkt. Das Interview, das aus einem Satz oder gar einem Halbsatz entspringt, läßt sich für den emsigen Schreiber um so leichter auf fünfzig oder mehr Zeilen auswalzen, als der Mann seinen Interviewpartner zwischen Haar- und Zehenspitzen kennt und sich die sehr en vogue gekommene Freiheit nimmt, zu sagen, was er tatsächlich alles sagen würde, wenn er jetzt ein bißchen mehr Zeit hätte und nicht unter die Dusche oder ins Vereinsheim müßte.

Die Sache entbehrt nicht der Ironie. Man mag ihren Ursprung Einfallslosigkeit des Reporters nennen, der ein Ereignis erst in den Griff kriegt, wenn er mit Beteiligten gesprochen hat. Aber ist es vielleicht nicht einfallsreich, den Pinsel in fremde Töpfe zu stecken, wenn im eigenen keine Farbe ist?

Und so haut uns der Blätterwald, vornehmlich montags, mehr Meinungen von Sportlern um die Ohren als Meinungen derer, die eine Meinung abgeben sollten. Sie sind freilich in der schwierigen Lage, Aktuelles in dritter Position servieren zu müssen. Als Nachtisch sozusagen, denn zuerst tischen die Fernsehanstalten auf und dann die Sonntagsblätter. Was immer wieder von den Konsumenten, die montags seltsamerweise immer noch hungrig sind, vergessen wird.

Jedenfalls ist die Berichterstattung mittels Hilfskräften in

Schwung gekommen. Tüchtige Meinungssammler bringen es leicht auf ein Dutzend Mitarbeiter in einem einzigen Aufsatz und bräuchten dem Ereignis, über das zu berichten ist, eigentlich gar nicht mehr beizuwohnen.
Ganz Schlaue schaffen das auch schon. Beispielsweise bei Sitzungen von Vereinsoberen. Da dürfen sie nicht hin, aber sie haben einen Informanten, der ihnen gerne mitteilt, was ein unliebsamer Konkurrent für diesen oder jenen Posten gesagt hat, welcher das dann mit Entsetzen lesen darf und in große Nöte gerät. Und das Verrückte ist, daß in solchen nicht geführten Interviews mehr Wahrheit stecken kann als in imaginären.
Ungefragte ›Mitarbeiter‹ sind manchmal die gefragtesten.

Gesichter

Der Bildschirm, das wissen wir längst, kann die Arena nicht ersetzen. Fußball ist nicht einzufangen wie Turnen oder Boxen, weil der Ball weite Wege geht und die Kamera bei ihm bleiben muß. So serviert sie uns fast immer nur den Ausschnitt, Täuschungen hervorrufend, denen der Zuschauer im Stadion nicht unterliegt.
Andererseits kann die Kamera mit Bildern aufwarten, die dem Stadionbesucher entgehen. So hat sie im Frankfurter Waldstadion Gesichter herangeholt, die die Dramatik dieses Pokalendspiels 1982 zwischen dem FC Bayern und dem 1. FC Nürnberg mit drastischer Eindringlichkeit in die Stuben trugen.
Ich sehe das steinerne Gesicht von Uli Hoeneß und das fassungslose, mit Scham und Wut kämpfende von Bayern-Torhüter Müller nach Hintermaiers perfidem Weitschuß. Und auch das Gesicht des anderen Hoeneß, über dessen Kanten Blut aus einem weißen Turban sickert. Kürten, der auch Dieter heißt, hat recht. Es tut weh, wenn der Lange sich hochreckt und der Ball gegen diesen Turban klatscht.

Dann das Gesicht des anderen Managers kurz vor der Halbzeit. 2:0 heißt es für den Club, und dieser Udo Klug, den sie in Frankfurt weggejagt haben, steht vor der größten Genugtuung seines Lebens. Das hält ihn nicht mehr auf der Bank. Das Gesicht über der weinroten Steppjacke will steinern sein wie das seines Münchner Kollegen, aber man sieht Zuckungen an Mund und Augenwinkeln und spürt fast körperlich, wie sie unterdrückt werden. Bloß noch nichts zeigen, bloß nicht losplatzen. Ein Spiel hat zwei Halbzeiten, und Pokalendspiele können vier haben, wenn's in die Verlängerung geht.
Und der Gegner heißt FC Bayern. Er hat noch nie ein Endspiel verloren. Sei klug, Udo Klug! Zeig keine Vorfreude!
Dann Zeitlupe. Hoeneß steigt hoch, wie nur er es kann, und wuchtet den Ball mit dem bandagierten Kopf zu Rummenigge. Wieder Kopfball – und Tor. Dabei haßt Rummenigge den Kopfball, seit ihm einmal eine Faust das Nasenbein bei einem solchen Luftkampf zerschlagen hat. Legt er alle Hemmungen ab, weil der Ball von einem blutenden Kopf kommt?
Und noch einmal Hoeneß in der vorletzten Minute. Welch ein Gesicht, als er, auf dem Rasen sitzend, die Faust zum Himmel reckt, nachdem der verletzte Kopf den Ball zum 4:2 unter die Querbalken geschmettert hat! Alles, was Udo Klug zuvor an wildem Stolz verdrängt hat, schleudert der Lange in die Gesichter, die sich über ihn beugen. Übrigens: Seit er vom VfB weg ist, sammelt er Titel um Titel ...
Und dann irrt Kürten. Er meint, Breitner wolle sein verschwitztes rotes Trikot als Trophäe behalten, weil er es nicht auszieht, um es wie die anderen mit den Nürnbergern zu tauschen. Dabei hält er ganz einfach nichts von solchen Maskeraden. Breitner will er bleiben, sonst nichts. Und Trophäen braucht er nicht. Vielleicht wird er sein Trikot einem Buben schenken.
Aber sein Gesicht ist gut heute. Wann hat er je ein solches Lachen durch den Bart geschleudert?

Geschäftsträger in kurzen Hosen

Morgen abend um 20 Uhr wird im Nou-Camp-Stadion von Barcelona die zwölfte Fußballweltmeisterschaft angepfiffen – mit dem Spiel Argentinien–Belgien. Wie das Turnier am 11. Juli beim Finale im Bernabeu-Stadion von Madrid aufhören wird, weiß niemand. Man weiß nur, daß ein Endspiel zwischen Argentinien und England das unerwünschteste von allen wäre. Es käme der Besetzung des Vatikans durch den Teufel gleich, und niemand mag sich ausmalen, wie da die Sicherheitsvorkehrungen aussehen müßten. So hofft man, daß ein günstiger Lauf des Balles diesen Alptraum auslöschen möge. Zwar hat man England und Argentinien immer als zugkräftige Zierden einer Weltmeisterschaft angesehen, aber frühes Stolpern eines der beiden Falkland-Kampfhähne wäre den Veranstaltern hilfreicher als Spaniens Einzug ins Finale.

Der Pomp der Eröffnung wird diese Sorgen freilich ebenso zurückdrängen wie die hausgemachten – es sei denn, baskische Unabhängigkeitsfanatiker wollten unter Ausnutzung von einer Milliarde eingeschalteter Fernsehgeräte gleich ein weltweites Zeichen setzen. Ein gewaltiges Polizeiaufgebot wird deshalb in Europas gigantischster Arena Volkstänze aus allen Provinzen des Landes ebenso überwachen wie das Aufsteigen von zehntausend farbigen Luftballons, fünftausend Brieftauben, die Eröffnungsworte von König Carlos und schließlich die fußballerische Auseinandersetzung zwischen Argentinien und Belgien. Einundfünfzig Spiele werden folgen, auf vierzehn Städte verteilt. Nie hat es ein solches Mammutprogramm gegeben.

Daß erstmals vierundzwanzig Mannschaften statt sechzehn zum Titelkampf antreten, ist ein sportlicher Nonsens, den man mit größeren Einnahmen zu kompensieren gedachte. Aber es wird unattraktive Spiele mit lächerlich geringen Zuschauerzahlen geben, weil der spanische ›afficionado‹ geradezu hilflos im Netz der Vereinsgebundenheit hängt und höchstens noch Reserveschläge seines Herzens für die eigene Nationalmannschaft aufbringt. Andererseits können krasse Außenseiter für Supersensa-

tionen sorgen: 1950 in Brasilien wurde England vom fußballerischen Gartenzwerg USA eliminiert, und 1966 warf Korea Italien aus dem Rennen; die Italiener mußten bei Nacht und Nebel heimkehren und wurden, obwohl sie ihren Landeplatz geheimhielten, fast gelyncht.
Den Deutschen ist bei Weltmeisterschaften bisher ähnliches erspart geblieben. Aber gefeit sind sie ebenfalls nicht dagegen. Indes haben sie den Spaniern gezeigt, die Liebe zu ihrer Nationalmannschaft ist nicht so grenzenlos, daß die anderen grenzenlose Geschäfte mit ihr machen könnten. Tatsächlich hat es wohl selten ein Ausrichterland derart unverblümt auf die Ausbeutung derer abgesehen, die das Dabeisein in den Stadien dem Bildschirmbeobachten vorziehen. Spaniens Hotellerie stellt mit ihren WM-Preisen die unverschämtesten aller Rekorde auf, doch läßt sich schon jetzt sagen, daß hier heiße Geldgier mit mehr kalten Schultern abgewehrt wird, als flotte Rechner kalkuliert haben. Fußball ist, angesichts der Alternative Fernsehen, nicht grenzenlos ausbeutbar. Es mißfällt den Veranstaltern natürlich, daß sie die Tele-Anzapfer nicht anzapfen können, aber da diese Zaungäste interessant für die Werbung sind, bringt ihre Passivität einen gewaltigen Batzen Geld, von dem niemand träumen durfte, als 1954 in den Schweizer Stadien die ersten Fernsehkameras auftauchten.
Sensationelle, unglaubliche Bilder fingen sie ein. Die Deutschen, bei der Weltmeisterschaft 1950 in Brasilien noch ausgesperrt, »wurden plötzlich wieder wer«, ausgerechnet auf Kosten des Superfavoriten Ungarn. Ein Begeisterungssturm, mit der Ratio nicht faßbar, fegte vom Bodensee bis Kiel und wieder zurück, und das Zurechtrücken von Köpfen, auch solchen, die sich für durchaus normal hielten, erwies sich als harte Arbeit.
Es hat sich damals auch ein Mythos um die Nationalmannschaft gebildet, und Sepp Herberger pflegte ihn mit gärtnerischer Sorgfalt. Als die Wettbewerbe um die Europapokale begannen, machten die Deutschen nicht mit. Sie liefen ins freiwillige Abseits, weil sie die Nationalmannschaft vor einer größeren Macht der Vereine schützen wollten. Die Nationalmannschaft sollte das Trumpfas

bleiben, ein Made-in-Germany-Gütesiegel ohne Konkurrenz.
Doch die Zeiten änderten sich. Die Europapokale waren sowenig zu umgehen wie die Bundesliga und so unabwendbar wie der Vollprofessionalismus. Die Gewichtung verschob sich, die Nationalmannschaft wurde vom höchsten Ziel zu einer den Marktwert erhöhenden Beigabe. Einer wie Breitner verzichtete auf sie, nachdem er 1974 Weltmeister geworden war, und ging zu Real Madrid. Und Beckenbauer ging, als die Weltmeisterschaft 1978 anstand, bei der er logischer Kapitän gewesen wäre, nach New York.
Breitner blieb, auch als er aus Spanien zurückgekehrt war, im Schmollwinkel. Aber nach scharfer Kalkulation erkannte er, daß freiwillige Abstinenz auch lukrative Seiten haben kann, unter der selbstverständlichen Voraussetzung, daß sie rechtzeitig abgebrochen wird. 1981, nach der Pleite der Derwall-Truppe beim Mundialito von Montevideo, kam er aus seinem Winkel wie ein Deus ex machina. Es war ein gut getimter und von Rummenigge lancierter Coup – und zum erstenmal seit Beckenbauer hatte die Nationalelf auch auf dem Platz wieder einen Chef.
Allerdings ist sie nicht mehr vergleichbar mit dem von Herberger geprägten Gebilde. Vollprofessionalismus und die großen europäischen Wettbewerbe haben dem Lieblingskind des DFB zugesetzt. Schon aus reiner Terminnot läßt es sich nicht mehr pflegen und herausputzen, und keine der in Spanien antretenden Nationalmannschaften hat so eine lächerlich kurze Schlußpräparation hinter sich wie die deutsche, die am Schluchsee gerade noch ein paar Heftpflaster aufkleben konnte. Man muß dabei nicht nur an so langsame und sorgfältige Brüter wie Argentinien und Brasilien denken, die für Monate in Trainingslagern verschwanden. Nur diktatorische Regime, auf die wir gerne verzichten, machen das möglich. Aber mit einer geschickteren Terminplanung hätte der DFB, dem nun wahrlich nicht wenig an Weltmeisterschaften liegt, seiner Nationalmannschaft etwas mehr Luft vor Spanien verschaffen müssen.

An Motivation fehlt's freilich nicht. Nur ist sie anders geartet als damals im Hotel Belvedere am Thuner See, wo Herbergers Männer geküßt wurden von dem, was man den Geist von Spiez nannte. Damals gab's pro Tag zehn Mark Taschengeld und ein paar (frankierte) Ansichtskarten. Heute gibt's diese Karten zwar auch, aber die Ansichten der Spieler sind andere und mit Briefmarken nicht mehr freizumachen.

Bei Weltmeisterschaften wird die Nationalelf vom Zusatzgeschäft zum Superding, das über die Europapokale hinausgeht mit der eigenartigen und einträglichen Kombination von vaterländischem und geschäftlichem Denken. In der Tat kann man, nach glaubhafter Versicherung von Stars, durchaus ein heiliges Kribbeln im Rücken verspüren, wenn die Nationalhymne erklingt – und, heilig's Blechle, auch ein befriedigendes geschäftliches Gefühl. Und alles ist von zeitgemäßer Natürlichkeit.

In der modernen Leistungsgesellschaft kann Fußball auf höchster Plattform kein Reservat devoter Blauäugiger sein, die im Herzen das Vaterland und in den Brieftaschen ein bescheidenes Taschengeld haben. Sie lächeln, wenn sie hören, daß auf der guten alten ›Viktoria‹, die der DFB vor dem Krieg den Deutschen Meistern als Wanderpreis gab und die aussah wie das Niederwalddenkmal, zu lesen war: »Elf Freunde müßt ihr sein, um Spiele zu gewinnen.« Umgewandelt auf »elf Feinde«, könnte der Spruch von Paul Breitner sein, aber ganz so extrem meint er's nun auch nicht.

Immerhin liebt er die Reibung und sorgt auch dafür. Theoretisch müßte die Hackordnung bei einem Gebilde wie der Nationalmannschaft zwar abgeschafft sein, weil die Besten des Landes mit zementierten Privilegien aus ihren Klubs kommen, aber die schon vor dem Anpfiff verteilten großen Scheiben des WM-Kuchens zeigen bemerkenswerte Rangunterschiede auf.

Tatsächlich schwebt das Trio Rummenigge-Schumacher-Breitner hoch über allen. Die Geschäfte, die es im Vorfeld dieser Weltmeisterschaft getätigt hat, lassen alles, was von ihrem Tische fällt, als Brosamen erscheinen: Werbeverträge mit 1,3 Millionen für Rummenigge und je

achthunderttausend Mark für Schumacher und Breitner machen die achtzigtausend, die Hansi Müller von Stuttgarter Versicherungen kassiert, zum Nasenwasser – und der Hansi rangiert hinter dem großen Trio auf dem vierten Platz!
Pikanterweise zieht Breitner allein eine Viertelmillion aus einem Nasen- beziehungsweise Rasierwasser, dem er, um bessere Wirkung zu spüren, auch seinen Bart geopfert hat. So gut ist noch nie ein gratis gewachsenes Gesichtsgemüse verkauft worden. Daß Rummenigge ihn und Schumacher glatt in den Schatten stellt, verdankt er in erster Linie der Tatsache, von Europas Sportjournalisten zum zweitenmal hintereinander als ›Fußballer des Jahres‹ gewählt worden zu sein. Das hat sich herumgesprochen bis Japan, wo sein Blondschopf einer Film- und Video-Firma blanke vierhunderttausend Mark wert war.
Hier handelt es sich sozusagen um garantierte Startgelder. Dazu kommt ein Werbepool des DFB, an dem alle gleichmäßig partizipieren. Es ist die gemeinsame Krippe von Stars und Wasserträgern und garantiert jedem sechzigtausend Mark WM-Prämie, zwanzigtausend aus dem Pool und mindestens zehntausend aus der WM-Platte ›Olé España‹. Sie ist schrecklich. Aber Stimmen und Schnulzen stinken nicht. Sie tun höchstens weh.
Kommt Futterneid auf? Bis jetzt ist, zumindest an der Oberfläche, nichts zu spüren, obwohl Breitner das Aufkommen unterschwelligen Neids nicht ausschließt. Aber er hat auch taugliche Argumente für die Berechtigung des Spitzentrios zum Absahnen parat: »Wir drei haben für die Mannschaft schon manchen Happen geholt, an den sie ohne uns gar nicht rangekommen wäre. Daß wir auch selbst für uns sorgen, ist wohl normal. Jeder andere darf das übrigens auch.«
Er hat nicht gesagt, daß sich andere Bärte eben kaum vermarkten lassen, aber begriffen haben sie schon. Ein Image will, bevor es Geld bringt, erst einmal aufgebaut und sorgsam gepflegt sein. Mit dem Beherrschen des Balls allein ist es nicht getan.
Andererseits, und das ist des Wasserträgers legitime Philosophie, gilt auch in diesen Zeiten immer noch Sepp Her-

bergers Diktum von der Rundheit des Balles. Der Spruch kann zum Hohn werden, aber er hält auch Trost parat – das Glück kann ihm, dem Wasserträger, derart lächeln, daß der Superstar von hoher Warte zu ihm herabsteigen muß. So spiegeln sich Gedankengänge von Mannschaften, die Außenseiter sind, bei den Wasserträgern von Favoritenmannschaften wider.

Wer eine Glanzleistung vollbringt, vollbringt sie vor einem Milliardenpublikum, denn der ganze Globus ist die Arena. Kein anderes Ereignis zeigt die Macht des Fernsehens mit so unverhüllter Penetranz. Schon 1958 machte sie den siebzehnjährigen Pelé bei seinem ersten internationalen Auftritt unter dem blanken schwedischen Sommerhimmel zum Weltstar, und zu Dutzenden träumen sie jetzt in ihren Trainingslagern von solchen Auftritten, die nur eine Weltmeisterschaft bieten kann.

Der Pokal, den sie bietet, je nun, der ist mehr eine Funktionärstrophäe, ein urkundenähnliches Beiwerk; hochkarätig allerdings, denn er besteht aus fünf Kilo purem Gold und ist eigentlich gar kein Pokal, sondern ein goldener Globus auf einer phallusartigen Säule. Spieler, die so etwas gewinnen, langen zweimal hin und strecken dann die Hände nach anderem Gold aus. Amateurhafte Symbolik beschränkt sich für die modernen Profis auf die ersten von unbändigem Stolz erfüllten Sekunden des Triumphs.

Sind sie deshalb schlechtere Sportler als ihre Altvorderen? Man sei vorsichtig mit Anprangerung und Scharfmacherei! Das von den alten Engländern gepredigte Fairplay ist dabei noch stets zuschanden gekommen, und bei den letzten Besprechungen in den Umkleidekabinen wird das Fairneßgebot häufiger an die Kleiderhaken gehängt, als den Schiedsrichtern, diesen Masochisten unlösbarer Aufgaben, lieb sein kann. Und das Publikum hat, besonders wenn seine ›eigene Elf‹ auftritt, mit Fairplay auch nicht viel im Sinn. Wer es anders sieht, gleicht dem Mann, der Blumen streut, um eine Dampfwalze aufzuhalten.

Es handelt sich hier um ein Phänomen, das die vergleichsweise junge Geschichte der Weltmeisterschaft wie ein roter Faden durchzieht. Eigener Herd ist hier Goldes wert,

und die Spanier wissen es genauso, wie es die Deutschen 1974 oder die Engländer 1966 wußten.
Und trotzdem hat das Fernsehen für Besserungen gesorgt. Vor einem Milliardenpublikum läßt sich die Arbeitsweise der Dampflok-Berichterstattung von einst nicht wiederholen, als zwei Journalistenlager ein Spiel aus grundverschiedenen Optiken betrachteten. Man staunt, wenn man die Reportagen von Freund und Feind von der Weltmeisterschaft der dreißiger Jahre liest, wo freilich nur Augenzeuge war, wer ins Stadion ging.
Damals, beim ersten Weltmeisterschaftsendspiel 1930, wurde im ›Centenario‹ von Montevideo gewaltig zwischen Uruguay und Argentinien geholzt, und der Sieg Uruguays war ein schamloses Ausnützen von Platzvorteil und schiedsrichterlicher Unvollkommenheit. Aber es war eine Angelegenheit unter südamerikanischen Vettern, und man nahm in der Alten Welt kaum Kenntnis davon, auch wenn die wenigen europäischen Berichterstatter von Skandal redeten.
Sie hatten ihn vier Jahre später in Italien. Mussolini war an die Macht gekommen, und es sind bei dieser Weltmeisterschaft haarsträubende und heute völlig unvorstellbare Dinge passiert. Der ›Duce‹, wohl wissend, was eine Weltmeisterschaft für sein Prestige bedeuten würde, saß mit bitterbösem Gesicht auf der Tribüne, wenn ein Spiel nicht für seine Mannschaft lief, die übrigens zur Hälfte aus Argentiniern bestand, für die man italienische Großväter gefunden hatte.
Die Schiedsrichter halfen nach Kräften mit, um Italien ins Endspiel zu bringen, aber es kam ein Spiel gegen Spanien, das alles übertraf, was man bisher an Holzhackerei auf einem Fußballplatz erlebt hatte. Und Italien gewann nicht. Eins zu eins endete die Schlacht mit vier Verletzten auf italienischer und sieben auf spanischer Seite. Ricardo Zamora, für die Spanier noch heute der größte Torhüter aller Zeiten, war der Held des Tages, und eine Madrider Zeitung schrieb schlicht: »Gott selbst stand im Tor.«
Aber Mussolini wollte keine Götter neben sich haben; und der ausrichtende Weltverband FIFA machte ihm eine in der Geschichte der Weltmeisterschaft einmalige Kon-

zession: das Spiel wurde am folgenden Tag wiederholt. Guiseppe Meazza wuchtete den Ball nach einer flagranten Regelwidrigkeit zum italienischen Siegestreffer ins Netz, und Italien marschierte weiter auf dem Weg zu seiner ersten Weltmeisterschaft. Wenig gejuckt hat es die ›Squadra Azzurra‹, daß der Schweizer Schiedsrichter Mercet vom eidgenössischen Fußballverband für seine servile Leistung suspendiert wurde.
Mit einer Milliarde von televisionären Kontrolleuren hat das größte, faszinierendste und populärste Spiel der Welt sicherlich nichts verloren, sondern etwas gewonnen. Daß es nach wie vor von Menschen gespielt und geleitet wird, werden wir in den kommenden Wochen erleben.
Und auch ein deutsch-deutsches Phänomen wird zu erleben sein. Die DDR, olympisch eine Großmacht, aber trotz aller Anstrengungen zweitklassig geblieben im Spiel mit der höchsten Popularitätsquote, hat sich wieder einmal nicht für die Endrunde qualifiziert mit der Folge, daß die Identifikation mit der Bundesrepublik Grade erreicht, die keine amtliche Registrierung vertragen. Deshalb werden die Werte auf diesem Sympathiebarometer amtlich auch nicht gemessen, obwohl die Einschaltquoten bei den bundesdeutschen Spielen alles sagen. Fußball ist eine anstekkende Sache, die kein Zaun aufhalten kann.

Starschreiber

Also, wenn Sie mich fragen: Die Deutschen und die Österreicher sind doch die Größten. Oder sagen wir: die Perfektesten, die Vielseitigsten. Sie kicken nicht nur, sondern sie schreiben auch.
Richtiggehend. Man braucht nur die entsprechenden Zeitungen aufzuschlagen, in denen nicht nur der Merkel und der Beckenbauer beweisen, daß Sportjournalismus die einfachste Nebensache der Welt ist. Was sollte es da zu lernen geben? Und WM-Bücher werden zwischen den Spie-

len natürlich auch gemacht. Richtige Rucki-Zucki-Burschen sind das.
Auch die Österreicher. Vielleicht ist die deutsche Sprache viel einfacher, als Leute, die sich berufsmäßig mit ihr herumplagen, glauben. Von Karl Schranz, der dieses nicht tut, aber bei den Olympischen Winterspielen 1972 von Sapporo disqualifiziert wurde, weil er sich berufsmäßig zu sehr mit dem alpinen Skisport befaßt hatte, erschienen in einer österreichischen Zeitung noch mehrere Tage nach seiner Heimkehr seine Kolumnen aus Sapporo. Das soll ihm erst einmal einer nachmachen.
Es soll freilich Leute geben, die damals den Verdacht schöpften, er könnte einen Ghostwriter, auch Neger genannt, haben. Weshalb die österreichischen Zeitungen, die sich von Stars Kolumnen aus Spanien liefern lassen, Wert darauf legen, daß sich dieselben auch tatsächlich in Spanien befinden.
Was ihre Neger anbetrifft, je nun. Sie sind natürlich auch dort, wie die deutschen Neger, aber welcher brave Deutsche zweifelt daran, daß Rummenigge in seinen kärglichen Ruhepausen zur Feder gegriffen hat, wenn in einem großen Sonntagsblatt steht: »Hier spricht der Kapitän!« Als er dies nach dem Algerien-Debakel tat, faßten die Deutschen wieder Mut. Denn es klang wie die beruhigende, sonore Stimme des Lufthansa-Kapitäns, der mitten im pfeilschnellen Absturz erklärt, daß er die Maschine schon noch auffangen wird.
Wer käme da, bitte sehr, auf die Idee, der Kapitän hätte einen Neger. Hat vielleicht sein Kollege von der Luftfahrt einen, wenn er die stürzende Maschine wieder auffangen muß? Nein, wenn schwarz auf weiß bewiesen wird, daß bei uns einer schreibt, dann hat er's auch geschrieben.
Die Frage ist nur, wie es bei dieser Entwicklung bei uns in zehn Jahren mit dem Sportjournalismus aussehen wird. Wenn sich die Welt des Reporters umdreht und er sein Metier nur noch lernt, um es reportierenden Stars zur Verfügung zu stellen, schließt sich ein Kreis, in dessen Mitte er mit dem einfältigen Lächeln des Eunuchen steht.

Der unverwüstliche Puskas-Ferenc

Als ich in Madrid ankam, war der Fußball noch weit. Die Sternfahrt der Überlebenden dieser Weltmeisterschaft in die Hauptstadt und nach Barcelona fing erst an, und die neugestrichene Fassade des Bernabeu-Stadions in Chamartin gegenüber dem Pressezentrum schrie »alles frisch«.

Die Hostessen übrigens auch. Sie waren über jeden Journalisten froh, dem sie helfen konnten, sich einzureihen in den gewaltigen Troß des Mundial, weil sie es bis jetzt nur mit kleinen Vorkommandos zu tun gehabt hatten. Die Arbeitssäle des Pressezentrums, die in dieser Woche vor Hektik platzen werden, gähnten mit der Teilnahmslosigkeit von Nilpferden vor sich hin und luden eigentlich zu einem Nickerchen ein.

Ich aber bekam, kaum, daß ich den Fuß hineingesetzt hatte, den ersten Anschiß. Kein Geringerer als Jacques Ferran, Chefredakteur der großen französischen Fachzeitschrift ›France-Football‹, fuhr mich an.

»Ein ganz schönes Ding habt ihr da unter germanischen Vettern gedreht.« Und er machte ein Gesicht, als ob er in Spaniens sauerste Zitrone gebissen hätte. Dann schleuderte er in mein verständnisloses Gesicht, daß die Deutschen den Franzosen einen Bärendienst erwiesen hätten. Leicht hätten sie, wie er mit messerscharfer Logik erklärte, den Österreichern eine hübsche Packung verabreichen können, und dann wäre Algerien Gruppensieger und damit Frankreichs Gegner geworden. »Und dann«, schloß er seinen Angriff auf den ersten Deutschen, der ihm über den Weg lief, »hätten wir einen flotten Start in die zweite Finalrunde gehabt, weil wir die Algerier in- und auswendig kennen.«

Nun ja. Andere Franzosen empfinden es als Segen, daß ihnen keine algerische Laus in den Pelz gesetzt wurde, weil, wie sie sagen, jeder Algerier um sein Leben spielt, wenn es gegen Frankreich geht. Was nichts daran ändert, daß die Welt mit einigem Recht von einer Vetterleswirtschaft der germanischen Vettern spricht. Die Empfindlichkeit der Franzosen ist verständlicherweise besonders groß, sind sie

doch zum erstenmal seit 1958, also seit 24 Jahren, über die Vorrunde hinausgekommen.
Aber auch die Spanier, die die zweite Finalrunde auf den Felgen erreicht haben, lechzen nach einem echten Erfolgserlebnis. Man hat die wohlwollende schiedsrichterliche Hilfe, die ihnen gewährt wurde, auch im Spiel gegen Nordirland erlebt, aber diesmal hat sie nichts gebracht, und die Spanier verstehen die Welt nicht mehr. Da rennt man sich vor eigenem Publikum die Lunge aus dem Hals, und dann kommen sommersprossige Burschen von dem Grünen Inselchen, die mit Heringen und Tee großgezogen wurden und nicht nur aussehen wie aus dem irischen Bilderbuch geschnitten, sondern auch so kämpfen – und gewinnen. Fast hätten die O'Neills und McIllroys das sorgsam angerichtete spanische Süppchen versalzen. Doch es ist noch einmal gutgegangen. Der Himmel verdunkelte sich an diesem Wochenende des Atemholens nicht über Madrid. Vielmehr lockte er, da keine Arena lockte, den eben erst eingeflogenen Berichterstatter zum Ausstrecken der Fühler.
Aber der erste Tag ist tückisch. Man tut sich schwer, weil man noch keine rechte Bindung zur Sache hat, und kommt sich vor wie der Eis-Fink aus Asperg in Australien, der dortselbst ein frustrierendes Sonntagserlebnis hatte und wie folgt darüber berichtete: »Send Sie scho amol amma Sonndich in Sydney gewä? Älles isch zu, nix isch los, ond drhoim sot mr d'Beam schpritze!« Mir ist doch noch ein Ziel eingefallen. Eine kleine Reise in die Vergangenheit habe ich vor den Dingen gemacht, die noch in den Sternen des Fußballhimmels stehen. Zur Plaza ›Niño Jesus‹ bin ich gefahren. Vor vielen Jahren war ich öfter dort, als Real Madrid den europäischen Vereinsfußball noch nach Belieben beherrschte, und ich hatte das untrügliche Gefühl, auch jetzt wieder den alten Freund zu treffen, der eine große Rolle bei dieser Vormachtstellung gespielt hatte. Und auch bei einer gewissen Weltmeisterschaft.
Der Platz des Jesus-Kindes ist eine Oase des gehobenen Madrider Bürgertums, und es hat sich hier nichts verändert, obwohl sich die Stadt ringsherum wuchernd vergrößert. Vor 26 Jahren, als der Mann, den ich suchte, hier

sein Domizil aufschlug, hatte sie eine Million Einwohner. Heute sind es vier, und ein Ende des Wachstums ist nicht abzusehen.
Auch der Zeitungskiosk, der die konservativen Blätter viel besser als die linken verkauft, weil sich die Kundschaft nicht verändert hat, steht noch. Ich frage den Chef nach Ferenc Puskas, und er deutet zur Bar an der Ecke: »Wenn Sie in einer halben Stunde wiederkommen, treffen Sie ihn mit Sicherheit. Hier nimmt er jeden Tag den Aperitif.« Es wird zwar eine jener spanischen halben Stunden, bei denen man nicht auf die Uhr schauen darf, aber dann poltert der Puskas, Ferenc, genannt Pancho, durch die Tür wie eine hüpfende Billardkugel und von der gleichen makellosen Rundheit. Er schleppt gut und gerne das Doppelte des Kampfgewichts, mit dem er 1954 gegen die Deutschen in Bern vergeblich zum Kampf um den Weltpokal antrat. Aus dem galoppierenden ungarischen Major ist der spanische Bonvivant Pancho Puskas geworden.
Alle nennen ihn Pancho. Aber als ich ihn mit seinem Budapester Spitznamen »Öczi« begrüße, was »Kleiner« heißt, zwinkern die Äuglein, und das Lachen schmettert durchs Lokal wie das des Schweinehändlers Zupan vom Zigeunerbaron. Der Mann, der heute 55 ist, war der beste Linksfüßler im Weltfußball. So etwas läßt sich nicht konservieren. Aber der Kopf ist einer der hellsten geblieben von allen, die sich mit dem Spiel befassen. Zu der Frage nach seinen Weltmeisterschaftseindrücken schlägt er zuerst einen Bogen.
»Bittär scheen«, sagt Ferenc Puskas, der Franz Purzel hieße, wenn sein deutschstämmiger Großvater nicht Ungar geworden wäre, »bittär scheen, zu viele Spieler wollen heute großes Geld und vergessen ganz, daß man dazu auch ein großer Spieler sein sollte. Es sind nicht die Großen, die zu viel verdienen, sondern die Mitläufer. Früher war die Sache besser geregelt, weil man gewußt hat, daß sich nicht alles mit Geld machen läßt. Aber man hat auch sonst bessere Instinkte gehabt. Sehen Sie, wenn der Herr Derwall gegen Österreich Rummenigge und Hrubesch herausnimmt und damit beweist, daß er kein Tor mehr schießen will, ist das keine gute Sache. Er verdirbt erstens

den Charakter des Wettbewerbs und macht zweitens das zahlende Publikum sauer.«
»Sie sind also nicht zufrieden mit der deutschen Mannschaft?«
Aus den knitzen Augen schießen Blitze, und die Hand geht zur Brust. »Sehen Sie, ich habe einmal Grund gehabt, mit den Deutschen unzufrieden zu sein. Das war beim 54er Endspiel in Bern. Aber diese Wunde ist längst vernarbt. Mir gefällt vieles an den Deutschen, wenn sie bereit sind, ihr Spiel zu spielen. Gegen Österreich waren sie's nicht, aber ich bin sicher, daß es in der zweiten Finalrunde keinen solchen Krampf mehr geben wird. Sonst müßten wir den Fußball beerdigen.«
»Wer imponiert Ihnen besonders in der deutschen Mannschaft?«
»Rummenigge natürlich. Aber bei den neuen Spielern kann ich nicht so mitreden, weil ich erst vor sechs Wochen nach dreijähriger Tätigkeit aus Ägypten zurückgekehrt bin. Ich habe dort Port Said trainiert und werde nach der Weltmeisterschaft wieder einen Verein übernehmen, vielleicht einen spanischen diesmal, aber auch die Bundesliga würde mich reizen.«
»Wen würden Sie nach Rummenigge nennen?«
Wieder blitzen die Augen, und in den Winkeln zuckt es: »Sie werden jetzt wohl den Namen Breitner erwarten, aber ich muß Ihnen sagen, daß meine heimliche Liebe Hansi Müller heißt. Vielleicht weil er ein Linkser ist wie ich. Seine Eleganz hat mich vom ersten Moment an beeindruckt, und ich hoffe nur, daß ich ihn hier im Bernabeu-Stadion, wo ich meine zweite Karriere gemacht habe, sehen werde.«
»Stört es Sie nicht, daß er nur mit einem Fuß spielt?«
Diesmal kommt das Lachen donnernd: »Ich hab's nie anders gemacht. Und wissen Sie, warum? Mit einem Fuß kann man nur halb so viele Fehler machen wie mit zweien. Das ist eine Rechnung, die hundertprozentig stimmt. Oder vielleicht nicht?«
Wenn man Puskas heißt, schon. Denn größere Genies hat dieses Spiel kaum hervorgebracht. Und auch keine größeren Lebenskünstler. Das ist einer, den sein Bauch nicht

stört. Er schlägt drauf und freut sich, daß er sich des Lebens auf andere Weise erfreute, als er noch nicht da war. Das große Geld hat viele moderne Stars zu Sicherheitsfanatikern gemacht. Ferenc Puskas ist nie einer gewesen. Deshalb hängt er am Angriffsfußball. Und da er ein grenzenloser Optimist ist, glaubt er auch an eine zweite Finalrunde, in der nicht nur Brasilien angreift.

Maßarbeit

Dies ist ein schwarzer Tag für mich gewesen, einer von denen, die nicht mehr zum Fußball einladen, sondern zum Packen der Koffer. Dabei war ich sehr früh und sehr fröhlich aufgestanden, voll von Ideen, die ich zu zwei Glossen von stattlicher Größe verarbeitete. Am frühen Nachmittag waren sie fertig, und hurtig hüpfte ich, auf den Fahrstuhl verzichtend, die Hoteltreppe hinunter. Es war ein gutes Gefühl, zwei Glossen in der Umhängetasche zu haben, und die Redaktion würde sich freuen, so früh bedient zu werden. Aber niemand wird sie je lesen. Es passierte nämlich, als ich an der Rezeption vorbeiging, folgendes: Der Portier winkte mit der soeben angekommenen Post, und ich setzte mich auf eine freie Lederbank in der großen Halle, um einen Blick hineinzuwerfen. Die Umhängetasche stellte ich neben mich.

Als ich die Zeitung wieder zumachte, war die Tasche weg. Einfach verschwunden. Damit war ich zum Leidensgenossen des Kollegen Martin Hägele und auch des Trainers Dettmar Cramer geworden, dem das gleiche im vornehmsten aller Madrider Hotels passiert war. Und – leider zu spät – ist mir auch die Erkenntnis gekommen, daß es schwer ist, schlauer zu sein als die vereinigten Taschendiebe der Welt, die sich in Madrid ein bemerkenswertes Stelldichein gegeben haben.

Man ist gewarnt gewesen, und ausgehend vom Begriff ›Taschendieb‹ habe ich es für sinnvoll gehalten, die Brief-

tasche von der hinteren Hosentasche in die Umhängetasche zu verfrachten. Sollten sich die Herren Langfinger ruhig da hinten zu schaffen machen. Was man über der Schulter trägt, konnte ihnen nicht zugänglich sein.
Und nun dies. Der feine Herr hatte nicht nur meine Manuskripte geklaut, sondern auch die Brieftasche mit allerhand Geld und Papieren. Das einzige Glück war, daß ich noch Geld und Reiseschecks im Safe deponiert hatte. Aber auch Pressekarten fürs Bernabeu-Stadion, WM-Telefonkarte und Akkreditierung waren weg. Damit ist man als WM-Berichterstatter ausgelöscht. Eine Null war ich. Es begann ein harter Kampf, wenigstens wieder eine Nummer zu werden. Auf dem ersten Polizeirevier, wo man mich hinschickte, wurde nur spanisch gesprochen. Aber man kann so diffizile Dinge wie Diebstahl nicht so einfach erklären wie das, was man im Restaurant zu essen und zu trinken wünscht.
Im nächsten Polizeirevier hatten sie einen Dolmetscher, der mit bruchstückhaften Englisch-Kenntnissen sagen konnte, es täte ihm leid und der Tag sei heiß. Leider genügte das nicht für ein Protokoll, und so landete ich schließlich auf dem Polizeipräsidium, wo tatsächlich eines hergestellt werden konnte. Bis es soweit war, vertrieb ich mir die Zeit mit drei englischen Schlachtenbummlern, die noch totaler ausgeraubt waren und die mir sagten, daß sie eine 0:5-Niederlage Englands gegen Deutschland halb so schlimm empfunden hätten wie das, was ihnen widerfahren war. Es war eine Großzügigkeit, die mich ehrte, aber mir wenig nützte.
Ausgestattet mit dem Durchschlag des Protokolls fuhr ich ins Pressezentrum, wo man mich wieder akkreditierte. Pressekarten aber bekam ich keine. Ich wurde auf die Warteliste gesetzt, auf der ich mich immer noch befinde.
Aber man hat mir Hoffnung gemacht, und eine Hosteß meinte, wenn ich Glück hätte, könnte es mir ergehen wie vor ein paar Tagen Vargas Llosa, der einer der berühmtesten Schriftsteller Südamerikas ist und hier für eine große Zeitung Weltmeisterschafts-Glossen schreibt. Ihm war eine Tasche mit den Korrekturfahnen seines neuesten Romans gestohlen worden, und am nächsten Tag stand sie

mit vollem Inhalt im Hotel an der Stelle des Diebstahls. Ich sagte der Dame, daß dies tröstlich sei und daß ich jetzt auf die Höflichkeit der professionellen Diebe hoffte. Da mir immerhin auch Manuskripte gestohlen worden sind, könnte der Hundesohn, wenn er sich das Geld unter den Nagel gerissen hat, ein Einsehen haben.
Interessante Feststellung am Rande: Leute, denen ein Beklauter sein Pech erzählt, greifen instinktiv nach der Brieftasche und hören dann mit einem sichtlich durch Erleichterung geschwächten Interesse zu. Aber die Weltmeisterschaft ist noch lange nicht aus, und ich werde vielleicht noch manchem erklären müssen, wo und wie die Protokolle gemacht werden.

Frankreichs fliegender Zahnarzt

Zwei Stunden bevor die französische Nationalmannschaft im Stadion Vicente Calderon von Madrid einlief, um sich mit einem eindrucksvollen 4:1-Sieg über Nordirland den Einzug ins Halbfinale zu erkämpfen, arbeitete Pierre Huth, seines Zeichens Doktor der Zahnmedizin und Protokollchef des französischen Fußballverbandes, schweißtriefend in einem Madrider Hotelzimmer. Er entfernte einem französischen Funktionär einen Weisheitszahn, und er tat es so behutsam, daß der Mann fröhlich und schmerzlos dem großen Sieg seiner Mannschaft beiwohnen konnte.
Eine Stunde nach dem Spiel flog der Zahnarzt mit seiner Privatmaschine nach Paris, wo eine Tochter des früheren Staatspräsidenten Georges Pompidou noch am späten Abend verarztet sein wollte.
Unter den vielen Fußballverrückten, die ich auf der ganzen Welt kennengelernt habe, ist dieser Pierre Huth unbestrittener Tabellenführer. Eigentlich heißt er Peter, und auch der Familienname ist nicht französisch. Er war noch nicht einmal mit dem Studium fertig, als er 1956 nach der

ungarischen Revolution aus Budapest in den Westen flüchtete. In Paris wurde er dann Zahnarzt der Prominenz von Politik, Film und Sport. In seiner Praxis am Cour Albert V. habe ich nicht nur Charles Aznavour interviewt, sondern auch Jacques Anquetil und Louison Bobet. Inzwischen ist er auch Zahnarzt der französischen Nationalspieler geworden, und wenn jetzt einer von denen Zahnweh kriegt, wird er die Pariser Kundschaft vertrösten, sich in seine Privatmaschine setzen und in zwei Stunden da sein. Sonst wird er erst zum Halbfinale einfliegen, mit der festen Überzeugung, daß Frankreich die Tür zum Endspiel aufreißen kann. Und wenn an diesem Tag einem in Paris die Backe schwillt, hat er keine Chance, von Dr. Huth behandelt zu werden, selbst wenn er François Mitterrand hieße.
Daß den Franzosen im Halbfinale ein Zahn gezogen werden könnte, kommt dem schnellsten und prominentesten Zahnarzt von Paris nicht in den Sinn. Noch nie stand Frankreich in einem Weltmeisterschaftsendspiel, aber als Pierre Huth nach dem Schlußpfiff die Treppen des Calderon-Stadions hinunterraste, um die Pompidou-Tochter in Paris nicht warten zu lassen, schrie er mir zu: »Du bist eingeladen zur Siegesfeier!« Und er meinte nicht die des Halbfinales, sondern die große am Sonntag.
So demonstriert natürlich sonst keiner im französischen Lager den Optimismus, aber man hat das lange entbehrte Gefühl, im Weltfußball wieder jemand zu sein. Wer ihnen den Weg ins Endspiel versperren will, muß nicht nur eine technisch brillante Mannschaft schlagen, sondern auch die Mannschaft mit der besten Moral dieses Turniers.
Als ich drei Wochen vor der Weltmeisterschaft in Paris war und mit den Kollegen der Radsportredaktion von ›L'Equipe‹ darüber stritt, ob es klug sei, die Tour de France in der entscheidenden Phase der Weltmeisterschaft zu starten, hatten sie mir lächelnd erklärt, daß ihre Nationalmannschaft zu diesem Zeitpunkt in Spanien längst ausgestiegen sein würde. Jetzt hat sie Kurs aufs Endspiel genommen, und zum erstenmal seit einem Vierteljahrhundert rollt die Tour in einem Schatten des Fußballs, der sie fast unsichtbar macht.

Bei dieser französischen Nationalmannschaft imponieren nicht nur die technische Brillanz und der Ideenreichtum, den Spieler wie Platini, Giresse, Genghini oder Tigana ausstrahlen, sondern auch ein Teamgeist , für den die Pariser Kollegen ganz einfach den Ausdruck »la bande à Hidalgo« gebrauchen – Hidalgos Bande. Gemeint ist jene Sorte von fröhlicher und verschworener Gemeinschaft, mit der man Pferde stehlen kann und in der es nicht die Unterschiede zwischen Stars und Wasserträgern gibt wie bei der Derwall-Truppe, die sich erst im Spiel gegen Spanien wieder daran erinnerte, daß ein Team ohne Teamgeist ein verlorener Haufen ist.

Ein Spiel löscht alle andern aus

Fußball ist das größte Spiel der Welt, und Deutschland und Frankreich haben in der warmen andalusischen Nacht von Sevilla eine der größten Partien geliefert, die die Weltmeisterschaft in ihrer ganzen Geschichte gesehen hat. Allein dieses Erlebnis ist die Reise nach Spanien wert gewesen. Es mag dem Scheuklappen-Fanatiker, der links und rechts seines nationalistischen Trampelpfades nichts zu erkennen vermag, kaum verständlich sein, wenn man behauptet, daß in Sevilla zwei Sieger vom Platz gegangen sind, aber man sollte dieses Spiel nicht mit den herkömmlichen Mitteln des Sportjournalismus abhandeln.
Warum nicht auch einmal feststellen, daß in der Niederlage eine Größe sein kann, die sich nicht hinter der des Sieges zu verstecken braucht, daß auch Verlierer Gipfel besteigen und Sieger sich nicht unbedingt über sie erheben?
Gerhard Mayer-Vorfelder, seit 14 Tagen im Kreis der DFB-Delegation und sicher kein Mann mit getrübtem Funktionärsblick, zeigte eine Reaktion von spontaner Natürlichkeit: »Frankreich hat spüren müssen, wie grausam

ungerecht Fußball sein kann.« Leute mit der 1:0-Philosophie haben keine solchen Reaktionen und spüren das, was sie als Pech bezeichnen, nur wenn es ihnen selbst widerfährt.
Schieres Glück aber hat Deutschland nun auch nicht ins Endspiel gegen Italien gebracht. Und erst wenn man die zwangsläufige Vordergründigkeit der durch das Elfmeterschießen nach der Verlängerung anschwellenden Torflut beiseite schiebt, kann man die Faszination eines ganz großen Spiels blanklegen.
Es zeigt frappierende Elemente französischer und deutscher Eigenart, und wenn man jetzt noch das erlebte Ereignis mit den beiden sehr verschiedenen Mentalitäten zusammenbringt, erkennt man, daß Frankreich, als ihm das Glück winkte, sein Unglück gesucht hat und Deutschland sein Glück, als das Unglück unvermeidlich schien. Das ist weniger kompliziert, als es klingt, und wurzelt im Volkscharakter. Raymond Poulidor ist nicht im Sieg der populärste aller französischen Sportler geworden, sondern in der Niederlage. Wenn er auf einer Tour-Etappe, den sicheren Sieg vor Augen, stürzte, war er die Inkarnation des unverdient geschlagenen Frankreichs. Er suchte sein Unglück, und er fand es immer, selbst wenn es auf den letzten Metern war. Das ganze Land erkannte sich in ihm. Er war der Stärkste, aber für den Sieg waren immer andere geschaffen.
Frankreichs Kapitän gegen Deutschland in Sevilla hieß eigentlich nicht Platini, sondern Poulidor. Er war stark und mutig, und leicht hätte es sein können, daß er bis zur Halbzeit für einen jener Vorsprünge gesorgt hätte, die sich im Radsport mit der Viertelstunde messen und unaufholbar sind.
Denn die Deutschen leisteten sich, angesichts der Bedeutung eines Halbfinales, einen monumentalen Fehler. Sie stellten ihren am sichersten stechenden Abwehrtrumpf Karl-Heinz Förster auf die am wenigsten gefährliche französische Angriffsspitze Didier Six. Damit wurde Karl-Heinz Förster, der seine maximale Stärke nur im Zentrum der Abwehr erreicht, auf die Seite gedrängt. Im Zentrum aber wuselte es nur so von Angreifern. Da kam

nicht nur Rocheteau, sondern es kamen auch Platini und seine drei brandgefährlichen Musketiere Genghini, Giresse und Tigana.
War es einfach Glück, daß es bei Halbzeit 1:1 hieß, oder hielten die Franzosen freiwillig Reserven zurück, wie es Poulidor auf dem Rennrad so oft getan hatte, wenn rücksichtsloses Angreifen nötig gewesen wäre?
Auf alle Fälle wurden ihre Boulevards nach dem Wechsel zu Gassen beschnitten, weil Karl-Heinz Förster jetzt endlich auf Platini angesetzt wurde. Man lief beim Stande von 1:1 in hohem Tempo der Verlängerung entgegen, die Franzosen kunstvoller, die Deutschen athletischer und mit einem Briegel, dessen geballte Wucht plötzlich die kombinierte Wirkung der beiden Leichtgewichte Giresse und Tigana erreichte.
Aber dann kam, in der Verlängerung, der trockene Antritt der Männer um Platini mit zwei Toren. Deutschland war stehend k.o., denn wer so etwas in einem Halbfinale schafft, steht praktisch mit beiden Beinen im Endspiel.
Aber die Franzosen haben noch nie in einem gestanden. Euphorie packte sie, heißer gallischer Wunsch, den renommierten Gegner noch tiefer in die Knie zu zwingen. Völlig unnötig war das. Aber es schwappte wie ein Rausch durch Köpfe, die zwar unterschwellig etwas von dem Loch spürten, das sich vor ihnen auftun konnte, aber alle Vorsicht aufgaben, obwohl sie durch zwei Einwechselspieler namens Rummenigge und Hrubesch geschreckt wurden.
Aber als Rummenigge das 2:3 erzielte, kam der Poulidor-Schock, und nicht mehr unterschwellig, sondern mit einer Klarheit, gegen die sie sich nicht auflehnen konnten, erkannten sie, daß die Überholung im Endspurt bevorstand.
Eine messerscharfe Beweisführung gibt es nicht, aber es gibt untrügliche Anzeichen. Sie sind keine Italiener, die sich in solcher Lage eingraben, und auch keine Deutschen, die zumindest das Feuerwerk stoppen, weil nicht die Galerie zählt, sondern das Ziel. Sie zündeten weiter bunte und prächtige Raketen und spürten, daß sie verbrennen würden an ihnen.
Man kann nicht behaupten, sie wären schon geschlagen

zum Elfmeterschießen angetreten, nachdem Klaus Fischers Fallrückzieher sicher zum 3:3 eingeschlagen hatte, aber man kann sagen, daß man spürte, wie ein ganz großes Spiel für sie umkippen mußte, weil das Glück auf die Seite derer gewechselt hatte, die von weit her kamen, nämlich vom unglaublichen Aufholen eines 1:3-Rückstands in der Verlängerung.
Erwartet war dieser deutsche Sieg nicht mehr worden, er war aber auch nicht so zufällig, wie es hier und da dargestellt werden mag. Was er an Können, Kraft und auch an der Darbietung hochklassigen Fußballs gekostet hat, ist an einer französischen Mannschaft abzulesen, die mit beneidenswerten Tugenden kämpfte und letztlich an etwas scheiterte, das weder mit Untugend noch mit Pech übersetzt werden sollte.
Die Deutschen schwebten vom Platz in einer mit dürren Worten nicht zu beschreibenden Hochstimmung, und bei allem Respekt vor Italien wissen sie, daß sie am Sonntag im Endspiel kein stärkerer Gegner als Frankreich erwartet. Welch ein Finale nach soviel Kritik und Zweifeln, die von außen und von innen gekommen sind!
Als die Franzosen vom Rasen des Estadio Sanchez Piz Juan zu Sevilla gingen, da war es, als ob Raymond Poulidor mit einem Griff voll unendlicher Traurigkeit die Riemen von Pedalen löste, die er eindrucksvoller in Schwung gehalten hatte als alle Konkurrenten.
Gewonnen hatte ein anderer, aber Frankreich umarmte seinen ›Poupou‹.

Sport und Risiko

In einer Woche, in der die Bundesliga auf breiter Front antritt, geziemt es sich, den Leistungssport etwas gründlicher als sonst auszuleuchten. Denn er steckt in einer Diskrepanz zwischen Beruf und Spiel, die wie nichts anderes geeignet ist, dem Sport eine spezifische Grundlage zu entziehen. Sie heißt Risiko. Immer geringer wird die Bereitschaft, etwas zu riskieren, weil es sich ja eigentlich viel mehr um ein Geschäft als um ein Spiel handelt. Vorsicht und Sicherheit bestimmen das Handeln, und man muß sich nicht unbedingt an den Fußball halten, um das zu beweisen. Warum die 100 Meter immer Königsdisziplin und Evergreen der Laufwettbewerbe bleiben werden, liegt auf der Hand: Sie sind geballte Anstrengung vom ersten bis zum letzten Meter, bar aller Sicherheitsbestrebungen oder taktischer Finessen. Zehn Sekunden konzentrierte Ehrlichkeit. Mittelstreckler aber laufen taktisch. Man wird das nicht verwerflich finden, auch wenn sie stets auf der Suche nach dem Dummen sind, der in ihr Konzept paßt, weil er zu früh attackiert. Entfernt gleichen sie dabei den ›Hinterradschlotzern‹ des Radsports, die sich im Windschatten schonen, um dem von großer Führungsarbeit Ermatteten am Zielstrich ein Schnippchen zu schlagen.

Denn was zählt, ist nicht das Verhalten des Wettkämpfers, sondern der Sieg. Er ist in unserer Leistungsgesellschaft zu einer heiligen Kuh geworden, die über jeden Einwand erhaben ist. Der Niederlage aber, wie unverdient sie auch sein mag, haftet das Odium der Impotenz an, und sicherlich haben wir alle, die wir in den Medien Meinung machen, einen Teil Schuld daran. Was uns indes nicht zum anderen Extrem, zur Verherrlichung der Niederlage, führen soll. Immerhin ist es gut, sich klarzumachen, daß man aus der Niederlage so wenig verkleinert hervorgehen muß wie großkopfet aus dem Sieg. Nun ist freilich nicht jedes Profi-Hirn in der Lage, seine Situation in der vergleichsweise kurzen Zeit gewinnbringender sportlicher Aktivität in diesem Sinn zu erleuchten. Wie hätte Deutschlands Torhüter Schumacher bei der Weltmeisterschaft in Spanien sonst den unsäglich dummen Spruch fabrizieren können: »Weltmeister muß man werden, für den Vize gibt's keine müde Mark.« Es sei dahingestellt, ob ihn diese Einstellung unterschwellig zur brutalen Aggression gegen den Franzosen Battiston anregte. Tatsache ist, daß der Götze Sieg im modernen Sport Mittel heiligt, die diametral entgegengesetzt zum sportlichen Grundgedanken sind. Daß die Heirat zwischen Geschäft und Spiel eine Messaliance ist, wird keiner mehr bestreiten können, der in einem Fußballstadion die Augen aufmacht. Italien ist nicht Weltmeister geworden, weil es begabtere Fußballer als Brasilien hätte. Die Besseren haben das Endspiel nicht bestreiten dürfen, weil sie mehr Mut zum Risiko hatten. Aber jetzt kommt ein Punkt, der allen zu denken geben sollte, die im Sieg nur den heißen Triumph und in der Niederlage nur die kalte Schmach sehen: Die Brasilianer, spontaner als die Europäer im Ausbruch ungehemmter Freude und hemmungsloser im Ausdruck der Enttäuschung, begriffen mit feinem Instinkt, daß nicht Unvermögen, sondern der Mut zum Risiko ihrer Mannschaft verderblich geworden war. Etwas Positives also. Und sie empfingen Zico und Co. mit einer Herzenswärme und einem Verständnis, die Verlierern in unseren Breitengraden nicht zuteil werden.

Es muß damit zusammenhängen, daß die Freude am Spiel in Brasilien bei Aktiven und Publikum immer noch größer und natürlicher ist als das bei uns waldbrandartig lodernde professionelle Sicherheitsdenken. Man weiß hier zwar, daß sich Risiko auszahlen kann, aber man hält sich lieber an weniger spektakuläre Sicherheitsprinzipien, mit der Überzeugung, daß sie das Publikum nicht stören und dem Bankkonto guttun. Auf diese Weise berauben viele Profis, ohne sich dessen bewußt zu werden, den Sport seiner Natur; gehört doch zu seinem innersten Wesen die Bereitschaft zum Risiko. Wer kennt nicht die hochdotierten Stars, die das Risiko auf die Sparflamme stellen und sich in Routine und Sicherheitsdenken flüchten? So bekommt das Publikum, obwohl die Eintrittspreise ständig steigen, immer mehr Geschäft als Spiel vorgesetzt, und es merkt erst, was ihm vorenthalten wird, wenn ein junger McEnroe kommt und ohne jeden Respekt vor der eiskalten Retourniermaschine Borg ans Netz vorstürmt, das unfaßliche Risiko eingehend, von den härtesten Passierbällen zermalmt zu werden. Dann ist sie plötzlich da, diese glorreiche Ungewißheit des Sports, diese prächtige Zwillingsschwester des Risikos, die das Spektakel aus der Routine reißt und die Kulisse fasziniert. »Glorious incertitude« sagten die alten Engländer dazu. Auch der moderne Sport muß etwas davon retten, wenn aus glorreicher Ungewißheit nicht die langweilige Gewißheit werden soll, daß das Risiko zum Füllen von Geldsäcken aus dem Wettkampf gepumpt wird.

Geld stinkt nicht

Der Fußball hatte seinen ersten Europatag, und die Ergebnislatte erreichte die Länge einer stattlichen Salami. Aber schon in 14 Tagen wird sie halbiert, und man darf annehmen, daß die Bundesrepublik einen hübschen Teil behält, darunter die drei Klubs, die im Ostblock waren und es mit Gegnern zu tun hatten, die nur mit ihren Namen Dynamik ausstrahlten: Dynamo, Vorwärts und Torpedo.

Sie halten's drüben eben mit wuchtigen Symbolen. Wie die Faust aufs Auge paßt dazu bundesdeutsche Konsumgüterwerbung, aber siehe da, an den Barrieren der Stadien von Dynamo Ostberlin und von Vorwärts Frankfurt/Oder warben westdeutsche Unternehmer für Hausbau, Liköre, Jeans, Reifen und vieles andere, was der DDR-Bürger sonst nur im westdeutschen Werbefernsehen zu Gesicht bekommt. Nur im riesigen Moskauer Lenin-Stadion, wo Torpedo den FC Bayern vergeblich zu torpedieren versuchte, gab's kyrillische Werbung für den Hausgebrauch. Westdeutsche Knödel waren den Russen nun doch nicht zuzumuten wie den Ostberlinern und den Frankfurtern von der Oder.

Was sie sich wohl dabei denken, wenn ihre Fußballplätze für 90 Minuten mit kapitalistischen Inseraten dekoriert werden, die da hinpassen wie Bananen auf den Nordpol?

Man weiß es nicht recht, aber man weiß natürlich, daß die Vereine Dynamo und Vorwärts von den Devisen, die so etwas einbringt, mehr haben als von ihren Eintrittsgel-

dern. Warum also nicht zugreifen, wenn die smarten Bandenwerber ihre Angebote machen, und warum sollten nicht auch DDR-Kameras den bundesdeutschen Konsumenten heimleuchten?
Das ist dynamischer Fortschritt. Vorwärts also damit.

Reportage über die Reportage

Je länger ich darüber nachdachte, wie die Reportage zu referieren sei, um so klarer wurde mir, daß die Reportage ihr Wesen durch nichts Besseres enthüllt als durch die Reportage. Ich will deshalb mit dem Fragment einer Reportage beginnen und versuchen, eines der spezifischen Elemente, die sie von der reinen Berichterstattung unterscheiden, herauszuschälen.
Es war bei der Frankfurter Buchmesse, und ich konnte mich eines Gefühls scheuer Achtung nicht erwehren, als ich in der brodelnden Halle 5 A den kahlgeschorenen jungen Männern mit den braunen Kutten und den auf höchst eigenartige Weise um die Beine geschlungenen Tüchern begegnete. Sie waren weder Rock noch Hose und verdeckten nicht vollständig die nackten Beine bei gemessenem Schreiten. Diese mönchartigen Gesellen murmelten, wenn sie nicht gerade ihre Bücher und Prospekte anboten, unaufhörliche und unverständliche Gebete vor sich hin und machten, wie es sich für die Schüler der göttlichen Gnade des Krischna-Bewußtseins gehört, die glücklichen Gesichter der Weltentrückten.
Es mag Leute gegeben haben, die über sie lächelten. Ich nicht. Es war mir, als seien sie nicht von dieser Welt. Schon gar nicht von der hektischen dieses Jahrmarktes der Eitelkeit von Verlegern und Autoren. Wirklich, es waren andere Wesen, und ich ertappte mich bei der Vorstellung, daß sie sich mittags vor einen Teller Weihrauchsuppe setzten, anstatt sich, wie unsereiner, an Frankfurter Würstchen zu laben.

Bis plötzlich in der Herrentoilette einer neben mir stand. Es war eine seltsame Art von Überraschung, weil ich diese Wesen jenseits solcher profanen Bedürfnisse wähnte. Ich bin kein Voyeur, aber mein Beruf hat mich gelehrt, bei allen unerwarteten Erlebnissen die Augen zu öffnen. So erlebte ich, wie der Schüler der göttlichen Gnade des Krischna-Bewußtseins mit bemerkenswerter Fingerfertigkeit seinem Rock-Hosentuch die nötige Öffnung erschloß und außerdem noch einen sehr weltlichen Wind fahren ließ, ohne, wie draußen in der Halle, das geringste zu murmeln. Vielmehr sagte er, in reinstem Hessisch, daß das auch sein müsse, ehe er das Geld für die Toilettenfrau dergestalt sparte, daß er die Hände an seinen inzwischen wieder gut verschlungenen Beinkleidern trocknete. Dann ging er wieder gemessenen Schrittes in den Trubel der Messe, murmelte Gebete und sammelte Gaben und ehrfürchtige Blicke von Leuten, die nicht ahnten, wie menschlich er sich mit mir unterhalten hatte.
Hier endet mein kleiner Versuch, den Unterschied zwischen Reportage und Berichterstattung herauszuschälen. Ich hoffe indes, daß er deutlich genug aufzeigte, wie wichtig die Mitarbeit des Auges bei der Reportage ist, die ja mehr sein will und sein muß als die schnelle, von Sachlichkeit bestimmte Information. Oft genug freilich leidet die deklarierte und deshalb das Attribut »farbig« beanspruchende Reportage unter der zähen Mühe des Schreibers, Sachliches, das er festhalten muß, sowie Emotionales und Atmosphärisches, das er festhalten will, unter einen Hut zu bringen. Die verquälte Reportage gleicht einem Feuer, das nicht knistert und wärmt, sondern nur mühsam qualmt.
Die Reportage, die lebt, braucht, gleich dem Feuer, das knistert, viel Atem. Sie hält nicht nur Fakten fest, sondern sie schildert, lotet aus, erfaßt Stimmungen und spürt Zwischentöne auf, die beispielsweise das Fernsehen, das heuteder geschriebenen Reportage so oft vorauseilt, nie ausstrahlen kann. Längst sind die Sorgen der Zeitungsverleger, das Fernsehen könne die Reportage töten, anderen gewichen, doch ist der Rückgang des Anzeigengeschäfts für uns nur insofern relevant, als Reportagen gelegentlich

im Papierkorb landen, weil die Verleger ein anderes Verhältnis zum Verhältnis zwischen Text- und Anzeigenteil haben als ihre Redakteure.
Sicher ist, daß das geschriebene Wort durch das Fernsehen an Bedeutung eher gewonnen denn verloren hat. Es steht für eine Dimension, die das Audiovisuelle nur anzuschürfen, aber nie zu gestalten vermag. Und es deckt auf eine Weise, die sehr wohl künstlerisch sein kann, die Vordergründigkeit vorbeihuschender Momentaufnahmen auf.
Die Reportage wird, wie ein Haus, mit Grundelementen gebaut. Aber ihre Variationsmöglichkeiten sind noch unerschöpflicher als die des Architekten. Auge, Sachkenntnis, Gefühl für Wichtiges, Nebensächliches und die ganze Skala von Zwischentönen, die beides verbindet, sind Bausteine, zu denen Stil und Witz den Mörtel liefern. Welch herrlicher Sport des Reporters ist beispielsweise das Einfangen von Situationskomik!
Hingegen bietet die Sportreportage nicht immer Grund zum Schmunzeln, und ich kann da mitreden, weil sie mir den Weg zum Journalismus geebnet hat. Bei der Tour de France, die ich für eine der besten, aber auch härtesten Reporterschulen halte, habe ich begriffen, warum die Millionen, die sich von diesem Rennen wie eh und je faszinieren lassen, viel mehr an der Zeitung als am Fernsehen interessiert sind. Nur die geschriebene Reportage kann die stimulierte Einbildungskraft des Publikums befriedigen. Ein vorbeihuschender Pulk von Rennfahrern sagt wenig aus. Der Reporter aber, der im Begleitwagen manövriert zwischen dem Gipfelstürmer, der dem Etappensieg entgegenstrebt, und dem hoffnungslos demoralisierten Letzten, der nie das Ziel erreichen wird, hat die Hand am Puls des Rennens. Er spürt die Hitze im Brutofen der Provence am eigenen Körper, und wenn er dem Feld vorauseilt, um in einem längst ausgeplünderten Bistro noch etwas Trinkbares aufzutreiben, sieht er Schmeißfliegen um ein Thermometer taumeln, dessen blaue Alkoholsäule die 50 Grad überschritte, wenn sie Platz hätte. Er sieht in den kahlen und steilen Rampen des Mont Ventoux Rennfahrer, die wie in einer glühenden Treppe ohne Stufen auf der Stelle

zu treten scheinen, und andere, die ihre Maschinen dem Gipfel mit einer Energie entgegenwuchten, für deren Quelle es keine vernünftige Erklärung gibt. So, wie der Rennfahrer die Kraft seines Willens und seiner Muskeln mittels einer Kette auf sein Hinterrad überträgt, versucht der Reporter, seine Eindrücke umzusetzen, und nur dem heißen Atem der geschriebenen Reportage verdankt es dieses Rennen, das Frankreich jährlich vier Wochen in Atem hält, daß es das Jahrhundert der Motorisierung überleben wird.

Zu denen, die Tour-Feuilletons von echtem literarischem Wert schreiben, gehört der Schriftsteller Antoine Blondin, ein Goncourt-Preisträger, den es, immer, wenn es Sommer wird, auf Frankreichs Landstraßen zieht. Aber nicht jeder ist ein Blondin, und nicht jeder ist dem Unvorhergesehenen gewachsen.

In meinem Buch ›Bonjour Marianne‹, das mit Sport sehr wenig, aber mit spezifischen französischen Eigenschaften sehr viel zu tun hat, habe ich aus dem Rahmen der Tour de France ein Erlebnis gelöst, das über die Reportage mehr aussagt als tiefschürfende Analysen. Der Literat pflegt, wenn er ein Erlebnis zum Bild formt, sich nicht nur künstlerischer, sondern auch zeitlicher Freiheit zu bedienen. Blockieren ihn Emotionen, so kann er sie verfliegen lassen und auf den Rückstau warten, der ihm die richtige Eingebung bringt.

Der vom Redaktionsschluß abhängige Reporter aber kann durch das unvorhersehbare Ereignis blockiert werden und versagen. Carpentras heißt das Provence-Städtchen am Fuße des Mont Ventoux, wo ich auf drastische Weise den Kurzschluß und das Funktionieren einer Reportage unter Hochspannung erlebte.

Die ›Salle de Presse‹ bot das übliche Bild. Da war das Hämmern der Maschinen, das Brüllen in Telefonmuscheln. Und da war Ron White. Ron White, Reporter des englischen Massenblatts ›Daily Express‹, einziger englischer Reporter bei der Tour de France und der Mann, der jetzt am wenigsten das Recht hatte, zu versagen. Wer den ›Express‹ kennt, weiß, daß er über eine hartgesottene Armada von Reportern verfügt. Männer, die für Katastro-

phen geboren zu sein scheinen und die, wenn es gerade keine gibt, eine erfinden.
Hier lag sie auf dem Servierbrett. Tom Simpson, der einzige Engländer, der jemals imstande gewesen wäre, die Tour de France zu gewinnen, war zwei Kilometer unterhalb vom Gipfel des Ventoux im Zustand tödlicher Erschöpfung vom Rad gefallen. Er starb, ehe der Sanitätswagen die Stadt Carpentras erreichte. Die Tour hatte ihre makabre Sensation.
Und der ›Daily Express‹ blockierte seine erste Seite. Man muß in Redaktionen gelebt haben, um zu wissen, mit welcher Windeseile sich ein Drama für das Blatt, das einen Reporter zur Stelle hat, in einen Glücksfall verwandelt. Aber der ›Express‹ hatte den falschen Mann am rechten Platz. Jetzt, wo nur noch Prestige und Verkaufserfolg zählten, versagte Ron White. Er beging die journalistische Todsünde, nicht an den Redaktionsschluß, sondern an seinen Freund Tom Simpson zu denken. Nur ein paar Meter saß ich von ihm entfernt, und wenn ich von meiner Schreibmaschine hochblickte, sah ich ihn auf ein eingespanntes leeres Blatt stieren. Sein Gespräch aus London mußte jeden Moment kommen, und niemand konnte ihm helfen.
Ich ging, obwohl ich mit meiner Arbeit nicht fertig war, zu ihm hinüber. »Du mußt schreiben, Ron! An Tom kannst du später denken, aber jetzt bist du der wichtigste Mann deiner Zeitung!«
Ich glaube, daß er mich gar nicht gehört hat. Er starrte auf das leere Blatt, die linke Hand baumelte über der Stuhllehne und die rechte lag auf den Tasten wie ein verlorengegangener Handschuh. »Du mußt schreiben, Ron! Wenn du jetzt versagst, werden sie dich morgen entlassen. Wegen Unfähigkeit. Wegen Unfähigkeit, hörst du!«
Das rüttelte ihn auf. Langsam kam die linke Hand hoch, und die Finger fingen an, in die Tasten zu greifen. Was sie fertigbrachten, war nicht das, was der ›Express‹ erwartete, aber mühsam und hölzern brachte er die Fakten zusammen. Dann wankte er mit schleppenden Schritten hinaus in die Straßen von Carpentras, in denen die Menschen noch immer erregt diskutierten und hinaufblickten zum

Gipfel des Ventoux, der in den Strahlen der Abendsonne jetzt unwirklich hell unter dem violettschwarzen Himmel glänzte.
Während sich Ron White in seinem Hotelzimmer verkroch, suchte Jean Leuilliot, einer der bekanntesten französischen Fachjournalisten, Publikum für seine Trauer. Auch er war ein intimer Freund Tom Simpsons gewesen, und ein Psychologe hätte Studien von außergewöhnlicher Tiefgründigkeit anstellen können, als er seine Zeilen weinend und stöhnend, jedoch in hurtigem Tempo zu Papier brachte.
Nicht, daß er seinen Schmerz gespielt hätte. Er war so echt wie der seines englischen Kollegen. Aber Leuilliot war nicht blockiert, sondern er goutierte das Drama. Wie in einen maßgeschneiderten Anzug schlüpfte er hinein, und sein Verhalten war das des Mimen, dem die Ausstrahlung seiner Verzweiflung tiefste Befriedigung verschafft. Und die unerlernbare Fähigkeit, die Aussagekraft beim psychischen Schmerz nicht nur zu bewahren, sondern noch zu stimulieren, ließ ihn in einem Zustand, der den Briten lähmte, eine meisterliche Reportage vollbringen.
Jean Leuilliot wußte, bevor die Rotationsmaschine das Papier fraß und ausspuckte, daß er am nächsten Morgen viele Menschen zum Weinen bringen würde.
Und weinend genoß er seine Fähigkeit, die Massen zum Verströmen heißen Mitleids und kalten Angstschweißes zwingen zu können.
Große Reporter sind die Dramatiker des Tagesjournalismus – und manchmal seine Schauspieler dazu.

Inhalt